PIERRE-GAUTHIEZ

DANTE

ESSAI SUR SA VIE D'APRÈS
L'ŒUVRE ET LES DOCUMENTS

HENRI LAURENS, ÉDITEUR

DANTE

Giotto. *Portrait de Dante. Bargello, Florence.*

(D'après une copie faite avant la restauration.)

PIERRE-GAUTHIEZ

DANTE

ESSAI SUR SA VIE
D'APRÈS L'ŒUVRE ET LES DOCUMENTS

Ouvrage orné de 12 Planches hors texte.

PARIS

LIBRAIRIE RENOUARD, H. LAURENS, ÉDITEUR

6, RUE DE TOURNON, 6

1908

VIVÆ BEATRICI

SACRVM

DANTE

LIVRE PREMIER
DE LA NAISSANCE DE DANTE A LA MORT DE BÉATRICE

CHAPITRE PREMIER
FLORENCE AU TEMPS OU NAQUIT DANTE

> « L'averti fatta parte per te stesso... »
> Par. XVII, 69.

Une toute petite ville, hérissée de tours, de clochers, serrée entre des murs très hauts : telle qu'on en retrouverait l'image naïvement peinte sur les pages des manuscrits[1]. Au cœur même de cette rude forteresse où les nobles cavalcadent et flânent, parmi les marchands qui s'affairent et le peuple qui grouille, une petite place noire entre les murailles moisies d'une antique église. C'est la Florence où Dante naît, durant la deuxième partie du mois de mai 1265[2] ; et c'est le quartier de Saint-Martin-l'Evêque, où se dresse la maisonnette aux pierres frustes, qui est celle de sa famille[3].

---

[1] Particulièrement au *Biadaiolo*, mss. de la bibl. Laurentienne, cod. tempiano-laurenziano, nº 3. Cf. Biagi. *Una rappr. fig. di Colle val d'Elsa ecc.*, estr. dalla *Miscell. stor. della Valdelsa*, anno. VII, fasc. I, Castelfiorentino 1899, in-8º.

[2] *Manuale della letteratura italiana*, compilato da A. d'Ancona e O. Bacci ; Firenze 1904, in-12, t. I, p. 275.

[3] *Dante e il suo secolo* ; Florence 1865, in-4º ; *La casa di Dante Alighieri*

Florence ne fut jamais plus florentine qu'en ce temps, où naît son poète. De 1260, — cinq années avant la naissance de Dante, — à 1267, — deux années après, — il y a deux dates capitales pour l'histoire de la cité. Les deux grands partis politiques, Gibelin et Guelfe, noms d'emprunt qui dissimulent à peine l'éternel et l'universel dissentiment du parti noble avec le parti populaire, ces deux moitiés ennemies, du peuple florentin, viennent de connaître ou vont connaître : les Gibelins, l'extrémité du triomphe et de la défaite, les Guelfes, la défaite éphémère et le triomphe sans conteste.

En 1260, c'est la bataille de Montaperti[1], le grand écrasement des Guelfes. Le 4 septembre de cette année-là, les troupes guelfes de Florence étaient vaincues, anéanties par les Gibelins alliés aux Siennois, ces éternels ennemis du peuple florentin. Plus de quatre mille hommes ensanglantèrent de leurs cadavres les torrents voisins : ce fut :

> Le grand massacre et carnage
> Qui fit devenir l'Arbia toute rouge[2].

La Vierge Marie, patronne des Siennois, sembla protéger ses fidèles : une nuée grise, marbrée de rouge par les feux de l'ost, couvrit, durant la nuit, le camp siennois, et les Florentins, épouvantés par le présage qui appa-

---

in *Firenze* ; relaz. della comm. municipale ecc. ; Firenze 1869, in-4° ; Piranesi (G.). *Le case degli Alighieri*, 2ª ed., Firenze 1905, in-8°. *Le case degli Alighieri*, da J. del Badia. ap. *Giornale dantesco*, t. XII, I, 1904, p. 10-12 ; sur « Guelfes et Gibelins » Ammirato. *Ist. fiorentine* ; Firenze 1647, in fol. t. I, partie 1, livre II, p. 132.

[1] *Il libro di Montaperti*, pubbl. per cura di Ces. Paoli. Firenze 1899, in-4°, et *La Battaglia di Montaperti*, mem. stor. di C. Paoli. Siena 1869, in-8° ; cf. aussi Rapp. della Comm. ist. dalla Soc. senese di st. patria municip. per la ricerca di tutto che in Siena si rifer. a D. Alighieri e alla D. C. relaz. del Dr Fr. Capellini ap. *Bull. della soc.*, t. I, p. 44-48, et Davidsohn, Forschungen zur Gesch. von Florenz, 1908, IVᵉ partie, p. 143-174.

[2] Dante, Inferno, X, 86.

raissait à la veille du combat, se répétaient : « C'est le manteau de la Madone, elle veille sur eux[1] ! »

« Et ceux de Sienne, dit une chronique, avaient trois sortes différentes de casaque, selon que c'était ceux du quartier de la Cité, ceux du quartier Saint-Martin, ou ceux de la Porte Camollia. Les casaques des premiers étaient blanches, pour signifier l'aide que leur portait la Vierge Marie ; les soubrevestes des seconds étaient rouges, en signe qu'on allait verser le sang ; et le troisième gonfalon, avec ses soubrevestes noires, voulait dire : mort d'homme[2]. » Après la victoire, ce fut un jeu pour les Siennois et leurs alliés gibelins, de détruire vingt-deux châteaux ennemis, en battant l'estrade deux mois durant. A la fin, « surchargés de proie et butin, ils s'en revinrent à Sienne, à cause de l'hiver[3]. »

De ce coup, le parti des Guelfes fut abattu dans Florence pour cinq années. L'existence même de Florence fut un moment mise en question, à l'assemblée d'Empoli, et, sans Farinata des Uberti, maître des vainqueurs, la ville était jetée à bas. « Je fus seul, là-bas, lui fera dire Dante, là-bas où chacun souffrit que Florence fût détruite, je fus le seul qui la défendis à visage découvert[4]. »

Et la liste des édifices rasés, dans Florence reconquise, par les représailles des Gibelins revenus en maîtres, forme un terrible commentaire aux vers du poète, aux paroles des chroniqueurs. Tandis que le magnanime Uberti, sauveur de sa cité, dormait, à l'ombre de l'antique Baptistère, son dernier sommeil de preux, les

---

[1] Corazzini. *Somm. di stor. fior.* ; Firenze 1899, in-12, IV, p. 54, et Gino Capponi. *Storia della Rep. di Firenze* ; Firenze 1888, in-12, t. II, chap. v, p. 47-48.

[2] Cron. del sec XIV, ap. Paoli, *Documenti, op. cit.*, p. 85.

[3] *Ibid.*, p. 89.

[4] Inf., X, 91-93.

ruines s'amoncelaient de jour en jour, accumulées par
une haine furieuse, la pire de toutes, bien plus âpre et
plus malfaisante que la vengeance d'ennemis étrangers :
la rancune des nobles Gibelins, redevenus tout-puissants
dans leur patrie.

Entre le 4 septembre 1260 et le 11 novembre 1266, les
Gibelins, maîtres de la cité, ravagent pour plus de cent
trente mille livres[1], en maisons, tours, palais, construc-
tions de toute espèce appartenant aux Guelfes bannis et
vaincus. Et c'est comme un écho du poème dantesque,
ce vieil inventaire du saccage, où résonnent les noms,
illustrés par la *Divine Comédie*, des Cavalcanti, des Buon-
delmonti, des Adimari, du comte Guidoguerra, des
Donati.

L'admirable historien[2] qui énumère et qui commente
les destructions amassées par la vengeance gibeline,
s'arrête enfin aux maisons mêmes des Alighieri ; la
demeure « un peu abîmée, — *aliquantulùm destructa*, »
— de Geri del Bello rappelle l'un des épisodes les plus
poignants de l'*Enfer :* ce Geri del Bello, c'est le parent
des Alighieri, c'est le damné muet qui, dressé au pied de
l'avant-dernier ponceau dans les Malebolge, montre au
doigt le poète et lui reproche, avec ce geste et ce silence
de menace, l'opprobre que laisse à la race de Dante une
mort violente, et toujours invengée.

> Je l'ai vu, — dit Virgile à Dante — au bas du petit pont,
> Te montrer, et te menacer fortement avec le doigt,
> Et je l'ouïs nommer : Geri del Bello[3].

Pourtant, malgré les factions qui la déchirent, parmi

[1] Chiffre énorme pour une époque où la main-d'œuvre, les matériaux sont
à vil prix.

[2] I. del Lungo *Dal secolo e dal poema di Dante*, Bologna 1898, in-12,
p. 65-74.

[3] Inferno. XXIX, v. 25 et suiv. Del Lungo, *loc. cit.*, p. 73.

le changement perpétuel de la politique et des lois « muables comme ombre de lune[1] », Florence s'accroît et prospère. Comme un métal longtemps frappé, refrappé, forgé, tout brûlant et vermeil, sur l'enclume, ce petit peuple, artisan magnifique de ses destinées[2], se renouvelle sans relâche, retrempe sa force parmi les épreuves où d'autres périraient vingt fois. Et Machiavel, le plus florentin des génies, écrira fièrement, lorsqu'il rappellera ces temps héroïques de la cité : « Si jamais république montra des divisions remarquables, celle de Florence en offrit, les plus remarquables du monde ; à cause que la plupart des républiques, dont on sait quelque chose, furent contentes d'une seule division, par laquelle, suivant les cas, elles ont, tantôt accru, tantôt ruiné leur cité ; mais Florence, non contente d'une seule, en a fait naître plusieurs... A Florence, d'abord se divisèrent entre eux les nobles, ensuite les nobles et le peuple, et en dernier lieu, le peuple et la populace[3] ».

On peut répéter, à la distance où nous sommes aujourd'hui d'événements mieux connus, les paroles où Machiavel revient encore à célébrer le triomphe de Florence[4]. « Suivant mon jugement, il me paraît que nul autre exemple ne démontre autant la puissance de notre cité, que celui de ces divisions-là, lesquelles auraient eu le pouvoir d'anéantir toute cité, pour grande et puissante qu'elle fût. Néanmoins, la nôtre, il semblait qu'elle en devînt toujours plus grande ; telle était la valeur de ces

---

[1] N. Tamasio. *Vita di popolo nei sec. XIII e XIV*, ap. *Arte, scienza e fede ai giorni di Dante*, Milan 1901, in-12, p. 49 et 75.

[2] « La sostanza della storia, la fece il popolo. » Del Lungo. *La gente nuova in Firenze*: ap. *Danten ei tempi di Dante* ; Bologne, 1888, in-12, p. 19.

[3] *Istorie fiorentine* : Proemio ; dans *Opere di Niccolò Machiavelli*, ed. Fanfani et Passerini ; Florence 1873, t. I, p. 6 ; voir Dante. *Purgatoire*, VI, 142 à fin.

[4] *Ibidem.*

citoyens, et telle la puissance de leur génie et de leur esprit à faire grands eux-mêmes et leur pays, que tous ceux qui demeuraient saufs de si grands maux, pouvaient plus efficacement élever leur patrie avec leur mérite, que n'avait pu la malignité de ces accidents qui les avaient abaissés, pour dégrader cette même patrie. »

Agrandie par la première seigneurie gibeline, en 1248, ornée de ponts nouveaux, que réclamait l'afflux d'un peuple porté à près de quatre vingt mille âmes [1], Florence frappait, en 1252, ce florin d'or qu'elle imposait au monde des trafics, et qui devint comme un symbole de son pouvoir financier et de sa gloire même [2]. Son opulence et sa vigueur proviennent, comme toute richesse et tout succès matériel, de l'accord qui existe entre sa formation, sa croissance de cité libre, et les lois profondes qui dirigent alors l'histoire de l'Italie : entre tous les municipes italiens, celui-ci, qui est Florence, voit germer et croître la liberté populaire avec une force sans égale, parce que cette liberté naît dans un terrain à peu près défriché des broussailles que la féodalité barbare accumule sur d'autres points [3]. La main des maîtres étrangers ne s'est guère appesantie sur Florence et sur la Toscane : le comte Hugo dort en l'abbaye, comme un bon patron de la cité, et Dante fera, de la comtesse Mathilde, la dame idéale qui l'accueille et le purifie, au seuil du Paradis [4].

Même sous l'apparence du gouvernement gibelin, le

[1] Santini (P.). *Studi sull'antica costituzione del Comune di Firenze*, Firenze 1901-1905, in-8°, 2 vol., t. II, p. 2 et 17.

[2] Villari (Pasq.). *I primi due secoli della st. di Firenze* ; Firenze 1898, 2 vol. in-8°, t. I, p. 288-9, et Vettori. *Il fiorino d'oro* ; Orsini, *Storia delle monete* ; Firenze 1760, cités *ibid.*

[3] Del Lungo. Préface au *Sommario* de Corazzini, p. vi.

[4] L. Rocca. *Matelda*, ap. *con Dante e per Dante*, Milano 1893, in-12, p. 93-143. Dante, Purgatoire, ch. XXVIII et suivants ; et Benvenuti de Rambaldis de Imola Comentum etc. Florence 1887, in-8°, t. IV, p. 164. « Haec est ergo comitissa Mathildis. »

mouvement guelfe, le sourd progrès du parti populaire, se reconnaît, durant les années qui précèdent immédiatement la naissance de Dante, de même que le triomphe, s'en assure aussitôt après. Obscurément, patiemment, sans relâche, et sous le joug même qui semblait affirmer une politique contraire, « Florence allait se refaisant guelfe[1] ».

Guelfes étaient les inspirateurs de toutes les bonnes réformes : malgré les émigrations qui commençaient à détourner le parti vaincu vers les routes de la France[2], ceux qui avaient pu demeurer à Florence agissaient en sourdine, avec opiniâtreté. La liberté, la force de la patrie se préparaient par leurs conseils, « tout se fit par le dessein des Guelfes[3] ». C'était le parti populaire, celui qui tenait au cœur même de la cité. Ceux qui étaient hors de Florence recevaient du Pape les armes héraldiques, l'aigle de gueules sur champ d'argent, avec la guivre de sinople[4] ; ceux qui restaient ou qui rentraient à Florence pouvaient désormais porter la tête haute : les lois civiles étaient leur œuvre, les ouvrages de la défense ou de la beauté civile étaient leur œuvre, la puissance guerrière de la patrie était leur œuvre[5].

Le quartier de la ville où Dante est venu au jour, celui de la Porte Saint-Pierre, était habité par mainte famille guelfe : les Adimari, les Visdomini, les Donati, qui lui donneront une épouse, les Pazzi, les della Bella, ses parents par alliance, les Ardinghi, les Tedaldi « surnommés de la Génisse » ; et déjà les Cerchi « grandis-

---

[1] Del Lungo. *Dal sec. e dal poema di D.* p. 65.

[2] « I fiorentini incominciorno ad andare in Francia, ecc., » dit F. da Buti. *Commento sopra la Divina Commedia.* Pisa 1868, in-8°, t. III, p. 455, *ad Parad.*, XV, 112-126.

[3] Machiavel. *Ist. fior.* II, VI, p. 70, éd. cit.

[4] Ammirato. *Istorie.* I. II, 129. B. et C.

[5] Machiavel, *Ibid.*, II, IX, p. 74, X, p. 65.

saient bien qu'ils fussent marchands [1] ». Malgré les évic-
tions et les exils prononcés par les Gibelins vainqueurs,
nombre de Guelfes, avoués ou non, étaient restés : on
ne vide point une ville par la moitié, et les rigueurs
apparentes sont tempérées, la plupart du temps, par les
mœurs et par la nécessité de vivre en commun [2].

[1] Buti. Comm. III, 485, ad Parad., XVI, vers 137-147.

[2] Jacopo della Lana. *Commento.* éd. Scarabelli. Bologne, 1866, t. I, p. 213.

CHAPITRE II

ORIGINES DE DANTE. — FAMILLE ET NAISSANCE

« Il fut du peuple, il fut de condition moyenne[1] », assurent les vieux commentaires. Et d'autre part, on le dit noble, et lui-même semble se plaire à se dire de noble race. On peut accorder l'un et l'autre.

Sans doute, le père de Dante fut un citoyen sans éclat, homme de loi plutôt modeste, et qui ne fit nulle action méritoire ni périlleuse, n'excita ni haine gênante ni sympathie durable; un de ceux-là, semble-t-il, qui « vécurent exempts d'infamie et de los[2] ». Dante n'a jamais prononcé le nom de son père, jamais une allusion ne lui échappe. Tandis qu'il place les parents tout de suite après Dieu, pas un mot ne consacre, au Panthéon de ses amours et de ses haines, l'homme quelconque dont il fut le fils[3]. Et pourtant il devait comprendre ces sentiments si forts qui peuvent relier un fils à son père, celui qui dans la *Vita Nuova* écrivait ces paroles : « Nulle amitié n'est si intime comme de bon père à bon enfant, et de bon enfant à bon père[4] ».

Sa naissance dut être accueillie avec l'allégresse

---

[1] Jac della Lana, III, 364. v. del Lungo. *D. nei t. di D.* p. 305.

[2] Inf. III, 36.

[3] V. Scherillo. *Alcuni capitoli della biografia di Dante*; Torino, 1896, in-8º, ch. I; p. 11-12.

[4] *Vita Nuova*. Ed. Barbi, XXII, p. 52.

qu'excitait alors la venue d'un héritier mâle, continua-
teur de la race et du nom [1]. Race antique et nom florentin depuis assez longtemps ; mais point illustres, ni bien
nobles dans le sens féodal du mot [2], famille sans héros,
sans opulence, sans pouvoir. Au reste, à l'exception des
vrais seigneurs, les nobles de ce temps se confondent
assez aisément avec les citoyens ordinaires ; ils sont
mêlés avec eux par la coutume qui s'est répandue de
résider en ville, contrairement aux mœurs des pays voisins [3]. Au-dessous, à côté de ceux qui ont, comme les
Lamberti et les Soldanieri, des « honneurs grandis-
simes » et le privilège de se faire ensevelir « à cheval »,
ou bien, comme les Elisei, le droit d'asile en leurs
« loggie [4] », il y a place pour une caste intermédiaire,
composée d'anciennes familles, de moyenne situation,
bien apparentées, peu puissantes. La famille des Alighieri
fut une de celles-là.

Origine excellente, qui donne au poète le plus pur
sang florentin, sans le surcharger d'un rang et d'une tradition qui pèseraient et gêneraient pour l'avenir. Il
nous le dit lui-même, en exposant sa théorie de la
noblesse : dans son *Banquet*, au quatrième traité, la
chanson qui orne cette partie de l'ouvrage est tout entière
consacrée à distinguer la vraie noblesse de la fausse ; et
la vraie, c'est uniquement la valeur personnelle.

> Noblesse est partout, où est mérite,
> Mais non point mérite où est noblesse.

[1] F. Giordano da Rivalta., *Prediche* ; Bologne, 1866, in-12, p. 108 ; *Novel-lino*, nov. 25, ap. *Arte scienza e fede ai tempi di Dante* ; Milan, 1905, in-12, p. 47 et 74.

[2] Barbi. dans *Bull. Soc. Dant.* n. ser. II, 157, « Scarsa di uomini, ricchezze e aderenze ».

[3] Fra Salimbene. *Chronica*. Parme. 1857, in-4°, p. 94-102, et trad. ital. de C. Cantarelli ; Parme 1883.

[4] Scip. Ammirato. Delle famiglie nobili fiorentine ; Florence 1616, in-fol., p. 25.

> De même qu'il y a le ciel partout où est l'étoile,
> Mais le contraire n'est point vrai.

Et tout le traité, le plus long des quatre qui furent composés, commente et amplifie ces sentences[1] qui ne sont point d'un patricien. Et, dans le poème souverain, qui exprime sur toutes choses la pensée suprême de Dante, le chant XVIe du Paradis commence par des vers ironiques sur « la pauvre noblesse du sang ». Les plus anciens commentaires allaient jusqu'à voir dans ces terzines une invective « dérisoire contre la noblesse florentine[2] ».

C'est que Dante peut à merveille être d'antique race florentine sans être nullement des « Grands » et noble à quartiers. La population de la cité, au XIIIe siècle, est composée d'hommes nouveaux. « Il n'est personne meshuy, s'écrie un frère prêcheur, qui sache quel était son cinquième aïeul, à peine son trisaïeul, à peine même le bisaïeul[3]. » Et Machiavel fixe, pour le renouvellement de la cité « un âge d'homme[4] ».

Dante, lorsqu'il évoque son trisaïeul Cacciaguida, ne remonte pas au delà. L'ancêtre qui lui apparaît au Paradis prononce le vers fameux, en parlant de son propre fils Alighieri, qui a nommé la race :

> Celui-là fut mon fils, et fut ton bisayeul.

---

[1] *Il Convito.* (*Convivio*.) éd. Fraticelli. Florence, 1893, in-12, IV, p. 240 et suiv. *Tutte le opere di D. A.* ed. E. Moore, Oxford. 1897, in-12, p. 293 et suiv. Voir plus bas l'analyse de cette œuvre. — Cf. encore *L'Alighieri*. riv. mensile di cose dantesche. ecc. Verona. 1889 et suiv. in-4°, I. p. 368-72, II. 7-19. 129-141 et 270-282 et III, 213-223 et 410-418, et G. Todeschini. *Scritti su Dante*. Vicenza. 1872. t. I. p. 359 et suiv. — Je cite aussi une fois pour toutes, la *Dantologia* de Scartazzini, dans la Coll. de manuels Hœpli, Milan. 1906, in-12. p. 43-53.

[2] *Commento d'anonimo fiorentino del sec.* XIV. Bologne, 1866, in-8°, t. III, p. 301.

[3] G. da Rivalta *Prediche* ap. *Arte, scienza e fede a't. di Dante*, p. 50.

[4] *Opere complete*. Florence 1843, in-4°, p. 580, col. 2.

Il appert que ce bisaïeul vivait en 1189 ; les documents le prouvent ; Dante ne peut donc remonter au delà d'un siècle dans l'histoire de sa lignée. Encore ces annales de famille sont-elles confuses pour lui ; les années se brouillent, et la date où le bisaïeul est mort lui semble mal connue[1].

L'année où naquit Cacciaguida, le trisaïeul, paraît mieux fixée pour le poète[2] ; mais c'est alors la gloire même et les hauts faits de cet aïeul chevalier qui flottent dans son esprit ; et que Dante ait confondu, d'après une tradition domestique, Conrad III de Hohenstaufen, et Conrad II le Salique, et n'ait pas bien distingué quel Empereur avait anobli son trisaïeul, cela n'est guère capital. On aime mieux se figurer qu'il prenait ces contes du foyer aux lèvres d'une antique aïeule, médiocrement édifiée sur les Empereurs et sujette à confondre règnes et princes : c'est elle qui

> Tirant la chevelure à sa quenouille,
> Bavardait avec sa famille
> Des Troyens, de Fiesole et de Rome[3].

Les Troyens, qui le mèneront à Virgile ; Fiesole et Rome, auxquelles il lui plaît de se rattacher. Et c'est ici la vraie noblesse : le vieux sang[4], le pur sang, pur comme au temps où « la race des citoyens, qui se trouve aujourd'hui mêlée de Campi, de Certaldo et de Figline, se voyait pure jusque dans le dernier artisan[5] ».

L'artisan, « l'artista », l'artiste, c'est le nom qui pour Dante veut dire le « citoyen » ; l'artiste, c'est le Florentin,

---

[1] T. Casini, Commentaire au Ch. xv, du Paradis. éd. cit. p. 681-2.

[2] Par., XVI, 37.

[3] Par., XV., 124-126.

[4] Del Lungo. *Dino Compagni e la sua cronica.* Florence. 1879-1887. t. I. 2º partie p. 1134 et *Dante nei t. di D. La gente nuova.* p. 105.

[5] Par. XVI. 49-51, et Zingarelli. Dante. Milan. in-4º, p. 22.

« sûr de son art, mais à la main qui tremble » lorsqu'il sent la beauté naître sous ses doigts[1]. Dante réprouve « la confusion des personnes » qui fait, avec les petits-fils des mendiants banlieusards, des citoyens florentins[2].

Que ses aïeux soient d'antique souche florentine, et guelfes[3], cela lui suffit. Il les aimera doublement, puisqu'il est orphelin de bonne heure ; l'orphelin aime les ancêtres, connus ou non, comme si l'imagination lui faisait regagner ce que lui ôte la nature. Et puis, il est aisé d'aimer ses ancêtres, de les parer avec mille vertus ; on ne les a point éprouvés, ils ne vous ont jamais fait souffrir.

Il naît au cœur de la cité, dans la plus ancienne enceinte des murailles[4]. Si la famille n'est pas opulente, elle a pourtant ses petits biens de campagne, outre les maisons de la ville[5]. Et l'enfant, qui s'imprégnera si profondément des images et des traditions rustiques, connut dès ses premières années ce va-et-vient de la ville aux champs, qui aiguise l'amour de l'une et des autres, en variant sans cesse les impressions et les images de l'existence quotidienne.

Dante lui-même, entre les splendeurs de son Paradis, a pris soin de déterminer sous quel signe astrologique

---

[1] Del Lungo. *Firenze artigiana nella storia e in Dante.* Florence 1906, in-12 p. 21 et 53. Paradis XIII, 77-78 ; XVI, 51 ; XXX, 31-33.

[2] Par., XVI, 67.

[3] Inferno., X, 42, et suiv.

[4] Comm. anonimo, ed. citée. III, 307.

[5] Acte de restitution des biens confisqués à Dante, publ. par del Lungo. *Esilio di Dante.* Florence. 1881. in-12, p. 158-160. et *Nuovi documenti della famiglia di D. A.*, da Eug. Casanova e R. Davidsohn, dans *Bull. della soc. dant.* VI. 97, anno 1898-99. — Voir aussi *ibid.* ser. I. nº 8. p. 728, art. de M. Barbi. Cf. aussi sur la famille collatérale de D: Imbriani. *Studi danteschi.* Florence. 1891, les documents sont capitaux, bien que publiés sans grande critique. Mais ce livre, comme celui du prof. Bartoli, doit être étudié avec précaution.

il était né : c'est sous la constellation des Gémeaux « qui suit le Taureau ».

> O glorieuses étoiles, ô lumière pleine
> De vertu grande, où je rapporte
> Tout mon génie, quel qu'il puisse être,
> Avec vous naissait, et se célait avec vous
> Cet astre qui est père de toute vie mortelle,
> Quand je sentis pour la première fois l'air toscan...

Suivant l'astronomie d'Hipparque, où le moyen âge apprenait, le Soleil entre dans la constellation des Gémeaux à la date du 21 mai ; Dante serait né dans les dix derniers jours du plus beau mois printanier, de ce mois qui marque en Toscane la joie du monde et les plus douces réjouissances [1].

C'était alors une coutume consacrée, que tous les enfants nés au cours d'une même année recevaient le baptême ensemble, au baptistère de Saint-Jean, le samedi saint ; le 26 mars 1266, quelque dix mois après la naissance de Dante Alighieri, les voûtes du vieux temple, du « beau Saint Jean, fontaine de mon baptême », comme l'appellera plus tard le poète, entendaient résonner ce nom, en qui devait s'incarner la gloire même de Florence [2].

Alighieri, Alaghieri, le nom de famille était padouan [3], d'origine germanique. Comme les Sighieri [4], autre nom florentin d'alors, ces formes étaient répandues dans l'Italie aussi bien que dans la France ; Augier, Laugier, c'est le même, et la Provence en regorge, ainsi que le

---

[1] Par., XXII, 111-117. Moore. Studies. III. 55-65. — *Bull. della Soc. dant.* VIII. 263. — O. Zanotti Bianco. *Sull'ep. della nasc. di D.* Torino 1900.

[2] Zingarelli. *Dante.* p. 28.

[3] Par., XV, 137 ; voir sur une origine analogue des Brunelleschi : *Vita di Filippo di ser Brunellesco.* ap. *operette istor.* di Antonio Manetti. Florence 1887, p. 77.

[4] Boccace. Décam. t. II, giorn. IV, *nov.* 8, p. 281, ed. de Milan 1803, in-8°.

Nord, d'Audigier. Et la race était de pur sang, plante choisie, parmi le « fumier des bêtes fiésolanes », et venue des Romains autrefois[1]. Sorte de tradition morale plus que physique, où le poète ne trouva pas une médiocre fierté.

Celle qui apprit à l'enfant les traditions domestiques, c'était peut-être une brave aïeule

> Qui tirait sa chevelure à la quenouille
> Et parlait avec ses enfants
> Des Troyens, de Fiesole et de Rome.

pour médire de Fiesole et se réclamer des Romains. C'est ce que le poète laisse deviner[2]. Mais le premier visage féminin qui rayonna, pour peu de temps, sur celui dont l'œuvre naquit par la femme et se créa tout entière pour la femme, ce fut le visage de sa mère, dame Bella[3].

On ne sait que ce nom de Bella, sans avoir pénétré les origines maternelles du poète. Tout son nom, à cette mère plus illustre que pas une, à cette Bella souveraine, est dans une ligne tronquée d'un acte officiel : « Dominae Bellae olim matris dicti Dantis : dame Bella, jadis la mère dudit Dante. » Elle s'appelle Bella, comme la Vierge s'appela Marie. Et pour la célébrer, Dante aura recours aux paroles mêmes de l'Évangile. « Heureux, dit la femme du peuple à Jésus, heureux le ventre qui te porta, et les mamelles que tu as sucées. » Ces mêmes paroles, Virgile les reprend pour saluer Dante avec ferveur, avec tendresse :

> Bénie est celle-là qui de toi fut enceinte !

et, comme pour mieux affirmer l'élan d'amour et de

---

[1] Inf., XV, 73-78.

[2] « Indovinare » comme dira L. Bruni ; voir Par. XV, 124-126.

[3] Gaspary. St.-della lett. it. trad. Zingarelli I, 194. — Scherillo., 18-44.

révérence, le poëte, qui sent son cœur déborder au souvenir maternel, entoure ce vers admirable où sa mère est glorifiée, par deux autres vers qui respirent l'allégresse et l'amour :

> Il me ceignit le col, ensuite, avec ses bras
> Me baisa le visage, et me dit : Ame altière,
> Bénie est celle qui fut enceinte de toi ![1]

C'est qu'au fond de son « âme altière », Dante a gardé l'image de celle qui « veillait aux soins du berceau »

> Et consolait l'enfançon avec ce parler
> Qui d'abord ravit les pères et les mères [2].

Bella fut une bonne mère ; et son enfant lui a tressé, pour récompense, une telle couronne de gloire que jamais la mère d'un homme n'en porta de plus éclatante. Un seul vers suffit, dans un chant du poème, un vers illuminé par les rayons de l'Évangile.

C'est elle qui apprit à l'enfant ces mots puérils qu'on retrouve dans la *Divine Comédie*. Avec « papa, maman », le petit Florentin demande, en fils de race, « pain et deniers [3] ». Manger et gagner, c'est l'instinct du peuple marchand et rapace.

La mère bien-aimée avait conçu l'enfant durant cette saison brûlante de « l'an du Christ 1264, ès laquelle apparut au ciel une étoile chevelue, avec grands rayons et chevelure en arrière, laquelle se levant à l'Orient avec grande lumière, jusqu'à ce qu'elle fût au milieu du ciel, vers l'Occident, sa chevelure resplendissait, et cela dura trois mois, c'est-à-dire jusqu'au mois de novembre. Et

---

[1] Inf., VIII, 44-45.
[2] Par., XV, 121 3.
[3] Inf., XXXIII, 9. — De vulg. eloq. II. — Purg., XI, 104-105. — Par., XXXIII, 107-108. — Cf. d'Ovidio. *Studi sulla D. C.* p. 516-519.

ladite comète signifia diverses nouveautés en maintes parties du siècle[1] ».

Un songe, raconté par Boccace, aurait, suivant la légende, éclairé la mère sur la destinée de l'enfant qu'elle portait dans ses entrailles. « Cette dame, écrit Boccace, étant grosse, et guère éloignée du temps d'enfanter, vit en songe quel devait être le fruit de son ventre... Il paraissait à la noble dame, en son rêve, qu'elle était sous un très haut laurier, sur une verte prairie, auprès d'une source très limpide, et là elle se sentait mettre au monde un fils, lequel, en un temps très bref, se nourrissant uniquement des baies qui tombaient du laurier, et des ondes de la source claire, lui semblait devenir un pasteur, et qu'il s'ingéniait de tout son pouvoir à cueillir des rameaux à l'arbre dont le fruit l'avait nourri ; et, comme il s'efforçait à cette œuvre, il paraissait à la mère qu'elle le voyait tomber, et se relever, non plus homme, mais sous la figure d'un paon. De laquelle chose elle reçut un étonnement si fort que son sommeil en fut interrompu[2]. »

Fable assez pareille aux légendes que Dante lira dans Donat, sur la naissance de Virgile, ou placera, dans la *Divine Comédie*, sur ce saint Dominique

> Dont à peine créé, fut pleine
> A tel point l'âme de vif génie
> Qu'en sa mère elle le fit prophète,

et que sa marraine « vit en songe l'admirable fruit

> Qui devait sortir de lui et de ses disciples[3]. »

---

[1] Giov. Villani. *Cron.* l. VI, ch. xci. p. 109, et là-dessus il cite Stace et Lucain, si chers à Dante.

[2] G. Boccaccio. *Vita di D.* ed. Macri-Leone, p. 10. — Ed. Solerti, p. 13. — Répété et commenté à la fin du traité *ib.* p. 64-70, et 75-82, et dans le *Compendio*, ed. E. Rostagno. Bologne 1899, p. 64-72. — Scherillo, p. 34-38.

[3] Par., XII, 60-66.

Mais la tendresse naturelle du fils pour la mère se passe de ces ornements fabuleux. Elle lui a donné l'amour impérissable de la femme, ce besoin d'âme et d'idéal qui inspirera l'œuvre entière. Lorsqu'il veut décrire le geste de la protection souveraine, parmi les périls de l'Enfer, c'est l'attitude maternelle qui lui vient à l'esprit :

> Mon guide alors soudainement me prit,
> Comme la mère qui s'éveille à la rumeur,
> Et voit, auprès, les flammes allumées ;
> Si, qu'elle prend son fils, et fuit, et ne s'arrête,
> Ayant souci bien plus de lui que d'elle-même,
> Si bien qu'elle se vêt seulement de chemise [1].

Et peut-être Bella fit-elle ce geste de sauver son fils, durant un de ces incendies fréquents en ces petites villes, aux maisons tassées, sans eau, sans secours d'aucun genre [2].

C'est toujours l'amour filial qui fait dire au poète, aidé par Virgile au plus profond de l'Enfer :

> Il me portait sur sa poitrine
> Comme son fils, non comme un compagnon [3].

Enfin, ce dévot de la Vierge-Mère, au sommet de son Paradis, près de la Mère surhumaine, veut placer la Mère terrestre, celle qui, sans engendrer un Dieu, mit au monde la créature où ce Dieu devait s'incarner; mais, pour glorifier sainte Anne, il ne croit pas pouvoir mieux faire que de la figurer, tout uniment, sous les simples traits d'une mère : l'extase mystique est vaincue par l'amour humain :

---

[1] Inf., XXIII, 37-42.
[2] V. Villani, ch. VII, l. CXVI et CXVIII, p. 156-157.
[3] Inf., XXIII, 50-51.

> En face de saint Pierre je vis siéger Anna,
> Si contente d'admirer sa fille,
> Qu'elle ne tournait point les yeux pour chanter Osanna [1].

Dante connut surtout sa mère à l'âge où « balbutiant, on l'aime et on l'écoute » ; mais on peut bien croire que jamais cette âme fervente n'aurait eu les passions viles de ceux qui « lorsqu'ils ont leur parler viril, désirent voir ensevelir celle qui les a mis au monde [2] ». Il fut un de ces hommes pieux envers les morts, tels qu'il les décrit dans le Purgatoire, il eut leur sentiment filial pour les trépassés :

> Afin que leur mémoire reste,
> Sur les ensevelis les tombes terrestres
> Portent marqué ce qu'ils furent jadis,
> Aussi l'on y pleure bien souvent
> Par l'aiguillon du souvenir amer
> Qui éperonne seulement les gens pieux [3].

Même pour peindre Béatrice, guide suprême de son œuvre, il pense toujours et encore à sa mère :

> Ainsi la mère au fils paraît superbe
> Comme elle me parut à moi... [4] »

Sévère et pleine de reproches, Béatrice l'emplit de piété : elle lui rappelle sa mère, quand elle le réprimandait, et qu'il souffrait, et qu'il l'aimait avec le cœur plein d'amertume.

Et, dans ce doux Purgatoire, la partie de son grand poème qui demeure la plus humaine, toute baignée d'un air serein, traversée d'aube et d'espérance, il peint

[1] Par., XXXII, 133-135.
[2] Par., XXVII, 133-135.
[3] Purg., XII, 16-21.
[4] Purg., XXX, 79-81.

encore, au même chant, « la confiance ingénue de l'enfantelet qui court à sa maman, »

Lorsqu'il a peur ou lorsqu'il est affligé [1],

tandis que, dans le Paradis, Béatrice, aux premiers instants de l'initiation divine, après un pieux soupir « tourne ses yeux vers lui, avec cet air que prend la mère envers son fils qui délire [2] ».

Trop pieux et trop pudique en son amour de fils, Dante n'a pas montré clairement, dans son poème, l'image de dame Bella ; mais autour du nom maternel, aux pages les plus radieuses, il met une auréole éblouissante ; comme la Trinité divine, la figure de sa mère ne saurait être qu'entrevue, à travers des clartés trop fortes.

Heureuses les mères qui meurent à l'âge où leur enfant peut les aimer et leur a déjà donné tout son cœur, mais qui s'en vont, aussi, d'assez bonne heure pour lui laisser leur souvenir intact et comme dans sa fleur! Car c'est un printemps éternel qui embellira leur image. Jamais dégradées par la vie, jamais froissées par les rudesses que l'âge viril fera naître chez l'enfant le plus aimé, ces mères privilégiées, qui ont laissé leur fils tout jeune, demeurent toujours jeunes pour son amour, et rayonnent dans sa mémoire avec un charme incorruptible ; assez grand pour se souvenir, l'enfant n'a gardé de sa mère que la mémoire de tendresse et de beauté. Devenu l'homme, puissant ou fameux, il retrouve sa mère, au fond de son ancienne vie, avec les traits de la jeunesse, avec la splendeur du matin. Et Dante, si c'est lui qui voit et qui écrit, sera conquis pour toujours à la puissance féminine, âme de son œuvre, parce que sa mère a penché sur ses premières années le front d'une femme divine.

[1] Purg., XXX, 43-45.
[2] Par., I, 100-102.

Dante perdit sa mère quand il avait huit ans, ou environ [1]. Outre les preuves matérielles qu'on a cherchées pour le croire, il est une preuve morale, et pour nous, ce sont les meilleures, à défaut d'extrait mortuaire ou d'acte analogue. Ce n'était point, alors, l'usage parmi les gens de bien, que l'on fît sa propre chronique et celle des siens. Et Dante ne dit rien de précis, lui qui parle si nettement sur autrui : « di sè onestamente tacette », écrira Boccace, « il eut la convenance de se taire sur lui-même [2] ». Mais ce que l'on sait de sa vie peut, en l'examinant de près, suppléer à ce qu'il dédaigne de raconter.

[1] Scherillo, p. 3o.

[2] Boccace, *Vita di D.*, ed. Macri-Leone, p. 7. — *Compendio*, éd. Rostagno, p. 6.

CHAPITRE III

LA NEUVIÈME ANNÉE. — BÉATRICE

Le premier grand événement qui, de son aveu même, ait marqué sur l'âme de Dante, c'est l'apparition de Béatrice. « Neuf fois déjà, depuis ma naissance, le ciel de la lumière [1] était revenu presque au même point de sa révolution, lorsqu'à mes yeux apparut pour la première fois la glorieuse dame de mon esprit, laquelle fut par maintes gens nommée Béatrice, lesquels ne savaient point la valeur du nom qu'ils disaient [2]. Elle avait déjà passé dans cette vie le temps qu'il était nécessaire pour que le ciel étoilé pût évoluer vers l'Orient d'un douzième de degré [3]; si bien qu'elle m'apparut presque à l'aurore de sa neuvième année, et moi je la vis à peu près au terme de la mienne. Et elle m'apparut vêtue d'une couleur très noble, d'une pourpre douce et décente, ceinte et parée ainsi qu'il seyait à son très jeune âge... Depuis lors, je dis que l'amour devint le maître de mon âme [4]. »

L'enfant, qui allait accomplir sa neuvième année, rece-

---

[1] Du soleil, d'après Ptolémée, cf. *Convivio*, II, 3-4. — Purg., XXXII, 52. — Par., I, 37, XVII, 80.

[2] C'est-à-dire son sens secret, le « senhal » des troubadours ; voir Rajna. *La genesi della D. C.* ap. Vita ital. nel trecento. p. 155. — D'Ancona. *La vita nuova*. Pise, 1884, in-12. p. 6-20. — Casini. *La vita nuova*, p. 4. — Moore. *Studies* II, p. 92-93.

[3] Witte, ap. d'Ancona, p. 20. Todeschini, I, 324, et suiv. — D'après Dante lui-même, Béatrice avait, en mai 1274, huit ans et quatre mois.

[4] *Vita Nuova*. II, p. 4 et Barbi.

vait en ce jour de mai 1274 l'émotion qui dominera sa vie tout entière, et son œuvre. Et pourquoi la recevait-il si profonde et si souveraine ? Car ce serait ignorer toutes les lois physiques et morales que de nier ou seulement de discuter ces amours précoces, cruellement impérieuses. Mais ces amours-là ne s'implantent que chez les êtres façonnés trop tôt, et rudement, par les épreuves. Dante avait dû perdre sa mère quelque temps avant la rencontre qui décida de son destin ; puisque, dans le charmant récit qu'il fait, Boccace mentionne « le nommé Alighieri », tout seul avec son fils. Et comme nous savons d'ailleurs que le fils aîné du second lit, François, demi-frère de Dante, naquit avant 1279[1], la mort de dame Bella, mère de Dante et première femme d'Alighieri le père, advint avant 1278 et bien plus probablement précéda mai 1274 ; sans doute même ce deuil avait frappé plus tôt, car la présence du mari, avec l'enfant, à une fête, montre que la mort de la mère et de l'épouse avait déjà reculé dans les jours lointains.

C'était une fête, et très grande, que le premier mai florentin. Jamais Boccace ne fut plus poète qu'en le décrivant : « Au temps, dit-il[2], où la douceur du ciel revêt de ses ornements la terre, et tout entière, par la variété des fleurs entremêlées aux verts feuillages, la fait riante, c'était l'usage en notre cité, pour les hommes et pour les femmes, que chacun dans son quartier festoyât en compagnie de choix ; c'est pourquoi entre autres, à l'aventure, Foulque Portinari, homme très honorable en ce temps parmi les citoyens, le premier jour de mai avait recueilli les voisins de son entourage en sa maison, à festoyer ; entre lesquels se trouvait le nommé Ali-

---

[1] Scherillo, p. 30. — Imbriani, p. 70-109.

[2] *Vita di Dante*, ed. Macri-Leone 13. — *Compendio*, ed. Rostagno 13. Je traduis la *Vita*, plus complète.

ghieri, et, comme les petits enfants, surtout aux lieux de fête, ont continué de suivre leur père, Dante dont la neuvième année n'était pas encore accomplie, l'avait suivi.

«Et là, mêlé parmi les autres de son âge, desquels, tant mâles que femelles, il se trouvait à force dans la maison de celui qui donnait la fête, les premières tables servies, selon que le permettait son bas âge, il se mit à se divertir enfantinement avec les autres. Il y avait parmi la foule des jouvenceaux une fille du susdit Foulque, dont le nom était Bice (bien que toujours il la nommât du nom primitif, c'est-à-dire Béatrice), laquelle avait quelque huit ans, joliette à ravir, pour son âge enfantin, et d'air noble et plaisant à l'extrême, avec des manières et des paroles bien plus graves et modestes que son petit âge ne le comportait ; et outre cela, elle avait les traits du visage fort délicats et disposés à merveille, et pleins, outre la beauté, de tant d'honnête charme, que bien des gens la tenaient pour une créature presque angélique. Celle-ci donc, telle que je la dépeins, ou peut-être beaucoup plus belle, apparut en cette fête, non point, je crois, pour la première fois, mais pour la première fois douée du pouvoir d'éveiller l'amour, aux yeux de notre Dante ; lequel, encore qu'il fût un enfant, reçut en son cœur avec tant d'amour la belle image de Béatrice, que, depuis ce jour, onques, tant qu'il vécut, il ne s'en départit.

« Quel destin marquait ce moment, nul ne le sait ; mais, soit conformité de complexion et de manières, ou qu'une spéciale influence du ciel opérât en ceci, soit que, comme nous voyons par expérience dans les fêtes, par la douceur de la musique, par l'allégresse générale, par la délicatesse des mets et des vins, les esprits même des hommes mûrs, et bien plus encore ceux des jeunes hommes, se dilater et devenir aptes à pouvoir aisément s'éprendre de toute chose qui plaît : il est certain qu'il en advint ceci, que Dante dès son petit âge devint très fervent serviteur de l'Amour. »

La voilà, dans sa première apparition de vierge sage, celle qui sera toute l'âme de l'œuvre dantesque. Ses yeux ont rencontré les yeux de Dante ; et ce regard de deux enfants a confondu leur âme entière.

« Depuis, dit un vieux commentaire, Dante, tout entier adonné à Béatrice, se rendait partout où elle allait, croyant voir dans les yeux de cette jouvencelle la félicité souveraine, et il souffrit pour elle des larmes, des veilles et des peines infinies ; cependant cet amour fut très honnête, toujours, si bien que jamais signe d'acte passionné n'apparut chez l'amant ni chez l'amante. Et ceci fut le très certain pronostic et augure de l'amour futur, qu'il devait porter à la grande Béatrice sacrée [1]... »

Elle vient, revêtue de pourpre, noble couleur, plus atténuée pour cette enfant de huit ans, mais la même qui resplendira sur la Femme idéale, au sommet du Purgatoire :

> Sur un voile blanc ceinte d'olivier
> Une dame m'apparut, sous un vert manteau
> Vêtue de couleur de flamme vive [2].

Et c'est bien dans ses yeux que Dante prend l'enchantement souverain. Sans trêve, dans son grand poème, il parlera de la puissance que ces yeux divins ont sur lui. Déjà, dans une canzone qui est comme l'esquisse de la *Divine Comédie*, le poète dira :

[1] Benv. da Imola, IV, 211.

[2] Purg. XXX, 31-33. Pour le rouge, couleur noble, voir Zdekauer. *La vita privata dei Senesi nel dugento*. Siena, Lazzeri 1896, p. 45. — Villari. *I primi due secoli della st. di Firenze*. Fir. 1898, I, 281. — Sacchetti, Novelle, L. p. 124-6, t. I. Fir. 1888, in-12.

> Des choses apparaissent en son aspect,
> Qui révèlent des plaisirs de Paradis,
> Je dis en ses yeux et dans son doux sourire [1].

Ce sont les mots même du *Paradis*. Or, cette canzone divine, « Amour qui me parle dans l'âme », cette canzone favorite, c'est la même que Casella, le musicien ami de Dante, fait résonner si doucement, pour consoler le pèlerin surnaturel, au seuil du Purgatoire [2]. C'est elle qui ravit de contentement et Virgile et ceux qui l'entourent.

Mais c'est dans le grand poème que se relève la hantise miraculeuse de ces yeux. Virgile d'abord avait dit, en parlant de Béatrice, afin d'animer Dante :

> Ses yeux luisaient beaucoup plus que l'étoile...
> Ses yeux déjà, il me les semble voir.
> ... Jusqu'à ce que viennent joyeux les beaux yeux
> Dont les pleurs me firent venir vers toi [3]...

Et puis, Béatrice apparaît, Mathilde et les quatre servantes célestes, nymphes au Purgatoire, astres au ciel, vont mener Dante aux pieds de l'Aimée surnaturelle.

> ... Avec elles me menèrent
> Où Béatrice était tournée vers nous.
> Elles dirent : « Fais en sorte de ne point épargner tes regards,
> Nous t'avons mis en face des émeraudes
> D'où l'Amour te lança jadis ses traits. »
> Mille désirs plus brûlants que la flamme
> Fixèrent mes yeux sur ces yeux resplendissants [4].

---

[1] Sonetti e canzoni di div. autori toscani. Florence 1527. In-8°, l. IV, p. 36-37. Convivio, III, 168.

[2] Purg. II, 106-119.

[3] Inferno. II, 55. — Purg. XXVII, 54 et 136-37.

[4] Purg. XXXI, 113-120, — et *ibid.*, 109 : « Menrent agli occhi suoi. » — « Emeraudes », non point pour marquer la couleur des yeux, mais pour en décrire l'éclat; dans le sens de « joyaux ». V. enc. *Vita nuova*, XXI, 51-52.

Et les Vertus théologales, enlaçant leurs danses mystiques, viennent supplier Béatrice de tourner ses regards sur ce pécheur terrestre, qui traversa pour la revoir les gouffres des supplices :

> Tourne, Béatrice, tourne tes yeux saints,
> Chantait leur voix, vers ton fidèle,
> Qui, pour te voir, a fait tant de chemin.
> Par grâce fais-nous cette grâce, et lui dévoile
> Aussi ta bouche, afin qu'il puisse découvrir
> La seconde beauté que tu cèles[1].

Il disait, presque avec les mêmes paroles, en cette *Vita nuova* qui est comme la chrysalide où se forme le grand poème : « Les yeux, principe de l'Amour. — La bouche, fin de l'Amour... »

Ainsi Dante, fasciné par cette lumière spirituelle, par ce « soleil de ses yeux[2] », a-t-il soin de marquer l'instant

> Où de ses yeux elle frappe mes yeux[3].

Il s'absorbe dans ce regard qui l'identifie à l'Aimée :

> Béatrice me regarda, avec ses yeux emplis
> D'étincelles d'amour, et si divins,
> Que la force de mon regard céda, vaincue,
> Et je restai comme éperdu, les yeux baissés[4].

Dans l'Empyrée, en pleine extase adorante, il sentira

> La splendeur de ses yeux riants

diviser vers plusieurs objets son âme absorbée en un

---

[1] Purg. XXXI, 133-138. Voir pour les « beautés » de la dame au moyen âge, R. Renier. *Il tipo estetico della donna nel Medio Evo.* Ancona, 1856, in-12. *Vita nuova* ed. Barbi. XXX, p. 49.

[2] Par. XXX, 75.

[3] Purg. XXXIII, 18.

[4] Par. IV, 139-142.

seul[1], et le ravir à la contemplation unique de l'Etre suprême.

C'est que le Paradis est dans les yeux de Béatrice :

> Dans ses yeux brûlait un sourire
> Tel que je pensai, avec les miens, toucher le fond
> De ma grâce et de mon Paradis[2].

Et Béatrice le sent bien, elle l'en raille avec douceur :

> Triomphant de moi avec la lumière d'un sourire
> Elle me dit : « Tourne-toi, et écoute,
> Car ce n'est point en mes yeux qu'est le Paradis[3]. »

Saint Jean l'Evangéliste, enfin, sur le seuil du dernier mystère, parle en ces termes à Dante qui s'élève vers Dieu :

> « La Dame, qui par cette divine
> Région te conduit, possède en son regard
> La puissance qu'avait la main d'Ananias. »

Et Dante répond à l'apôtre rayonnant :

> « A son plaisir, tôt ou tard
> Vienne le remède à mes yeux, qui furent les portes
> Par lesquelles Elle pénétra, avec le feu dont sans trêve je brûle[4]. »

Visionnaire, et visionnaire hanté par l'Amour sous sa forme réelle, ainsi Dante nous apparaît, ainsi voulait-il se montrer à son temps comme à l'avenir. Il écrivait plus tard à son ami Cino de Pistoïa :

> J'ai vécu avecque l'amour
> Depuis que le soleil marqua mon neuvième âge[5].

---

[1] Par. X, 62-63.

[2] Par. XV, 34-36. Cf. *Vita nuova*, II, 9.

[3] Par. XVIII, 19-21.

[4] Par. XXVI, 8-15. Ananias rendit la vue à saint Paul. — On a compté que Dante parle des yeux au singulier, 215 fois, et au pluriel, 53 fois. C'est une image qui revient sans cesse. — Scartazzini. Enciclop. dant, II, 1355.

[5] Canzoniere ed. Giuliani, p. 173 et 249-251. — éd. Fraticelli, p. 144.

*Maison dite « de Dante » sur l'emplacement de sa maison natale.
à Florence, convertie en musée dantesque.*

(Cliché Alinari.)

*Cimetière dit de Braccioforte à Ravenne. Cloître où furent retrouvés
les restes de Dante.*

(Cliché Alinari.)

seul […] la contemplation unique de l'Être su-
[…]

[…] que le Paradis est dans les yeux de Béatrice :

> […] es yeux brûlait un sourire
> T[…] je pensai, avec les miens, toucher le fond
> [… de sa] grâce et de mon Paradis[2].

Et [Béat]rice le sent bien : elle [me répond] avec douceur :

> [Tr]iomphant de moi [… par] sourire
> elle me dit : « T[…]
> Car ce n'est poi[nt …] le Paradis[…]. »

[S]aint Jean l'Évangé[liste], enfin, [sur] le seuil du dernier
[c]ie[l], parle en ces [term]es à Dante qui s'élève vers
[lui] :

> « La Dame, qui par cette divine
> Région te conduit, possède en son regard
> La puissance qu'avait la main d'Ananias. »

[D]ante répond à l'apôtre rayonnant :

> « À son plaisir, tôt ou tard
> [Vienn]e le remède à mes yeux, qui furent les portes
> [par où] Elle pénétra, avec le feu dont sans trêve je brûle[1]. »

[…] et visionnaire [brûlé] par l'Amour sous sa
[…] Ainsi Dante [… ap]paraît[…] voulait-il
[…] temps comme [dans l']avenir. Il écrivait plus
[t]ard [… a]n[… de Pist]oïa :

> […]
> […]

Depuis que [… la neuvième …][5].

[1] Par. X, 62-63.
[2] Par. XV, 3[…]. Cf. Vita nuova, II, […].
[3] Par. XVIII, 19-21.
[4] Par. XXVI, 8-15. Ananias rendit la vue à saint Paul. — On a compté que [Dante] parle des yeux au singulier, 2[…] fois, [et] au pluriel, 53 fois. C'est une [image] qui revient sans cesse. — Scartazzini[, Commento], II, [1]35[…]
[5] [Canzoniere], éd. Giuliani, p. 175 et 2[…]. — éd. Fraticelli, p. 14[…]

Et c'est alors que commença cette vie nouvelle, dont les premières années furent si chastes, et si fécondes pour le génie de l'homme futur. « Cet homme-là, dira Béatrice en recevant Dante au seuil du Paradis, il fut tel en sa vie nouvelle, par ses dons naturels, que toute belle qualité se fût montrée merveilleusement en lui... Quelque temps je le soutins avec mon visage ; en lui montrant mes yeux de jouvencelle je le menais avec moi dans la droite voie [1]. »

Béatrice devait régner sans partage durant seize années, sur cette âme ardente et profonde. Dante se repliait sur lui-même par la force même des événements domestiques, par tout ce qui venait souiller et détruire sa vie intime, profaner son foyer d'enfant : car son père lui donnait une marâtre. Et s'il est vrai que la maison, à cette époque, « respire un air froid et lugubre [2] », combien plus funèbre et glacée devait être cette petite maison noire, où le chef de famille introduisait, aux yeux de son premier né, une belle-mère !

Quand il opposera « la mère, bénigne à son fils », à la marâtre [3], il pensera sans doute à dame Lapa Cialuffi, la seconde femme de son père. Celle-là vécut bien longtemps ; en 1332, elle figurait dans un acte notarié ; les méchants, les sots, les inutiles ont comme un brevet de longévité ; c'est qu'ils s'accordent à merveille avec les lois de l'existence sociale [4].

Lapa Cialuffi ne vint pas seulement révolter Dante en occupant la place de dame Bella ; elle encombra la maison de ses enfants, un fils, François, et deux filles ; l'une d'entre elles, Tana, qui se maria plus tard chez les Ricco-

---

[1] Purg. XXX, 115-123.
[2] *Arte, sc. e fede a't. d* D, p. 47.
[3] Par. XVI, 59-60.
[4] Imbriani, p. 19. — Scherillo, p. 29 et 41-42.

manni, semble avoir été chère au poète déshérité des tendresses maternelles [1].

Dans la *Vie nouvelle*, Dante a décrit une cruelle maladie qui le tortura neuf jours, et l'affaiblit à l'extrême ; et dans une vision terrible, que la douleur lui apportait, « une dame pieuse et noble, qui était auprès de son lit » se mit à pleurer elle aussi parce qu'elle l'oyait pleurer et gémir. Cette dame, dit-il, « m'était alliée de très près par le sang [2] ». On peut même supposer qu'elle était mieux que sa demi-sœur, si l'on reconnaît comme fille de donna Bella cette autre personne dont parle Boccace, lorsqu'il dit : « Sachez que Dante eut une sœur, laquelle fut mariée à un de nos concitoyens nommé Léon Poggi [3], lequel eut d'elle plusieurs enfants, dont l'aîné fut nommé André, et ressemblait miraculeusement à Dante par les traits du visage, et aussi par la stature, et marchait un peu voûté, comme, dit-on, Dante faisait, et ce fut un homme illettré [4]. » Une telle ressemblance, entre l'oncle et le neveu, permet de penser que cette sœur était germaine, et non pas seulement consanguine.

Mais, épouse de Riccomanni ou de Poggi, la douce femme s'est penchée sur le chevet de Dante fiévreux et malade ; elle est immortelle avec lui, par lui. Son image rayonne dans cette sombre adolescence, au foyer où manque la mère.

---

[1] Del Lungo. *Dante nei t. d. D.*, p. 45i. — *Dante e il suo secolo*, p. 64-65, art. de L. Passerini.

[2] *Vita nuova*, XXIII, p. 58.

[3] Héraut de la Commune florentine en 1298. D'Ancona, Vita Nuova, p. 168. Zingarelli. Dante, p. 3o.

[4] Boccace. *Il Comento sopra la Commedia*. Florence, 1895, II, 129, leçon XXXIII, au ch. viii de l'Enfer.

CHAPITRE IV

LA VIE DE DANTE A FLORENCE. — LES SÉJOURS AUX CHAMPS. — LES « GÉORGIQUES » DE DANTE

Cependant que Dante souffrait, dans sa vie intime d'enfant, par le premier deuil et par le premier amour, son esprit précoce recevait, depuis plusieurs années, les impressions indélébiles de l'expérience nouvelle. De la maison, qui est une petite citadelle dans la grande cité, l'enfant est de plain-pied avec ceux qu'il peindra plus tard « se dévorant l'un l'autre,

> Enserrés dans une muraille et dans un fossé [1]. »

Elle lui apparaît « grand'ville [2] », cette bourgade illustre où il « naît et croît », et qui lui enracine au cœur « l'amour du lieu natal [3] ». C'est que, pour l'homme de ce temps, comme pour les Grecs d'autrefois, la cité, la terre et le monde, forment, il est vrai, un univers restreint, mais où les événements et les personnages ont, à cause de ces proportions étroites, une force et une importance d'autant plus énorme.

Et puis, c'est le siècle où se montrent, sous les antiques noms de Guelfes et de Gibelins, les vraies luttes entre l'État démocratique et la noblesse [4]. Plus

---

[1] Purg. VI, 84.
[2] Inf. XXIII, 94-95.
[3] Inf. XIV, 1.
[4] Ammirato, I, II, 132. B. C.

libre en son essor, l'Italie voit l'Empire abdiquer à demi ses prétentions, la Papauté, qui redeviendra téméraire, renoncer pour l'heure à l'excès de ses audaces ; la force populaire, avec l'opulence florentine, s'accroît à vue d'œil, et la lumière splendide des œuvres vraiment nationales illumine déjà le bas du ciel où montera, dans quelque temps, le soleil souverain de l'œuvre dantesque [1].

Au milieu des désordres et des discordes, un même sentiment met d'accord les partis contraires : l'amour de Florence, la grandeur du nom florentin. A ce magnifique triomphe de la Cité, tous, Blancs ou Noirs, doivent mettre la main, sous peine d'exclusion et de déchéance ; avec la fureur disciplinée d'une ruche au travail, tous les citoyens donnent le meilleur de leurs forces au labeur commun, à la Commune [2].

Et cette ville, réceptacle des biens communs, est le commun refuge, le « beau bercail [3] », écrira Dante. Un ancien commentaire ajoute, au bas de ce vers : « La cité, c'est la défense des citoyens qui veulent bien vivre et civilement, elle les protège des larrons et des hommes pervers qui sont tels que des loups. » Dante verra s'agrandir le bercail, et comme Bologne et Padoue [4], Florence crèvera d'abord le premier, puis le second cercle de ses murailles crénelées, et descellera ses portes ferrées, par deux fois, de ses origines à l'an 1284. Mais c'est l'antique Florence, la cité des aïeux, que Dante conserve en son cœur, à travers la vie et l'exil ; c'est la cité de son enfance, il la voit avec ses yeux même de petit enfant, comme il revoit sa mère morte :

---

[1] Villari. *I due primi sec. della st. di Firenze*, I. VI, p. 273-274.
[2] *Arte sc. e. f. a't. d. D.*, p. 49
[3] Par. XXV, 1-12. — Buti. Comm. III, 671.
[4] Benv. da Imola, V, 145.

> Florence, dans le cercle ancien de ses murailles,
> D'où elle ouït encore à présent tierce et none,
> Se tenait en paix, sobre et pudique[1].

Les chroniques du temps[2] la décrivent ainsi : peuple sobre, peu raffiné dans ses repas, peu dépensier, sans façon, vêtu de gros drap, hommes et femmes, chaussé de cuir épais, les femmes en jupe grossière avec des ceintures à boucle d'os. Cent livres formaient une dot convenable, deux cents livres passaient pour une dot exorbitante, et l'on se mariait assez tard.

Dans ce peuple rude et pratique, l'éducation d'un enfant est forte. Sa bonne étoile l'a fait naître, par une faveur dont il sent le prix, au centre de Florence : c'est la cloche de l'Abbaye qui lui sonne « tierce et none », il habite contre le vieux moûtier.

Il s'éveille dès le fin matin, avec cette ardeur à la vie et à l'étude qui est si précoce chez les enfants doués du vrai génie. Il parlera plus tard du réveille-matin fidèle à son chevet ; et la sonnerie cristalline répond aux cloches de l'Abbaye, au carillon du Bargello, tout nouvellement élevé[3].

> Ainsi que l'horloge, qui appelle
> A l'heure où l'Épouse de Dieu se lève
> Pour offrir son hommage matinal à l'Époux afin qu'il l'aime ;
> Si bien qu'un mouvement tire et pousse l'autre
> Sonnant « tin, tin », avec une harmonie si douce
> Que l'esprit bien dispos se gonfle d'amour[4].

---

[1] Par. XV, 97-99.

[2] Storia antica di R. Malespini, ecc., Florence, 1598, in-4°, ch. CLXI, p. 147. — G. Villani. l. VI. ch. LXIX, p. 99.

[3] 1255, d'après l'inscr. léonine au coin de la rue Proconsolo ; sur « terza e nona », Davidsohn. Forsch. IV, Anal. dantesca, p. 386-387.

[4] Par. X, 139-144. — Voir encore. Par. XXIV, 13-15, appelé aussi « destatoio », ce réveille-matin fut pour Philippe Brunelleschi, dans sa jeunesse, un modèle de machinerie. *Vita di F. di ser. Brunellesco*, éd. citée, p. 93.

Son demi-sommeil lui paraît presque divin et prophétique ; dans toute son œuvre on retrouve ces descriptions de l'homme qui sommeille, ou songe, ou s'éveille à moitié ; ce visionnaire a pour le somme une vénération sacrée, il sait ce que peut révéler d'inconnu, ce que doit rejoindre d'idées nouvelles et obscures, une nuit d'inconscience ; mais une ombre mélancolique s'étend sur les premières heures de l'enfant, cette ombre de deuil qui ne le quittera jamais ; les hirondelles florentines lui paraissent chanter tristement, et seul peut-être il entendra sans joie leur gazouillement matinal, qui ravit les autres poètes :

> A l'heure où commence ses tristes lais
>   L'hirondelle, près du matin,
> Peut-être en souvenir de ses anciens malheurs ;
>   Alors que notre esprit vagabond,
> Plus esclave de la chair et moins de la pensée,
>   Est en ses visions quasi divin [1]...

Dans ces heures, qui semblent fraîches et recueillies, même à la ville, il peut descendre, traverser la petite place, et prier sous l'humble portail de Saint-Martin-l'Evêque [2]. Mais Florence, la vraie Florence, celle du négoce et de la vie pratique, fort peu dévote et recueillie, s'éveille déjà de toutes parts. L'enfant se forme au milieu de ce peuple d'usuriers, corrompu par le négoce et par l'agio. Un jour, ces souvenirs dégoûtants de la Banque et du marché lui remonteront en nausée, il maudira les « gains subits [3], » ces intérêts qui se portaient à 40 p. 100 [4], cet or qui gonflait d'un orgueil démesuré la

---

[1] Purg. IX, 13-18.

[2] Davidsohn. Gesch. I, XIV, p. 741.

[3] Inf. XVI, 73.

[4] Villari. *I due pr. sec. della st. di Fir.*, I, 288.

racaille dont il emplissait les coffres. « Gent perverse et sagace, que ces Florentins », disent les anciens commentaires[1]. Ils sont avares et vils, et ils sont féroces, et ils font les grands seigneurs[2]. Mais pour Dante, ce ne sont point là les vrais Florentins : c'est la « race nouvelle ».

Le vrai citoyen, c'est l'artiste ; et ces deux mots sont synonymes ; l'artiste, image de l'esprit populaire[3]. Par lui, plus grand que la nature, — et maître de la nature même, — Florence est la reine du monde. La nature, c'est le modèle de l'artiste : comme elle, il dépend de Dieu seul :

> La nature donne toujours la lumière incomplète,
> Elle travaille comme l'artiste
> Qui connaît les secrets de l'art, et dont la main tremble[4].

Ces artistes, l'enfant les trouve aux rues de sa petite ville, ils n'ont point d'ateliers fameux, ce sont gens de métier, de boutique[5] ; voisins, proches, familiers, vivant du peuple, se gaussant avec le peuple, simples et savoureux. Ceux qui demain seront apprentis, et maîtres après-demain, fouettent le sabot avec Dante, sur le pavé des places et dans la poussière des rues[6]. Ils s'arrêtent avec lui pour admirer les poètes ambulants, que l'on vient écouter en foule sur la place Saint-Martin, sous les fenêtres des Alighieri[7]. Ces poètes, qui mèneront danses et combats[8], le peuple les entend assis sur des bancs ; eux, sont juchés sur une chaire en bois, on les acclame,

---

[1] Jac. della Lana. III, 238. — Benv. d'Imola, V, 144.

[2] V. Del Lungo. *Dante ne't. di D.* La gente nuova.

[3] Del Lungo. *Fir. artigiana*, 50-53.

[4] Par. XIII, 76-78.

[5] Vies de Vasari.

[6] Par. XVIII, 42. — Virgile, En. VII, 382 a fait le même comparaison. — Voir Benv. d'Imola. Comm. VI, 212.

[7] Flamini. *A. Sc. e. f. a't. di D.*, p. 309 et 322.

[8] *Ib.* p. 212 et, du même : *La lir. tosc. del Rinasc. ecc.*, p. 153.

et les florins pleuvent pour les récompenser. Celui qui fera sa *Comédie* est dans l'auditoire, et les rimes les plus heureuses sont recueillies par cet enfant auquel toute impression laisse une trace ineffaçable.

Le petit Florentin est « trivial », comme le demandera Montaigne[1]. Il vit et il s'élève dans la rue ; il saura, par là, redevenir populaire, secouer les haillons malsains de l'humanisme, et, prenant la langue du peuple, la reforger, la faire éternelle, et son œuvre avec. Il méritera qu'on le chante, dans ces rues où croît son génie. Enfant, adolescent, jeune homme, il fréquente et se faufile partout.

C'est la boutique de Belacqua[2] — Boileau —, près de Saint-Procule ; Dante va chez ce fabricant de guitares, qui sait si bien sculpter le manche des instruments ; il se souviendra des heures où il le voyait travailler, quand il compare un des damnés à un « manche de luth[3] ». On musait à plaisir dans la compagnie de ce bon luthier, et Dante n'a pu s'empêcher de sourire en le revoyant parmi les paresseux, au Purgatoire[4]. Ce flâneur, qui daignait parfois toucher de l'archiluth ou de la viole, au grand délassement de Dante, fit un jour une réponse mémorable ; comme son camarade lui reprochait sa paresse, il répondait : « L'âme devient sage, à s'asseoir et à se reposer[5]. » Vraie fleur de pavé, le gaillard avait, pour profession accessoire, celle de figurer aux actes notariés en qualité de témoin ; il grattait ainsi quelques sols, et les notaires avaient si bien l'habitude d'écrire son nom parmi

---

[1] Et La Bruyère, *Caract.* VI, « comme une borne au coin des rues. »

[2] Documents sur Belacqua, dans *Bull. della soc. it. dant.* sept. 1906, n. s. t. XIII. fasc. 3, p. 224-225. — Purg. IV, 98.

[3] Inf. XXX. 49.

[4] Purg. IV, 122.

[5] Benv. d'Imola, III, 133. Anon. fior, II, 74.

les témoins, qu'un jour, où il était cité comme curateur, le tabellion mentionna distraitement son nom où il ne fallait point, et dut raturer son acte[1].

La maison de Belacqua est proche du quartier que Dante habite ; mais elle est plus voisine encore de « la vieille maison Portinari », fief et berceau de la famille à laquelle appartient Béatrice[2]. Que de raisons pour égarer fidèlement les pas de Dante vers ce quartier sombre et bizarre[3] !

Mais un luthier, c'est presque un poète. Dante ne s'en tenait point là. Il fréquentait les tisserands, les tailleurs, il voyait voler la navette sur le réseau de la trame[4], il regardait les bons tailleurs couper et coudre[5], le vieil ouvrier cligner des yeux pour enfiler son aiguille, à la lumière trouble des rues florentines.

Etranges rues, où l'on jouait aux dés en plein air, molestés par les gamins[6], et qui presque tout de suite jouxtaient les remparts, et ces fossés où l'on jetait la pierre, comme dans la palestre antique, où l'on luttait, nus et huilés, corps à corps, tandis que parfois le messager avec sa branche d'olivier annonciatrice de victoire, de conquête ou de paix, arrive suant et poudreux, et traîne derrière lui la foule avide de nouvelles[7].

Dante observe, pour retrouver plus tard leur allure et

1 *Bull.. dant. cit.*, p. 227.

2 Del Lungo. *Beatrice nella vita e nella poesia del sec. XIII*, Milan, 1891, in-12, p. 5 et III.

3 Il est encore presque intact. Saint-Procule, où se maria Jean des Bandes noires, était la paroisse de Béatrice, car le palais des Salviati, sur le Corso, (n° 4), aujourd'hui aux Scuole pie, fut édifié sur l'emplacement de la maison Portinari. — Voir mon livre sur Jean des Bandes noires, p. 66 et 373. — Sur les églises du quartier, voir Davidsohn. Gesch. I, 863.

4 Purg. XXXI, 96. — Par. III, 95-96.

5 Par. XXXIII, 140-141. — Inf. XV. 20-21.

6 Purg. VI, 1-9. Zdekauer. Il giuoco in Italia nei sec. XIII e XIV, p. 7-9, et l'anecdote de Guido Cavalcanti dans Sacchetti. Novella LXVIII.

7 Purg. III, 67-69 ; II, 70-72. — Casini, au vers 70, p. 282-283, notes.

leur geste, les aveugles, cette plaie sordide et purulente des villes italiennes, qui bourdonnent aux « pardons », le long des églises[1] ; il voit, aux jours de fête, les lourds paysans du Chianti, les montagnards du Mugello, descendre en ville « stupidement troublés » et « muets d'admiration », marcher « rudes et sauvages[2] ». Le soir il s'assied au foyer pour ruminer tous ces spectacles, et le visage encore en feu de l'âcre baiser que lui laisse le grand air de Florence, le soufflet de la tramontane, il regarde, sans les trop voir, les tisons d'olivier, les souches rougeoyantes d'où

> Sortent les étincelles sans nombre
> Dont les sots ont coutume de tirer présages[3].

Il écoute siffler et regarde pleurer le bois vert[4] et jette un papier, un brouillon peut-être, au milieu de la flamme, pour voir « avant qu'il brûle, la couleur brune,

Alors que ce n'est pas encore noir, et que le blanc s'efface[5].

Mais, à certains jours, pour les noces, les fêtes, les anniversaires, au premier jour de mai, à la Saint-Jean, la ville s'animait de bals organisés sur les places, aux carrefours ; combien Dante se plaisait à ces spectacles de liesse, tels que les conservent encore les panneaux de coffre nuptial[6], maints passages de son poème le prouvent assez :

Ainsi se tourne avec les plantes des pieds serrées

[1] Purg. XIII, 61-67.
[2] Purg. XXVI, 67-69.
[3] Par. XVIII, 100-102, et XIX, 19.
[4] Inf. XIII, 40-42.
[5] Inf. XXV, 64-66.
[6] A l'Académie des Beaux-Arts, au Musée Poldi de Milan, dans les collections privées. L'ancienne collection Cernuschi en contenait de médiocres.

Contre terre et l'une avec l'autre, une dame qui danse
Et met à peine le pied devant le pied [1].....
Ainsi, piqués et entraînés d'allégresse plus vive
Parfois ceux qui dansent en rond
Haussent la voix et animent leurs gestes [2].....
Et comme se lève, et va, et entre en danse,
Une allègre pucelle, seulement pour faire honneur
A la nouvelle épouse, et non pour nul péché [3].

Les danses de son Paradis, qu'illustrera l'Angelico dans ses œuvres les plus divines, c'est sur les places de Florence, c'est devant les jeunes épouses florentines « muettes et immobiles [4] » mais enguirlandées de jouvencelles rayonnantes et dansantes, que lui en apparut l'image.

Il court aussi les bals, où l'on voit des gens sous des masques,

Lesquels semblent changer de forme, s'ils dévêtent
La ressemblance étrangère où ils disparurent [5].

Ces fêtes n'allaient point sans festins, où Dante, qui semble friand, tenait sa place, « rassasié d'un mets, et désirant encore un autre, si bien qu'on demande l'un en remerciant de l'autre [6] » !

Il se mêlait à toutes choses, avec ce caractère qu'il se reconnaît lui-même, « nature changeante en tous sens [7] » transmuable en toute manière.

Mais l'existence fiévreuse et malsaine de la cité n'était

[1] Purg. XXVIII, 52-54.
[2] Par. XIV, 19-21.
[3] Par. XXV, 103-105. « péché » de vanité, de coquetterie etc.
[4] Par. *Ib.* 110-111. — *Vita Nuova*. XIV, p. 33.
[5] Par. XXX, 91-93.
[6] Par. III, 91-93.
[7] Par. V, 97-99.

point constamment sienne. Et lorsqu'il laissera plus tard échapper ce cri de l'exil :

Si tu foules jamais la terre de Toscane [1] !

c'est bien la Toscane tout entière, la divine et douce Toscane, dont l'amour vient aux lèvres, et non pas seulement Florence.

La Toscane ! il l'aima, depuis son enfance, dans ses campagnes, où l'esprit d'un poète pouvait rêver le Paradis, dans ses rivières limpides qui lui montreront, sur leurs bords de fleurs, l'Amour en habit de pèlerin, dans ses montagnes imprégnées, comme auréolées de lumière, modèles pour le mont sacré du Purgatoire, et dans ces bois aux horreurs légendaires qui formeront le seuil du poème sacré.

Il est enfant, adolescent, et sans doute il a le bonheur d'être laissé à l'abandon, dans une famille maintenant pleine d'étrangers. Et il peut vivre dans les champs, s'isoler au milieu des bêtes, des plantes, des pierres, sous le libre ciel ; la banlieue florentine touche aux portes, avec ses eaux, ses prairies, ses bois de hêtres, ses fourrés, ses olivaies, ses marécages. Outre deux pièces de terre dans le faubourg Saint-Ambroise, et une cassine au même lieu, les Alighieri possèdent une propriété rurale avec maison, cabane, eaux, vigne, terre labourable, toute complantée d'oliviers et d'arbres à fruit, dans le « peuple [2] » de Saint-Marc du Mugnone en Camerata ; et un autre lieu de campagne, avec maison, cour, terre labourable et complantée d'arbres, à Saint-Miniato des Pagnolles, lieu dit les Friches ou les Essarts, en outre plusieurs pièces de terre sises au même lieu,

---

[1] Purg. XIII, 149.
[2] District.

jouxtant ledit bien[1]. Tout cela proche de la ville, et voisin de Fiesole, et point trop éloigné dans cette campagne, une des plus belles qui soient au monde, où Florence est posée comme un joyau dans un bouquet.

Allant, venant, des âpres rues, aux tours surplombantes, à ces collines lumineuses et fécondes, Dante sentait le charme poignant, la langueur de sortilège qui s'exhale au long des campagnes toscanes. Il avait ce délicieux vallon de l'Affrico, ces faubourgs de Florence qui, d'une lieue et moins, le mettaient en plein champ, parmi les oliviers, les petits chênes, sous un bocage de légende. Au printemps, ces douces collines, ces creux de terres étagées, sont couverts d'iris, de fleurs étoilées, de pervenches ; les aubépines et les ronces baignent dans le petit torrent. Est-ce pas sur ces rives où l'Angelico viendra peindre, sous ces arbres qui semblent ceux du Paradis, est-ce pas là que Dante rencontra l'inspiration qui lui fit chanter la plus belle canzone de la *Vita nuova*[2]. « Advint ensuite que, passant par un chemin, le long duquel s'en allait un ruisseau moult clair, il me vint un si grand désir de composer que je commençai à penser en quelle manière il m'y fallait prendre... Alors, dis-je, ma langue parla comme mue d'elle-même, et dit : « Dames, qui d'amour avez intelligence. » Ces paroles, je les déposai en mon esprit avec grand'joie, pensant les prendre pour mon début. Et puis, retourné dans la susdite ville, après avoir médité quelques jours, je commençai une canzone avec ce commencement-là. »

[1] Del Lungo. *Esilio di Dante*, 158 ; Barbi. *Bull. soc. it. dant.* fasc. 7, et Dorini, *Ibid*. n. s. vol. XIII, fasc. 1, mars 1906 p. 56 et suiv. ; — Fraticelli, p. 44 ; Imbriani, p. 92 et suiv. ; friches, ou plutôt « manques », lieux dénudés dans les guérets, « radere, radole, *radore* » ; voir Rigutini e Fanfani ; *Voc. it. d. l. parl.* 23º miglaio, in 4ᵉ, p. 982, col. 3. Sur la villa dantesque de l'Œillet, *Garofano*, v. Marcotti. *Guide*, p. 349.

[2] *Vita nuova*. XIX, p. 43-44.

Et quand l'étape était plus longue, aux jours de repos, on pouvait monter jusqu'aux vallées plus âpres, au nord de Fiesole ; c'était ce petit bien des Friches, sis entre deux ruisseaux qui coulent à la Sieve : l'horizon s'ennoblit encore, et la vue erre sur ces Alpes du Casentin, de la Romagne, où monte la Falterona, où se tapit l'église de San Godenzo. Derrière ces sommets, la vie de l'exil attendait le jeune Florentin ; mais l'avenir que cachent les montagnes de notre jeunesse, nous ne le connaissons jamais ; aussi, combien elles sont belles aux yeux tout neufs, et quelle lumière elles gardent pour les yeux lassés ! comme si les rayons de l'adolescence venaient les colorer encore avec leurs feux incomparables.

On se plaît à penser que Dante, s'éveillant au monde, eut le bonheur de s'isoler, d'être un peu délaissé par sa famille incohérente. Il montait vers le Mugello, il passait, au nord de Fiesole, dans les métairies paternelles, des jours esseulés et charmants : la Toscane, en ces lieux plus rudes, se sent déjà du voisinage des Romagnes et de l'Apennin bolonais ; l'horizon se hérisse un peu, les vallées se creusent, le roc et le cristal froissent les pieds, les chemins s'escarpent et croulent. Il y avait des vignes, et renommées, dans ce bien qui jouxtait ceux de l'évêque de Fiesole, mais il y avait aussi une « partie de forêt ». Une forêt du Mugello, la « forêt obscure » où l'on peut rêver au début de l'Enfer. Assez de fermes pour donner la vie et les travaux des champs, assez de nature sauvage et fruste pour laisser le rêve errant et libre.

Et ce rêve, sous sa forme la plus austère et dans sa plus haute puissance, restera toujours varié, charmé, parfumé par les souffles de la campagne. Giotto représentera Dante avec un livre sous le bras ; mais il placera, dans la main droite du poète, un bouquet de fleurs et le fruit d'une grenade.

Les genêts et les petits chênes [1] des brandes mugellanes, ces bois paternels, assez vastes puisque des routes vicinales les traversaient [2], ce fut l'asile où se forma la grande rêverie de Dante. Cette nature des montagnes qui ferment, au Nord, la Toscane, est d'une austérité poignante ; il semble qu'une lumière des limbes éclaire ces valleuses pâles, ces déserts de roche brisée et de bois clairsemés, où tranche tout à coup la rude noirceur des cyprès aux froides colonnes. Etranges forêts ; un sol ferme, qui rebondit sous les pas, le sous-bois muet, sans oiseaux, point de fourrés, point de clairières : une ombre dense, mais venant de très haut, donnée par des arbres aux aiguilles en éventail, tassées et perpendiculaires. Çà et là, les flèches vibrantes d'un jour égal dans sa puissance, l'ombre tranchée par un éclair qui la fait paraître plus bleue. Nulle part on ne rêve ainsi, dans un air plus surnaturel, en des solitudes plus mornes, plus poignantes, plus mortuaires.

Aussi, quelle gerbe il a faite, et, dans son œuvre que l'on croit communément rude et brûlée, combien la campagne pénètre, déborde, comme une forêt merveilleuse qui envahirait une forteresse barbare ! Que n'a-t-il pas laissé pénétrer, l'impeccable artisan, dans cette œuvre si fortement forgée et rivée ? Lorsqu'une idée lui vient, une comparaison rustique, il l'accueille, aux plus sombres pages de l'Enfer, aux plus étincelants tourbillons du Paradis : et ceci montre assez combien son âme primitive s'est imprégnée de la campagne.

Ces endroits où il passe la meilleure part de sa vie, c'est là que survivent les noms de la plus vieille histoire

----

[1] « Gineclis et querciuolis », ap. Mich. Barbi. *Doc. rel. a debiti di Dante. Bull. Dantesco*, ser. 1, n° 8 ; p. 7.-28.

[2] « Quadam via mediante ipsam petiam terrae. » *Bull. soc. dant.*, mars 1906, p. 62. « Quibusdam viis mediantibus dictum podere et res. » *Ib.*

florentine[1]. Mais, à la beauté de l'histoire, aux fables de jadis, s'ajoute le charme d'un pays créé pour l'extase et le rêve. Les mœurs sont charmantes. En mai, le premier jour de mai, le mois natal de Dante, on célèbre des fêtes comme à la ville ; mais ce n'est plus ce cortège de la ville, « les brigades et compagnies de jeunes gens nobles vêtus de neuf, formant des assemblées couvertes de velours et de taffetas et renfermées en des barrières de bois[2] ». C'est la campagne tout entière qui s'éveille et se réjouit : dames et pucelles s'en vont par cortèges, couples joyeux de danseuses, de musiciennes, la tête enguirlandée de fleurs ; on joue, on s'ébat, les amoureux portent aux mains un rameau fleuri, même un petit arbre qu'ils vont planter à la fenêtre ou sur la porte de leur belle ; ils chantent la chanson du Mai, la Maggiolata :

> Vive le mai, bienvenu soit le mai
> Avec son gonfalon sauvage ![3]

On a tressé des violettes, et l'on en festonne les portes des villas toscanes. On entonne des cantilènes, où jaillit quelquefois un trille ou un air de bravoure lancé par un chanteur plus sûr de son génie[4]. Et si l'allégresse finit par une pièce jouée solennellement ou par un banquet, le théâtre se dresse sous les oliviers, la table est mise dans une aire où l'on a foulé le froment.

Et viennent la science, les livres, la scolastique, et Aristote, et Boèce, et les gens d'école : Dante, qui a vu tout cela, dans cette Toscane où la métairie touche à la mai-

---

[1] G. Villani. I, XXXVI.

[2] Villani. VII, CXXXIII.

[3] Repris par Politien. Voir Gaspary, II, 224 ; tout ceci ap. D'Ancona. *Orig. del teatro ital.* 2e ed. Turin 1891, in-8°; II, 244-265.

[4] D'Ancona, 261 ; cf. Borghi. *Il Maggio*. Modena. 1848.

son, les feuillages du jardinet se mêlant aux premiers rameaux du verger, Dante restera, dans toute son œuvre austère et surnaturelle, ensorcelé par la campagne. Lui, qui semble adorer Virgile surtout en son *Enéide*, il a laissé, sans le savoir, de véritables *Géorgiques* éparses dans son grand poème.

Et c'est la journée campagnarde, et ce sont les bêtes des champs, les plantes des champs, qui viennent s'offrir sans relâche à cette imagination qui n'eut point de pareille.

L'aube de Toscane se lève : « annonciatrice de l'aurore, la brise de mai frémit et embaume, toute imprégnée d'herbe et de fleurs[1] ».

L'étoile du matin scintille encore, cette étoile tremblante qu'il reverra sur la figure de l'Ange dans le Purgatoire[2]. Jeux des nuées[3], frissons des feuillages qui se courbent et se redressent sous le vent[4], il contemple toutes ces images, et le rire des herbes[5], et les « pleines lunes sereines, où Trivia sourit parmi les nymphes éternelles[6] ». La majesté de l'âme antique ressuscite en lui, devant ces spectacles, et vient se mêler au frisson de l'esprit moderne.

Il voit les pluies continuelles convertir en nouées les bonnes cerises[7]. Et il trouve, pour ces désastres de la récolte, les accents, les regrets d'un vrai paysan.

Il sort de la ferme par une froide matinée toscane ; les fleurs sont courbées par le gel nocturne, elles se sont fer-

---

[1] Purg. XXIV, 145-147.
[2] Purg. XII, 88-90.
[3] Inf. XXXI, 34-36 ; XXXIV, 4.
[4] Par. XXVI, 85-86.
[5] Par. XXX, 77.
[6] Par. XXIII, 25-27.
[7] Par. XXVII, 125-6.

mées, mais le soleil vient les éclairer de sa blanche lumière, et elles se redressent toutes, ouvertes sur leur tige[1]. Si c'est l'automne, les feuilles s'en vont des arbres l'une après l'autre, jusqu'à ce que la branche rende à la terre toutes ses dépouilles[2]. Le lierre seul demeure encore, implanté dans l'arbre dénudé, comme les serpents de l'Enfer au corps des damnés. Ces serpents, il les verra dans les Maremmes, aux jours arides, dans l'exil[3]. En Toscane, il ne connaît encore que le lézard d'émeraude et d'or, qui traverse comme un éclair, durant les jours de canicule, les routes des champs et des bois.

Le sentiment fut quelquefois si profond, si impérieux, que la comparaison n'est plus amenée après l'image essentielle, dans le poème. L'ordre s'intervertit dans l'imagination, et c'est le tableau campagnard qui occupe la première place, toute la place. Cinq terzines, ce n'est pas trop pour composer cette scène délicieuse qui ouvre un chant épouvantable de l'Enfer, comme un jasmin sur le portail d'un charnier[4] :

« En cette partie de l'année jeunette, où le soleil adoucit ses rayons sous le signe du Verseau, lorsque déjà les nuits s'en vont vers le midi[5], quand la gelée blanche sur la terre imite l'image de sa blanche sœur[6], mais cette image est peu durable[7] ; le campagnard, à qui manque la denrée, se lève et regarde, et voit la campagne blanchir tout entière, et il se frappe la hanche ; il rentre à la

---

[1] Inf. II, 127-129.

[2] Inf. III, 112-114.

[3] Inf. XXV, 58-59 ; ivi. 20, ivi. 79-81

[4] Inf. XXIV, 116.

[5] Sur le sens de ce « mezzodi », Cf. Moore. *Studies in Dante*. 3ᵉ série, Oxford. 1903. p. 53.

[6] La neige.

[7] Litt : « sa plume est vite épointée. »

maison, et çà et là se va plaignant, tout ainsi que le miséreux qui ne sait point que faire, puis il sort de nouveau, et remet en sa corbeille[1] l'espérance, car il voit que le monde a changé d'aspect en peu d'heures, et il prend sa houlette, et chasse dehors les brebinettes vers la pâture ; ainsi... »

Mortes dans la traduction, ces petites scènes rustiques sont, dans le poème original, comme ces fleurs que l'on ne peut cueillir ni conserver. Il n'est point de poète plus intraduisible que Dante ; et nulle part il ne résiste autant que dans certains passages de grâce et de fraîcheur, quand la nature même semble s'exhaler par ses vers.

Une des crevasses d'Enfer est-elle parsemée de flammes ? Dante revoit ces mouches de feu qui dansaient, par les soirs d'été, devant ses yeux enfantins, à Saint-Clément, à Muscoli, sous la Madone de la Pierre : « Autant le campagnard, qui se repose sur le puy, dans le temps que celui qui éclaire le monde nous tient sa face moins cachée, lorsque la mouche cède la place au moustique[2], voit de lucioles, en bas par la vallée, là-bas peut-être où il vendange et laboure ».

Bruit de l'eau qui glisse au moulin, « par la conduite, pour faire tourner la roue du petit moulin[3] alors qu'elle approche plus près vers les palettes » ; geste du rustre qui bouche avec une fourchée d'épines la brèche d'une haie, lorsque le raisin commence à brunir[4] ; il a tout

---

[1] « Ringavagna ». Un ancien commentaire dit : « Les *gavagne* sont de grands paniers que font les vilains. » *Comm. alla D. C. d'anon. fior. del. sec. XIV* ; Bologne. 1866, I,506. Dans le même sens : « fidanza non imborsa. » — Inf. XI, 54.

[2] A l'heure du crépuscule.

[3] Molin terragno, celui qui a sa roue en-dessous, et plus petite, au lieu de l'avoir, comme le moulin français, de côté et plus grande. Il faut plus d'eau à ce moulin moins fort. (Buti. Comm. I, 594 ; ad-versum. et dict. de la Crusca, verbo *terragno*.)

[4] Purg. IV, 19-21.

vu, tout retenu, et les gens, et les animaux domestiques ou forestiers, les chiens, le bétail, les reptiles, les fauves, les oiseaux, les insectes sous les pierres et les limaces sur les feuilles [1]. Il y a, dès les premiers temps, chez ce génie universel, l'amour minutieux et la patiente observation qui sont le charme des artistes primitifs.

C'est le chien [2] qui « aboie après sa pâtée, et se calme dès qu'il y mord, tout entier à la dévorer »; les chiens « qui se grattent, l'été [3], du museau ou de la patte alors qu'ils sont mordus ou par les puces ou par les mouches ou par les taons ». Le mâtin, qui « détaché, se lance en hâte aux trousses du larron [4] ». Les chiens « qui sortent avec fureur et dans un vacarme de tempête contre le mendiant qui demande dès qu'il s'arrête » [5]. Taureau qu'on abat, et qui tourne sur lui-même dans une rage aveugle [6], bœufs paisibles, qui tirent leur langue pour se lécher le museau [7], et vont de pair au joug [8] ; et surtout agneaux et brebis, chers au peuple de Saint-Jean :

« Comme [9] les brebinettes sortent de l'enclos, une à une, deux à deux, trois à trois, et les autres restent craintives, les pauvrettes, baissant par terre les yeux et le museau ; et ce que fait la première, et les autres aussi le font, s'appuyant contre elle si elle arrête, simples et paisibles, et ne savent pourquoi. » Avec la brebis « folle »,

[1] Inf. XXV, 132.

[2] Inf. VI, 28-30.

[3] Inf. XVII, 49-51.

[4] Inf. XXI, 44-45.

[5] Inf. XXI, 67-69.

[6] Inf. XII, 22-24.

[7] Inf. XVII, 75.

[8] Purg. XII, 1.

[9] Purg. III, 79-84, voir *Convivio*. I, 11, p. 95, où se trouve en germe l'histoire des moutons de Dindenault, dans *Pantagruel*. IV, ch.-vIII.

voici l'agneau « qui laisse le lait de sa mère, et simple et lascif, avec lui-même à son plaisir[1] se bat ».

Le porc s'échappe de la porcherie en courant ventre à terre, lourd et mordeur[2]. Mais, autour de la métairie, la campagne sauvage et la forêt montrent des bêtes qui foisonnent, avec leurs mœurs originelles, et dans leurs asiles premiers. Les pigeons reviennent le soir au colombier; mais leur vol, leur âme pillarde et vagabonde, les fait libres et déjà presque sauvages. « Lorsque, picorant les grains d'avoine ou d'ivraie, les pigeons assemblés à la pâture, tranquilles, sans montrer leur orgueil coutumier, si quelque chose apparaît qui leur fasse peur, tout à coup ils abandonnent la nourriture, parce qu'ils sont assaillis d'un plus grand souci[3]. » Après le vol du pigeonnier, les deux pigeons : « tel le pigeon quand il se pose près de son compagnon, et l'un exprime à l'autre, en tournant et en murmurant, sa tendresse[4] », « comme les pigeons, appelés par le désir, avec leurs ailes hautes et immobiles vers leur doux nid viennent par l'air, portés par leur ardent vouloir ».

C'est ainsi que, s'enrichissant d'images vraies et naturelles, Dante saura donner plus tard, au milieu de mille trésors, cette humble et charmante richesse des tableaux rustiques, et point gâtés par le poison des fables, sans la pénible imitation d'apologues qui introduisent l'homme au milieu des animaux, et faussent tout, et corrompent les dons divins.

Le frémissement des oiseaux passera dans tout le poème; combien de fois a-t-il suivi leur envolée dans les guérets, sous le crépuscule des bois ? Durant l'hiver, c'est

[1] Par. V, 82-84.
[2] Inf. XXX, 26-27.
[3] Purg. II, 124-129.
[4] Par. XXV, 19-21, et Inf., V, 82-84.

la « bande large et serrée des étourneaux tourbillon-
nant par le ciel froid [1] », ce sont les files gémissantes des
grues qui font dans l'air glacé leur « longue raie [2] ». Puis
le merle chante, à la première éclaircie, « pour un peu de
bonace [3] ». « Les oiseaux qui s'ébattent, sortent de la
rivière, et comme s'ils se félicitaient, par leurs chants, de
leur pâture, il forment une troupe tantôt ronde et tantôt
allongée [4] ».

La cigogne, entre tous, paraît avoir frappé les yeux
de Dante ; les damnés claquent des dents « avec
un bruit de cigognes [5] » qui clappent du bec, avant de
se heurter comme des boucs [6] ; le poète a noté le vol
tournoyant du grand oiseau quand il revient au nid, et le
col tendu par l'oisillon repu, qui regarde [7] ; et il décrira
« le cicogneau qui lève l'aile, par désir de voler, et n'ose
abandonner son nid, et la replie [8] ». Et l'on trouverait des
images analogues chez les poètes de l'antiquité ; sans
parler de Virgile, qui est partout, Ovide, et Stace, et
combien d'autres [9]. Mais que l'on compare, et bientôt le
miracle de naturel, et de force, la nouveauté savoureuse
du génie dantesque apparaissent triomphalement.

Le miracle de ce génie, c'est que le poison littéraire, et
les souvenirs de l'école, n'agiront presque point sur lui,
quand il décrira la nature, les paysages et les gestes des
animaux : l'impression fut si directe et si forte, sur un

[1] Inf. V, 40-41.
[2] Inf. V, 46-47.
[3] Purg. XIII, 123.
[4] Par. XVIII, 73-75.
[5] Inf. XXXII, 35-36.
[6] Inf. XXXII, 50-51.
[7] Par. XIX, 91-93.
[8] Purg XXV, 10-12
[9] Venturi (L.) *Le similitudini dantesche illustr. e confrontate.* Firenze
1874 ; in-12, 2° ed. augm., 1889.

si robuste instrument, qu'il nous la rendra tout entière, dans son ingénuité superbe. Le froid des aurores toscanes passe dans ces images : « Et comme, par le naturel instinct, les corneilles, toutes ensemble, au commencer du jour, se remuent pour réchauffer leurs plumes refroidies ; ensuite les unes s'en vont sans retour, les autres s'en retournent d'où elles sont parties, et d'autres encore tournant en cercle demeurent au même endroit[1]. » Il a senti, vraiment, toute son âme se mêler avec l'âme des créatures. Il s'émeut « comme l'oiseau, dans le feuillage aimé[2], posé sur le nid de ses chers petits, durant la nuit qui nous cache les choses ; alors que, pour voir leur aspect désiré, et pour trouver la nourriture dont il les repaîtra, prêt à trouver joyeuses en ceci les plus rudes peines, il prévient le moment de l'aurore en se posant sur la feuillée découverte, et passionnément espère le soleil, le regard fixe à guetter la naissance de l'aube ». Et l'allégresse de l'aurore se levant sur des monts divins respirera dans la terzine où les vers s'élèvent et chantent comme l'alouette au matin : « Telle l'alouette qui dans l'air s'espace d'abord chantant, et puis se tait, contente pour la douceur de la chanson dernière qui la satisfait[3]. »

Les bestioles de la campagne sont amies pour l'enfant, il les a suivies, épiées, leur vie est dans toute son œuvre. La grenouille, avec la cigogne, semble avoir été favorite. Voici les grenouilles « devant la couleuvre ennemie, qui se dispersent toutes dans l'eau, jusqu'à ce que chacune se musse en quelque creux de terre[4] ». Il les regarde « à l'ourlet de l'eau d'un fossé, le seul museau dehors, si,

[1] Par. XXI, 34-39.

[2] Par. XXIII, 1-9 ; et cet « amate » délicieux, c'est le lourd « protinus arbor amatur » de Stace qui l'a peut-être inspiré (*Achilléide*. I. 215).

[3] Par. XX, 73-75.

[4] Inf. IX, 76-78.

qu'elles cachent et leurs pattes et le reste de leur corps »[1]. Ailleurs, « une grenouille reste dans l'eau, et l'autre en saute[2] ». Un damné tout gluant de poix brûlante, ce sera la loutre qui sort du marais, le poil collé par ses plongeons[3]. Mais les humbles batraciens du marécage hantent de préférence l'imagination du poète ; et d'esquisse en esquisse, arrive la terzine : « Et comme à coasser demeure la grenouille, avec le museau hors de l'eau, dans la saison où la vilaine pense souvent à glaner les épis[4] ».

Il s'est longuement demandé ce que veulent les menues actions des bêtes champêtres, qui passent, s'arrêtent, interrompent ou reprennent leur chemin, sans que l'homme soit bien certain des ressorts et des raisons qui mènent cette vie si proche de lui-même et si commune avec la sienne. « Ainsi, dedans leur troupe brune, se met museau contre museau l'une des fourmis avec l'autre, peut-être afin d'explorer ensemble leur voie et leur fortune[5]. » Et tout au sommet du Paradis, au cœur de la Rose mystique, les essaims de la milice sainte, c'est, pour le poète arrivé jusqu'à son terme triomphal : « comme un essaim d'abeilles qui *s'inflore*, une fois, et une autre fois encore s'en revient à l'endroit où son travail devient saveur[6] ».

Et l'érudition pourra retrouver, sous ces images, l'influence d'un versificateur latin ou d'un Père, et citer Stace ou saint Anselme. Que le hasard d'une lecture ait éveillé l'inspiration de Dante, qui le sait ? Mais c'est bien

[1] Inf. XXII, 25-27.

[2] *Ib*. 31-32.

[3] *Ib*. 36.

[4] Inf. XXXII, 31-33.

[5] Purg. XXVI, 34-36, sur le sens du mot « espiar », voir Purg. XVI, 84 ; ed. Casini, note p. 400 et Diez. *Etym. Wörterb. d. r. spr.* Bonn. 1887 p. 303, cité *ib*.

[6] Par. XXXI, 7-9.

la nature primitive, la vérité prise à la vie, et c'est l'impression première qui purifie, orne, exalte cette poésie souveraine, jusqu'à la rendre incomparable par sa force et par sa splendeur.

CHAPITRE V

L'IMAGINATION DE DANTE. — DANTE ÉCOLIER.
LE BAS-RELIEF DU CAMPANILE.
L'INFLUENCE DE VIRGILE. — LES ÉCOLES
MONASTIQUES. — LE DESSIN.

Le voici déjà tout entier, puisqu'il a subi les deux grandes puissances qui seront maîtresses de son génie : « La haute puissance, qui déjà m'avait pénétré d'outre en outre, avant que je fusse hors de l'enfance [1] ; » C'est Béatrice, avec l'Amour. Et l'autre, ce sera bientôt Virgile, prince de science, maître des lettres et de la poésie : vers celui-ci, les études de son enfance achèvent de l'acheminer.

Il a, cet enfant de dix ans, ce petit Alighieri qui vient de s'asseoir aux écoles florentines, le don suprême de l'imagination plastique, sans lequel un homme ne peut vraiment ni penser ni créer. Mais la plupart ne le possèdent, ce don merveilleux, que par bribes, et sous une forme incomplète. Chez beaucoup d'hommes, la vigueur du verbe fait illusion ; mais il manque la qualité suprême, cette émotion, cette sympathie qui semble mêler le poète à ce qu'il décrit, et seule fait entrer, dans l'œuvre, la vie même de la nature.

Dante, l'enfant qui sera Dante, est assis dans un coin, auprès du foyer, et il regarde le plafond à poutrelles et

[1] Purg. XXX, 41-2.

La Grammaire; attribuée à Luca della Robbia, d'après Giotto.   *Le tissage des draps.*

(Bas-reliefs du Campanile, à Florence.) (Clichés Alinari.)

CHAPITRE V

L'IMAGINATION DE DANTE. — DANTE ALIGHIERI.
LE BAS-RELIEF DU CAMPANILE.
L'INFLUENCE DE VIRGILE. — LES ÉCOLES
MONASTIQUES. — FÉODALES.

[illegible]

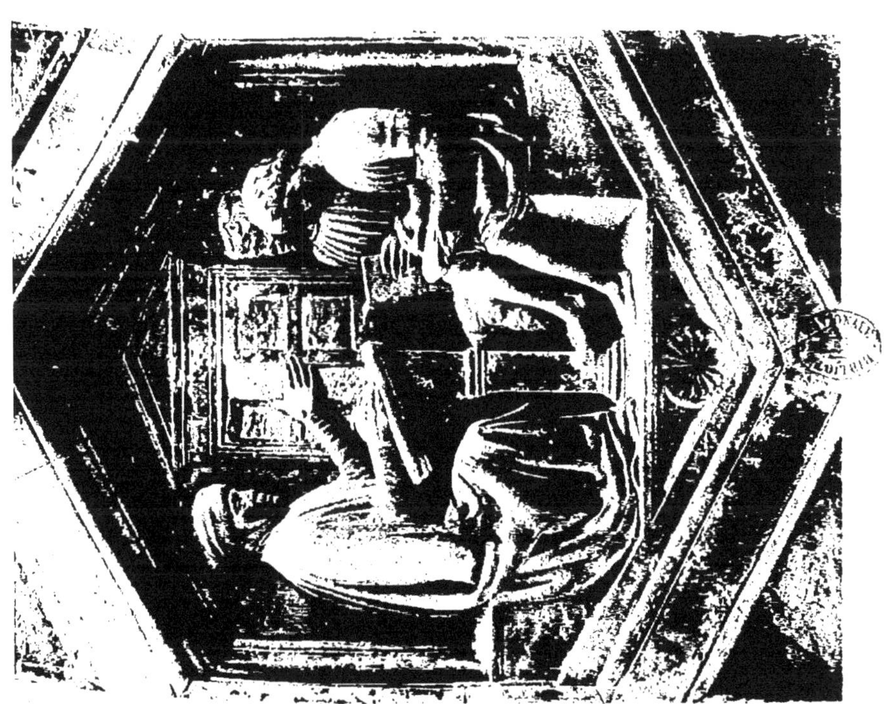

à consoles, que portent des « corbeaux » sculptés. Ou bien, il a fait halte contre une maison de la place, il a rêvé, le nez en l'air. Et il a vu les figurines qui portent le toit. Un passant ordinaire, un gamin quelconque n'en sentirait rien. Lui, voici ce qu'il conserve en lui-même : « Ainsi, nous dit-il[1], pour soutenir plancher ou toit, en guise de console, parfois une figure se voit joindre les genoux à la poitrine, laquelle fait de sa fausse semblance naître une vraie tristesse à qui la voit. » Tout se grave dans cet esprit, avec une clarté si forte et si crue, que l'impression primitive transparaît toujours, sous le voile éclatant de l'image littéraire, comme Béatrice demeurera visible parmi la lumière céleste. Si Dante se souvient d'une église florentine, il marque avec soin qu'elle est située « à droite, sur la montée[2] ». S'il écrit, il se voit écrire, il sait que l'*o*, que l'*i* se font plus vite que les autres lettres[3].

Plaçons l'enfant, ainsi doué, dans une ville où tout concourt à exaspérer ces dons de puissance plastique. Et souvenons-nous que, s'il n'est pas vrai d'attribuer aux milieux où s'élève un homme la forme et l'essence de son génie, d'ailleurs il reste vrai que cette essence et cette forme doivent, sous peine qu'il avorte et se stérilise, être en accord avec le temps et le pays où l'homme croît. Florence et Dante ne sont qu'un ; c'est le secret du désespoir que ressentira le poète durant son exil. Et jamais parole ne fut plus vraie que celle-ci : « L'on pourrait aussi bien dire Florence de Dante, que Dante de Florence[4] ! »

Cette incarnation d'un homme dans une cité, cette empreinte réciproque de l'un sur l'autre, c'est si évident,

---

[1] Purg. X, 130-139.
[2] Purg. XII, 100-105.
[3] Inf. XXIV, 100.
[4] Marsile Ficin. Preamb. au *De Monarchia*.

si complet, que Dante, enfant précoce, arrête ses idées maîtresses à l'heure même où le pénétrèrent ces impressions primitives. Tout le reste, science acquise, expériences consommées d'âge en âge, se superpose, sans agir sur le fond de l'être : au fond, il n'y a que Florence, l'antique Florence de jadis. Cette ville, sa ville, et la femme florentine, image des amours sacrées, qui lui révéla dès l'enfance la beauté, les yeux dans ses yeux.

L'écolier que fut aux écoles de grammaire florentines, le petit Dante Alighieri, nous en conserverons l'image ; elle est sculptée, d'après Giotto peut-être, sur la face septentrionale du campanile[1]. Devant un pupitre massif, un vieux maître à la bonne face encadrée par la mentonnière et surplombée par le bonnet s'est assis dans les plis profonds de la robe, du *lucco*, sorte de toge alors commune à tous les citoyens ; une main, osseuse et ridée, pose sur le pupitre ; le régent lève l'autre main pour affirmer son commentaire ; en face de lui, deux enfants écoutent : le premier, qui apparaît en haut relief, tout lumineux et charmant, incline sa tête bouclée sur un cahier où il écrit ; svelte et fort, gracieux de visage, élégant dans son court sayon et dans ses chausses ajustées, il est studieux à miracle.

Les études étaient ferventes, en ce temps-là, dès le début ; elles restaient ferventes jusqu'au terme, car elles tenaient de la religion et du mystère par leur incertitude même, et par la confusion des éléments à demi connus, à demi devinés. Une candeur profonde y présidait, les inspirait. On commençait par la grammaire, c'est-à-dire par le latin, langue curiale, universelle. Chemin faisant, au long des textes, les notions élémentaires d'histoire, de géographie, de mythologie, se recueillaient, un peu à l'aven-

---

[1] Voir Burckhardt. *Cicerone*. 9° ed. 1904 ; Leipzig, in-12, t. II, p. 390, c. et 425 c. Vasari. I. 399 et II. 169. Luca Della Robbia aurait usé d'une esquisse laissée par Giotto (?)

ture [1]. Un cours complet, de haute doctrine, et dont l'étudiant se targuait, pouvait durer dans les seize mois [2]. On se servait, pour ces études comme pour celles où d'autres maîtres guideront bientôt Dante, de ces recueils assez confus, encyclopédies très sommaires, qui furent si bien faites pour donner aux esprits ardents, ingénus, l'amour de la science et le goût des hautes études [3].

Ces demi-clartés sont mieux faites pour la poésie que la lumière d'une science vraiment formée. Lucrèce écrirait-il encore, aujourd'hui, son poème ? et Dante aurait-il le courage de passer, la fleur poétique à la main, à travers les halles interminables et sous la lumière crue des laboratoires ? Dans un esprit naïf, avide, comme le sien, qui dit ouvertement : « J'ai peur [4] », comme ferait un artisan ou un campagnard, et qui ne connaîtra jamais les horreurs du « style noble [5] », la grandeur et la puissance originelles sont à ce point, que les plus étranges éléments, une science à demi baroque, un mélange de rêveries et d'expériences tronquées, le pêle-mêle ahurissant du moyen âge, tout cela, qui corrompt les autres et les rend caducs, sera bon pour nourrir son génie. Pareil à ces arbres superbes qui croissent dans les marécages et prospèrent dans le limon putride, ou dans le sol flottant encore et mal fixé.

Le grand bienfait, pur et souverain, que lui donnèrent ces études dirigées par la tradition latine, c'est de lui révéler son maître, son guide, et la tradition, l'âme de son œuvre et de sa race : Virgile. En toutes ses impres-

[1] Zingarelli. Dante, V, 63.

[2] Davidsohn. I, 805 ; note 3.

[3] Fauriel, Hist. litt. de la France, 1842 ; t. XX, p. 291. — Scherillo, p. 182, n. 1.

[4] Inf. XVI, 49-50.

[5] Voir Inf. XXII, 13-15 et 58.

sions primitives, on sent Virgile. De Virgile, il s'est nourri dès son premier âge. Les broussailles d'érudition, de scolastique, sembleront un jour étouffer la première poésie de Dante, comme les erreurs sensuelles terniront, une heure, l'image de Béatrice. Mais Virgile reprendra son pouvoir sur l'esprit, comme Béatrice sur les sentiments. La grande âme latine, ingénue et limpide, redeviendra toute puissante en l'œuvre de Dante. Cette connaissance, cette passion profonde, cet amour de l'antiquité nationale[1], qui le fait s'imprégner d'Ovide même et de Stace, qui lui donne les sentiments précurseurs de la Renaissance, qui le sacre fondateur du génie latin dans les siècles nouveaux, lui, le dernier homme du moyen âge, il a pris cela dans Virgile. C'est la gloire de l'Italie, de cette Italie que Dante incarne, d'avoir puisé la tradition à sa source la plus auguste, d'avoir ranimé le flambeau des jours antiques à cette flamme, la plus radieuse de toutes.

Lucrèce lui fut inconnu, bien qu'un monastère ait, dit-on, montré le *De rerum natura* dès le x° siècle[2]. Mais Virgile conservait tout et donnait tout. Dante a connu jusqu'à son meilleur exégète, Servius[3]. Non seulement il se fait dire par Virgile : « ainsi chante ma haute tragédie en certain lieu : tu le sais bien, toi qui la sais par cœur tout entière[4] ». Non seulement il sait Virgile par cœur, et il fait son Enfer parce que Virgile fit le sien[5]. Mais il le sent, l'aime, l'adore en poète. Il aurait pu s'écrier, ainsi qu'il le fait dire à Stace, et avec plus de raison : « A mon ardeur furent semence les étincelles qui m'échauffèrent,

---

[1] « Il più essenzialmente nazionale dei poeti latini ». dit Comparetti, *Virgilio nel M. Evo*. I, 5 ; voir enc. *ib*. p. 23, 131 ; les ch. xiv-xv, et la p. 305.

[2] Lucretius, ed. Munro, 4° ed. in-8°. Cambridge, 1893 ; t. I, p. 2.

[3] Moore. I, 189 et Casini ad. Inf. XXXI, 84, p. 241, note.

[4] Inf. XX, 112-114.

[5] Voir les paroles de Michelet, si virgilien, lui aussi, ap. *Michelet*, par G. Monod, Paris, 1905, in-12, p. 97.

de cette divine flamme où se sont allumés plus de mille, de l'*Enéide*, veux-je dire, laquelle fut ma mère (ma maman. *mamma*) et ma nourrice [1]... » Tant il regorge de Virgile, parfois jusqu'à la redondance [2].

Pour lui, dans le voyage infernal, et jusqu'au terme du Purgatoire, Virgile est un homme qu'il aime, un corps qu'il touche, un ami qui l'embrasse, le soutient, l'emporte, le ranime ; Virgile, ombre avec Stace, est vivant pour Dante. Par un artifice où se montre la gaucherie fatale de tout ce merveilleux chrétien qui a son origine dans l'*Enéide* même, l'anthropomorphisme commun à tous les descripteurs d'Enfers crée une confusion bizarre [3]; mais on sent bien que Dante voit et sent Virgile comme réel, et le veut tel.

Et Virgile a pénétré Dante d'une révérence si grande envers l'antiquité latine, qu'il ose, lui, le grand chrétien, comparer l'apparition de Stace à celle de Notre-Seigneur Jésus-Christ sortant du tombeau [4], et mêle aux cantiques sacrés, au texte des Evangiles, au « Benedictus qui venit [5]» le vers de l'*Enéide* où le vieil Anchise demande que l'on répande à pleines mains les lys sur le sépulcre de Marcellus [6] : « Manibus date lilia plenis ». Virgile est un texte sacré, comme saint Jean ou saint Mathieu. Et, dans sa lettre au César rédempteur, à cet empereur Henri VII qui sera son espoir suprême, il citera Virgile, encore, après l'Apocalypse [7].

---

[1] Purg. XXI, 94-98. Voir Moore. *Studies in Dante*, I, 243.

[2] Voir Moore. *Ibid.*, pp. 166-197.

[3] Purg. XXI, 132 et 136.

[4] Purg. XXI, 7-9.

[5] Mathieu, xxi, 9. Marc. xi, 9. Luc. xix, 38. Jean xii, 13.

[6] *Enéide*. VI, 883 ; voir, Boccace. *Vita*, ed. Macri-Leone; p. 11. « Famigliarissimo divenne di Virgilio. »

[7] « ... tam *Saturnia regna*, quam *Virginem* redeuntem cum Marone cantabant. » Les contemporains ne se trompèrent pas sur cette influence. Voir le témoignage de Francesco da Barberino, ap. A. Thomas. *Fr. da Barbe*-

C'est peut-être durant son adolescence qu'il reçut la doctrine de ces écoles dominicaines, si longtemps puissantes sur sa pensée [1]. L'ordre formidable des « chiens du Seigneur », déchaîné contre l'hérésie des Patarins en 1117 [2], n'avait garde d'abandonner l'instrument de l'éducation, si précieux pour former l'âme des citoyens suivant leurs maximes. Et dès 1221, mettant la main sur l'antique église de Sainte-Marie-Nouvelle, ils y annexaient des écoles [3]. Des exercices surtout formalistes ou mnémotechniques, quelques classiques latins de deuxième et de troisième ordre, parfois tronqués, enfin et surtout l'Écriture sainte, l'Ancien et le Nouveau Testament, conduisaient au fameux « trivium » ou « quadrivium » de la haute science, qui comprenait officiellement la grammaire, la dialectique, la rhétorique, l'arithmétique, la géométrie, la musique et l'astronomie [4]. Mais tout porte à croire que les sciences énumérées étaient représentées surtout, en cet illustre carrefour, par des écriteaux et par des poteaux indicateurs. L'essentiel était que l'enfant, venu d'une race cultivée, favorable à l'éloquence latine, aux lettres latines, recevait la tradition pure et normale, et se sentait, en grandissant, approuvé pour son effort, et admiré pour son savoir [5].

Dante commençait ainsi d'amasser ce trésor « d'expé-

rino et la litt. provençale en Italie, p. 192 ; « Videre poterit ipsum Dantem super ipsum Virgilium vel longo tempore studuisse vel in parvo tempore plurimum profecisse. »

[1] Renan. *Averroès et l'Averroïsme*. Paris 1852, in-8°, p. 198 et 199-200.

[2] Villani. Cron. I, IV.XXX, p. 60, col. 1.

[3] Davidsohn. Gesch. t. II, 1908. 1ʳᵉ partie, ch. III. « Franziskaner u. Dominikaner », et *The dominican Church of Santa Maria Novella at Florence*, by J. Wood Brown. 1 v. in-4°, Edimbourg, 1902. 2° partie, ch. 1, p. 51 et suiv. ; voir aussi le *Michael Scot.* du même.

[4] Zingarelli. p. 64.

[5] Voir A.-F. Ozanam. *Le scuole e l'istruzione in Italia nel Medio Evo.* tr., dans Bibl. crit., della lett. it. n° 2. Florence. 1895, in-12, surtout pp. 70 à 74.

rience et d'art » qu'il prisera par-dessus toutes choses[1].
Il était, de degré en degré, plein de conscience, riche de
zèle[2], pareil à « ce bachelier, qui s'arme, et ne parle
point, tant que le maître propose la question, afin de la
discuter, non de la résoudre[3] », à « cet étudiant qui répond
au maître, tout prêt et de bon cœur, sur la matière où
il est expert, afin de dévoiler son mérite[4]. »

Au milieu de tout cela, l'enfant, comme dans les toutes
premières années, où Florence lui donnait le spectacle
des événements quotidiens, comme au temps où il voyait[5]
l'inondation emporter les ponts de la ville, l'enfant ouvrait
ses yeux avides aux scènes florentines et se formait au
commerce des camarades subtils, artistes ou bizarres.
Il comprenait peu à peu ces luttes intestines qui, sous des
noms de Guelfes ou de Gibelins, agitaient sans cesse,
l'éternelle question des Grands et du Peuple, du pouvoir
pontifical et du droit communal[6]. Ses treize ans voyaient
« les tempêtes intérieures[7], » les haines brutales des
Donati, des Adimari, cette discorde perpétuelle qui
acheminait au détestable remède d'une intervention par
le légat, « médecine » dangereuse d'un mal chronique.

Pour s'égayer, il apprenait le dessin suivant les
antiques principes[8], et ses amis étaient étranges. C'était
entre autres, ce Capocchio, trop inventif, esprit villon-
nesque entre tous, qui sera plongé dans l'Enfer pour
avoir fait de la fausse monnaie[9]. « Il fut de Florence, et

---

[1] Purg. XV, 21.
[2] Voir *Bull. soc. dant.* VII, 159.
[3] Par. XXIV, 46-49.
[4] Par. XXV, 64-66, voir enc. XXIX, 70-71 et 127.
[5] Villani. I, p. 126. col 2. — Ammirato. I, p. 145.
[6] Barbi. *Bull.* V-VI, sept. 1891, p. 6.
[7] Ammirato, I, 152.
[8] *Il libro dell'arte, o trattato della pittura,* di Cennino Cennini. Florence,
1859, in-12. — Vita Nuova. XXXIV, 88.
[9] Inf. XXIX, 136-fin.

fut familier de l'auteur, dit un ancien commentaire, et ils étudièrent ensemble ; et ce fut un gars qui, à la mode d'un homme de cour, sut contrefaire quiconque il voulait, et toute chose du monde, si bien qu'il semblait proprement la chose et l'homme qu'il contrefaisait en chaque geste ; il s'adonna en dernier lieu à contrefaire les métaux, comme il faisait les gens[1]. »

Ce camarade était habile à ces peintures pieuses qui consoleront plus tard le deuil solitaire de Dante. « Certain jour de vendredi saint, comme (Capocchio) était seul, absorbé, en certain cloître, il figura toute la suite de la Passion de Notre-Seigneur sur ses ongles, avec une adresse admirable ; et comme Dante survenant demandait : « Qu'est-ce que tu as fait là ? » l'autre soudain avec sa langue détruisit tout ce qu'il avait fabriqué avec tant de travail d'esprit. De quoi Dante le blâma fort, attendu que cet ouvrage lui paraissait non moins admirable que l'œuvre de celui qui écrivit si subtilement l'*Iliade*, qu'elle était renfermée dans une coquille de noix ; et un autre fit une fourmi d'ivoire[2]. » Ces Panurges florentins ont enchanté l'adolescence de Dante, et même quand il les écrase sous le poids de la justice éternelle, on sent bien que Capocchio dans l'Enfer, que Belacqua dans le Purgatoire, ribleurs, gausseurs, flâneurs, artistes, lui donnent envie de sourire, et qu'il se souvient des journées traînées sur l'établi de l'un, des heures passées devant l'autre, qui était « de nature bon singe[3] ».

<hr>

[1] Anon. fior. I, 626.
[2] Benv. da Imola. II, 414.
[3] Inf. *loc. cit.* « fui di natura buona scimia. »

CHAPITRE VI

BRUNETTO LATINI. — SAINT DOMINIQUE. SAINT FRANÇOIS D'ASSISE. ADOLESCENCE HEUREUSE. — LA POÉSIE DU « NOUVEAU STYLE ». — MŒURS JOYEUSES. GUIDO CAVALCANTI ET LE PREMIER SONNET DE DANTE.

Une influence plus certaine, haute et profonde, allait mûrir l'esprit de Dante. Il rencontra, durant ces années décisives de la première jeunesse, où l'on grave sur le cristal, le maître aimé, le conseiller du génie naissant, le guide bienveillant et sûr : Brunetto Latini[1]. C'était un notaire florentin, membre influent, sage, éclairé, du premier entre les « Arts majeurs ». Outre leurs offices d'arbitres et de conciliateurs publics, ces officiers civiques formaient une sorte d'assemblée législative, ou, si l'on veut, constituante, qui préparaient les statuts et les réformaient ; et Florence était renommée pour l'excellence des siens : « La source des docteurs ès lois c'est Bologne, et la source des docteurs ès notariat, c'est Florence, » écrit Goro Dati[2]. Un exil en France avait

---

[1] Voir Sundby. *Della vita e delle opere di Brunetto Latini.* avec app. de del Lungo et Mussafia, trad. Renier. Florence. 1884. in-8°. — Brunetto Latini. *Il tesoro.* Venise 1533. in-12. — *Li livres dou tresor.* ed. P. Chabaille. Paris. 1863, in-4°. — *Il tesoretto e il favoletto.* ed. G. B. Zannoni. Florence 1824, in-4°. — *Hist. litt. de la France au XIV° siècle*, par J.-V. Le Clerc et E. Renan. Paris. 1856, in-4°. — Imbriani. *Studi dant.* 333. — Scherillo *Alc. capitoli ecc.*, p. 116-221. — D'Ancona e Bacci. *Manuale*, I, 86-89.

[2] Ap. Villari : *I due primi. sec. ecc.* I, 275-276.

inculqué la passion des lettres françaises à ce tabellion florentin, et son principal ouvrage est en français.

On sent assez comment Dante Alighieri, fils d'homme de loi, put connaître ce curieux personnage. Alors que le gros des enfants florentins se contentait de l'écriture et de l'arithmétique, ceux qui se destinaient au doctorat, au notariat, ou à la prêtrise, poussaient plus loin leurs études. Dante fut un de ces disciples dociles, scrupuleux, « désireux d'honneur », dont le type ne se perdra point dans les grands génies de Florence[1]. Pour parler de ser Brunetto, l'âpre poète de l'Enfer trouvera des paroles pénétrantes et filiales :

« J'ai fichée dans l'esprit — et elle m'attendrit meshuy, dit-il tandis qu'il marche sur la rive des plaines ardentes, — j'ai la chère et bonne image paternelle, de vous, dans la vie mondaine, lorsque de temps à autre vous m'enseigniez comment l'homme s'immortalise[2]. » Ces mots « de temps à autre », et cette autre parole, que Brunetto dit à son cher disciple : « Je t'aurais donné du réconfort pour ton œuvre[3] », suffiraient à marquer le caractère de cet enseignement, qui fut amical et bénévole, de ces conseils intermittents, donnés par un homme grave et savant à un jeune homme d'âme noble et de haute espérance. Faire de ser Brunetto le professeur de Dante, c'est une bourde pédantesque.

Dante a nommé Virgile « doux pédagogue[4] ». Est-ce à dire que Virgile fut professeur ? Ce « bon cher papa » Brunetto, l'on se figure ses rapports avec son élève amateur, en pensant à cette bonhomie paternelle de Virgile

---

[1] Ceci dans *Vita di Filippo di ser Brunellesco. Operette ist. di Antonio Manetti.* Florence. 1887, p. 77-78, ed. Milanesi.

[2] Inf XV, 84-85

[3] Inf. XV, 60.

[4] Purg. XII, 3. Montaigne dira « doulx maistre ».

envers celui qu'il guide : « Le haut docteur avait mis fin à son discours, et attentif il regardait sur mon visage si je semblais content[1] ».

Brunetto put apprendre bien des choses à Dante. Il lui révélait le roman français, que Dante compila peut-être[2], à la manière du *Trésor*. Cet homme qui s'avoue « un peu trop lancé dans le monde[3] » était, suivant l'expression d'antan, « l'honnête homme », de vaste culture ; il avait des clartés sur tout. « Ce fut un homme mondain, avouait Jean Villani, mais de luy avons faict mention, pource qu'il fust initiateur et maistre à dégrossir les Florentins, et les faire accorts à bien parler[4]. » Et son éloquence enjouée[5] fut encore mieux écoutée par le jeune citoyen qui grandissait à ses côtés, parce qu'elle répondait à l'instinct civique de Dante, parce qu'elle était comme la voix prudente et ferme de l'antique Florence guelfe[6], le symbole de la Commune populaire et patriote.

On voit assez qu'il n'y a là rien d'un *magister*, s'il y a tous les traits d'un maître, tel que les jeunesses ardentes en savent parfois rencontrer. On se convaincrait, en lisant une seule fois les vers de Dante, que jamais Brunetto pédant ne s'est assis en face de Dante écolier. Ce n'est point là, certes, le ton d'un homme à l'esprit libre, au franc génie, pour parler de celui qui aurait opprimé, sermonné, châtié son adolescence ; cette adolescence à laquelle Dante revient sans cesse, et qui

---

[1] Purg. XVIII, 1-3.

[2] *Il fiore*, poème ital. du XIIIe siècle, ed. F. Castets. Montpellier-Paris, 1881, in-8°. — Mazzoni (G.). *Se possa Il fiore essere di D. Alighieri* : dans *Racc. di studi critici ded. ad A. d'Ancona*. Florence 1901, p. 657-692.

[3] Scherillo, p. 134.

[4] Cron. VIII, X. p. 174, col. 2.

[5] Fil. Villani. ap. Scherillo, p. 151 ; à la p. 150, ligne 21-22, il faut lire évidemment ; « facundià non minus », au lieu de « facundiae minus ».

[6] Voir Scherillo, *ib.*, p. 207.

rayonne sur toute sa vie froide et rude, l'ombre d'un professeur l'aurait trop tristement gâtée pour que l'élève eût la pensée d'évoquer « la bonne chère image paternelle » à ce propos. Dante fut le disciple, et non l'écolier de ser Brunetto.

Cet homme, qui se faisait le précepteur bénévole de ses concitoyens et leur rapportait d'outre-monts « la science des cloîtres et des écoles[1] », Dante, alors âgé de quinze ans, le voyait agir, en l'année 1280, comme « secrétaire de la commune[2] ». C'était au mois de février, sur la vieille place où l'on venait de bénir la première pierre de Sainte-Marie-Nouvelle ; le légat du Pape, choisi pour arbitre entre les partis gibelins et guelfes, avait fait la paix générale. Sous l'âpre lumière du premier printemps florentin, en ce mois de la « Sainte Chandeleur », devant les estrades ornées de tapisseries, au milieu du peuple joyeux pour l'avenir et frémissant encore des haines abolies, le cardinal arbitre, entouré du clergé, des moines, du podestat, du capitaine, des conseillers, de tous les corps de métier, prononçait un beau discours, et faisait se baiser sur la bouche les trois cents syndics des deux partis guelfe et gibelin. Au premier rang, ser Brunetto, l'un des artisans de la paix ; et parmi ceux qui consacraient dans l'allégresse une pacification générale, ce Guido Cavalcanti, qui deviendra dans trois années le « premier ami » de Dante.

Et pour fixer le dernier trait du maître insigne, il faut reconnaître qu'il eut tous les apanages du parfait lettré. Puisque, selon le commentaire de Pierre Alighieri, fils de Dante « le vice et péché de sodomie est surtout fré-

---

[1] Del Lungo, Dante nel suo poema. *Sec. e poema* p. 329. — Buti. I, 405. — Jac. della Lana. I, 280.

[2] Villani, *loc. cit.* « dittatore », pris dans le sens de celui qui dicte ; c'est plus que secrétaire, et beaucoup moins que magistrat suprême. V. Vocab. della Crusca. II, p. 84 et 218.

quent entre les jeunes gens de science et doctrine », et
« que cette secte des professeurs est la plus méchante du
monde » en ce qui concerne un tel vice[1].

Il fallait bien que Dante mît son cher maître, libertin
trop avéré, parmi ses pareils dans l'Enfer : mais Dante avait,
dans son génie, assez d'esprit et d'insouciance transcen-
dante pour appliquer, s'il les avait connues, les maximes du
poète latin : « que t'importe ce que celui-ci ou celle-là fait
de sa peau[2] ? » Il se fit honneur en laissant, avec une
ingénue et noble liberté, sa reconnaissance d'enfant se
montrer tout entière, à travers les flammes qui le sépa-
raient du pécheur auquel tant de chers souvenirs le ratta-
chaient fidèlement.

Auprès de l'enseignement libre et intermittent d'un
tel homme, Dante poursuivait des études suivies, dans
des écoles fixes : c'étaient, sans doute, ces couvents de
Franciscains, et la noble église de Santa-Croce, si voisine
de sa maison, qui le recueillaient maintenant[3]. Qu'il ait
reçu, dans ces écoles, une science de la physique et de
l'astronomie que son œuvre révèle assez, ce n'est pas
sûr[4] ; et ces études, si elles furent retardées, n'étaient
pas les plus importantes. C'est l'esprit, et non point la
lettre, qui importe dans une éducation pareille. Certains
érudits, aux soins étranges, marquent avec application
que Dante ignora tel ou tel auteur : par exemple un
Guillaume de Poitiers, parmi les trouvères. Ils semblent
croire qu'à l'époque de Dante il y avait des bibliothèques
organisées ; mais quelle école, ou quel couvent possédait
mieux que des manuscrits en petit nombre, précieux

---

[1] Petri Alleghcrii Commentarium. Florence 1845, in-4°, p. 177. — Benv. da
Imola, I, 522.

[2] Martial, VII, 9. I, ap. Montaigne, III, IX.

[3] G. Salvadori. *Sulla vita giov. di D.* III, et appendices.

[4] Par. XXVIII, 4-9 ; XXIX, 25-27 ; II, 97 et suiv. ; Moore. Studies, II, 341,
III, 87.

d'autant plus, errant de mains en mains, lus avec révérence, mêlés de bon grain et de médiocre provende ? c'était la pâture de tout esprit studieux, de tout génie, qui les transformait par cela seul qu'il en était avide et lisait avec un amour, une pénétration, inconnus aux générations plus riches.

A l'école dominicaine, qui lui avait façonné le raisonnement, Dante devait cette force de l'esprit, traité de bonne heure aux doctrines sévères ; il pourra dire, comme le démon qui ravit l'âme du comte Guy de Montefeltro [1] : « Peut-être tu ne pensais point que je fusse logicien. » Mais le poète écrit lui-même : « On ne saurait philosopher sans amour. L'amour est nécessaire à la philosophie [2]. » Où donc sa vive adolescence, prête à l'amour, et, par l'amour, à la science, aurait-elle trouvé meilleure nourriture qu'à ces écoles voisines, de Santa-Croce [3] ? C'est entre quatorze et dix-huit ans, suivant la règle invariable des frères mineurs, et jamais plus tôt ni plus tard, que l'on admettait les disciples.

L'écolier de Saint-François trouvait là ce sublime esprit franciscain, qui par ses doctrines, ses légendes et ses exemples, illumine son œuvre entière ; génie de plein air, de pleine terre et de plein ciel, qui fut aussi le sien. Maximes écloses dans la poussière lumineuse des routes ombriennes, prêchées le sourire à la bouche et l'extase aux yeux, au coin des carrefours, par des mendiants, des apôtres, de vrais chrétiens, les seuls vrais disciples du Christ. Chantant les psaumes, faisant des psaumes, récitant l'Évangile et continuant l'Évangile.

---

[1] Inf. XXVII, 122-123.

[2] Convivio. III, 13, p. 226, éd. Fraticelli.

[3] Federzoni, *Studi e diporti dant.* Bologne. 1902, p. 312. — Salvadori. *Giovinezza di D. III*, p. 13 et suiv. ; p. 123 et suiv. et p. 268 et suiv. — Ozanam, *Poètes franciscains*, Paris, 1852. in-8⁰, p. 125. *Recherches sur les sources poétiques de la Divine Comédie*, ap. *Dante et le phil.* cathol. 2⁰ éd., appendice.

Dante, d'une majesté froide et sereine quand il loue saint Dominique, est frémissant d'enthousiasme, lorsque, au cœur même du Paradis [1], il vient exalter saint François. C'est qu'il demeura jusqu'au bout un franciscain, un membre du Tiers-Ordre, ceint de « l'humble cordon [2] », de cette corde grise qui entoure les reins de ceux auxquels le petit pauvre d'Assise a concédé ses grâces. Cette corde, qui devait lui servir à prendre la panthère, symbole de la luxure, elle a pu se relâcher, laisser la bête tachetée glisser entre ses nœuds. Le poète ne s'est jamais séparé du symbole franciscain. « J'avais une corde ceinte autour de mon corps [3], » dit-il formellement. Et non seulement il se plaît à peindre Virgile et lui-même, « silencieux, seuls et sans compagnie, s'en allant l'un devant, l'autre derrière, comme frères mineurs qui vont par le chemin [4] », mais encore, magnifiant de pair saint Dominique et saint François [5], il laisse éclater son amour envers celui qui est le maître unique de son cœur, comme le rude Espagnol est un des maîtres de sa pensée ; et même, il demeure inaltérablement fidèle, fidèle jusqu'à l'hérésie, au sublime esprit franciscain ; cette « putain dissolue, débraillée [6] » qui est l'Eglise catholique de son temps, Dante la décrit suivant la pure théorie des tertiaires : en 1299, l'archevêque de Narbonne tenait à Béziers un synode provincial, où les disciples franciscains des deux sexes furent condamnés « pour s'être livrés, sous le couvert d'un ordre respectable, à des pratiques non prescrites par l'Eglise et avoir dit que le règne de l'Antéchrist, précurseur de la fin d'un monde pourri

[1] Par. XI, 37-fin.
[2] Par. *Ib.* 87.
[3] Inf. XVI, 106, voir Buti ad versum, I, 438.
[4] Inf. XXIII, 1-3.
[5] Par. XII.
[6] « Puttana sciolta ». Purg. XXXII, 149.

et d'une régénération ultérieure, était commencé », « et pour s'être consolés de leurs misères en maudissant l'Église établie, identifiée avec la Babylone impure, avec la *Prostituée de l'Apocalypse*, persécutrice des humiliés [1] ».

Mais l'enseignement capital, il ne le recevait point seulement près de ces ogives nouvelles, où Giotto peindra plus tard des images pour la *Comédie divine* et Taddeo Gaddi, dans le milieu de Santa-Croce, le portrait même de Dante [2]. Un adolescent florentin ne vit point aux cloîtres et aux églises : il respire l'air subtil et l'ardent génie qui passent dans Florence. Et, durant ces années bénies où Dante prend conscience de lui-même, Florence offre au jeune poète une ère de bonheur, de gloire, et le renouveau poétique où son génie se formera. Cité nouvelle et style nouveau, l'établissement du Priorat, le « dolce stil novo », ce sont les dons magnifiques dont le xiiie siècle au déclin veut embellir les dix-huit ans de Dante.

Et comme il les reçut, ces présents de sa vie nouvelle! Le cœur mis à vif par l'amour, l'esprit brûlant d'ambition, il sent, il voit triompher, dans cette patrie qui est lui-même, une nouvelle expression de l'amour, une forme nouvelle de la puissance politique : merveilleusement propres, l'une et l'autre, à fixer son désir d'action, à développer son génie. Le bien suprême de la vie lui est octroyé, à mains pleines, par la destinée, puisqu'il peut laisser toutes grandes ouvertes les ailes de son espérance. Ceux-là seuls peuvent bien connaître le prix de ce trésor, qui ont senti leurs premiers rêves languir et mourir lentement au milieu d'une patrie humiliée, sous le joug immonde et grotesque des médiocres ou des lâches,

---

[1] Ch. V. Langlois, *Hist. de France.* 1226-1328. Paris; Hachette, in-8°, 1901, p. 402-403.

[2] L. Bruni ap. Solerti. p. 104, et Vasari, p. 574. Dante figurait avec Giotto et Cavalcanti.

devant le succès des pieds plats, des pédants et des charlatans, mieux prêts à toutes les besognes.

Dante, qui a vu lentement s'élever le parti des siens,
le parti guelfe, assiste maintenant au plein triomphe[1] ;
la décadence des Gibelins, hâtée par le long interrègne
qui suspend durant vingt-trois ans, après la mort de Frédéric II[2], l'élection du roi des Romains[3], et durant
soixante-deux ans prive l'Italie et Rome de la visite
impériale, ce découragement du grand parti noble rendait de jour en jour plus ferme la puissance de la faction
contraire, qui avait pour elle le nombre, la richesse, toutes
les forces d'avenir. Ces orgueilleux aristocrates, qui
avaient pressuré Florence et l'avaient si mal défendue,
ces dérisoires chevaliers, éternelle plaie de tous les
peuples, ils avaient prétendu détruire[4] le Baptistère de
Florence, le « beau Saint-Jean » de Dante ; ils abhorraient
l'antique église, parce qu'elle avait bien souvent prêté
son enceinte bizarre aux assemblées des Guelfes ; et maintenant, ces seigneurs qui ne voulaient rien faire comme
les Guelfes, qui portaient des armes aux couleurs différentes, mettaient d'autres créneaux à leurs tours, choi-
sissaient des vêtements d'une autre coupe et d'un autre
ton, et dans leurs gestes mêmes, depuis la façon de prêter serment jusqu'à celle de couper les fruits et les
gousses d'ail, voulaient différer de ce peuple méprisé, —
les voilà venus, après tant de déconfitures, de cavalcades
et de conjurations, au point de courber leur cimier sous
les lois de trois Prieurs élus par la commune, le 15 juin
1282, puis, deux mois après, de six, un par quartier ; et, dès

---

[1] Del Lungo. *Dino Compagni e la sua cronica*, t. I, ch. I. Firenze guelfa,
p. 1-6 — *Da Bonifazio VIII ad Arrigo VII*, 1-9.

[2] En 1250. G. Villani, VI, 41.

[3] Villari. *I due primi sec. della st. di Firenze*. t. I. ch. v, p. 213.

[4] Corazzini. *Sommario*, IV, p. 45.

le 15 août, les quatre « Arts » non représentés encore au Conseil, obtenaient d'y participer; on imposait au Priorat l'obligation de convoquer durant la première quinzaine de toute nouvelle magistrature, une assemblée, un *Parlamento*, où tout citoyen, le plus humble comme le plus altier, avait le droit de proposer une motion ou un avis[1]. La féodalité vaincue, l'étranger écarté, le Pape et l'Empire annulés dans les affaires de Florence, un régime démocratique, le plus fort et le plus digne qui fût alors, s'initiait « par le Peuple et la Liberté[2] ».

Temps bien dignes d'être vécus! Le prieur du quartier de la Porte Saint-Pierre, — celui de Dante — est Foulque Portinari, le père de Béatrice[3]. Et c'est alors, sans doute, qu'un désir de pacifier les classes diverses des citoyens fait marier Béatrice, fille du nouveau Prieur, avec Simon dei Bardi, puissant seigneur d'Oltrarno[4]. Où les nouveaux prieurs vont-ils siéger? « Emmi la tour de la Châtaigne, dit la chronique[5], auprès de l'Abbaye, et ils s'y tenaient renfermés, à cette fin de ne point craindre les menaces des grands. » Cette tour de la Châtaigne, citadelle des magistrats populaires, elle est debout encore, sur la place Saint-Martin-l'Évêque, en face de la maison des Alighieri. Dante peut voir de sa fenêtre cette tour sacrée, où sa place est marquée déjà[6].

Aux ardeurs de la vie publique, si brûlantes chez l'ingénu qui s'éveille et croit aux splendeurs de la carrière, une autre flamme, plus durable et plus haute, vient s'unir

---

[1] Introduction d'Alessandro Gherardi à : *Le Consulte della Republicca fiorentina* dall'anno MCCLXXX al MCCXCVIII, Florence, 1896-98, 2 vol. in-fol. p. XI du tome I.

[2] Del Lungo. *Op. cit.*

[3] Del Lungo. *Beatrice* ecc. Doc. III, p. 135 et suiv.

[4] *Ibid.* p. 13-14.

[5] Dino Compagni. *Cron.* I, IV, p. 25-26.

[6] Dino. *Ibid.* Comm. de Is. del Lungo, p. 25.

pour embraser l'esprit de Dante. Florence est pleine de poètes, en ces années où veut éclore celui qui sera poète souverain.

D'abord, la cité qui bourdonne d'abeilles heureuses, durant ces années fortunées, met la poésie dans ses rues : « Au mois de juin, écrit Jean Villani[1], pour la fête de Saint-Jean, étant la cité de Florence en heureux et bon état de repos, et tranquille état et pacifique, et profitable aux marchands et artisans, et principalement pour les Guelfes qui étaient maîtres du pays, il se fit dans le quartier de Sainte-Félicité Oltrarno[2], sous le commandement et sur l'initiative de ceux de la maison des Rossi, avec leurs voisins, une compagnie et des troupes de mille hommes et plus, tous vêtus de robes blanches, avec un seigneur dit de l'Amour. Laquelle troupe ne songeait qu'aux jeux et soulas, et bals de dames et de cavaliers, et d'autres du peuple allant par le pays avec des trompettes et divers instruments, en joie et allégresse, banquetant ensemble, en dîners et soupers. Laquelle cour dura près de deux mois, et fut la plus noble et fameuse qui onques fut en la cité de Florence ou en Toscane ; à laquelle vinrent de divers endroits et pays force gentils-hommes de cour, et jongleurs, et tous furent reçus et pourvus honorablement. Et notez qu'aux dits temps la cité de Florence, ensemble ses citoyens, fut dans le plus heureux état qui fut jamais, et cela dura jusqu'en l'an 1284, que commença la division entre le peuple et les grands, et puis entre blancs et noirs. Aux dits temps il y avait à Florence jusqu'à trois cents chevaliers, et force compagnies de seigneurs et de damoiseaux, qui soir et matin s'attablaient avec force gens de cour, donnant en cadeau pour Pâques moult robes de vair, si bien que de

---

[1] Cron. VII, 89, p. 148 (anno 1283).
[2] Au bout du Pont-Vieux, à gauche.

Lombardie et de l'Italie tout entière venaient à Florence les bouffons et charlatans à affiquets, et gens de cour[1], et ils étaient les bienvenus, et il ne passait par Florence aucun étranger de renom ou d'honneur, que les dites compagnies ne l'invitassent à l'envi, et si l'accompagnait-on à cheval, par la cité et au dehors, suivant qu'il avait besoin. »

Tout cela, malgré la cherté produite par les inondations d'hiver[2], tant l'allégresse de la vie emportait cette ville, qui s'embellissait, défaisait encore une fois sa ceinture pour s'agrandir[3].

Avec la vieille abbaye voisine qui s'étendait et se haussait, Dante voyait encore monter au ciel, comme des clochetons, les gentils poètes du jour[4]. C'était aussi « gens

[1] V. Novati. *Vita e poesia di corte nel Dugento*, ap. Arte, scienza e fede ai tempi di Dante, p. 249-285.

[2] Villani VII, 88, voir enc. 97.

[3] Villani VII, 99.

[4] Dans Nannucci (V.) Manuale della letteratura del 1° sec. della lingua italiana. Florence. 1837-1839, 3 vol. in-8°. — Monaci. (E.) Crestomazia italiana dei primi secoli. Città di Castello. 1889 e seg. — Sonetti e canzoni di diversi autori toscani ecc. Florence 1527, in-8° — Racc. di lirici italiani dall'orig. della lingua ecc. Milano. 1808, in-8°. — Carducci. Studi letterari. Bologna. 1894, in-12 ch. I. — D'Ancona e Bacci. Manuale — et Gaspary t. I, *op. cit.* — Ginguené. Hist. litt. d'Italie. Paris. 1811-1819, 9 vol. in-8° t. I. — Fauriel. Dante et les origines de la langue et de la litt. italiennes. Paris. 1854, in-8° t. I. — Gebhart (E.) Les origines de la Renaissance en Italie. Paris. 1879 — Jeanroy. (A.), Les origines de la poésie lyrique en France au moyen âge. Paris. 1889, le ch. III, 2° partie, trad. sous le titre : La lirica francese in Italia nel periodo delle origini, Florence 1897, in-12. — Thomas (A.) Francesco da Barberino et la litt. provençale en Italie. Paris. 1883, in-8°. — Flamini (F.). Studi di storia letter. ital. e straniera. Livorno 1895, in-12 ch. I, et *Dante e lo stil novo*. Rome 1900 (extr. de la Riv. d'Italia), repr. dans Varia. Livorno 1904, in-12. — (V.) Cian. I contatti letterari italo-provenzali ecc. Messina 1900 (estr. dall'Annuario dell' Università). — Raccolta di studi critici ded. ad Al. d'Ancona. Fir. 1901 in-4°. — Bull. soc. dantesca, IX, 1-2, p. 21-26. — Le rime di frà Guittone d'Arezzo a cura di F. Pellegrini I, Bologne 1901, in-8°. — Casini Rime dei poeti bolognesi del sec XIII, Bologna 1883. — Carducci (G.). Antica lirica ital. Firenze 1907, in-8°. — Poeti del trecento, a. c. di G. Volpi ivi. 1907, in-12. — Rossetti (D. G.). Dante and his circle Londres, 1892, in-12. — D'Ancona (A.) La poesia popolare italiana. Livorno ; 1906, in-12. et Studi sulla lett. ital. dei primi secoli. Ancona. 1884. — D'Ancona et Comparetti. Antiche rime volgari sec. la lez. del cod. Vaticano, 3793, Bologne, 1875-1888 5 vol. — Canti popolari

de métier » : de même qu'au Conseil des Prieurs chacun
pouvait intervenir, la poésie de ce temps-là devient
œuvre de tous : et pour quelques patriciens, dont un
seul, Guido Cavalcanti, fut au premier rang des poètes,
ce sont les juristes, les notaires, les orfèvres, comme
autrefois des amiraux ou des ministres, ce sont les
hommes de négoce ou de chicane, Rustico di Filippo, qui
est surnommé le Barbu, ou d'autres gars à sobriquet,
venus en plein peuple, qui recueillent et qui augmentent
le magnifique héritage de poésie légué par la Provence
à la Sicile, et passé de Sicile entre des mains plus fines
et plus fortes.

Canzones, sirventes, sonnets, ballades, toutes les jolies
fleurs qui avaient été écrasées par la rafale albigeoise, et
qui se mariaient si bien avec les genres tout semblables
qui demeuraient parmi le peuple [1], tout le butin curieusement amassé par les troubadours et dispersé dans les
pays méridionaux par les jongleurs, tout s'était amolli
d'abord aux cours voluptueuses de la Sicile; puis, chaque
province avait fait sien, et marqué de son scel, ce qui
charmait tout le pays. La grave et puissante Bologne avait
surtout préparé l'école florentine, avec ce Guido Guinicelli « fin diseur [2] », docte, corrompu, si loin de son
maître Guittone d'Arezzo, et si près déjà du « doux style
nouveau » florentin [3]. Dante ne marchandera point l'hommage au précurseur, si pareil à ce Cavalcanti qui sera

<hr>

toscani, racc. da (G.). Tigri. Florence, 1860, in-12. — Mari. dizionarietto
di ritmica ital. Turin 1901, in-8º. — Je ne cite que les ouvrages dont j'ai usé.
Une bibliogr. plus complète dans les notes du Manuel d'Ancona t. I, et
dans Gaspary, notes au t. I, et aussi dans Scherillo. *op. cit.* les deux chap.
intitulés *I primi versi* et la *Morte di Beatrice*, p. 222-298 et 312-395.

[1] Thomas. F. da Barberino, p. 88. — D'Ancona. Poesia pop., p. 47 et tous
les IV premiers paragraphes du livre.

[2] Chiose anon. ed. de 1846, p. 350-460. — Ottimo comm, II, 189. — Jac.
della Lana II, 303. — Purg. XXVI, 92.

[3] Purg XXIV. 57.

« le premier ami », le premier modèle. « Je l'entends se nommer lui-même, dit-il, celui qui fut mon père, et celui des autres meilleurs que moi, lesquels onques usèrent de vers d'amour doux et gracieux[1] ».

Mais, comme la sculpture allait trouver dans la Toscane un essaim d'ouvriers uniques, la poésie, en devenant toscane et florentine, devait prendre ces caractères de sobre élégance et de force gracieuse qui sont dans les œuvres florentines. Déjà le troubadour Raimond de Tors avait dit à un poète qui passait les Alpes : « Si vous allez en Toscane, cherchez un abri dans la noble cité des Florentins, que l'on nomme Florence. Là est maintenue toute véritable valeur : là se perfectionnent, et s'embellissent, la joie, le chant et l'amour[2] ».

La joie, les mœurs nouvelles l'apportaient chaque jour; le chant était prêt, un chant d'origine populaire[3] sous l'oripeau des conventions; et l'amour, Dante s'en targuait depuis l'âge de neuf ans.

Ce qu'il brûlait d'essayer, c'était son génie dans ce chant nouveau, qui serait l'ostensoir de son amour; il avait sans doute une révérence profonde pour ce qui paraît aujourd'hui poussière morte, le fatras de bibliothèques, formes fixes des poèmes et de la métrique, conventions, « petits esprits[4] », gentillesses, tremblements, mutismes, secrets, évanouissements, chosettes, inventions de « chandeliers » pour donner le change aux soupçons, beautés étiquetées comme un catalogue de Museum, tout ce que les poèmes provençaux et les romans de chevalerie apportés d'outre-monts peuvent

---

[1] Purg. XXVI, 97-99.

[2] Fauriel. *Dante*, etc. I, 269.

[3] V. Gebhart. *Orig.* ch. I.

[4] D'Ancona. *Vita nuova*, p. 105, sur les « spiritelli ».

donner de curieux et de clinquant[1]. Mais de ces fleurs desséchées, que d'autres poètes, autour de lui, bottèlent en lourds bouquets, il fait une guirlande, fraîche, éclatante, beaucoup plus belle qu'aux premiers jours où des « barbares » cueillaient les asphodèles de Provence ou les lys de Touraine. La vie, une vie prise aux sources populaires, une jeunesse déjà presque en maîtrise de génie, bouillonne dès les premiers vers. Et jamais plus ce long progrès, qui va du premier sonnet écrit par Dante à dix-huit ans, jusqu'au dernier vers de la *Comédie*, jamais plus cet essor, le seul qu'un poète ait soutenu et si long et si ferme, ne connaîtra d'interruption, de faiblesse ou d'écart.

Si, comme l'a cru le meilleur des juges, Dante a vu Béatrice épouser Simon dei Bardi en l'an 1280[2], le poète, âgé maintenant de dix-huit ans avait, depuis trois ans, depuis cette quinzième année où de tels aiguillons pénètrent si cruellement le cœur novice, encore cette raison nouvelle, dans sa douleur et son amour, et cette nouvelle fierté de souffrance, qui le tournait vers la poésie. Il avait le droit d'être poète : accordé par la volonté paternelle, dès sa onzième année[3], avec Gemma Donati, sa dame idéale, depuis l'âge de neuf ans, était Béatrix Portinari. Il allait commencer à lui élever ce piédestal sans pareil, qui l'exhausse jusqu'aux pieds de Dieu.

Dante se sentait porté par le mouvement poétique, sorti

---

[1] V. Scherillo, 252.

[2] Del Lungo *La donna fior*. Da Dante al Boccaccio, p. 75, et *Beatrice ecc.* p. 154.

[3] Constitution de la dot le 8 février 1276-1277. Arch. dell'ant. monte comune, I, 1455. 187. 1329, c. 3ª. — V. *Bulletin soc. dant.* N.-S. IX, avril-mai 1902, p. 181-84. *Un nuovo doc. conc. Gemma Donati*, da U. Dorini et le comm. de Del Lungo. *La donna*, p. 154, n. 73. — Voir le sonnet à Cino de Pistoïa : Io son stato con amore insieme dalla circolazion del sol *mia nona*. (Il Canzoniere, éd. Fraticelli, p. 144.)

du peuple guelfe, qui avait accueilli la mode ultramontaine, mais en avait fait siens les procédés et la manière : ces procédés, ou si l'on veut ces recettes, l'esprit toscan, pénétré du terroir, les avait rajeunis avec Lapo Gianni, Dino Frescobaldi, Guido Orlandi, Gianni Alfani, poètes mineurs, mais charmants et tout italiens déjà dans leur lyrisme copié[1]. Mais, après des essais timides et secondaires, l'homme était venu, le véritable précurseur que presque tous les poètes souverains trouvent avant eux, et qui leur offre un modèle de la forme où leur génie va remplacer l'esprit et la science de l'aîné, comme le soleil en montant cache l'étoile du matin : Guido Cavalcanti[2], déjà célèbre, allait répondre, le premier, au premier sonnet de Dante.

Ce poète patricien, avec son nom qui retentit comme un fracas de chevauchée, ce fils de Cavalcante Cavalcanti, ce gendre du grand Farinata degli Uberti, sauveur de la patrie, c'était un ancien disciple de maître Brunetto Latini. Mais, bien plus que le noble bolonais Guinicelli dei Principi, celui-ci sentait son gentilhomme : « Je dis, écrivait de lui Dino Compagni, combien tu es sage ; parmi les gens, comme on te voit preux et vaillant ; comme tu sais sauter en longueur et quel escrimeur tu fais ; et combien moult d'écrits tu sais par cœur, en suffisance extrême, et comme tu cours et sautes, et te travailles ! » Et le bon marchand de soieries s'échappait à ce regret,

---

[1] Del Lungo. Dino. I, 1ᵉ partie, XIV, p. 315-320.

[2] Sur Cavalcanti, Boccace, Décam. 6° journée nouv. IX. — Sacchetti. Nov. LXVIII, ed. Gigli, t. I, p. 161. — Arnone (N.). Le rime di G. Calvacanti. Florence. 1881, in-8°. — Ercole (P.). G. Cavalcanti e le sue rime. Livorno. 1885, in-12. — Salvadori (G.). La poesia giovanile e la canzone d'amore di G. Cavalcanti. Roma 1895, in-8°. — Del Lungo. Dal secolo e dal poema di Dante, I, et Dino. I, 366-367 et 1113. — Colonna (Egidio) L'esposizione di Messer — soprà la canzone d'amore di G. C. fior. con. le rime ed una vita. Siena. 1602, in 12. D'Ovidio Saggi critici, Napoli. 1878, in-12, p. 312 et suiv. ; — et Manetti (A.). Operette, ed. Milanesi, p. 171-181.

qui dut faire sourire le hautain Cavalcanti : « quel bon marchand tu aurais fait ! »[1]

On ne sait point trop si l'aune lui eût convenu, lui qui trouvait souvent la plume trop lente, l'épée trop lourde, et les compagnons ennuyeux. Un jour, Guido Cavalcanti s'en venait d'Or san Michele, méditant peut-être des vers[2], des vers charmants et doux, tels qu'il en fit un jour, neuf ans plus tard, sur la Madone miraculeuse, pour ce même Guido Orlandi, qu'il étrilla d'ailleurs si rudement dans un accès de bile noire[3]. Tandis qu'il méditait ses rimes, passant devant la sainte image, voisine de son palais, et qu'il voyait de ses tours et de sa loggia[4], il avait gagné la place de Saint-Jean ; une compagnie de beaux fils, jeunes nobles que conduisait Messer Betto Brunelleschi, cavalcadait vers le Baptistère. Guido Cavalcanti « dédaigneux et solitaire[5] », aimait cette place, qui sera si chère à son ami Dante. Il promenait sa rêverie entre les sépulcres de marbre qui encombrèrent le parvis jusqu'en 1296[6], devant les colonnes de porphyre qui

---

[1] « Ahi com saresti stato om mercadiere! » ap. Del Lungo. Dino. I, p. 367.

[2] Carducci. *Delle rime di D.* Studi lett. p. 22, compare le sonnet de Dante « Guido vorrei » à la pièce IX° de l'Intermezzo d'Henri Heine. Si ce genre de comparaison a jamais signifié quelque chose, — et j'en doute fort — on pourrait plus exactement comparer la pièce XI° « Im Dom, da steht ein Bildniss.. » avec le sonnet de Guido Cavalcanti : « Una figura della Donna mia. »

[3] « Di vil matera mi convien parlare ». Ercole 332, Del Lungo, Dino, I, 359-61. Sur ce caractère, Del Lungo *Sec. e poema.* p. 50-60 et Carducci, disc. prelim. à « Rime di M. Cino da Pistoïa e d'Altri ». Florence 1862, in-16, p. xxiv-xxv; sur Or-San Michele, voir *Capitoli della Comp. della Madonna d'Orssammichele*, dei sec. XIII. e XIV, pubbl. da L. del Prete. Lucques, 1851, in-4°.

[4] Del Lungo. *Ib.* p. 27. — Villani VII, C LV, place au 3 juillet 1292 les miracles d'Or san Michele (p. 169.)

[5] Dino. Cron. II. XX.

[6] Date donnée par del Lungo d'après les Arch. d'État (Provvisioni, VI, 34, 37 43). — Dino, p. 1114 du t. I. — Villani, VIII. 3, repris par Davidsohn, Forschungen. IV, 463, donne 1293.

témoignaient pour la fourberie des Pisans. Les écervelés de la troupe à Brunelleschi n'avaient pu persuader à ce raffiné, ce hautain, ce mystérieux personnage, de s'embrigader avec eux ; ils l'auraient bien désiré, cependant, car Guido, sous son air de philosophe, était charmeur, quand il voulait, et bien parlant, savait briller à tous les exercices du gentilhomme, était richissime, et courtois, à son plaisir, on ne peut plus.

Maître Betto n'eut pas plutôt découvert, du haut de son palefroi, Guido Cavalcanti rôdant tout seul entre les sarcophages, qu'il s'écria : « Allons le harceler ! » Les hobereaux éperonnèrent leurs chevaux, et la troupe fut sur le dos du promeneur solitaire, en quatre foulées. « Guido, commencèrent-ils, tu refuses d'être de notre compagnie ; mais quoi ? quand tu auras trouvé que Dieu n'existe pas, qu'auras-tu fait ? » Guido leva la tête, et vit qu'ils l'entouraient. Il fallait répondre. La riposte partit de sa bouche méprisante, comme la parade serait sortie de son poing, preste et rude : « Messieurs, vous me pouvez bien dire que vous plaît : vous êtes céans chez vous ! » Puis il posa la main sur le couvercle d'un tombeau, sauta par-dessus, et s'en fut. Les cavaliers se regardaient : « Ce qu'il a répondu, murmuraient-ils, ne veut rien dire ; c'est un niais. Nous n'avons rien de plus à faire céans que tout autre de la ville, et Guido, rien de moins que pas un de nous. » Mais Betto se retourna sur sa selle, et leur dit : « Les niais, c'est vous, qui ne l'avez mie entendu ; il nous a fort honnêtement, et en peu de mots, dit la plus grande vilenie du monde ; car, si vous y regardez bien, ces tombeaux sont les maisons des morts, puisqu'on les y dépose, et qu'ils y demeurent ; et il dit que c'est là notre maison, pour faire connaître que nous et les autres gens ignares et non lettrés[1], nous sommes, au regard de lui et des autres gens de science, pis que des morts, et à cette cause, étant céans, sommes-nous dans notre maison, et chez nous ».

Guido Cavalcanti, pourtant, savait cravacher le bourgeois qui s'émancipait avec lui, aussi vertement qu'il tançait les gentilshommes ignorants. On se vengeait en se gaussant des distractions qui le prenaient, ardent au jeu des échecs, qu'il jouait en pleine rue, avec des compères, au point de se laisser clouer son surtout contre le banc, par quelque gamin rancunier dont il avait interrompu le jeu de balle ou de toupie ; enfoncé dans les spéculations philosophiques jusqu'à se faire taxer d'hérésie, même d'athéisme[2], et de ne point croire à l'immortalité de l'âme[3]. Amateur brillant, forcené dans ses passions et dans ses haines, qui s'ennuyait vite, et de tout, sans respecter même Virgile, si Virgile lui déplaisait[4], voilà celui qui était déjà célèbre, à ses vingt-cinq ans. Il allait accueillir les dix-huit ans de Dante, et ils devenaient ensemble, suivant un ancien commentaire, « les deux yeux de Florence[5] ».

Cet homme qui, selon le vent de son caprice, dédaignait les plus grands poètes, répondit au jeune damoiseau qui lui envoyait gentiment des vers encore un peu teintés d'imitation provençale, rimés naïvement[6], mais où

---

[1] « Idioti, e non litterati. » Boccace, Commentaire. ed. Milanesi, t. II, p. 129, use du mot « idioto » dans ce même sens.

[2] Chiose anon. ed. 1846, p. 350. — Anonimo I, p. 254. — Ottimo, I. 178, II, 189.

[3] Suppl. delle croniche del R.-P. Frate Jacopo da Bergamo. Venise 1540, in-fol. p. 206.

[4] C'était la mode chez les gens raffinés : « veggendo le divine opere di Virgilio... venute in non calere e quasi rifiutate da tutti », dit Boccace. *Compendio*, p. 60-61, et Vita, p. 71.

[5] Benv. da Imola. I, 236, 340, 343.

[6] En *ore, ente, endo, ea* : (Scherillo, p. 331).

frémissait déjà l'espoir d'une vraie poésie. Et puis, se sentir supérieur devait incliner le hautain Cavalcanti à l'indulgence. Lui, qui « savait faire honneur à quiconques il pensoit en son entendement le mériter, autant que langue le sauroit exprimer[1] », il combla Dante, en répondant à sa question conventionnelle sur l'Amour et le cœur mangé[2]; principe d'une amitié telle que, sous les murs rougeoyants de Dité, dans le cercle infernal, le père de Guido Cavalcanti sortira la tête hors du sépulcre ardent où il s'est levé sur ses genoux, et dira tout de suite à Dante : « Si par cette obscure prison, tu vas par la vertu de ton hautain génie, — mon fils, où est-il, et pourquoi n'est-il point avec toi[3] ? » Comme si c'était attendu, convenu, nécessaire, de voir paraître Guido quand apparaissait Dante.

Le génie hautain, « l'altezza d'ingegno », qui séparera Dante des autres hommes, c'est le don fatal et superbe auquel il doit son amitié soudaine et précoce avec Guido Cavalcanti. Le fier patricien, curieux de tout[4], dégoûté de tous, sentit une sympathie pour cet autre disciple du vieux Brunetto Latini, qui arrivait à lui tenant sa première fleur dans la main. Ils vécurent l'un près de l'autre, tels que Taddeo Gaddi les peignit, avec Giotto leur camarade, dans une fresque malheureusement effacée par l'inepte Vasari[5].

Guido fit au nouveau poète l'honneur d'un sonnet en « style obscur », à la mode provençale, et qui com-

---

[1] Boccace. Nov. cit. trad. par maistre Antoine Le Maçon.

[2] *Vita nuova*, III, p. 10 et 11.

[3] Inf. X, 58-60.

[4] V. le sonnet de Lapo Farinata degli Uberti, en réponse à la ballade « In un boschetto trova'pasturella ». Arnone, 81. — Ercole. 88-89. — C'était son beau-frère qui le raillait pour des amours trop bucoliques, où s'échappait ce contempteur de Virgile, qui ne dédaignait pas la IIe Eglogue.

[5] Vite. ed. Milanesi, I, 574.

mentait la question de manière à l'ennuager encore. Quelle dut être l'allégresse de Dante, en voyant la réponse de celui qu'il admirait comme un héros et comme un maître ! Cavalcanti, déjà riche d'une œuvre qui était alors sans rivale pour la nouveauté, l'élégance, la sobre et l'heureuse recherche, se mettait de plain-pied avec le jeune Dante, et le traitait comme un égal. C'était une joie, un courage, qui venait, une amitié fortifiante, à garder la reconnaissance éternelle de ce premier présent.

Ils mettaient en commun leur vie amoureuse, et leurs belles études d'hommes, et leurs plaisirs de gentils-hommes. Guido pouvait conter à Dante ce voyage de Compostelle, où, parti pour révérer la « Maison de saint Jacques [1] », il cueillait à Toulouse, à la Daurade, le gentil amour de Mandette la Belle, qui lui faisait oublier le guet-apens où Corso Donati l'avait fait malmener en route ; il avouait, avec son sourire sceptique, avoir renoncé devant le long voyage, et dans Nîmes, vendant ses chevaux et déchaussant ses éperons, avoir joui de cette Provence qui faisait si bien oublier les dévotions de Galice. On l'appelait, par ironie, entre bons becs florentins, Guido Compostelle. Mais le bon temps qu'il avait pris, et les refrains de troubadours, et l'amour des gentes pucelles, lui demeuraient : en cette vie, en cette pauvre vie, une heure de liesse vaut-elle pas toutes les coquilles d'un bourdon béni par saint Jacques ?

Avec ce compagnon farci de science, riche d'orgueil, éloquent, et dont l'opulence ouvrait à sa propre misère tous les plaisirs d'un luxe nouveau, Dante se mettait à son rang, et pouvait épanouir les goûts de sa fougueuse adolescence. D'autres avaient répondu au sonnet : on a cru longtemps que Cino de Pistoïa, cet ami fidèle,

---

[1] *Vita nuova*. XL, p. 99,

avait été de cette première pléiade ; mais celui qui devait devenir le gentil juge de Pistoïa n'avait alors que treize ans : c'est plus tard qu'il prend, auprès de Dante, ce rôle affectueux d'admirateur cadet, c'est dans plusieurs années qu'il s'habitue, comme les bons notaires de Bologne, à laisser éclore dans la poudre du greffe les fleurettes de poésie, à les glisser entre deux actes, entre une étude sur la médecine légale et un contrat de vente, comme une rose desséchée parmi les feuillets d'un grimoire. Le sonnet qui s'est conservé en réponse à celui de Dante est de Terino de Castelfiorentino[1]. Ceci valait déjà mieux que les canzones de Ciacco[2].

Il y eut mieux : un rimeur de l'école d'avant-hier, un poétereau démodé, à la sicilienne, Dante lui aussi, mais Dante... de Maiano, Dante de banlieue, prétendit faire de l'esprit, et ripostait au fin sonnet par un prosaïque ramas d'ordures et d'obscénités, qui sont d'un pédant malotru[3]. Ainsi rien ne manquait aux débuts poétiques : pas même l'injure imbécile d'un confrère aîné. Dante prit la chose en bonne part, puisqu'il correspondit encore avec le lourd critique de la première heure. Il savait bien qu'il faut des sots autour d'une gloire naissante, comme des jaloux et des cuistres autour d'une renommée faite.

Dès l'abord, en ces périlleuses régions des lettres où les premiers pas égarent si facilement, il sut distinguer l'ivraie de l'orge : dans cette école poétique à peine

---

[1] Sur Cino de Pistoïa v : C. da P. vita e poesie, ed. Ciampi. Pise, 1813, in-8°, et supplément. Pise. 1814, in-8°, — *Rime*. ord. da Carducci, ed. citée. Florence. 1862. — Et arch. storico ital. V, 37, 1906, disp. I. — Sur Terino de Castelfiorentino, v : Casini, Giorn. stor. della lett. it. IV, 121 et *Le rime di T. da C.* p. cura di A. Ferrari. Castelfiorentino, 1901.

[2] Sur Ciacco poète. V. Scherillo dans Nuova Antol, 1er août 1901. — Et Barbi. Bull. soc. dant. VI, 208.

[3] Sonetti e canzoni. ecc. Ciunti. 1527, livre XI, p. 133 *retro* ; sur D. da Maiano, voir ses *Rime*, rist. ed ill. a cura di G. Bertacchi. Bergame, 1896 ; dans la *Bibl. stor.* dirigée par F. Novati.

vieille d'un siècle, il connaissait les bons artistes : « Mon premier ami et moi nous en savons bien de ceux-là qui riment ainsi stupidement[1] ». C'est encore Cavalcanti dont la fine meule aiguisait sa critique.

Mais la poésie était fleur de plein air, pour ces jeunes gens. Dante, majeur en 1283[2], orphelin et chef de famille, s'épanouissait librement à la vie active et joyeuse, aux côtés de l'ami qui lui donnait sans doute son « lyrisme scolastique[3] », mais lui ouvrait en même temps ses écuries, son chenil et sa fauconnerie. Témoin ce sonnet, que l'on attribue tantôt à l'un des deux amis, tantôt à l'autre, et qui résonne de leurs chasses et de leurs fanfares :

> Appels de meute et tayauts de chasseurs ;
> Lièvre qui part, et cris aux rabatteurs ;
> Et lévriers courants que l'on découple ;
> Par belle plaine errer et débucher,
> Doit fort charmer, pour moy je m'en asseure
> Un libre cœur, et de désir exempt...[4]

Mais il demeure mieux encore que ces vers aux tons de fanfare ; dans la *divine Comédie*, les autours éployent leurs ailes, on déchaperonne les sacres, les carreaux d'arbalète sifflent, la feuillée du taillis s'agite sous la refuite d'un ragot, la chasse clabaude et la trompe sonne, comme aux miniatures des missels ou dans les fresques médicéennes de Gozzoli[5].

---

[1] *Vita nuova*, XXV, p. 71.

[2] Ceci résulte d'un premier document notarié. L. Gentile. *Bull.*, *soc. dant.* fasc. 5-6, p. 39-45, année 1891, septembre. « Di un docum. per l'anno della nascita di D. » Voir, fascic. 10 juillet 1894, les réserves de F. Pellegrini, p. 184 et 189.

[3] Expr. de Del Lungo. Dino. I, 348-9.

[4] Zingarelli. p. 94 et note p. 710 — Witte. Danteforschungen. II, 567.

[5] V. La fauconnerie au moyen âge par M. d'Aubusson. Paris, 1879, in-8°. — Traité de la vénerie, par Budé. Paris. 1861, in-8°.

« Tel le faucon, qui longtemps a plané, et sans voir leurre ni oiseau, fait dire au fauconnier : « Hé, là, tu baisses ! » descend las, de l'espace où il se mit d'essor gaillard, en tournoyant cent fois, et à l'écart se pose, loin de son maître, dédaigneux et félon[1] ». Tous les gestes de l'oiseau viennent se mirer dans des vers aussi précis qu'un chapitre de vénerie didactique :

« Tel le faucon, qui premièrement se regarde aux pieds, et puis se tourne au cri, et se penche en avant par le désir de la pâture qui l'attire[2]. » Il connaît même l'élevage et le dressage, ce que les vieux auteurs dénomment l'*affaîtage* : les envieux, au Purgatoire[3], ont leurs paupières percées et cousues par un fil de fer, « ainsi qu'on fait à l'épervier sauvage, parce qu'il ne se tient point en repos ».

C'est que Dante a connu, sur ces grèves proches, où Corso Donati partait voler l'oiseau de marais, dans ces collines où les bocages s'étendaient alors jusqu'aux portes de Florence, la joie de « suivre de l'œil son faucon qui volait[4] », et de déchaperonner un beau tiercelet, qui « sortant du chaperon, remue la tête et s'applaudit des ailes, montrant ardeur et faisant le beau[5] ».

Il vit, grâce à ses amitiés, avec ses pairs les gentils-hommes,

> Car vachiers ne sont, ne bouviers,
> Mais gens à porter esperviers[6].

---

[1] Inf. XVII, 127-132. et enc. XXII; 131-133. « Ed ei si ritorna crucciato e rotto », et 139-140, sur l'épervier.

[2] Purg. XIX, 64-66.

[3] Purg. XIII, 70-72. M. Torraca (ap. Casini. ad v. p. 373) cite à ce propos le *De Arte venandi*. II, 45, de Frédéric II, l'Empereur dilettante.

[4] Par. XVIII, 45.

[5] Par. XIX, 34-36. — Villon écrira : « Au poinct du jour, que l'esprevier se bat... » Gr. Test. 1378, ed. Longnon, p. 79.

[6] Villon, *Ib*. 1049-50, p. 64.

Tête de Dante, dans la fresque des Orcagna, Sainte-Marie-Nouvelle, à Florence.

(Cliché Alinari.)

« Tel le faucon, qui longtemps a plané, et sans voir
leurre ni oiseau, fait dire au fauconnier : « Hé, là, tu
laisses !... » descend las, de l'espace où il se mit d'essor
gaillard, en tournoyant cent fois, et à l'écart se pose,
loin de son maître, dédaigneux et félon[1] ». Tous les
gestes de l'oiseau viennent se mirer dans des vers aussi
précis qu'un chapitre de vénerie didactique :

« Tel le faucon, qui premièrement se regarde aux pieds,
et puis se tourne au cri, et se penche en avant par le
désir de la pâture qui l'attire[2]. » Il connaît même l'élevage [illegible], ce que les vieux auteurs dénomment
l'*affaitage* : les oiseaux, au Purgatoire[3], ont leurs paupières percées et cousues par un fil de fer, ainsi qu'on
fait à l'épervier sauvage, parce qu'il ne se tient point en
repos.

[illegible lines] dans ces collines
[illegible] jusqu'aux portes de
[illegible], la joie de [illegible] suivre de l'œil son faucon qui
[illegible] », et de déchaperonner un beau tiercelet, qui
« sortant du chaperon, remue la tête et s'applaudit des
ailes, montrant ardeur et faisant le beau[4] ».

Il vit, grâce à ses amitiés, avec ses pairs les gentils-
hommes.

> Car vachiers n'aient [illegible] bouviers,
> Mais gens à porter éperviers[5].

<hr>

[1] Inf. XVII, [illegible] « [illegible] si ritorna cruccieta e
rotto », et 139-142 [illegible].

[2] Purg. XIX, 64-66.

[3] Purg. XIII, 70-72. M. [illegible] (Castelvetro, p. 152) cite à ce propos
le *De Arte venandi* B, 55, de Fréd. II « l'emperéur [illegible] doute.

[4] Par. XVIII, [illegible].

[5] Par. XIX, 34-36. « Villon [illegible] que l'espervier se
[illegible] Gr. Test. 1347 et *Lais* [illegible].

[6] Villon, *Ib.* 1046-47, p. 94

et, près de Guido Cavalcanti, c'est Manetto Portinari, le
fils du riche Foulque, le propre frère de Béatrice. En che-
vauchant, Cavalcanti récite les vers bouffons qu'il a
dédiés à Manetto, cette satire d'une bossue, d'une *gob-
bine*, comme disent les superstitieux Florentins dont
c'est l'horreur; au pas des destriers qui fringuent et s'en-
capuchonnent, mâchent le mors et tirent sur les rênes,
la voix nonchalante et mordante de Cavalcanti fait sonner
les rimes :

> Vois, Manetto, cette dame convexe,
> Et te souviens comme est défigurée,
> Et comme elle est en deux bien séparée ;
> Quelle paraît, quand se fait circonflexe !..

Et les rires narquois accueillent le portrait ; mais on
est sur le terrain de chasse, et cette fois on chasse au
poste ; les lévriers sont « déchaînés », ces lévriers auxquels le poète compare les noires chiennes infernales[1], et
bientôt « on entend venir le porc sauvage et la meute
vers soi, et le fracas des bêtes et des branches[2] ». Et, le
doigt sur la coche de l'arc, on tend la corde, d'où la
flèche va siffler[3], jusqu'à l'heure où l'ombre du soir
tombe, qui fait faire retraite et remplit les yeux des chevaux avec les fantômes nocturnes[4].

Ces plaisirs se partagent allègrement avec tous les
compagnons, car Dante est « ami de l'action, ne se prive
point de vivre dans le siècle, mais conversant avec les
autres jeunes gens de son âge, se montre courtois et accort
et valeureux à tout exercice juvénile[5]. » Mais la poésie

---

[1] Inf. XIII, 125-126, et XXIII, 17-18.

[2] *Ib.* 112-114.

[3] Inf. XVII, 136, et VIII, 13-14. — Par. II, 23-24. ; V. 91-92. — Purg. XXXI,
16-18.

[4] Inf. II, 48.

[5] L. Bruni. Ap. Le vite di Dante ecc. pubbl. da A. Solerti, p. 99.

n'est point faite pour les compagnies trop nombreuses, ni l'amour et ses confidences. Dante revient aux rêveries, et il mande à Cavalcanti l'un de ses sonnets les plus beaux ; il pense à leurs maîtresses, à Béatrice qui sera l'âme de sa vie poétique, à cette Jehanne, aimée par Cavalcanti si chèrement, et que l'on nommait Primevère[1], tant elle était belle et charmante ; pour que la trinité d'amour soit parfaite, il admet encore dans son rêve Lapo Gianni[2], le notaire artiste, et dame Lagia, sa maîtresse, celle qu'une sirvente fameuse, composée naguère, a placée au numéro trente parmi les beautés florentines ; Béatrice, elle, règne sur le nombre neuf, nombre fatidique[3], sans cesse évoqué par Dante ; et, comme le bon troubadour Jaufre Rudel[4], comme les Provençaux[5], il emploiera les allusions, les procédés, les recettes d'école ; mais le génie est là, qui pointe et pousse parmi les broussailles des anciennes conventions, et ces vers s'écrivent[6], qui semblent rythmés par une cadence féérique :

> Guido, toi, Lapo Gianni, et moi, c'est mon envie,
> Je voudrais nous voir pris par un enchantement,
> Et mis sur un esquif, qui par tout vent
> Allât sur mer à notre fantaisie ;
>
> Si, que tempête ou toute autre avanie
> Ne pût nous faire aucun empeschement,

[1] *Vita nuova*, XXIV, p. 64-66.

[2] Voir sur Lapo Gianni. *Del Lungo. Dal sec. e dal poema di D.* I, p. 53 et 125, note I. — D'Ancona e Bacci. I, 121 — Voir le sonnet de Cavalcanti : « Se vedi amore, assai ti priego, Dante, — In parte la 've *Lapo* sia presente. » Ed. Ercole. p. 319-20. Dante le nomme encore en trio avec lui-même et Cavalcanti dans le De vulg. Eloq. I, 12, ed. Rajna. p. 25.

[3] *Vita nuova*, XXIX, p. 78.

[4] Voir E. Monaci. Ap. rendiconti dell' Acc, dei Lincei. Roma, 17 déc. 1893. — Salvadorj, *Sulla vita giov. di D.*, p. 45 et 271.

[5] Scherillo. Alc. capit. della biogr. di D., p. 291 et suiv.

[6] Ceci serait à meilleur droit comparé aux lieder de Heine, par ex. *Lyr. Intermezzo* 42, « Mein Liebchen, wir saszen zusammen. »

Mais que, vivant toujours en même sentiment,
D'être à nous trois nous crût sans fin l'envie ;

Et que Dame Vanna[1], que Dame Béatrice
Et celle, dont le nom va sur le nombre trente,
Fût placée avec nous par le bon enchanteur ;

Et là, toujours parler d'Amour notre Seigneur,
Et que chacune d'elles fût contente,
Comme, je crois, nous autres le serions.

Ces vers meurent sous la traduction, comme une anémone pressée aux feuillets d'un livre. Mais la troupe des amoureuses s'y rassemble, comme les dames aux prairies de Botticelli ; et récitons encore cet autre sonnet, de la même veine[2], autre fleur du même bouquet :

De dames vis une gente mesnie
Ce jour dernier passé de la Toussaint ;
Une venait devant la compagnie,
Menant Amour à droite de son sein.

Et de ses yeux jetait une lumière,
Qui paraissait un esprit enflammé ;
J'eus tant d'audace, en la voyant si fière :
Je vis un ange en Elle figuré.

Donnant salut à quiconque en est digne,
Avec ses yeux, accueillante et bénigne,
Elle emplissait tous les cœurs de vertu.

Je crois qu'au ciel naquit la Souveraine,
Et vint sur terre afin de nous sauver :
Heureuse donc qui la peut approcher.

---

[1] Sur Dame Vanna, voir Ercole. *G. Cavalcanti*, p. 37 et suiv. — Un manuscrit montre au lieu de « Monna Bice » — « monna Lagia. « — voir *Un sonetto e una ballata d'amore del Canz. di D.*, da M. Barbi. Florence, 1897, et Del Lungo. *La Donna fior.* p. 95. note 10 et 154, note 73.

[2] Ed. Fraticelli. p. 109. — Sur les fêtes de la Toussaint, voir Del Lungo. *Dino.* I, 233.

Est-ce la Madone, ou bien celle qui mérite entre toutes ce joli nom chevaleresque « : la dame de ses pensées ? » Oui, c'est elle ; et « toutes mes pensées, chantera-t-il, parlent d'amour[1]. » Mais ici, c'est à l'Ognissanti, pour la Toussaint, fête du vin nouveau, populaire et bruyante, qu'il l'a vue passer. Il conserve au cœur une apparition plus parfaite encore, qu'il décrira comme une des lumières divines en sa jeunesse ; le premier mai 1283[2], neuf années jour pour jour, neuf années accomplies après la première entrevue, Béatrice, vêtue de blanc, passe, accompagnée de deux dames, elle tourne les yeux vers Dante, et le salue, « tant, qu'il lui semble alors voir les termes extrêmes de la béatitude ». Il est neuf heures, quand la voix de l'Aimée résonne pour la première fois à son oreille, et il s'enfuit, et il s'enferme « comme enivré » dans sa chambrette. L'hallucination d'extase a commencé. Elle va déjà jusqu'au sommeil, et les songes peuplent ce somme extatique.

[1] *Vita nuova,* XIII, p. 32, ed. Barbi.
[2] *Vita nuova.* III, p. 8.

CHAPITRE VII

DANTE ET LA MUSIQUE. — ÉTUDES NOUVELLES : BOLOGNE.

Dans un génie ainsi disposé, la musique, poème ou harmonie chantée, son de parole ou d'instruments, règne en souveraine. Et l'époque est favorable aux accords des vers et de la musique. Ballades, canzoni, sont harmonisées pour la viole, la harpe, le luth, l'archiluth. « Dante, dit Boccace[1], prit un plaisir extrême, durant sa jeunesse, aux sons d'instruments et au chant des voix, et à chacun des meilleurs chanteurs en ce temps, et des meilleurs joueurs d'instruments, il fut ami et familier ; et cette passion l'entraînait à composer maintes œuvrettes, lesquelles il fit revêtir par iceux de plaisante et magistrale harmonie ».

Un de ces amis est connu, c'est ce Casella de Pistoïa, qui chante dans le Purgatoire[2]. « Mon Casella », lui dira-t-il tendrement, « Casella mio ». Cet ami, qui mourut l'année du Jubilé, en 1300, « trois mois après le commencement du Grand Pardon[3] », sut « donner le son[4] » aux plus beaux vers de son poète. Non seulement il reposait l'esprit de Dante fatigué par l'étude

[1] Vita, VIII, p. 44.
[2] Purg. II, 76-119.
[3] Chiose anon. ed. 1846, p. 245.
[4] Scartazzini. Encicl. I, 331.

et répandait en les chantant ses sonnets ou ses cantilènes, mais il lui révélait sans doute, à ce poète avide des sciences et de la technique, les règles de l'art musical[1].

Mais Dante, à mesure qu'il prend mieux conscience de lui-même, s'attache à l'étude précise des sciences et des lettres, persuadé d'une conviction qui ne l'abandonnera plus et qu'il exprime sans relâche : la science est indispensable pour éveiller et soutenir l'inspiration ; « les conceptions, écrira-t-il dans un traité didactique, ne peuvent exister où n'est point la science et le génie[2] ». Et « qu'ils confessent leur sottise, ceux-là qui, dépourvus d'art et de *science*, confiants en leur seul génie, s'échappent à vouloir chanter les plus grandes choses sur le ton le plus haut ; qu'ils renoncent à tant de présomption ; et si par leur naturelle ineptie ils sont des oies, qu'ils ne veuillent point imiter l'aigle qui vole vers les astres[3]. »

Aigle, il prétendait l'être ; il se sentait fait pour regarder en face tous les astres du Paradis. Et, pour soutenir bien son vol, il entendait accumuler toutes les sciences. Il voulait savoir parfaitement « tisser » et « construire » ses œuvres, ce sont là termes qui reviennent sans cesse[4]. « La science est l'ultime perfection de notre âme, en laquelle gît notre ultime félicité[5]. » L'amour complet pour la science, surtout pour la « philosophie », ne le conquerra tout entier qu'après la crise douloureuse du

---

[1] Convivio II, 14. — Purg. XVI, 19-21 et IX, 139-145. — Par. VI, 124 ; VIII, 17-18 ; XIV, 118-119 ; XX, 22-24 ; 142-144 ; XXIII, 97-98, et surtout De Vulg. El. II, ch iii., viii, ed. Rajna p. 45-57 et tout ce II° livre.

[2] De Vulg. El. II, 1, 6, p. 41, ed. Rajna.

[3] De Vulg. El. II, IV, 7. p. 49.

[4] De Vulg. El. XI : « contexere, astruimus » ; XII, « contexendo, astruximus », en une seule page.

[5] Convivio, ed. Fraticelli, I, 1, p. 55.

premier amour[1]. Cependant, il cherche déjà, dès ses vingt ans, l'enseignement qui complétera ce que lui a donné Florence. Il part pour l'Université de Padoue[2].

Fondée en 1222[3], fille et rivale de Bologne, l'Université padouane, après des années de déclin, s'était relevée à partir de 1250 par suite de l'interdit pontifical qui frappait alors Bologne. « L'étude des lettres[4] » y florissait surtout ; et ceci, comme l'origine de sa famille paternelle, « venue du val de Pô », devait y attirer Dante Alighieri. C'est peut-être alors qu'il y connut Giotto pour la première fois, ou peut-être même s'y rendait-il en sa compagnie, puisque les anciens commentaires notent que le peintre-poète[5], né un an ou deux après Dante, était encore jeune lorsqu'ils furent « familiers » dans Padoue, et que Dante lui-même était « en son âge plus vert[6] ». Laissant Florence agrandir encore ses murailles sous la main d'Arnolfo di Lapo[7], les deux Toscans auraient connu pour la première fois la libre vie d'étudiants, hors de chez eux.

Mais la grande institutrice du jeune Dante, ce fut Bologne, où il séjourna pour la première fois vers 1285-1287[8]. « De même, dit Boccace, qu'aux divers âges

---

[1] Convivio, II, XVI, p. 167.

[2] Voir Giorn. stor. della lett. it. XVI, 334 ; XVII, 358-66, et Dante e Padova, 1865, p. 1-28. — D'Ancona e Bacci, I, 280.

[3] Voir Gloria. Monum. della Un. di P. Venezia, 1884, e Padova 1885. — Colle. Storia scient. lett. dello st. di Padova. Padova. 1824, etc., et Hastings Rashdall. The Univ. of Europe in the middle ages, Oxford, 1895, t. II, partie I, § 4, pages 10-15.

[4] Albertus magnus. ap. Rashdall, 14, note 2.

[5] V. sa canzone sur la pauvreté, au tome I, p. 426 de Vasari. *Vite*, ed. Milanesi.

[6] Ce qui ne saurait s'appliquer sans confusion à l'année 1306, où Giotto peignait l'Arena. — Voir *Cicerone*, 9° ed., p. 610. Vasari, ed. Milanesi, in-8°, t. I. — Benv. d'Imola. Comm. Introd., t. I, p. 12 ; t. III, p. 313.

[7] Ammirato, I, 166. Villani, VII, 99, p. 152.

[8] Cf. *Dante allo st. di B.* da C. Ricci. Nuova antol. 1891, ser. III, t. XXXII,

diverses sciences furent connues par lui en étudiant, ainsi en différentes Universités sous différents maîtres il les apprit. Il reçut en sa propre patrie les premiers principes, et de là, comme en un lieu plus fertile de telle provende, il s'en fut à Bologne[1]. »

Citadelle guelfe, refuge des guelfes toscans, la riche Bologne devait attirer, à ce titre, le jeune guelfe florentin[2]. Mais c'était surtout le renom universel de cette insigne Faculté, qui amenait les étudiants de l'Europe entière, c'était l'antique gloire de Bologne juriste et lettrée qui devait séduire Dante avide des sciences. Un moine quinteux, au moyen âge, écrivait : « Les étudiants ont coutume de parcourir les cités et le monde, afin de se rendre insanes en se bourrant de lettres... Voici : les clercs viennent chercher à Paris les arts libéraux, à Orléans les auteurs, à Bologne les codes, à Salerne les boîtes de médecine, à Tolède la sorcellerie, et les bonnes mœurs, nulle part[3]. » La grammaire et la rhétorique, avec les commentaires philologiques des lois, telles étaient les plus fortes branches de l'enseignement bolonais. Ce n'est pas là que l'on devait chercher la philosophie ni les chaires théologiques réputées. L'esprit romain, l'esprit laïque et juridique, l'art de parler selon les règles et d'écrire selon les lois, la tradition jamais interrompue

p. 297-323. — F. Pellegrini. Di un sonetto soprà la torre Garisenda attr. a D. A. Bologna, 1890, in-8°. — Giorn. stor. della lett. it. 1883, t. I, p. 5-32, la coltura bolognese dei sec. xii-xiii, da T. Casini. — Rashdall. *Op. cit.*, t. I. — *Bononia docet*, pubbl. pel. VIII centenario dello studio bol. ecc. Milano 1888 p. 11-14. — Benv. d'Imola, II, p. 15. ; et 485, outre les endr. cités plus haut. — Boccacc. Vita, § 2, p. 12. — Et R. P. C. Ghirardacci. Della hist. di Bol. partie I, Bologne 1596, in-4°.

[1] « Ogni giorno si confermano sempre di più le notizie in essa raccolte », dit C. Ricci, *loc. cit.* p. 310 de la *Vita*, écrite par Boccace ; même jugement ap. d'Ancona e Bacci I, 585.

[2] Machiavel. Ist. fior., II, VIII, p 7? — Ghirardacci, I, livre VIII, p. 268 « dove i Guelfi erano potenti ».

[3] Ap. Casini, art. cit., p. 6.

des grands rhéteurs et des grands légistes, revivait là, rajeunie par l'afflux des ultramontains qui venaient chercher l'image des anciennes disciplines et qui apportaient en échange leurs romans, leurs poètes, leurs mœurs à demi féodales, en contraste avec le génie municipal de l'Italie.

L'école de la rhétorique et des arts, comme celle de médecine, était bien distincte de la faculté de droit. L'art de la composition, le *dictamen*, n'était nulle part enseigné si parfaitement. Boncompagno de Florence, ce grammairien fantaisiste et gausseur, satirique et charlatan[1], y enseignait en 1233, écrivant sa *Forme des lettres scolastiques ou art de bien dire*. A côté de lui, maître Bene, autre Florentin, y laissait un souvenir illustre[2]. Il y avait une « nation toscane » dans l'Université. Et Dante y écoutait ce fameux médecin Thadée, qui monta dans sa chaire bolonaise vers l'année 1260[3]. C'était encore un Florentin, et son enseignement aide à fixer la date où pour la première fois Dante séjournait « entre la Savène et le Reno[4] ».

Thadée le Florentin avait vendu longtemps des cierges aux dévotes d'Or San Michele dans sa cité natale[5]. Puis, étudiant sur le tard, il avait acquis à la fois l'incomparable science et la rapacité sans bornes du grand médecin, du plus grand médecin ; fût-on Pape, on ne lui faisait « mettre le pied hors de la ville » qu'au prix d'une rançon fabuleuse. Ce précurseur aide à fixer, par les dates de son existence et de son enseignement, le temps où Dante Alighieri, qui devait le mépriser comme traducteur

---

[1] Salimbene. Cron, p. 38-39.

[2] Casini *Ib*.

[3] Rashdall, p. 237. — Ghirardacci, 266.

[4] Inf. XVIII, 61. — Par. XII, 83.

[5] Phil. Villani liber de civ. Flor. fam. civibus, Florence, 1847, in-4°, p. 26-27. — Voir G. Calò. *F. Villani*, ecc. Rocca S. Casciano, 1904, in-12.

d'Aristote[1], l'écoutait comme traducteur et commentateur d'Hippocrate[2].

Deux autres personnages de la *Divine Comédie*, Venetico-Caccianemico, le ruffian de sa propre sœur Ghisolabella, mort en 1290[3], et l'enlumineur Oderisi de Gubbio[4], mort avant 1300 et qui séjournait à Bologne depuis 1268, aident encore à fixer l'époque où le jeune Alighieri vivait dans Bologne la Grasse. Mais il demeure une autre preuve, la plus digne d'un poète : certain sonnet, que Dante fit sur cette tour Garisenda, dont le souvenir formidable devait se profiler plus tard au milieu du poème souverain[5]. Ce sonnet, qu'un notaire de Bologne, Enrichetto delle Querce, transcrivait en 1287 sur son Mémorial, est énigmatique, et l'on veut y reconnaître, suivant la mode provençale, un *senhal*, une allusion symbolique à quelque illustre dame ; il n'est pas des meilleurs[6], bien que des maîtres[7] en poésie sachent y découvrir plus d'un mérite, sinon celui de la clarté.

Dante apprenait beaucoup de choses à Bologne : et ce n'est pas sans raison qu'il a mis dans son grand poème un Bolonais qui vend sa sœur, comme fera plus tard un cardinal qui devint le pape Paul III. « Cette ville, disait-on alors, est nommée Bononia, quasi bona per omnia, Bologne, bonne à toute besogne. Ils aiment à gagner...

---

[1] Convivio, I, X, p. 91 ed. Fraticelli.

[2] On l'appelait l'*Hippocratiste*. Biscioni. (A. M.). *Annotaz. sopra il Convivio di Dante*. Florence. 1723. *loc cit.* voir encore Pinto. *Taddeo da Firenze*, ecc. Roma 1888, et Puccinotti. *St. della medicina*. Livorno, 1885, II, partie I. p. 289 et suiv. — Benv. da Imola. *Comm.* v. 81.

[3] Inf. XVIII. 40-67. — Ricci. art. cit.. p. 314.

[4] Purg. XI, 79. — Vasari, I, 384.

[5] Inferno, XXXI, 136-138.

[6] Ricci, 320.

[7] Carducci. ap. Atti e Mem. della R. Dep. di st. patria per le prov. di Romagna, 1876 p 128. — Voir F. Pellegrini. Di un sonetto sopra la torre Garisenda ecc. Bol. 1890. — Le Mémorial du notaire porte le n° 69 aux Archives de Bologne.

souvent par les entremettages, offrant leurs filles, leurs
sœurs et leurs femmes à la passion d'autrui, pour satis-
faire à leur gourmandise propre et à leurs propres volup-
tés... Dante, étudiant à Bologne en ce temps de Vene-
dico, avait vu, noté tout cela, et peut-être à son jour
avait acheté telle marchandise, comme les étudiants ont
coutume. Aussi l'autre lui dit : Tu dois bien le savoir
par ton expérience[1]... » Ce qui n'empêchait point d'ailleurs l'invasion de l'autre vice, inhérent aux clercs et
lettrés, et dont François Accurse, le grand juriste, venait
de laisser un exemple encore flagrant[2].

Ce n'est pas la seule raison qui avait fait connaître à
Dante, en l'Université fameuse, ce diable dont il fera le
héros de son poème[3]. Ce démon « menteur et père
d'impostures », n'était pas le seul que l'on expliquait
à Bologne ; et les sciences officielles de ce temps glissaient aisément, par une pente naturelle, aux sciences
défendues.

C'est ainsi que l'astronomie[4], si chère à Dante, se
muait en astrologie[5]. Il y avait un professeur officiel
d'astrologie, et les médecins se voyaient obligés à tirer
les horoscopes, « car un médecin sans l'astrologie, c'est
un œil qui ne peut pas voir ». La nécromancie n'était pas
loin ; et Dante, si souvent accusé de magie, put connaître
Cecco d'Ascoli, prince des astrologues, qui régna sur
Bologne et finit par être brûlé par l'Inquisition florentine[6]. Dante croyait aux prophéties de Michel Scot,

---

[1] Benv. da Imola, II, 15, voir encore 485.

[2] Inf. XV, 110. — Benv. da Imola, I, p. 523, et ses anecdotes tragicomi-
ques.

[3] Inf. XXIII. 142-144.

[4] Moore. Studies. III, 1-106.

[5] Rashdall, I. 244-45. — Scherillo, Alc. cap. p. 215. — D'Ovidio. Studi sulla
D. C., 76-150.

[6] G. Villani, X. 40. p. 314, col. I.

comme y croyait le bon Villani[1]. Et l'on a même voulu voir dans un procès intenté devant la Cour d'Avignon, trente ans plus tard, une preuve patente que le poète fut connu comme enchanteur et nécromant[2] ; on a fait de lui un chercheur de la pierre philosophale. Ces ombres étranges lui viennent des doctrines bolonaises.

Enfin, si le sonnet donné par un vieux livre, comme étant sien, lui appartenait vraiment, on y trouverait un aveu d'amour ; et les trois derniers vers le montreraient quittant Bologne avec un regret dans le cœur, et la pointe d'une de ces flèches que les troubadours ostentaient avec orgueil et se gardaient bien d'arracher[3].

> Aussi mourir me convient-il meshuy,
> Et puis-je dire qu'à mal'heure vis Bologne,
> Et cette belle dame que j'y regardai.

Bien qu'il se joigne au mieux avec le sonnet sur la Garisenda tel que l'explique Carducci, ce petit poème doit être, dit-on, rendu au bon Cino de Pistoia[4]. Croyons-en l'oracle. Le « chansonnier » de Dante reste assez riche pour n'y rien perdre.

[1] G. Villani. X, 105 ; XII, 18.

[2] Jorio, ap. Scherillo, p. 216-217, note.

[3] Sonetti e canzoni di diversi antichi autori toscani. Florence, 1527, p. 19ro du l. II, « Ahi, lasso, ch'io credea... »

[4] Zingarelli, p. 361.

CHAPITRE VIII

LA *VITA NUOVA*, JOURNAL DES SENTIMENTS ET DES ÉVÉNEMENTS. — LES BATAILLES : CAMPALDINO. CAPRONA. — CRISE DANS LA POÉSIE DE DANTE. — MORT DE BÉATRICE.

Alourdi de science et d'expérience, le jeune Dante Alighieri rentra dans sa cité natale pour y retrouver l'image vivante de l'Amour, et aussi pour y prendre part aux entreprises militaires, aux cavalcades, escarmouches et batailles qui composaient la vie d'une commune libre et vaillante comme Florence. La première de ces chevauchées soldatesques lui sembla dure : elle l'éloignait de sa dame. Il avait ardemment repris, dès l'époque obscure où Florence l'avait reconquis, cette vie sentimentale, où il finit par s'absorber tout entier, et dont les événements, jusqu'à l'heure virile de l'action, paraissent seuls emplir sa jeunesse.

Encore étourdi par l'écho de la poésie provençale qui résonnait parmi l'école bolonaise, il les amassera, ces événements de l'amour mystique, à demi concertés, imités un peu, mais toujours animés de vie profonde et de génie naissant, il les entrelacera comme les fragments d'une mosaïque, aux pages de sa *Vita Nuova*, récit de la « Vie de jeunesse [1] ». Dante, si l'on en croit Boccace [2], « d'avoir

---

[1] J'accepte la trad. de Casini. éd. cit. IV, p. xxiv-xxv, si claire et bien fondée.

[2] Vita., p. 63, § 13.

fait ce petit livret se sentait grand'honte, en ses années plus mûres ». Hélas ! si, dans les années « mûres », un écrivain pouvait revoir et reprendre l'œuvre échappée aux mains de la jeunesse, combien de fois sentirait-il « grand'honte » ? Mais chaque saison porte son fruit, et Dieu merci, personne au monde n'a pouvoir de rien détruire, car personne n'a le droit de juger sa propre vie. Grâce au « petit livret », les orages et les bizarreries de Dante, et tout ce qui prépare son génie de visionnaire, demeurent sous nos yeux ; mêlées de souvenirs pieux ou érudits, ces confidences portent la marque d'une époque où l'on raffinait sur la vie et la mort, et sentent la force d'un esprit qui façonne à son pouvoir la vie et la mort. Et déjà, la grande aile épique de la *Divine Comédie* frémit et s'éploie par instants sous les gentillesses d'école et les fadeurs des troubadours[1].

C'est de Bologne et de l'école que lui vient cet « empêchement qu'a son esprit naturel en son opération », et les bribes du jargon conventionnel et pédantesque[2]. Jamais il ne s'en défera, mais toujours et de plus en plus, la force de vie personnelle percera sous ces oripeaux et ces cendres vaines. L'Aimée de sa vie, la glorieuse Dame de son âme, celle qu'on nomme Béatrice, ou plutôt, suivant la coutume florentine, Bice, c'est-à-dire « B. eatitudo i. n c. œlis, » Béatitude aux cieux[3], cette souveraine d'Amour dont on prononce le nom sans en connaître le sens véritable, Dante va l'entourer sans doute de tout ce que les Arnaut Daniel, les Guillaume de Cabestaing, les Rambaut de Vaqueiras, et l'école sicilienne et l'école

---

[1] Sur ces imitations, voir Scherillo. *op. cit.*, p. 269 et suiv.

[2] *Vita Nuova*, IV, I.

[3] *Dante*, lui, peut-être un diminutif de Durante (Constant), qui dure, ou la traduction de Daus, qui donne. Voir Par., VII, 14. — D'Ancona, éd. de 1884, p. 14. — Scherillo. *Il nome di D.* ap. Alc. capit., p. 44, sqq., surtout 61. — Et B. da Imola, I, p. 11, « dictus est enim Dantes, etc. »

ombrienne, et tout le troupeau de ceux qu'il nomme lui-même les « trovatori[1] » fameux de son temps avaient inventé d'auréoles, de voiles ou de fanfreluches. Il veut montrer, en bon Florentin, qu'il sait le métier.

Mais déjà, les scènes vivantes se mêlent aux hommages concertés. C'est la coutume chez les Provençaux de donner le change en amour, et de voiler la passion véritable par une flamme factice ; on a la « dame de défense » pour cacher la « gentilissima » qui est l'objet réel d'amour[2], et Dante prend une dame de défense, et lui fait des « chosettes en vers ». Seulement, il décrit la scène où il découvre cette amie protectrice, et voici que s'ouvre l'église florentine, les Saints-Apôtres ou l'Abbaye ; on y récite les litanies de la Vierge ; Dante, caché près d'un pilier ou derrière un tabernacle, voit, dans l'air assombri d'encens, Béatrice « sa béatitude » ; mais, entre Béatrice et lui, « en droite ligne », une « gente dame est assise, de moult plaisant aspect », laquelle prend pour sa beauté les regards du jeune poète ; et elle regarde souvent vers lui, et bien des gens s'en aperçoivent. Au sortir de l'office, Dante surprend maint propos ; « Vois comme cette dame-là détruit ce pauvre garçon ! » Il a trouvé ce qu'il lui faut pour égarer tous les soupçons qui effleureraient Béatrice : « une dame qui fît écran à la vérité ». Il s'est caché, grâce à ses soins affectés pour elle, durant « quelques mois et années ». Pas tant d'années, puisque la période heureuse ne dura pas bien longtemps dans ces amours littéraires. Assez pourtant, le texte même de Dante l'affirme, pour que l'on doive reculer au delà de 1285 les chevauchées qui suivirent le départ de la dame-abri, de celle qui partit un jour « pour fort lointain

---

[1] V. N., III, 10, éd. Barbi.

[2] Chabaneau. Les biogr. des Troubadours. Toulouse 1885, p. 81, ap., Scherillo, 271.

pays[1] ». Entre 1283, où le saluait Béatrice, et 1285, trop peu de temps s'est écoulé, il n'y a pas « des années et des mois ». Et l'on verra bientôt que les aventures épiques de 1288 sont mieux faites pour encadrer les premières armes de Dante cavalier de la Commune.

Dante avait fait[2] durant le temps de la « défense », du chandelier, si l'on veut, la sirvente où les soixante plus belles dames de la ville étaient désignées, dénombrées ; cette « épître sous forme de sirvente », il l'a dédaignée, il ne la mentionne que pour montrer le nom de Béatrice « ne souffrant être sur aucun autre nombre, que sur celui de neuf[3] », nombre sacré, nombre fatidique dans la naissance, dans la vie et dans la mort de Béatrice.

Il avoue qu'il laissait ainsi de côté mainte « chosette en vers ». Il conservait pourtant tout ce qu'une mélancolie presque mortelle ombrait déjà ; même ces vers imaginés pour la douleur factice d'un départ qu'il devait trouver indifférent :

Vous qui passez par le chemin d'Amour,
Regardez et voyez, s'il est douleur aussi grève que la mienne[4].

Ce sont des paroles sacrées, prises à l'Évangile, et Dante ne craint pas, suivant sa coutume constante, de les emprunter pour l'Amour. C'est que l'Amour est ennobli sans cesse, au contact de la mort : déjà, dans cette première phase de jeunesse où tout semble monter vers les allégresses et l'espérance, il a pleuré, peiné, maigri, et

[1] V. N., VII, p. 15.

[2] V. N., VI, voir D'Ancona, éd. citée p. 47-51, et Manni, Ist. del Decam. di G. Boccaccio. Florence 1742, in-4°, p. 143, qui citent des compositions analogues, l'une d'Ant. Pucci, et l'autre attribuée à Boccace.

[3] Sur ce nombre, voir l'éd. Casini, p. xxvii.

[4] V. N., VII, p. 15.

maintenant il voit, après le départ de la gentille dame qui masquait l'amour véritable, « le seigneur des anges se plaire d'appeler à sa gloire une dame jeune et de moult gentil aspect, laquelle fut très pleine de grâces en cette susdite cité » : l'une des soixante nommées dans sa sirvente, c'est certain [1]. « Et je vis son corps gisant, privé de l'âme, au milieu de force dames, qui pleuraient moult piteusement. Alors me recordant que jadis l'avais vue faire compagnie à la plus gentille de toutes, ne pus retenir quelques larmes ; et tout pleurant me proposai de dire quelques paroles sur sa mort, en guerdon de ce que parfois l'avais vue avec ma dame. » Deux sonnets naquirent ainsi :

> Pleurez, amans, puisque pleure l'Amour.

et

> Vilaine mort, de pitiés ennemie,
> Antique mère de douleur.

Mais tout à coup, au milieu de ces gentillesses, de ces pleurs, de ces soupirs et de ces amusettes, la cloche de guerre sonna. « Quelques jours après le trépas de cette dame, un événement arriva par lequel me convint partir de la cité susdite, et aller vers ces pays où se trouvait la gentille femme qui avait été ma défense, bien que le terme de mon voyage ne fût pas aussi lointain que le lieu où elle était [2]. »

En compagnie nombreuse, il ne pouvait pourtant cacher son ennui, sa peine ; il allait le long d'un fleuve, beau, courant, et très clair, qui coulait contre le chemin où cavalcadaient les destriers. Et tandis que le cavalier malgré lui ruminait sa peine, parmi la poussière et le bruit,

[1] V. N., VIII, 17.
[2] V. N., IX, 21, 23.

l'Amour en habit humble et vil lui apparaissait, et le jeune cavalier faisait des vers :

> Je chevauchais avant-hier par un chemin,
> Soucieux de l'aller qui me donnait nuisance,
> Trouvai l'Amour au milieu de la voie,
> En vêtement léger de pèlerin.

Où, pourquoi chevauchait-il donc ? C'est que Dante [1], jeune gentilhomme, citoyen, était cavalier des « cavallate » florentines. Chaque citoyen en effet, qui était propriétaire, et de surface suffisante, devait en temps de guerre se trouver prêt, et bien monté.

Or, cela faisait deux mille hommes, fleur d'une armée que composaient des recrues bigarrées, fournies par les districts et les alliés. Le 20 mai, la guerre était déclarée aux Arétins ; les étendards de l'armée étaient déployés à l'Abbaye de Ripoli, sur le chemin d'Arezzo, signe que l'on allait se mettre en campagne, « à cette fin que l'ennemi se pût pourvoir, et n'eût occasion de dire qu'on le prenait en traître et l'assaillait à l'improviste ».

Il s'agissait de défendre le pouvoir des Guelfes. Les boutiques de Calimala se fermaient, on sonnait le tocsin à la cloche de la Commune. Et, le long de l'Arno, fort « mince [2] » dans cette saison, clair et vert, de ce vert de jade et de cristal que lui donne le chaud printemps, la cavalcade [3] florentine accompagnait le podestat ; juin commençait, car les étendards étaient restés huit jours à flotter sur le vieux moutier.

L'armée était « la plus grande ost et riche qui eût été faite par les Florentins depuis que les Guelfes revinrent

---

[1] Ammirato, I, 170-71. — Fraticelli. St. della vita di D. A., 86. — D'Ancona, éd. cit., 71-72. — Del. Lungo. Beatrice ecc. 35, je diffère pour la date, comme ou l'a vu, mais le fond est le même.

[2] « Molto sottile », dit Ammirato.

[3] V. Villani, VII, CXXIV. Della *Cavalcata* che i Fior. feciono ecc., p. 159.

à Florence ». Vingt-deux jours durant on ravagea la
comté d'Arezzo. Prenant et rasant les châteaux, sacca-
geant vignes et jardins, sous l'orage qui dévastait le
camp, on atteignit enfin le jour de la Saint-Jean-Baptiste.
En l'honneur du saint patron qui siège sur le florin d'or,
l'armée florentine épandue sur la prairie devant Arezzo,
fit courir un « palio » en face de la porte, pour braver la
cité vaincue.

Dante l'a vu, Dante le dit en sa *Divine Comédie*[1] :

> J'ai vu jadis des cavaliers lever le camp,
> Et commencer la charge, et faire leur parade,
> Et quelques fois partir pour leur escampe :
> J'ai vu des éclaireurs sur votre territoire,
> Gens d'Arezzo, j'ai vu marcher les escadrons,
> Et férir en tournois, et courir à la joute,
> Tantôt avec trompette, et tantôt avec cloches,
> Avec tambours, avec des signaux de chastels...

Il l'a vu, et il le raconte, mais ceci suffirait à mettre,
entre la *Vita Nuova*, récit de jeunesse, et la grande
œuvre qu'elle annonce et prépare, les différences capitales[2] ! Dans le livret de la jeunesse, le jeune cavalier
affecte, à la mode des troubadours, une rêverie qui
l'isole de ses compagnons, il invente des apparitions mystiques, il ne nomme rien par son nom, ni le fleuve, ni le
pays, il fait le damoiseau, le dameret, le raffiné ; ce soldat
de vingt-trois ans « soupire » et fait des périphrases ; mais
que le souvenir revienne à l'homme qui écrit le poème
souverain, et les vers de cristal et d'or sonneront fanfares,
batailles, chaplis de cuirasse et d'épée, et frissonnements
d'étendards ; feux allumés sur les créneaux, appels des
trompettes et caracoles des destriers qui vont charger,

---

[1] Inf., XXII, 1-12. — Del Lungo, D. nei t. di D. 162 et suiv.
[2] V. Del Lungo, *Béatrice*. 41 et suiv.

la mort et la vie qui frémissent sur la campagne d'Arezzo se déploieront sous sa main ferme et désormais toute-puissante ; le jouvencel, bien fort déjà, charmant, divers, mais compassé par l'imitation, demeure en la *Vita Nuova :* l'homme, le plus grand de tous les poètes, s'affirmera dans la Comédie. Et toujours, si l'on comparait page à page, on verrait ceci ; le dessin séduisant, facile, un peu grêle, d'un beau disciple, puis, la fresque du maître.

Les vers guerriers de l'Enfer, ces vers qui semblent écrits sur un arçon de selle d'armes, sont un commentaire vivant au chapitre de Villani ; rien n'y manque, ni les chevaliers, ni la joute, — le palio, — ni les « chastels » que la chronique a dénombrés. Mais vient ensuite un autre vers ; après

> Avec tambours, avec des signaux de chastels ;

il y a :

> Et choses de chez nous et des choses estranges.

Hé bien ! ici, encore, Dante donne une preuve que la *Divine Comédie* est le livre même de sa vie. Ces choses « estranges », ces instruments des milices étrangères, qui les lui a montrés ? sinon, la bataille de Campaldino, quand les étrangers, les Français de ce Charles d'Anjou, frère de saint Louis, qui parut à Florence[1] l'année même où naissait Dante, les Français avec Aimeri de Narbonne, avec Guillaume de Durfort, combattaient pour les Florentins contre les gens d'Arezzo.

Là aussi on pouvait ouïr des cloches sonner, cloches de guerre, et dont les noms sont conservés : « On avait mené le carroccio, le grand char, a dit l'antique chroniqueur[2] ; et notez que le grand char, que menait la com-

[1] Villani, VII, III, III.
[2] G. Villani, Crou. VI, LXXV, p. 101.

mune et le peuple de Florence, était un char sur quatre roues, entièrement peint en couleur vermeille, et il avait plantées dessus deux grandes antennes vermeilles, sur lesquelles était placée et flottait au vent le grand étendard aux armes de la Commune, lequel était mi-parti d'argent et de gueules, et meshuy encore on le montre à Saint-Jean ; et tirait ce char une paire de grands bœufs caparaçonnés de panne vermeille, lesquels étaient uniquement réservés à cet office, et c'était la propriété de l'hôpital des Pinti, et leur bouvier était exempt de toutes charges communales. Ce carroccio, nos anciens en usaient pour triomphe et honneur, et quand on s'en allait à l'ost, les comtes voisins et les chevaliers le sortaient hors de l'œuvre Saint-Jean, et le conduisaient sur la place du Marché-Neuf; et l'ayant placé par milieu d'une borne qui est encore là, faite d'une pierre taillée en manière de carroccio, ils le recommandaient au peuple, et ceux du peuple le guidaient aux armées, et, pour ce, l'on députait en garde les meilleurs et les plus forts et les plus vaillans du populaire, à pied, et pris dans la cité, et à cela se concentrait toute la force du peuple. Et lorsque l'on proclamait l'appel aux armes, publiant un mois à l'avance où l'on devait aller, on plaçait une cloche sur l'arcade de la porte Sainte-Marie, qui était au chef du Marché-Neuf, et cette cloche était sonnée sans trêve, de jour et de nuit, par orgueil et pour donner champ-clos à l'ennemi contre lequel on appelait aux armes, afin qu'il se pût préparer. Et les uns appelaient la cloche Martinella, les autres la cloche aux ânes. Et quand l'ost des Florentins se mettait en marche, on déposait la cloche de l'arcade et on la plaçait en un château de boisage, dessus un char, et au son de cette cloche se menait l'armée. Par ces deux pompes, du carroccio et de la cloche, se gouvernait la superbe seigneuriale du peuple vieux et de nos anciens, dans le fait des armées. »

Autour du char et de la cloche, derrière les grands gonfanons[1], qui claquent dans le vent sonore, — celui qui est timbré du lys vermeil, celui qui porte la croix du peuple, avec le mot de Liberté en lettres d'or, — Dante est parmi les cavaliers d'avant-garde ; il porte l'épée de ses ancêtres qui sont morts à Montaperti, pour défendre le Carroccio ; le jeune homme d'armes qui chevauche en rêvant à ses vers d'amour, a près de lui le compagnon « bien armé » qu'impose la loi[2]; sur son cheval couvert de la housse[3], et que stimule l'éperon doré, la tête protégée par le bassinet de Milan, le col enserré par le camail de mailles, il a le corps tout recouvert par le haubert de mailles qui joue sur le gambison de peau rembourré et piqué ; le surcot brodé de la croix guelfe et du lys rouge est lacé par derrière, une ceinture d'orfèvrerie soutient l'épée et la dague, que des chaînes lient au plastron ; cuissots de fer, genouillères, trumelières et solerets défendent la cuisse, la jambe, et chaussent les pieds de leurs écailles[4]. Voilà le soldat, le poète, le citoyen qui plus tard, dans l'Enfer, grelottant parmi les damnés sur le lac gelé de l'Antenora, frappera de son pied sur les joues livides, et empoignera par les cheveux, pour lui faire cracher son nom, son nom de traître, Bocca degli Abati, félon au drapeau de Florence[5], et dira, par excès d'ironie contre ce misérable ainsi foulé, souffleté, molesté :

> Si vouloir fut, ou destin, ou fortune
> Point ne le sais !

---

[1] Del Lungo. *Beatrice*, p. 41, et aussi la *donna fior.*, p. 126.

[2] *Ib.*, 36.

[3] Bas-relief dans le cloître de l'Annonciade à Florence, sur le tombeau du bailli de Durfort.

[4] Termes techniques dans Maindron. *Les armes*, chap. v. Paris, in-8°.

[5] Inf., XXXII, 76-112.

après qu'il lui aura marché dessus comme sur une ordure.

L'âme florentine est en lui, hautaine et rancunière, une belle âme aux vertus fortes, aux vices éclatants, aux défauts monstrueux, âme d'artistes, de poètes. Et il l'épandra tout entière. Vices, vertus n'est-ce pas là simplement le nom des actions et des pensées inaccessibles au vulgaire? et des excès qui le surpassent?

Il marche avec la chevauchée. Le compagnon d'armes qu'il a choisi, c'est un étudiant comme lui[1]. En ces années où resplendissent la force et la jeunesse de Florence[2], ceux qui écrivent à coups d'épée cette épopée du parti guelfe, et qui la rendront immortelle dans leurs œuvres futures, ce sont les jeunes bacheliers, les poètes du « nouveau style ». Et leurs conseils sont accueillis au camp par les chefs de l'armée. Le 2 juin 1289, on est sorti secrètement de la porte Saint-Nicolas, le fracas de la troupe a retenti sous la tour où se réfugiera, lors des suprêmes hontes, Michel-Ange proscrit et traqué. Par Pontassieve et la Consuma, le Casentin s'ouvre ; les gens d'Arezzo viennent d'apprendre que l'ennemi florentin, naguère attendu par le Valdarno, ravage d'ores et déjà les terres du comte Guido Novello, leur podestat; les Arétins sortent en armes. Le 11 juin, c'est la bataille.

Près de Poppi, dont les tours crénelées montent sur une colline pointue, entre le monastère franciscain de Certomondo et la métairie de Campaldino, les champs fertiles se déroulent en arène de carrousel. Aussi les cavaliers de Florence ne résistèrent point à faire une belle charge sur ce terrain merveilleux : et cette faute heureuse leur fit gagner, par imprudence, un combat dif-

---

[1] Matteo Palmieri. Libro della vita civile, s. l. n. d. (prob. avant 1529, et. Florence. Giunti), in-12 p. 95. — L'hist. de Vieri dei Cerchi à la p. 58ro .

[2] Del Lungo, Dino, I, 67.

ficile. Piquant des deux, l'étoile des éperons serrée entre les plis de la housse, qui flottait, leur lance collée à la hanche droite, la bride très haute, ils étaient appuyés de flanc par les palvesari, les pavoisiers, ainsi nommés parce qu'ils avaient au bras gauche les pavois fleurdelysés, avec le lys rouge sur champ d'argent ; mais eux, c'étaient les *feditori*, la fleur des jeunes cavaliers, les frappeurs, les gentilshommes de l'élite. Dante Alighieri chargeait avec eux[1].

> Tel que sort parfois au galop
> Le cavalier de l'escadron qui charge,
> Et va pour se faire honneur du premier choc.

Guillaume des Ubertini, l'évêque d'Arezzo, qui avait la vue courte, demanda : « Quelles sont ces murailles-là ? — Ce sont les pavois ennemis », lui répondit-on[2]. Il allait les voir de plus près, et périr sous leurs coups.

D'abord Arezzo fut vainqueur ; les hommes d'armes gibelins, rompus au métier, dédaignaient[3], malgré qu'ils fussent deux contre un des leurs, ces bourgeois florentins passés chevaliers, improvisés soldats, qui « se lissaient comme des femmes et qui se peignaient la perruque ». A la charge des Florentins, ils ripostèrent par un tel assaut que la cavalerie du lys rouge fut rudement ramenée. Et Dante « fut en grand péril », et « l'on eut grand'peur ». Mais les Gibelins n'avaient point compris que c'était fait, à l'avenir, des batailles qui ressemblaient à des tour-

---

[1] Purg., XXIV, 94. — Leon. Bruni d'Arezzo. La hist. universale dei suoi tempi. Venise, in-4° (1561), p. 60 et Vita di D., ed. Solerti, cit. p. 99. — Il serait puéril d'écarter ces témoignages ; Bruni, secrétaire de la commune, dit avoir vu, et doit avoir vu les pièces originales. L'histoire serait impossible si l'on suivait certaine école, qui nie tout sans rien comprendre. — V. sur Bruni Arch. stor., ser. IV, XV, 1885, p. 416. Aless. Gherardi. *Alcune notizie int. a Leon. Bruni e alle sue storie fior.*

[2] Dino Compagni, Cron. I, X, p. 38-39.

[3] Villani, VII, 130, p. 161, col. 2.

nois : « Seigneurs, leur avait dit Barone dei Mangiadori
de San Miniato, chef de leur cavalerie et vieux routier,
les guerres de Toscane se gagnaient d'ordinaire par bien
attaquer ; et point ne duraient, et peu d'hommes y mou-
raient, car on n'avait point coutume d'occire. Meshuy la
mode s'est muée, et l'on vainc en restant bien fermes. »

Entraînés par l'ardeur et le mépris, les cavaliers d'Arezzo
se trouvèrent seuls au milieu des Florentins. Ceux-ci
comprenaient que le nom des Guelfes et la puissance des
Gibelins étaient en jeu : les pires adversaires, Cerchi,
Donati, s'étaient trouvés, pour la dernière fois peut-être,
unanimes à la défense du lys et de la croix. Olivier des
Cerchi, la jambe malade, s'était pourtant mis à cheval,
entre son fils et ses neveux. Et le terrible Corso Donati,
qui trouvait dans ses veines le sang de Catilina, lâchait,
au péril de sa vie, ceux qu'on lui avait ordonné de contenir, déchaînait ses cruels Pistoïens sur les ennemis
tournés de flanc, et gagnait la bataille.

L'étendard de France, laissé aux Florentins avec Aimeri
de Narbonne, flottait aux cris de « Narbonne, chevalier ! »
Tandis que ceux d'Arezzo répondaient : « Saint Donato
chevalier ! » Sous les nuées d'orage, dans les tourbillons de
poussière, flèches d'arc, carreaux d'arbalète pleuvaient sur
l'armée gibeline ; enfoncés dans le gros des Florentins, les
éclaireurs arétins faisaient grand massacre, et périssaient
en plus grand nombre encore, les fantassins, se voyant
accablés par le mouvement tournant qu'avait décidé
Donati, se glissaient sous les chevaux d'armes, et les
étripaient à coups de coutelas[1]. Mais la victoire demeu-
rait aux Florentins, et « ils firent un tel massacre de
leurs adversaires, que leur nom fut presque anéanti[2] ».

Dante avait vu, du haut de son destrier poudreux et

---

[1] Dino, p. 41.
[2] L. Bruni, Ist. IV, p. 60.

sanglant, « l'escadron volter sous l'abri des boucliers pour se sauver, et tourner bride avec son étendard, avant de pouvoir tout entier changer de route en virant sur lui-même[1] ». Il avait vu les flèches « se défréner[2] » et frapper les Arétins au défaut de l'armure. On allait maintenant rentrer à Florence, avec les brassées de drapeaux conquis pour Saint-Jean-Baptiste et Saint-Procule, ces deux églises où l'on avait voté les guerres arétines. Mais, au soir de cette bataille, le ciel se mit de la partie, et donnait à Dante un spectacle dont il fit plus tard une des pages les plus grandes en sa *Divine Comédie*. Un orage furieux éclata sur le camp, et sur la plaine du carnage.

C'est Buonconte de Montefeltro, mort à ce champ de gloire, qui le raconte au chant cinquième du Purgatoire[3], Buonconte, père de Manentessa, beau-père de ce Guido Salvatico[4] qui hébergeait Dante exilé, dans ses châteaux du Casentin. L'épisode est un des plus vastes, un des plus beaux du grand poème. Et il vient de cette bataille ; Dante commence :

> Et je lui dis : « Quelle force ou quel accident
> T'égara si loin de Campaldino
> Que jamais on ne sut ta sépulture ? »
> « Oh ! répondit-il, au pied du Casentin
> Traverse une eau qui a nom l'Archiano,
> Qui naît au-dessus de l'Ermitage[5] dans l'Apennin ;
> Aux lieux où il perd son nom
> J'arrivai, la gorge percée,
> Fuyant à pied, et ensanglantant la plaine.
> Là je perdis la vue, et la parole

---

[1] Purg., XXXII, 19-21

[2] Purg., *Ib.* 34-35 ; — Par., II, 23-24.

[3] Vers 88-129. Bassermann, Orme di Dante, p. 100 et suiv.

[4] Witte, Danteforsch., II, 234, Heilbronn 1879. — Boccace, Vita, p. 28.

[5] Le sacro Eremo de Camaldoli. (Par., XXII, 49). — Repetti. Diz. geogr. ecc. della Toscana, Florence, 1833-1846, I, 402.

Exhalai dans le nom de Marie ; et là
Je tombai, et resta ma chair seule.
Je dirai la vérité, et toi redis-la parmi les vivants :
L'ange de Dieu me prit, et celui de l'Enfer
Criait : « Eh ! toi, du ciel, pourquoi me frustres-tu ?
« Tu t'en vas portant l'éternel de celui-ci
« Pour une petite larme qui me l'ôte ;
« Mais je ferai du reste un autre usage. »
Tu sais[1] comme dans l'air se rassemble
Cette humide vapeur, qui revient en eau
Dès qu'elle monte où le froid la saisit.
Cet esprit du mal, qui toujours cherche le mal, assembla
Par son art, et remua la fumée et le vent
Grâce à la puissance que sa nature lui donna.
Aussi, la vallée, comme le jour fut éteint,
De Pratomagno au grand coupeau de la montagne, il la couvrit
De nuées, et le ciel au-dessus encombra de vapeurs,
Tant, que l'air imprégné se convertit en eau ;
La pluie tomba, et vint aux creux des fosses
Ce que la terre ne put absorber de cette pluie ;
Et, comme il le fallut, dans les grandes rivières
Vers le fleuve royal si rapidement
S'abîma, que rien ne la put retenir.
Mon corps transi, sur son embouchure
Trouva l'Archiano violent ; et il l'entraîna
Dans l'Arno, et dénoua de ma poitrine la croix
Que j'y fis de mes bras quand la douleur me vainquit ;
Il me roula le long des rives et du fond,
Puis me couvrit et m'enceignit de ce qu'il entraînait. »

C'était la plaine des prodiges, des tempêtes et des fantômes, ce plateau de Campaldino. Non seulement Dante avait vu l'orage, déchaîné par le démon, déployer ses ailes de soufre entre Pratomagno et la Giogana de Camaldoli, râclant ses flancs et rugissant contre cette masse de pierre qui coupe en deux le val d'Arno, roulant les

---

[1] « *Ben sai* ». Dante se fait dire ceci, parce qu'il a vu.

cadavres des morts parmi les bouillons des torrents gon-
flés par une crue soudaine ; mais une légende a voulu
qu'une apparition fantastique, celle de son cher compagnon d'armes, mort dans l'affaire, eût fait naître dans
son esprit l'idée même du grand poème.

Au début du xve siècle, l'humaniste Mathieu Palmieri
conta cette histoire dans une imitation cicéronienne ;
mais elle est agréable encore sous les placages du Songe
de Scipion[1], et peut-être un lambeau de vérité s'y retrou-
verait-il. « J'en ai tradition très certaine, dit-il »,
et il raconte ensuite comment, le troisième jour qui suivit la bataille, après des escarmouches successives, on
donnait sépulture aux morts ; alors, Dante qui recher-
chait son ami, son compagnon l'étudiant, mort au combat, le vit tout à coup ressusciter en sa présence : « Je
suis entre deux vies, lui dit le spectre, et je vais te dire
ce que j'ai vu depuis trois jours ». Dante lui demanda
comment il pouvait survivre ainsi, couvert de blessures
mortelles, sans nourriture et privé de soins[2]. L'ombre lui
avoua que seul le cri d'Olivier des Cerchi : « Qui veut
sauver la patrie, me suive », avait dissipé ses terreurs
dans la bataille, et qu'il avait été de ceux qui rompirent
les deux premières charges ennemies. A la troisième,
que menait l'évêque d'Arezzo, c'est lui qui avait jeté
bas Monseigneur des Ubertini. Massacré par les ennemis
qui vengeaient leur chef, il avait perdu connaissance. Et
il s'était trouvé dans le ciel de la Lune, avec l'Empereur
Charlemagne, sur les « confins entre la vie et la mort »,
entre les peines éternelles et les éternelles béatitudes.

---

[1] V. D'Ancona, Manuale, II, 94.

[2] On croyait encore à cette survie au xviiie siècle : « Le sang humain,
tout chaud, est encore plein de ses esprits ; et étant excités dans les cimetières,
ou *dans les lieux où se sont données de grandes batailles,...* on voit s'élever
des idées ou phantômes des personnes, etc. » Diss. sur les apparitions, etc.
par Dom Aug. Calmet. Paris, 1746, in-12, p. 201-202.

L'Empereur lui décrivait les enfers païens, et le recevait
parmi les braves citoyens morts pour la patrie. Dante
voulait faire expliquer au fantôme tout ce qu'il désirait
savoir ; mais le cadavre ranimé pour un instant retombait
sur lui-même, et Dante reprenait sa route après l'avoir
enseveli[1].

Au mois d'août de cette même année 1289, l'armée
guelfe mettait le siège devant le château de Caprona,
près de Pise. Dante était encore parmi les assiégeants[2].

> J'ai vu, dit-il[3], j'ai vu jadis la peur des fantassins
> Qui sortaient de Caprona avec promesse de vie sauve,
> En se voyant parmi tant d'ennemis.

Près du pont-levis, devant le rude castel qui pointe
sur un contrefort de la Verruca pisane, il a vu défiler,
tout pâles et tremblants, les défenseurs de ces tours
sans trêve prises et reprises durant les guerres de ce
temps[4].

Rentré dans la cité joyeuse et triomphante où son
parti régnait sans conteste, Dante retrouvait une paix
matérielle si profondément établie, que tous les événements de son existence, à ce moment, c'étaient uniquement les menus faits de son amour. Il revenait, après les
campagnes et les batailles, comme purifié, grandi par le
spectacle de la mort. La Mort, son inspiratrice éternelle
et son guide suprême, elle lui était apparue parmi le
fracas du combat, et son ombre livide avait régné, le
soir, sur les champs comblés de cadavres.

Mais il avait aussi vécu en soldat, et l'Amour, son seigneur, lui avait nommé une dame sur le chemin des sou-

[1] V. Papanti, Dante sec. la trad. ecc., 98-109.
[2] Del Lungo, Dante nei t. di D., p. 171 et suiv.
[3] Inf., XXI, 94-96.
[4] Villani, VII, 137, p. 165, col. 1.

pirs[1]. Il obéit à l'Amour qui lui ordonnait de faire cette diversion, et si bien, que mainte personne en parle, « en dépassant les bornes de la courtoisie ». On le calomnie si vilainement, que Béatrice, « destructrice de tous les vices et reine de toutes les vertus », lui refuse le salut ; ce salut purificateur, qui mettait l'amour dans ses yeux et savait émouvoir son corps « ainsi qu'un poids inanimé[2] ». Alors il pleure amèrement, et il « se met en sa chambre » afin de gémir sans témoins. Il s'endort comme un enfant battu, en sanglotant[3]. Et l'Amour, tout vêtu de blanc, lui apparaît en songe, il lui parle latin, et il lui ordonne de composer pour Béatrice, mais d'une manière symbolique et détournée, la ballade d'excuse qui lui dira « comme il fut sien tôt dès sa première enfance[4] », et qu'il devra faire adorner de suave harmonie par quelque Casella. Cette vision, venue à la neuvième heure du jour, lui inspire incontinent la ballade :

> Ballade, veux que retrouves Amour,
> Et qu'avec lui tu ailles vers ma Dame
> Si, que de mon excuse, que tu chantes,
> Parle avec elle ensuite mon Seigneur.

Et que la mélodie lui porte ce vers, le plus charmant de tous :

> Tôt il fut vôtre, et jamais n'a faibli[5] !

Il affirme encore ses pensers dans un sonnet :

> Tous mes pensers parlent d'amour[6].

[1] *Vita nuova*, X, p. 24.
[2] XI, 25.
[3] XII, 26.
[4] XII, 27, c'est le vers du Purgatoire, XXX, 42.
[5] P. 29.
[6] XIII, p. 32.

Une crise se préparait, au milieu des « déconfitures[1] »,
aggravée par les railleries que son attitude transie lui
valait ; il s'est vu railler, « gaber » même par Béatrice,
dans une assemblée nuptiale où certaine dame « qui avait
mené à l'extrémité un sien ami » l'attira sans qu'il put
prévoir ce qui l'attendait[2]. Il rentre dans sa chambre, il
souffre encore. Mais cette fois, le génie viril se soulève
sous les conventions d'école. A qui le raille ou le ques-
tionne, il va répondre, et les rimes à la provençale sont
finies, la grande canzone amoureuse, et « morale »,
éploiera ses ailes, la plus belle de ces canzones qui
fleurissent la première œuvre. Il l'a pensée le long d'un
clair ruisseau toscan, près de Florence[3], ce n'est plus aux
femmes, c'est aux « dames gentilles » qu'il s'adresse[4] et, par
elles, à Béatrice, la rédemptrice de sa vie : sa langue
parle « comme mue d'elle-même ». Dira-t-il pas, au
milieu de son œuvre maîtresse :

« Moi, je suis un, qui lorsque l'amour m'inspire, je note,
et vais exprimant ce qu'il dicte au dedans de moi[5]. »

Et il le dira justement après avoir cité le premier vers
de sa canzone :

I

« Dames, qui avez intelligence d'Amour,
Je veux avec vous parler de ma Dame,
Non pour ce que je crois finir sa louange,
Mais parlerai pour me soulager l'esprit.
Je dis que, pensant à son mérite,
Amour se fait si doucement sentir à moi
Que, si, alors, je ne perdais l'audace,

[1] Sconfitte, XVIII, 41.
[2] XIV, 33.
[3] XIX, 43.
[4] XIX, p. 43.
[5] Purg. XXIV, 52-53.

Ferais, parlant, les gens devenir amoureux ;
Et point ne veux parler si hautement
Qu'après, la peur me pût rabaisser ;
Mais traiterai de son être charmant
Avec respect, d'une façon légère,
Dames et damoiselles amoureuses, avec vous ;
Car point ne sied d'en parler avec autres.

II

Un ange clame en la Divine Intelligence,
Et dit : « Sire, au monde il se voit
Merveille en l'acte qui procède
D'une âme qui jusqu'ici haut resplendit. »
Le ciel, à quoi nulle autre chose ne manquait,
Que d'avoir Elle, la requiert à son Seigneur,
Et chaque Saint en crie mercy.
La pitié seule défend notre parti,
Si, que Dieu parle, en pensant à ma Dame :
« Mes Bien-Aimés, ores souffrez en paix
Que votre espérance demeure tant qu'il me plaît
Là, où quelqu'un existe, qui s'attend à la perdre
Et qui dira dans l'Enfer : « O mal nés
J'ai vu l'espérance des Bienheureux. »
Ma Dame est désirée au plus haut des cieux :
Or veux de ses vertus vous faire savoir.
Je dis : qui veut sembler Dame gentille
Aille avec elle ; car lorsqu'elle va par le chemin,
Amour jette aux cœurs vulgaires une glace
Par quoi tout leur penser et se gèle et périt ;
Et qui pourrait demeurer là pour la voir,
Deviendrait noble chose, ou périrait ;
Et quand elle trouve quelqu'un qui soit digne
De la voir, celui-là éprouve la force de son charme,
Car ce qu'elle lui donne lui parvient, en salut [1] ;
Et elle le fait si humble qu'il oublie toute offense.
Encore Dieu pour majeure grâce lui a octroyé

[1] Jeu de mots sur salute, *santé* et *salut*. Le mot « salut » au sens pieux, rend à peu près ceci ; j'adopte la leçon de Barbi, éd. cit. « in salute ».

La chaire de l'église Saint-Pierre Scheraggio où parla Dante.

(Actuellement à San Leonardo in Arcetri près Florence). (Cliché Alinari.)

Intérieur de l'église Saint-Julien-le-Pauvre, à Paris, ancien asile des voyageurs en détresse.

(Cliché des Monuments historiques.)

[...] Permis, parlant, les gens devenir amoureux:
[...] point ne veux parler si bassement
Qu'après, la peur me pût rapetisser;
Mais traiterai de son être charmant
Avec respect, d'une façon légère,
Dames et damoiselles amoureuses, avec vous:
Car point ne sied d'en parler avec autres.

II

[...] réclame en la Divine Intelligence,
[...] au monde [...] voix
[...] de l'acte qui procède
D'une âme qui jusque là-haut resplendit. »
[...] à quoi nulle autre chose ne manquait,
[...] voir Elle, la requiert à son Seigneur,
[...] qui [...] crie mercy.
[...] notre parti.
[...]

« Mes [...] gentilles [...] pays
Que votre [...] demeure tant qu'il me plaît
Là, où quelqu'un existe qui s'attend à la perdre
Et qui dit dans l'Enfer : « Ô mal nés
J'ai vu l'espérance des Bienheureux. »
Ma Dame est désirée au plus haut des cieux :
De vous de ses vertus vous faire savoir.
Je dis : qui veut sembler [...] gentille
Aille avec elle : car [...] va par le chemin,
Amour jette aux cœurs [...]
Pourquoi tout leur penser [...]
Et qui [...] de ménage la [...]
[...] noble chose, [...]
Et quand elle trouve quelqu'un qui [...] digne
De la voir, celui-là éprouve [...] son charme,
Car ce qu'elle lui donne lui parvient en salut;
Et elle le fait si humble qu'il oublie toute offense,
Encore Dieu pour [...] grâce lui a octroyé

[...] de mots qui salute, santé et salut. Il joue [...] au sens propre [...] d'après lui ; j'adopte le leçon de Barbi [...]

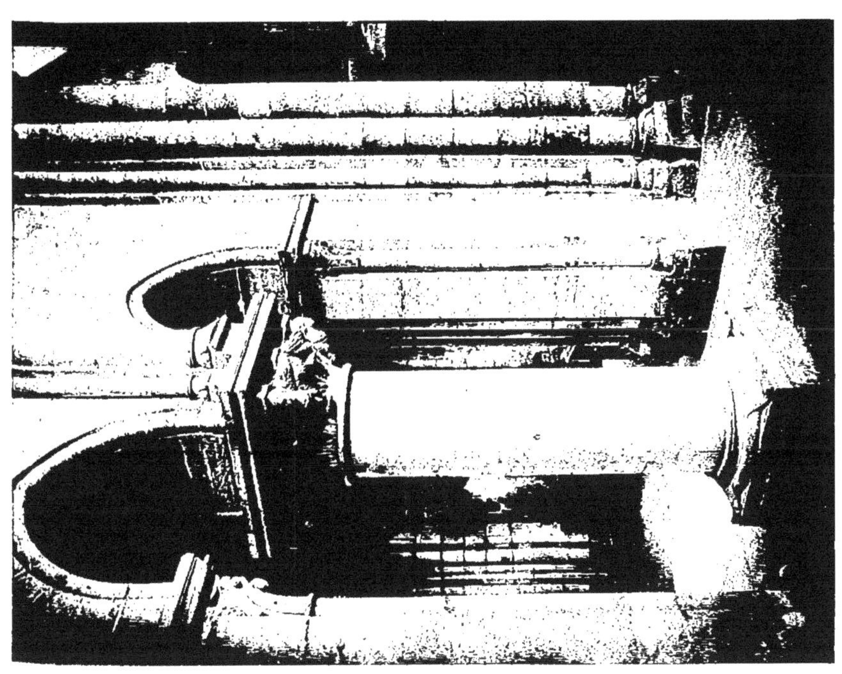

Que celui-là ne peut mal finir, qui lui a parlé.
Amour dit d'Elle : « Chose mortelle
Comment peut-elle être aussi belle et si pure ? »
Puis la regarde, et en soi-même jure
Que Dieu entend faire d'elle nouvelle chose.
Elle a quasi couleur de perle, dans la forme
Qu'il convient à une dame d'avoir, non à l'excès ;
Elle est tout ce que de bien peut faire nature ;
Par son exemple la Beauté se démontre.
De ses yeux, comme qu'elle les meuve,
Sortent des esprits d'amour enflammés,
Qui blessent les yeux à qui lors la regarde,
Et passent jusqu'au cœur qui les recueille tous :
Vous lui voyez amour peint dessus le visage,
Là où personne ne peut regarder fixement.

III

Canzone, je sais que tu iras parlant
A mainte dame, quand je t'aurai lancée de par le monde.
Or je t'avertis, pour ce que je t'ai nourrie
En fille d'amour jeune et simplette,
Que, là où tu viendras, tu dises en priant :
« Enseignez-moi d'aller, car je suis envoyée
A celle dont la louange m'adorne. »
Et si tu ne veux point aller à l'étourdie,
Ne reste point où soit gent vulgaire ;
Ingénie-toi, si tu peux, de te montrer
Seulement avec dames ou avec homme courtois,
Qui te mèneront là par une voie rapide ;
Tu trouveras Amour avec Elle :
Recommande-moi à lui comme tu dois.

Cette canzone, jugée la plus belle entre toutes les canzoni créées par Dante, contient tout ce qui respirait aux premières œuvres et renferme aussi l'avenir, la poésie mystique, et même, si l'on en croyait maint commentaire, un premier germe de la *Divine Comédie*[1].

[1] V. G. Mazzoni. Il primo accenno alla D. C. Misc. Nuz. Rossi. Teiss. Bergamo, 1897, p. 133, et ed. d'Ancona, p. 139-144.

Dante, pour exprimer la force de l'inspiration nouvelle, s'est haussé pour la première fois à cette forme de la canzone, la plus élevée dans la poésie lyrique[1]. Il monte si haut que l'on a voulu retrouver ici l'influence des hagiographies franciscaines[2].

Les autres poètes voudront rabaisser leur dame, la mettre au niveau de l'amour vulgaire ; lui, veut s'élever jusqu'à Elle, faire d'Elle le guide mystique, l'esprit purificateur, l'Etre dont les yeux et la bouche ineffables le guideront vers l'éternité bienheureuse. Il n'ose concevoir encore, ou plutôt, il n'ose exprimer ces félicités éternelles ; il ira dans la géhenne, et il dira devant les maudits : « J'ai vu celle qui est l'espérance des bienheureux. » Mais, s'il n'ose avouer encore son assomption vers le ciel, à la suite de l'ascension faite au ciel par Béatrice, l'idée obscure du poème est si bien enclose en ces vers, que les termes mêmes de l'œuvre suprême y viennent maintenant, y brillent, y resplendissent de page en page.

Il a « traité son idée[3] », il a montré que l'esprit purificateur était révélé désormais. Il a soin de marquer ensuite : « Je parle des yeux, qui sont le principe de l'Amour; je parle de la bouche, qui est la fin l'Amour[4]. » Il n'a plus rien à dévoiler.

La canzone devient célèbre[5]. Quatre ans plus tard, un registre de tabellion bolonais la montre transcrite. Dante en affirme le sens dans un sonnet :

Amour et noble cœur sont une même chose[6].

---

[1] Rajna. La genesi della D. C. ap. v. it. nel trecento, p. 156.

[2] Salvadori, p. 155 et suiv.

[3] « Intento trattato », XIX, p. 48.

[4] *Ib.* 49, « la, 've non pote alcun mirar fiso », p. 46.

[5] « Divolgata », voir Carducci. *Intorno ad alc. rime dei sec. XIII-XIV* Imola 1876, p. 18, et V. Rossi, ap. Lectura Dantis. Le opere minori, p. 47.

[6] XX, 50.

Et c'est là le « nouveau miracle[1] ». Il le sent, et il le célèbre jusqu'aux derniers vers de son livre.

La Rédemption par la femme, qui « réduit cette puissance en acte, suivant cette noble partie qui est ses yeux ; et... cette autre très noble partie qui est sa bouche[2] », voilà désormais son Credo, son acte de foi.

La vie réelle a voulu mettre autour de lui les images qui peuvent le mieux aider au triomphe des pensers graves et aux méditations éternelles. Le 31 décembre 1289, Foulque Portinari mourait. Le père de Béatrice méritait hautement la louange que Dante lui décerne, lorsqu'il écrit[3] : « Peu de jours après ceci, comme il plut au glorieux Sire qui ne refusa point la mort pour lui-même, celui qui avait été père de telle merveille que se voyait être cette très noble Béatrice, sortant de cette vie, s'en fut véritablement à la gloire éternelle... et ce père, ainsi que force gens le croient et qu'il est véritable, fut extrêmement bon. » De vrai, le testament de ce bon et grand citoyen, de cet homme bienfaisant, est un modèle de charité ; le fondateur du grand hôpital florentin, Sainte-Marie-Neuve, y laisse « à dame Béatrice, sa fille, épouse de Messire Simon dei Bardi, cinquante livres en florins prises sur ses biens[4], » après avoir pourvu ses œuvres pies et charitables, et sa très nombreuse lignée.

En cette même année 1289, qui se fermait sur un tombeau, parmi les pleurs de Béatrice, Dante avait reçu de la Mort deux images qui paraîtront aux plus fameuses

---

[1] XXI, 51.

[2] XXI, 52 ; voir Convivio, III, 8. — Voir G. Federzoni, *Studi e dip. danteschi*. Bologne 1902, *La poesia degli occhi da G. Guinizelli a D. Alighieri*, p. 79-121.

[3] XXII, 52. — Voir D'Ancona, éd. cit. ; p. 161-163, et Del Lungo. *Beatrice*, I, p. 3-12, et doc., p. 108-144.

[4] P. 113. Del Lungo, *op. cit.*

pages de son Poème : en mars, le comte Ugolin[1] de la Gherardesca mourait de faim, dans cette tour où l'on avait mis avec lui ses deux fils et ses deux petits-fils en bas âge ; les clefs avaient été lancées à la rivière, pour marquer que toute délivrance était impossible ; ils agonisèrent longtemps, sans prêtre pour les confesser ; leurs corps roidis furent jetés à la voirie ; en septembre[2], c'est Francesca de Rimini et Paul Malatesta qui tombaient sous le poignard de Ganciotto.

Qu'étaient, devant de tels spectacles, les fades imaginations des troubadours ? Aussi, de jour en jour, Dante prend conscience de lui-même : au baptême sacré de la douleur morale, aux crises de douleurs physiques, au spectacle et au récit de douleurs voisines, il se retrempe, il devient homme et poète au sens souverain ; l'adolescence précieuse et mièvre, les petits soupirs, les « petits esprits », tout cela va finir, sera rejeté ; victime d'abord de ses nerfs, de ses hallucinations, il prend la force de s'observer et de les décrire ; bientôt, après une autre phase encore, qui le dépouillera, par la rude éducation technique et la science, et par le cruel frottement des faits réels, bientôt il deviendra celui qui règne sur les événements et les actes des hommes, qui les constate, et, conservant la puissance hallucinante, si nécessaire au génie plastique, la maîtrise, la règle et l'asservit : il deviendra l'auteur de la *Divine Comédie*.

Pour l'heure, il subit une maladie de neuf jours, des maux presque intolérables[3]. Et il songe que Béatrice mourra quelque jour, que sa mort est fatale. « Alors, dit-il, j'eus à subir un si violent égarement[4] que je fermai

---

[1] Inf., XXXII. — Ammirato, I, 175.

[2] Dantologia. p. 94. — Scartazzini, Enciel. I, 833.

[3] XXIII, 56.

[4] « Smarrimento », *ib.*, p. 57. — Voir Inf., I, 3, « smarrita ».

les yeux et commençai à me tourmenter comme une personne en frénésie, et à imaginer ceci : à savoir qu'au commencement où mon imagination se mit à divaguer, m'apparurent certaines figures de femmes échevelées, qui me disaient : « Toi aussi, tu mourras ! » Et puis, après ces femmes, m'apparurent plusieurs figures diverses et horribles à voir, qui me disaient : « Tu es mort ! » Mon imagination commençant à errer de la sorte, j'arrivai à ne plus savoir où j'étais ; et il me semblait voir des femmes aller échevelées, pleurant, sur le chemin, merveilleusement tristes ; et il me paraissait voir le soleil s'obscurcir, tant, que les étoiles se montraient d'une couleur à me faire juger qu'elles pleuraient, et il me paraissait que les oiseaux volant par l'air tombaient morts, et qu'il se faisait de très grands tremblements de terre. »

Ici, l'on reconnaît, sans doute, comme en toute l'œuvre de Dante, les souvenirs de l'Ecriture et de l'antiquité[1] : mort du Christ, mort de César, prodiges et cataclysmes fameux, tout flotte en son imagination excitée, encombrée ; jusqu'à présent, il marchait de vision en vision, disposant les pages du « livre de sa mémoire[2] » avec un art candide ; maintenant le souffle de mort a passé sur sa face : et le délire fait, du songe, un cauchemar[3].

Mais on doit reconnaître aussi l'imagination qui saura produire le grand poème ; il y a dans ces étranges aveux, dans cette déraison lucide, non point une esquisse de la *Divine Comédie*, mais l'aveu, mais l'essence même de cette « fantaisie », de cette imagination d'où naîtra l'Enfer et le Paradis, et qui les reliera de propos délibéré, par ce miracle d'art qui s'appelle le Purgatoire.

---

[1] V. Scherillo, p. 350-361.

[2] I, 1.

[3] V. Rajna. La genesi della D. C. ap. v. *it. nel trecento*.

Il a vu les désordres de la géhenne, et les monstres, et les femmes échevelées. Il va voir les cieux maintenant : « J'imaginais lors de regarder vers le ciel, et me semblait voir une foule d'anges, qui s'élevaient en haut et avaient devant eux une petite nuée très blanche. Il me paraissait que ces anges chantaient glorieusement, et les paroles de leurs chants il me paraissait ouïr qu'elles étaient celles-ci : « Osanna in excelsis [1] ! »

Et il voit, il va voir Béatrice morte, que des femmes couvrent « sur la tête, d'un voile blanc [2]. » Il appelle la mort, il voit ensevelir Béatrice, et dans son rêve il pleure si douloureusement que la « dame jeune et gentille » veillant à son chevet, cette sœur inconnue qui se penche sur lui se met à pleurer de terreur, et fait venir les autres dames, qui réveillent le malade. Il se réveille, en disant : « O Béatrice ! » Et pour expliquer son délire à celles qui sont dévouées et bonnes à ses maux, il fait, après sa guérison, la canzone qui rivalise, dans l'admiration des maîtres, avec la première de toutes :

Une dame charitable et d'âge nouveau [3]...

Comme pour rafraîchir de cette vision macabre à demi et délirante, de cette « frénésie », les plus délicieuses images s'évoquent aux pages qui suivent : c'est comme un adieu du poète à cette longue adolescence, où il a cueilli tant de fleurs, parmi les sursauts et les délires du génie qui se forme. Il voit apparaître sa dame [4], qui lui enjoint de bénir le jour où « elle l'a pris », et il voit venir vers lui « une

---

[1] V. Purg., XI, 11 ; XXIX. 51. — Par., VII ; 1, VIII, 29 ; XXVIII, 94 et 118 ; XXXII, 135. — Convivio, IV, 28-29.

[2] V. N. XXIII, p. 58. V. Purg. XXX, 31.

[3] XXIII, p. 59. — Voir Carducci. *Opere*. Poesia e storia. Bologne 1905, in-12, p. 45, « la più bella di Dante », et Rajna, *loc. cit.*, p. 160.

[4] XXIV, p. 64.

dâme de beauté fameuse, laquelle jadis fut très fort aimée
par son premier ami ». C'est la Giovanna de Guido Cavalcanti, l'une des personnes chantées dans cette Trinité
d'amour que célèbre le sonnet illustre. « Et le nom de
cette dame était Giovanna, sauf que pour sa beauté,
comme certains croient, on lui avait imposé le nom de
Printemps — Primavera ; — et ainsi l'appelait-on. Et
près d'elle, regardant, je vis venir l'admirable Béatrice. »
Et l'Amour apparaît, qui lui inspire la pensée « d'écrire
par rimes » à son premier ami, comme si Guido admirait
encore cette Primavera qu'il célébra dans sa ballade :

> Fraîche rose nouvelle
> Plaisante Primevère
> Par pré et par rivière
> Allègrement chantant [1] ;

Et dans ce sonnet qui chante ainsi :

> Avez en vous les fleurs et la verdure
> Et ce qui brille et ce qu'il fait beau voir...

Le sonnet de Dante est comme un écho de l'autre
poésie : « Guy, je voudrais... »

> « Je vis, dit-il, Dame Vanna et Dame Béatrice,
> Venir devers le lieu où j'étais,
> L'une près de l'autre merveille,
> Et comme mon esprit me le redit,
> Amour me dit : « Voici la Primavera,
> Et celle-ci a nom l'Amour, tant elle me ressemble [2]. »

Le « scolasticisme [3] » qu'on marque dans toutes les
œuvres de Dante, vient étouffer ces jolies fleurs comme

---

[1] Ercole, p. 264 et 364.
[2] Vita Nuova, p. 65.
[3] Del Lungo, Dino, I, 348-349.

un tas de foin sur des roses[1]. Mais, comme toujours, l'aride commentaire finit par une page où clame la vérité, l'esprit du réel et de la nature. « Autrefois, il n'y avait point de diseurs d'amour en langue vulgaire, mais bien étaient diseurs d'amour certains poètes en langue latine... et il n'y a pas beaucoup d'années que pour la première fois apparurent ces poètes en langue vulgaire... il n'y a guère que cent cinquante ans. Et la raison pourquoi certains rimeurs grossiers[2] eurent renom de savoir faire les vers, c'est qu'ils furent quasi les premiers à composer dans la langue du *si*. Et le premier qui commença à composer ainsi comme poète en langue vulgaire, s'y décida parce qu'il voulut faire entendre ses paroles à sa dame, à laquelle il était malaisé d'entendre les vers latins[3]. »

Béatrice apparaît suivant les règles de l'apothéose féminine instituées par les troubadours, entourée d'une auréole qui éblouit les regards imprudents, mais elle est aussi « une chose venue du ciel en terre, à miracle montrer[4] ». Elle est la révélatrice du « salut[5] ». Elle est l'Amour, mais elle est aussi « la Foi ».

Mais, tandis que le poète semblait revenir aux lois d'amour les plus juvéniles, au moment même où il écrivait le commencement d'une canzone qui est brisée au quinzième vers, comme un lys par un coup de vent, voici que le pressentiment funèbre évoqué si souvent dans le mémorial d'adolescence, s'avéra brusquement. Le malheur réel apparut au milieu des inquiétudes poé-

---

[1] XXV, 67-68.

[2] « Alquanti grossi. » Ce sont les termes mêmes du Purg., XI, 93. « etati grosse ». Il serait curieux du reste de chercher dans la *Vita nuova* et dans les grandes œuvres les identités constantes de vocabulaire. — Voir encore sur ceci Purg., XXVI.

[3] XXV, p. 68-69.

[4] XXVI, 73.

[5] XXVI, 74 et XXVII, 75, « *piu salute* ».

tiques et des infortunes littéraires. Ce que Dante, avec
la terrible prescience du poëte, sentait menacer et venir
derrière le voile des destinées, cette épreuve suprême
fondit soudainement sur lui. Béatrice Portinari, femme
de Simone dei Bardi, mourut à la première heure du neuvième jour de juin 1290[1].

Et sur l'instant, et dès la première heure, on vit combien Dante était au tréfonds de lui-même, et jusqu'aux
moelles, un poëte, et, si j'ose dire, un homme de lettres.
Cette faculté souveraine et périlleuse, qui crée le poëte,
et qui fait transposer, à son cœur et à son esprit, tout
événement de la vie sous une forme plastique et littéraire,
cette puissance d'exprimer tout, et cette impuissance à rien
sentir sans l'exprimer, tous ces dons éclatent, triomphent
avec une monstrueuse suprématie : Béatrice est morte,
et sans doute Dante ira par Florence « maigre, la barbe
longue, et comme transformé[2] ». Mais dans la Sainte
Écriture, il est convenu qu'on se laisse pousser la barbe
en signe de deuil ; Béatrice est morte ; et il sent bien
que sa jeunesse est morte avec elle, cette première jeunesse si bien attachée à ses yeux, inspirée par ses apparitions, qu'il « n'en pouvait parler sans se louanger lui-
même[3] ». Mais, avec cet indéfectible mélange de science
et de réalité, de scolastique et de lyrisme, qui est désormais sa manière, il ratiocine sur l'usage d'Arabie et la chronologie de Ptolémée[4], sur le nombre neuf et sur le nombre
trois, racine de neuf, il cite le prophète Jérémie, et il
avoue qu'il composa une de ces épîtres latines, sonores,
vagues et redondantes, à la mode du moyen âge, une

[1] V. N. XXIX. — *Convivio*, II, II. — Moore. Studies. III, 39. — Del
Lungo. Beatrice, p. 64-65 et 99. — Purg., XXXII, I. — et Fornaciari, Studi,
p. 126.

[2] Boccace, Vita, p. 18.

[3] XXVIII, 77.

[4] XXIX, 77.

« lettre déploratoire » dont le début biblique se retrouvera plus tard.

Heureusement, Guido Cavalcanti le poussait à écrire en langue vulgaire, et c'est ainsi que Dante lui dédia plus tard la *Vie Nouvelle*[1]. Le « disdegno », le dédain de Guido pour les classiques et leurs pompes ne fit jamais meilleur effet.

Pour sécher ses larmes, Dante fit une canzone, où il dit :

> Béatrice est allée au faîte des cieux,
> Dans le royaume où les Anges ont paix,
> Elle est avec eux, et vous, dames, vous a laissées ;
> Point ne la ravit un principe de glace
> Ou de chaleur, comme il arrive aux autres,
> Mais seulement sa grande excellence[2].

Moins vague, et plus proche de l'inspiration future, de l'inspiration souveraine, une autre canzone appartient à ce même temps ; elle fut laissée en dehors de la *Vita Nuova*, peut-être parce qu'elle était trop expressive. Il convenait au poète de si bien épaissir la nuée glorieuse où se voilerait Béatrice, que rien d'humain n'y rayonnait, que toute lumière devait y apparaître surhumaine[3].

Sur la prière que lui fit un des frères de Béatrice, il composait encore un sonnet et une canzone, qu'il donnait à son ami « disant qu'il l'avait fait pour lui seul », jusqu'au jour où la divine anthologie recueillit l'un et l'autre[4]. Et, comme si l'aurore du grand poème se levait maintenant

[1] XXX, 78.

[2] XXXI, p. 80.

[3] C'est la canzone « Morte, perch'io » (N° V.), éd. Fraticelli 115, jugée d'ailleurs apocryphe par Scherillo, p. 370 et Böhmer (*ib.*, p. 374, note 1) etc. — « Si transumana », dit Carducci. *Delle rime ecc.*, p. 49.

[4] XXXII-XXXIII. 84-88.

plus claire à chacun de ces essais nouveaux, la canzone montre ces vers :

> Le plaisir de sa beauté
> Se partant de notre vue,
> Devient grande beauté spirituelle,
> Qui par le ciel épand
> Une lumière d'amour qui fait le salut des anges,
> Et fait émerveiller leur haute et subtile intelligence
> Tant elle est noble.

Dante, au seuil d'un âge nouveau, tient encore les yeux fixés sur ce « doux et cher guide ». Le torrent de la vie réelle va maintenant, — et il le faut, — l'emporter, le souiller, lui faire connaître tous les périls et subir toutes les meurtrissures ; « l'amour, dit son meilleur biographe[1], auquel il fut tant soumis, c'est la ferme créance de tous que ce fut le moteur de son génie, et qui le fit d'abord, en imitant, devenir poète dans la langue vulgaire, puis par désir de plus solennellement montrer ses passions et son amour de la gloire, soigneusement s'exercer en celle-ci ». L'amour allait passer encore plusieurs fois sur son chemin, et les passions de la gloire, sous leur forme la plus vulgaire, le décevoir et l'égarer ; jusqu'au jour où, rejeté par la vie publique, désabusé par la vie privée, il sentira de nouveau sa jeunesse morte le regarder du fond du Passé, montrant les routes éternelles.

---

[1] Boccacc. Vita, p. 44.

LIVRE II

DE LA MORT DE BÉATRICE A L'EXIL (1290-1302)

CHAPITRE PREMIER

DANTE APRÈS LA MORT DE BÉATRICE.
ACHÈVEMENT DE LA «VITA NUOVA.»
ÉTUDES NOUVELLES ET NOUVELLES AMOURS.
LA LIAISON
ET LA QUERELLE AVEC FORESE DONATI.
LE MARIAGE AVEC GEMMA DONATI.

Presque au sommet du Purgatoire, lorsque Virgile a disparu, lorsque Béatrice apparaît à Dante glacé de respect et de peur, la Bienheureuse parle ainsi devant les puissances célestes, sans daigner d'abord faire au coupable pèlerin l'aumône de ses paroles : elle montre Dante, et elle dit :

> « Celui-ci fut tel dans sa vie de jeunesse [1],
> Si bien doué, que tout droit penchant
> Aurait fait en lui un effet admirable.
> Mais tant plus méchant et plus sauvage
> Se fait le terrain avec la mauvaise semence, et inculte,
> Qu'il a plus de bonne vigueur dans la terre.
> Quelque temps je le soutins avec mon visage ;

[1] Purg., XXX, 115-138, «nella sua *Vita nuova* », rappel évident de la première œuvre.

> En lui montrant mes yeux d'adolescente
> Avec moi je le menais tourné dans la droite voie.
> Sitôt comme je fus sur le seuil
> De mon deuxième âge [1] et changeai de vie,
> Celui-ci s'ôta de moi, et se donna à d'autres.
> Alors que de chair à esprit je m'étais élevée,
> Et que beauté et que vertu s'étaient accrues en moi,
> Je lui fus moins chère et moins agréable ;
> Et il tourna ses pas dans une voie fausse,
> Suivant des images menteuses du Bien,
> Qui ne tiennent entièrement nulle promesse [2].
> En vain j'implorai les inspirations divines
> Avec lesquelles et en songe et autrement [3]
> Je le rappelai ; tant il s'en soucia peu !
> Si bas tomba, que toutes les raisons
> Pour son salut étaient déjà trop faibles,
> Fors que de lui montrer les foules des maudits. »

Aveu d'égarements physiques, aveu d'égarement moral et spirituel ; c'est l'exacte description des troubles années qui vont suivre. Et Dante, en face de la Vérité suprême, n'atténuera plus les aveux qu'il écarta d'abord de la *Vita Nuova*.

Cependant, à l'anniversaire, au premier anniversaire, Dante se retirait encore dans sa chambre, pour dessiner, en mémoire de Béatrice, « une figure d'ange sur des tablettes [4] ». Et il commençait par deux fois un sonnet, dont les premiers vers, sous leur première forme, disaient :

> Était venue en mon esprit
> La noble dame, qui pour sa valeur

---

[1] Vers vingt-cinq ans. Convivio, IV, 24.

[2] Les plaisirs sensuels, V. Purg., XVI, 85-96.

[3] *Vita Nuova*, XXXIX, 96, « si levoe un die... una forte imaginazione in me.. » ecc.

[4] V. N., XXXIV, 88.

> Fut mise par le Très-Haut
> Dans le ciel de l'humilité, où est Marie[1].

Il se ressouvenait que « le nom de Marie fut en très grande révérence dans les discours de cette bienheureuse Béatrice[2] ».

Mais, tandis qu'il se répète tristement à lui-même :

> Hélas, noble intelligence,
> Meshuy s'accomplit l'an depuis qu'au ciel montas[3] !

une autre image féminine frappe ces yeux visionnaires, pénètre ce cœur et ces sens toujours émus. Il a voilé, dans la *Vita Nuova*, l'aveu qu'une œuvre de la maturité donnera plus formel : « Je vis, dit-il, une noble dame, jeune et belle à ravir, laquelle me regardait d'une fenêtre avec tant de pitié dans ses regards, que toute la pitié paraissait concentrée en elle[4] ». Au piège éternel de la pitié, quelle âme souffrante ne se prendra ? Dans le *Banquet*, il fixe la date ; c'est en septembre, trois mois après l'anniversaire, le bout de l'an de Béatrice : « Je consentis à être sien[5] », avoue-t-il... « Mais, devant que ce nouvel amour fût parfait, il y eut force lutte entre le penser de son accroissement et celui qui lui était contraire, lequel pour cette glorieuse Béatrice occupait encore la citadelle de mon âme. » Le nouveau penser triompha, la canzone adressée aux anges :

> Vous dont l'intelligence fait mouvoir le troisième ciel[6]

naquit, subtile et compliquée, faite avec les mêmes élé-

---

[1] *Ib.*
[2] XXVIII, 76.
[3] XXXIV, 89.
[4] XXXVI, 90.
[5] Convivio, II, II, p. 111, éd. Fraticelli.
[6] *Ib.*, 104-106.

ments qui composèrent celles de la *Vita Nuova*, mais comme sublimés, raffinés, trop raffinés, car on arrive à ce « lyrisme scolastique[1] », dont le péril sera si grand bientôt pour la poésie de Dante, et qui marquera pour jamais son style et son esprit.

Et plus tard, il pourra bien dire, afin de donner le change : « Je jugeais la philosophie faite comme une noble dame[2],... je dis et j'affirme que la dame dont je m'enamourai après mon premier amour fut la très belle et très honnête fille de l'Empereur de l'Univers, à laquelle Pythagore donna le nom de philosophie[3] ». Il oublie que la *Vita Nuova* montre la pitoyable dame le regardant à la fenêtre, de même que l'ancien sonnet à Guido faisait naviguer la « grande Béatrice sacrée, c'est-à-dire la science de la théologie » sur un navire bien gréé ; les dames symboliques ne regardent point par les croisées, les sciences abstraites ne montent point dans les vaisseaux. Les hommes de lettres confondent leurs aveux, parce qu'ils en font beaucoup, et de contradic-toires ; c'est ce qui permet de saisir un peu de vérité parmi force paroles du génie[4].

Le 6 septembre et le 10 du même mois 1291, Dante sti-pule par devant notaire. Il est témoin, dans un acte sans intérêt, comme la plupart de ceux qui donnent les dates clairsemées de sa carrière[5].

Une amitié nouvelle, précieuse par ce charme, que l'ami se trouvait encore adolescent, avait cinq années de

---

[1] Del Lungo, Dino, I, 348-349.

[2] Conv., II, XIII, p. 150.

[3] Conv., II, XVI, p. 167, sur la réalité de « la donna gentile » v. Santi. *Il canzoniere di D. A.* Rome 1907, in-8°, t. II, II, p. 105, et surtout Scartazzini. Proleg., 1ᵉ partie, ch. III, p. 214.

[4] V. enc. Scartazzini. Proleg. *Ibid.*

[5] Publié par A. Giorgetti, *Bull. Della soc. dant.* n° XII, p. 9 et suiv. et *ib.* Septembre 1906. p. 225.

moins, vint s'offrir à Dante : il reçut du jeune Cino de
Pistoïa une canzone qui voulait calmer sa peine. Cino
n'avait pas encore vu celui qui lui apparaissait déjà
comme un jeune maître : il le croyait toujours tel que
Dante lui-même voulait paraître[1], il lui parlait de sa « vie
pesante », de ses fréquents voyages au ciel[2]; mais Dante
était déjà sur terre, avec cette noble dame, qui ne fut
point sa femme légitime[3], avec les dames « au cœur de
pierre », au cœur « de marbre », des Lisettes, des
mignonnettes[4], des donzelles, des fanchonnettes, des
« sirènes. »

Cependant, la Vierge Marie faisait miracles dans Or
San Michele. Guido Cavalcanti, que la jeunesse abandon-
nait, et qui montait vers les hauts lieux, tandis que Dante
s'égarait en bas, écrivait son sonnet célèbre :

> Une image de Notre-Dame
> S'adore, Guy, dans Or San Michele,
> De beau semblant, honneste et preude femme,
> Refuge et port au pécheur désolé ;
>
> Qui, devant Elle, implore en misérable,
> Plus il gémit, mieux il est consolé ;
> L'infirme s'y guérit, elle chasse les diables,
> Et fait bien voir l'œil de l'homme aveuglé ;
>
> Publiquement soulageant les misères,
> Chacun s'incline, et la vient révérer,
> Et puis dehors l'orne de luminaires.

[1] V. N., XXXIX, p. 96.

[2] V. Del Lungo. Beatrice, p. 77-82, et 165-172. — De Vulg. Eloq. ed.
Rajna, II, VI. p. 53.

[3] Quoi qu'en soupçonne Carducci, *Delle rime*, 73.

[4] « Pargolette ». V. Canzoniere, XI, p. 167. — Purg., XXXI, 59, voir
l'extraordinaire hypothèse sur l'amour de Dante pour sa belle-sœur, femme
de son demi-frère François, ap. Imbriani *Studi danteschi ; sulle canz. pietrose
di D.*

> Son renom va par les chemins lointains,
> Mais elle semble idole aux Franciscains :
> Elle est trop loin, Guy, de leur maison-mère[1] !

Mais le féal de Béatrice oubliait Celle que la morte invoquait dans tous ses discours. Il subit pourtant, avant de dériver tout à fait aux plaisirs terrestres, l'influence de ce passé qui durant les années viriles reparaîtra pour lui rouvrir toutes les routes immortelles. Il composa, de ses canzoni, de ses sonnets, qu'il expliqua, commenta, confessa, cette anthologie de l'amour qui a nom la *Vita Nuova*.

Ce qu'elle donne pour sa vie, on l'a recueilli déjà. Ce qu'elle est, on le sent assez : autour des sonnets, des ballades, des canzoni, qui sont là-dedans comme les miniatures et les lettres ornées dans un missel, un récit se déroule et un commentaire s'entrecroise : Dante, encore tout pénétré des traditions provençales, compose ce « livret en langue vulgaire[2] » sur le modèle des *razos*, florilèges et biographies tout à la fois, et il divise, et subdivise, et ramifie de plus en plus le commentaire[3], suivant la mode de l'aristotélisme et de la scolastique.

Mais ce mélange de lyrisme courtisan et de recettes pédantesques, le génie l'anime et l'enflamme. Comme en toute œuvre de cet homme, c'est lui qui est l'unité, lui qui est la vie, lui qui est la beauté : le cadre est suranné, les compartiments sont factices, mais dans ce cadre il y a la force de Dante, et ces cases de l'échiquier scolastique, Dante y pose et y fait agir sa poésie miraculeuse.

---

[1] Voir la reproduction de l'image sainte dans Cod. dipl. dantesco, V^a. disp., juin 1900.

[2] Boccacc. *Compendio*, 23, p. 53, ed. Rostagno : Vita, 13, p. 63. — Rajna. Lo schema della V. N. Vérone, 1890 ; et Strenna dantesca, Florence 1902, N° 1, p. 111-114. — Crescini, ap. Giorn. stor. della lett. it., 1898, XXXII, p. 363. — Salvadori, *op. cit.*, XXV, p. 230.

[3] V. N., XIX, 48, « più artificiosamente ».

Seulement, on n'approche pas impunément les broussailles de l'école ; la poésie de Dante va courir maintenant un péril capital, et ce ne sera pas trop de son génie pour le tirer de la science et de la philosophie. A cette heure, — une heure brève et charmante — où il achève la *Vita Nuova*, — rassemblant ses joyaux poétiques comme les pierres d'une mosaïque byzantine, il n'est plus « avant l'entrée de sa jeunesse[1] », car il a vingt-six ans à peu près. Mais, ce livre, qui lui paraîtra plus tard un peu puéril[2], dans ses années mûres, reste pourtant supérieur à toutes les autres « œuvres mineures », justement parce qu'il est jeune. Dante y arrange avec un art de plus en plus naïf l'histoire de son adolescence.

Il voit des pèlerins qui traversent Florence pour aller à Rome[3], vénérer le suaire de sainte Véronique, où Jésus a empreint ses traits. Et il fait son avant-dernier sonnet :

> Las ! pèlerins qui marchez soucieux,
> Pensant peut-être à des choses absentes,
> Venez-vous donc de pays si lointains
> Ainsi que vous le montrez à la veüe,
> Que ne pleurez, alors que vous passez
> Par le milieu de la cité dolente
> ... Elle a perdu sa Béatrice ![4]

Cette imagination essentiellement musicale conçoit de plus en plus ces petites compositions « à quatre parties ». De même que la *Divine Comédie* sera construite en symphonie. Déjà les thèmes mêmes et les

---

[1] Convivio, I, I, 59. — G. Villani, IX, CXXXVI, p. 253, col. 2.

[2] Boccacc. Vita, p. 63.

[3] La date de 1300, fondée sur la mauvaise leçon « andava » (V. N., XL) a été abandonnée depuis l'article de Rajna. *Per la data della V. N.* ecc. ap. Giorn. stor. della lett. it. anno III, vol. VI, fasc. 1-2, p. 113-162, 1885.

[4] XL, 101.

moyens d'expression s'annoncent, de loin se répon-
dent [1].

Un dernier petit poème, fait à la prière de nobles
dames, nomme encore Béatrice. Mais « après ce sonnet
m'apparut, dit-il, une vision merveilleuse, dans laquelle
je vis des choses qui me firent former le ferme propos
de ne plus parler de cette Bienheureuse, jusqu'à ce que
je fusse capable de traiter d'elle plus dignement. Et
d'arriver à cela je m'étudie tant que je puis, comme elle
le sait bien vraiment. Si bien que, si c'est le plaisir de
Celui par qui tout existe, que ma vie dure pendant quelques
années, j'espère dire d'elle ce qui jamais ne fut dit de
personne [2] ». Par-dessus la carrière virile tout entière,
l'aurore de la *Vita Nuova* fait présager le soleil resplendissant de la *Divine Comédie*.

Mais, entre les deux, il y a les clairières de la jeunesse,
et les épines, les halliers qui précèdent la « forêt obscure »
où s'égarera l'âge mûr, et d'où le sauvera Virgile envoyé
par Béatrice. C'est où maintenant il faut entrer, et l'on
pénètre avec plaisir dans ce lieu-là. Dans la *Vita Nuova*,
l'homme de lettres disposait son attitude ; il ne mentait
point, comme tant d'autres qui se sont confessés de même,
seulement il arrangeait la réalité. D'ailleurs, en un pareil
cerveau, elle s'arrange d'elle-même. La vision, la « fantaisie », la « frénésie » se mêlent si intimement à la vie,
que les faits deviennent un mirage. Les esprits pesants
discutent à perte de vue sur le texte ; ceux qui pénètrent
la complexion d'un pareil homme savent bien comment
lui-même, et très sincèrement, devait confondre, dans
son âge mûr, l'impression faite par la vraie « dame noble »
et les impressions laissées par cette autre dame symbo-

---

[1] Voir Purg. VI, 76 et *Vita Nuova*, VII ; on ferait un recueil de ces ressem-
blances intimes.

[2] XLII, 103-104.

lique, apparue au même moment, et qui est la philosophie.

C'est ainsi que Dante a bien soin d'ostenter[1] ses yeux
baignés de pleurs « autour desquels se faisait un cercle
pourpré, comme il en apparaît d'ordinaire par le martyre
que l'on endure ». Mais il remarqua plus tard que son
mal d'yeux vint du travail : « L'année même (1294)[2] où
naquit cette canzone[3], je fatiguai si fort ma vue à lire,
et débilitai les esprits visuels, de manière que les étoiles me
paraissaient toutes ombrées d'une certaine blancheur ;
et, par un long repos en des lieux obscurs et froids, et
en rafraîchissant le globe de l'œil avec de l'eau claire, je
regagnai la puissance désagrégée, et revins au bon état
primitif de ma vue[4]. » Ceci confirme qu'il se plongea dans
les sciences entre 1290 et 1294.

« Non seulement, dit-il, j'y trouvai remède à mes larmes,
mais des noms d'auteurs et de sciences et de livres. »
C'était dans Boèce, c'était dans le Songe de Scipion, autre
rêverie, cicéronienne, qu'il découvrait « quelque temps
après » la mort de Béatrice[5], toutes ces belles choses. Il
fut un admirable néophyte : son cerveau surexcité par la
douleur, et qui voulait réagir, « s'arraisonnait à guérir »,
se gorgea, se satura des redoutables disciplines. « Je
jugeais bien, assure-t-il, que la philosophie, qui était la
dame de ces auteurs, de ces sciences et de ces livres,
était chose souveraine[6]. Et je l'imaginais faite comme une
noble dame[7] ; et dès cette imagination, je commençai

---

[1] V. N., XXXIX, 96.

[2] V. Carducci. *Delle rime,* p. 76.

[3] « Amor, che nella mente... » Conv. III, p. 168. — Purg. II. 112.

[4] Convivio, III, IX, p. 214.

[5] Convivio, II. XIII. 149.

[6] C'est ainsi que les fresques la représentent avec Aristote à ses pieds. Voir
aussi le tableau de B. Gozzoli, au Louvre. n° 199. Triomphe de saint Thomas.

[7] *Una* donna gentile, et non point : *« la ».*

d'aller là où elle se montrait réellement, c'est-à-dire aux écoles des religieux et aux disputations [1] des philosophants ; si bien qu'en peu de temps, de trente mois peut-être, je commençai tant à sentir de sa douceur, que son amour chassait et détruisait tout autre souci ; pour quoi, me sentant soulager du tourment du premier amour par la vertu de celui-ci, comme émerveillé, j'ouvris la bouche pour parler comme on voit dans la canzone ci-dessus. »

Cette canzone, c'est la pièce mystique, amoureuse, qui s'adresse aux Anges du troisième ciel. Ainsi, le mortel Boèce [2], ministre rhéteur, était salutaire à l'esprit ingénu de Dante ; ainsi les pénibles rêvasseries de Cicéron le consolaient. Et il se jeta sur les pâtures les plus étranges, il empila dans son esprit un amas de toute nature [3], astronomie, astrologie, littérature, rapsodies, il revint aux bancs de Sainte-Marie-Nouvelle, il suivit de nouveau Brunetto Latini, chercha les manuscrits savants, s'usa les yeux, faillit étouffer son génie ; encombré par l'admiration de cet Arnaut Daniel que la *Comédie* célébrera [4], il ergota sur sa propre poésie, il surchargea d'intentions et de commentaires le vol de l'alouette toscane. Mais par une fortune sans pareille, à cet exercice bizarre, à ces

[1] C'est le mot usuel, de Joinville à Calvin (voir Littré, Dict. II, 1187).

[2] Voir A. Graf. Roma nella memoria e nelle immaginazioni del M. Evo. Turin, 1883, in-8°, t. II, ch. xviii, p. 322 et suiv. et tout ce que le même auteur dit de Virgile et des auteurs latins, ch. xv-xvii. Anic. Manl. Torq. Severi Boethii de Consol. phil. libri quinque. Parisiis, 1783, in-12. — Boezio. *Della cons.* volgarizz. da M. Alberto fior. ecc., Florence, 1735, in-8°. — Murari Rocco. *Dante e Boezio*, Bologne, 1905, in-8°, et *Bull. soc. dant.*, Sett- Ott. 1905, art. de A. Mancini. — Moore. Studies I, 282-288.

[3] Voir Moore, *op. cit.* I et III, p. 1-143.

[4] Purgatoire, XXVI, 115-148. — Sur les études de Dante cf. Scherillo. Alc. cap. ch. xii. Si le « descortz » — ahi, fals, ris — est authentique, Dante aurait fait, aussi, des macaronées latino-provençales. Canz. n. 219. — Voir Novati, Studi critici ecc. Turin, 1889, p. 206. En tout état de cause, les vers provençaux que Dante attribue à Arnaut Daniel ont été composés par lui-même. Purg. XXVI, 140-147. — Voir Giorn. stor. della lett. it. XXV, fasc. 74-75 et De Vulg. Eloq. II, II à XIII.

ineptes imprudences qui tuèrent notre Pléïade, lui ne perdit presque rien pour le moment, et, pour l'avenir, s'affermit et s'arma ; le métal de ce génie était de telle trempe, qu'il sortit intact même de la scolastique, même d'une bibliothèque dévorée en hâte, et qui devait terriblement ressembler à l'inclyte et « magnificque librairye » de Saint-Victor[1].

Dante retrouvait, pour son bonheur, Virgile, son vrai guide. Et celui-ci le séduisait, lui, l'homme de la forme, par sa forme incomparable. « Tu es le seul de qui j'ai pris le beau style qui m'a fait honneur. » Aristote, — quel Aristote ! — Alfragan, Donat, Priscien, le fatras, confus dans sa tête[2], l'ostentation puérile d'auteurs mal connus et inutiles à connaître, tout cela s'est purifié sous l'influence de Virgile[3]. Ce grand souffle pur balaya la poussière sale des paperasses pédantesques. Dante, aussi, ne savait point le grec : autre raison de salut !

Les grands écoliers sont souvent de grands viveurs ; et c'est d'alors que datent les rimes plus « âpres ». « Je veux être âpre en mon parler », comme est en ses actions « cette belle (de) pierre »[4]. Il n'est plus asservi aux fades recettes des Provençaux, il n'est pas encore alourdi par les ergotages d'école. Une vrai jeunesse, une lumière de printemps éclaire ces pièces trop rares :

> Tant suis épris de la belle lumière
> Des traîtres yeux qui m'ont assassiné...
> Seulement suis mon désir comme guide...
> A douce mort sous un doux faux semblant[5].

[1] Rabelais, Pantagruel, VII.

[2] V. N. XXV.

[3] Voir la curieuse étude de d'Ovidio. Studi sulla D. C. 1901. Milan, in-12. P. 225-240.

[4] Canzoniere, IX, 135. — Carducci, 83-90. Les dates (surtout p. 76) y sont peu certaines.

[5] Sonnet XXII, 143 ; ce sonnet, contesté, paraît si joli à Carducci qu'il le veut authentique, Delle rime, p. 84, note 2.

Il confesse que sa nouvelle dame

> Comme fleur de feuillée [1],
> Ainsi de son esprit la cime tient.

Il y a bien des vers comme celui-ci :

> Déjà la Mort me mange tous les sens
> Avec les dents d'Amour

d'une force par trop factice. Mais il y a plus loin :

> Hélas, pourquoi ne hurle-t-elle donc pour moi
> Comme je fais pour elle, au milieu du brasier !
> Tôt je crierais : « Je vais à votre secours ! »
> Et le ferais volontiers, car ainsi
> Dedans sa chevelure blonde
> Qu'Amour, afin de me consumer, frise et dore,
> Je plongerais la main, et me rassasierais.
> Si j'avais pris les blondes tresses,
> Qui se firent, pour moi, et cravache et fouet,
> Les saisissant, devant la troisième heure,
> Avec, je passerais vesprée et angélus ;
> Et ne serais courtois ni pitoyable,
> Ains, je ferais comme l'ours quand il joue.

Pleines de suc et de sève, ces chansons ressassent bien, çà et là, les antiennes larmoyantes :

> Je le maudis, ce jour où première je vis
> La lumière de vos yeux traîtres [2].

Elles retournent par saccades au système provençal : elles se farcissent d'astronomie fastidieuse ; seulement, il y passe comme un vent de mai :

> Au doux temps nouveau, lorsque pleut
> L'amour en terre de tous les cieux [3].

[1] Canzone. « Cosi nel mio parlar », IX, p. 135.
[2] Sonnet XXXII, p. 139.
[3] Canzone XI, 167. — Carducci, 100-101.

Assez tôt Dante retombera dans la manière enchevêtrée qu'admirèrent les humanistes, dans l'insupportable affectation et les canzoni tirées au cordeau scolastique « parfaites, limées et gracieuses et pleines de hautes sentences [1] ». On aime s'arrêter devant ces fleurs agrestes ; on aime voir ce grand poète, fatigué par le pédantisme, se mettre tout d'un coup à suivre une belle fille, et à chanter sur ses talons :

> Il pleut, Bergère !

Quand Boccace [2] écrit : « Entre tant de mérite, tant de science, la luxure trouva grand'place chez ce mirificque poète... » on se plaît à conclure, avec lui : « Mais qui sera parmi les mortels un juge en droit de le condamner? Ce n'est point moi. »

La luxure, c'est-à-dire, en langage moins ecclésiastique, l'amour des femmes, ne va point sans les autres plaisirs de la fête. Dante les prit avec Forese Donati, cousin de sa future épouse [3]. Ce Forese, frère du jurisconsulte Accurse qui était un grand sodomite [4], et fut plongé dans l'Enfer comme tel, était, lui, de son vivant, un glouton et un biberon fort illustre ; lorsque Dante lui voit lever la face, parmi les pénitents du Purgatoire, il ne le reconnaît point.

> Je ne l'aurais point reconnu au visage
> Mais à la voix je sus quel il était [5].

Forese gardait sa forte voix criarde ; mais, sous la peau

---

[1] Leon Bruni ap. Solerti, p. 107. — De Vulg. Eloq. II, 5 et 11.
[2] Vita, 61-62.
[3] Voir Purg. XXIII-XXIV. — Del Lungo. La tenzone di D. con Forese Donati, dans Dino. II, XVI, 610-624, et *Dante nei t. di D.*, p. 435, 463.
[4] Inf. XV, 110.
[5] Purg. XXIII, 43-44.

du pénitent, sèche et tendue par le jeûne, devant ces yeux dont les orbites semblaient « des anneaux sans leurs gemmes », Dante ne pouvait retrouver la trogne « aux boutons farcineux, pleine de dartres [1] » qu'exhibait Forese dit Bicci, la face enluminée par les généreux crus de Toscane et marbrée de pourpre par les digestions copieuses. Ce Roger-bon-temps, qui faisait cuisiner sans trêve à sa bonne femme Anella, — Nella, — force plats succulents [2], jusqu'au jour où il en mourut, et fut sauvé par les prières de la pauvre dame, ce goinfre épique est le symbole des amitiés compromettantes [3] qui étaient si « lourdes » à Dante assagi.

Mais on s'accorde à dire que Dante n'était point gourmand à l'égal d'un Forese [4]. Ce qu'il demandait aux femmes, ce n'était point du tout « d'avoir sans trêve à lui préparer des mets délicats », et il n'en « parlait point toujours [5] ». Il n'aurait point, au Purgatoire, tant de honte et tant de secret pour un péché qui ne lui donne aucune horreur particulière, lorsqu'il classe et juge de haut les erreurs humaines et les crimes [6].

> Aussi je lui dis : « Si tu te remémores
> Quel tu fus avec moi, quel avec toi je fus,
> Encore maintenant le souvenir t'en serait lourd [7] ; »

« Et ils furent, ajoute le commentateur franciscain, Dante

---

[1] Jac. della Lana. Comm. au Purg., t. II, p. 268, note 40, « nel viso scabbioso e pieno di grusole », et Purg. XXIII, vers 49 « all' asciutta scabbia ».

[2] Benv. d'Imola, IV, 59.

[3] « Una schiera di compagnoni così fatti. » D'Ovidio. *La rimenata di Guido* ap. Studi sulla D. C., p. 212.

[4] « Valde temperatus », dit Serravalle. *Fratris Johannis de Serravalle.* Ord. Min. ecc. translatio et Comentum cum textu ital. fr. Bartholomaei a Colle. ecc., Prato, 1891, in-fol.

[5] Stefano Talice da Ricaldone, Comm. pubbl. da V. Promis et C. Negroni. Milan, 1888, in-8°.

[6] Voir Moore, Studies II, 152-268.

[7] Purg. XXIII, 115-117.

et Forese, compagnons en certaines choses lascives, lesquelles ils firent l'un avec l'autre et ensemble[1]. »

Au surplus, qu'importe? On peut dire avec le poète qui conduit Dante à travers l'Enfer :

Laissons cela tranquille, et ne parlons en vain[2].

Que Dante ait poussé jusqu'au bout la poursuite des « fausses images du bien », s'il fallait cela pour son œuvre[3], quel pédant ou quel bigot pourrait s'en plaindre. « En voulant faire de Dante quelque chose de plus qu'un homme, on en fait en réalité beaucoup moins qu'un homme », disait un maître[4]. Au lieu de ce benêt mystique, de cet amoureux transi, de ce niais adorateur des entités métaphysiques ou des fantômes scolastiques, noir fabricant de poésies décharnées, fait au modèle des écoles et des sacristies, ne vaut-il pas mieux retrouver l'homme, avec toutes ses puissances, génie, vertus, défauts et vices, pêle-mêle, souffrant, vivant, tombé, traîné dans ces excès qu'il saura réprouver plus tard et décrire, et flageller et comprendre, parce que de toute sa chair ardente et de toute son imagination dévorante et désordonnée il en aura subi le joug, l'attrait, la tyrannie?

Forese était un guelfe noir, Dante, un guelfe blanc, dans ce temps-là[5]. Est-ce pour cela, ou pour quelque

---

[1] Serravalle. « Nam ipsi fuerunt sotii in rebus aliquibus lascivis, quas fecerunt invicem et insimul. » Franciscain, ce commentateur put recueillir une tradition directe.

[2] Inf. XXXI, 79.

[3] C'est le sentiment du grave et peu réaliste Moore : « Forese may have been associated with Dante in *other evil ways*, the penalty for which both of them might have to expiate elsewhere than in the sixth Cornice (of Gluttony). » Studies III, 244, « compagnone di vita scapestrata. » Del Lungo. *La tenzone* etc., p. 437.

[4] D'Ancona, Disc. su Beatrice ap. ed. de la *V. Nuova*, p. XXXIX; « il rimorso fu una delle maggiori ispirazioni del poema sacro. » dit d'Ovidio, *op. cit.*, 218. Il fallait donc avoir péché.

[5] *Chiose sopra D.* (cosid. falso Boccaccio), 1847, p. 437, « per parte diventarono nemici. »

méchante querelle de taverne, que les deux compères se prirent un jour de bec ? Il y eut entre eux un échange de sonnets injurieux ; c'était une de ces *tenzones*, « vraies charades[1] » galantes ou burlesques, satiriques ou égrillardes, qui tomberaient dans le néant, si celle-ci du moins n'était un document de premier ordre sur la vie réelle de Dante[2].

C'est Dante qui ouvrit le feu, avec ce sonnet :

I

DANTE A FORESE

Qui entendrait tousser la malchanceuse
    Épouse de Bicci dit Forese
    Pourrait dire qu'elle eût hiverné
Dans les pays où l'eau devient cristal.

A mi-août tu la trouves qui a pris froid ;
Pense ce qu'elle doit faire les autres mois !
Et point ne chaut qu'elle dorme en jupons,
Sous son épaisse couverture de Cortone[3] ;

La toux, le froid et les autres misères
Ne lui arrivent point pour humeurs qu'elle ait vieilles,
    Mais par défaut qu'elle sent en son nid[4].

La mère pleure, qui a plus d'un chagrin,
Disant : Hélas ! quand, pour des figues sèches[5],
J'aurais pu la placer chez les comtes Guidi[6] !

---

[1] Scherillo, p. 222.

[2] Del Lungo. *La tenzone di Dante con Forese Donati*, ap. *Dante nei t. di D.*, p. 435-461. — *Dino*, II. 610-614. — D'Ovidio, *op. cit.* 202-224. — La trop fameuse histoire de Gaspary tranche, à ce sujet, avec une hardiesse toute puérile (trad. Zingarelli, I, 234-5, 455-7).

[3] C'est-à-dire d'un pays montagneux.

[4] Faute du mari qui la réchauffe au lieu de courir la prétentaine.

[5] Pour une dot de rien du tout.

[6] Dans une grande et riche famille.

Ce n'est, certes, point là le ton d'une guerre politique.
Forese ripostait ainsi :

II

FORESE A DANTE

L'autre nuit me vint une grande toux,
Parce que je n'avais point de quoi me couvrir,
Mais incontinent qu'il fut jour, je me mis en chemin
   Pour aller à gagner n'importe où.

   Oyez où la fortune m'adressa :
   Je crus trouver des perles en écrin,
Et beaux florins à fleur de coin, en or vermeil ;
Au lieu de cela, je trouvai Alaghieri[1] dans les fosses,

   Lié d'un nœud dont je ne sais le nom,
   S'il fut de Salomon[2] ou d'autre Sage,
Alors je me signai, tourné vers le Levant,

Et cettuy-là me dit : « Pour l'amour de Dante,
Délie-moi » ; et je ne pus voir à le faire.
Je revins en arrière, et parfis mon voyage.

Ainsi, ces gens, même en rêvant, même en bouffon-
nant, rêvaient et prévoyaient l'Enfer ; Forese, qui va mourir tout à l'heure, voit le vieil Alighieri dans ces fosses où
il se traînera lui-même « ainsi qu'un pèlerin pensif[3] ».
Dante lui renvoya ceci :

III

DANTE A FORESE

Elles te feront bien le nœud de Salomon
Bicci Novello, ces poitrines de perdrix,

---

[1] Le père de Dante dans les fosses des morts.

[2] Ce nœud de Salomon, emblème magique, est-ce une allusion à la sorcellerie
de Dante ? Ce signe fut longtemps populaire, et les amulettes portées par les
soldats des Bandes noires montrent le nœud de Salomon.

[3] Purg. XXIII.

Et, pis encore, la longe de mouton,
Si, que la peau vengera la chair [1] ;

Tant, que tu devras rester près de San-Simone [2]
Si tu ne trouves point moyen de t'en aller ;
Et sache que fuir le mauvais boucon
Serait trop tard meshuy pour t'en sauver.

Mais je me suis laissé dire que tu sais un moyen
Qui, s'il est vrai, te donne voie pour te refaire,
Parce qu'il rapporte un fort gain ;

Et l'on en use en temps de carême ;
Pour l'exercer pas besoin de te mettre en grève ;
Mais gare ! il en a cuit aux gars de Stagno [3].

Ceci descendait à l'injure la plus sale et la plus cruelle.
Forese ne se fit pas faute de rembourser en même monnaie :

IV

FORESE A DANTE

Va, rends ses habits à Saint-Gall [4], avant de lâcher

[1] En t'étouffant après que tu te seras bien bourré de viandes. Novello, *cadet*.

[2] L'église où l'on enterre ; allusion peut-être à Simone père de Forese (del Lungo) ; l'église San-Simone, près du théâtre Pagliano, sur la petite place de ce nom, au bout de la rue des Lavoirs de Laine.

[3] Allusion aux méchantes compagnies et aux mauvaises mœurs : M. Del Lungo explique : « L'*art* qui se fait en carême, durant le temps défendu pour faire gras et pour le commerce conjugal, ne saurait évidemment être qu'un « art », un moyen de suppléer à cette interdiction : à l'interdiction des aliments gras, moyennant que sais-je ? — quelque énorme lippée de poisson ou de légumes, finement assaisonnés ; — à l'interdiction des étreintes légitimes et conformes à la nature moyennant — le contraire ! Et ici, je demande à faire halte. Mais l'art, d'une part lucratif et de l'autre périlleux, dont Dante attribue à Forese une suffisante expérience, il me semble clair que c'est l'art même dont Dante lui-même à la fin du XV° chant de l'Enfer, disait qu'il aurait pu énumérer les immondes adeptes, « s'il avait eu désir d'une teigne pareille ». Del Lungo. Note à la p. 447-449, *op. cit.* — En réalité, c'est Brunetto Latini et non Dante qui parle ainsi (Inf. XV, 111) ; et il s'agit, bien entendu, des sodomites. Et je n'ai rien dit, ci-dessus, d'aussi rude ni d'aussi clair. Les gars de Stagno, c'est une troupe mal famée (*Ibid.*).

[4] C'est-à-dire : ce que tu as volé à l'hôpital San Gallo.

Paroles ou brocards sur la pauvreté d'autrui ;
   Car trop grand'pitié en est venue
     Cet hiver à tous ses amis :

Et d'ailleurs, si tu nous tiens pour si mendiants,
Pourquoi donc envoies-tu chez nous quérir l'aumône ?
Du castel d'Altafronte[1] te viennent des tabliers pleins,
   Et je sais bien que tu t'en nourris.

Mais il te faudra bien te mettre à travailler ;
Pourvu que Dieu te sauve la Tana et le François[2].
Car avec Belluzzo tu n'es point compère[3].

A l'hôpital des Pinti[4] il te faudra chercher refuge,
Et déjà il me semble voir autour de la table,
Et en troisième, Alighieri dans son justaucorps boutonné[5].

Ce Dante, sanglé dans son vieux pourpoint de gentil-
lâtre, un peu Don Quichotte, hargneux, maigre et râpé,
drapant d'un air hautain sa gueuserie famélique, c'est bien
celui qui écrira :

Le chemin n'était point fait pour des gens en cape[6]

ce qui n'empêchera point que les illustrateurs de tout
acabit ne lui jettent la « cape magne » sur les épaules.
Le maigre hobereau reprit la plume et s'oublia jusqu'à

---

[1] Allusion probable à des travaux publics où Dante aurait fait sa main. Ce
« castel d'Altafronte », emporté en 1333, par l'inondation, occupait, Lung'
Arno, sur la place dei Giudici, l'emplacement où s'élève le palais Castellani,
jadis siège des juges de la Ruota, et présentement dépôt des manuscrits de
la Bibl. nationale ; voir Marcotti. Guide de Florence, p. 228.

[2] Frère et sœur de Dante.

[3] Collatéral de Dante, descendant du Geri del Bello, que la famille n'avait
point vengé ; voir Inf. XXIX, et Del Lungo. *Sec. e poema di D.*, p. 108, et suiv.
C'est une allusion injurieuse à la couardise de Dante.

[4] Fondé par les Donati mêmes en 1065.

[5] *Farsata,* pourpoint boutonné des gentilshommes.

[6] Inf. XXIV, 31.

commettre, pour mieux bafouer Forese, une manière de blasphème :

V

DANTE A FORESE

> Bicci Cadet, fils de je ne sais qui,
> (Car il faudrait interroger dame Tessa) [1] !
> Jà dans sa gorge a dévalé tant de denrée
> Qu'à toute force il faut meshuy prendre le bien d'autrui,
>
> Et jà les gens se gardent de lui,
> Quand ils ont l'escarcelle au côté, s'il approche,
> Disant : Celui-ci qui a la face balafrée [2]
> Est un larron public, en ses actions.
>
> Et tel passe, pour lui, de tristes nuits dans son lit [3],
> Par crainte qu'on ne le prenne pour le marquer à l'épaule,
> Lequel lui est parent comme Joseph au Christ.
>
> De Bicci et de ses frères je puis conter
> Que, de par leur sang, du bien mal acquis
> Ils savent jouir, de manière à se montrer bons cousins de leurs femmes [4].

« Comme Joseph au Christ ! » l'auteur du poème sacré s'échappait à ces facéties ! Il répara plus tard ; il avait fait rimer le saint nom du Sauveur avec « tristo » et « mal acquisto [5] ». Il voulut, lui dont le remords fut l'inspiration maîtresse, s'infliger une peine éclatante, en sertissant par trois fois en six vers le nom du Christ, et cela

---

[1] C'est la plaisanterie de l'*Aridosia*, comédie écrite par Lorenzaccio : acte III, sc. v, et l'Arétin disait aussi : « Sua madre ne sapeva il certo. » Lorenzino connut-il ces sonnets ? ou bien est-ce le même fond brutal qui a donné ces deux lazzi ?

Contessa, Tessa, mère de Forese et de Piccarda Donati.

[2] Par la couperose du vin et de la bonne chère.

[3] Son père, Simon Donati.

[4] C'est-à-dire mauvais maris.

[5] « E tal giace per lui nel letto *tristo*, Per tema non sia preso a lo'mbolare, *Che gli appartien quanto Gioseppo a Cristo*. Di Bicci e di fratel posso contare, che per lo sangue lor, del male *acquisto*... (son. cit.).

dans trois passages différents du Paradis : comme si le nom sacré ne pouvait, de terzine en terzine, rimer qu'avec soi-même [1]. Pour saint Joseph, il n'a pas cru devoir faire amende honorable ; il ne l'a même pas nommé dans son poème [2].

Dieu le punit, cette fois-ci, car Forese eut le dernier, et par un sonnet plein d'outrages, où Dante est traité de couard, de capon, de lâche avéré :

VI

FORESE A DANTE

Je sais fort bien que tu fus fils d'Allaghieri ;
Et je m'en aperçus fort, à cette vengeance
Que tu tiras pour lui, si belle et éclatante,
A cause des aiglons qu'il changeait avant-hier [3].

Même si tu en avais taillé en pièces [4],
De paix tu ne devrais point avoir telle hâte ;
Mais tu as la besace si pleine [5],
Que deux mulets de bât ne la porteraient point.

Tu nous as donné bon exemple, je te le dis bien,
Car, quiconque te charge bien de coups de bâton,
Celui-là tu le tiens pour un frère et ami.

Je te dirais le nom des personnes
Qui comptent là-dessus ; mais pour ouvrir ce compte
J'ai besoin de millet à grappes [6].

---

[1] D'Ovidio, *Cristo in rima*, p. 216. — Par. XII, 71-75 ; XIX, 104-108 ; XXXII, 83-87.

[2] Il traduit seulement. Purg. XV, 91, le passage de Luc, II, 48, où Marie parlant à Jésus dit : « padre tuo. »

[3] Allusion injurieuse à quelque affront fait à l'antique blason des Alighieri. La correction proposée par D. G. Rossetti, dans *Dante and his circle*, p. 224 : « avolino » pour « aguglin » semble bizarre.

[4] De tes ennemis.

[5] De peur.

[6] Panico, *panicum italicum*; c'est-à-dire, semble-t-il bien, d'une plante aux graines extrêmement nombreuses, attendu que les gens qui méprisent Dante, et le veulent rosser d'autant, sont aussi difficiles à compter que les graines

Ces sonnets villonesques, et d'un assez médiocre étiage, ressemblent à ceux que fera ce Burchiello qui trouvera déjà, un siècle plus tard, tant de « sentences obscures » chez Dante [1]. Mais Villon n'a-t-il donc pas fait, auprès de la Grosse Margot et de la belle Heaulmière, la ballade pour prier Notre-Dame ?

Dante, qui aurait, nous dit-on, voulu désavouer jusqu'à la *Vita Nuova* [2], devait détester ces folies d'une jeunesse dévergondée. Il les effaça par le plus miraculeux des épisodes, dans la *Divine Comédie*.

Forese Donati, malgré tout, c'était sa jeunesse florentine, comme Béatrice était sa pure adolescence florentine. C'était Florence. Et puis la mort purifie tout. Cet ami qui se gourmait de propos avec lui, Dante le vit mourir fort peu de temps après, à la fin de juillet 1296 [3] ; il pleura « sa face déjà morte [4] ». Et, dans la *Comédie divine*, malgré les excès, malgré les péchés capitaux de Forese, il n'eut point le cœur de damner son ami ; ni même de lui imposer la rude quarantaine de l'Antipurgatoire. Il se souvint de ce foyer « où on lui faisait fête [5] » ; il revit la bonne Nella, douce, tempérante et modeste, il se repentit d'avoir fait rire aux dépens de la pauvrette, sainte femme qu'on délaissait pour courir les mauvais lieux.

d'un épi de millet. Je propose humblement cette explication à ce que M. Del Lungo (p. 455) déclare lui-même une devinette, « indovinello. »

[1] « Nè più sentenze in Dante non s'intese », dit-il ; *Rime*, Venise, 1553, Marcolini in-8°, l. VI, p. 185. Les éditeurs de l'édition de Londres (Livourne) 1751, in-8° mettent p. 220-221 parmi les sonnets de Burchiello le sonnet de Dante : « Bicci Novel » et le sonnet de Forese : « Ben so che fosti » avec de fâcheuses variantes, vers transposés, etc.

[2] Boccace, Vita, p. 63.

[3] Del Lungo, *Dino* II. p. 611 « V. Kal (Augusti) MCCLXXXXVI. » Obituaire de Santa Reparata, p. 35. — Simon, le père, mourut vers le 22 juillet de la même année, peu de jours avant son fils.

[4] Purg. XXIII, 55.

[5] Anon. fior. II, 379 qui cite le sonnet, « Ben ti fara il nodo ».

Avec une mélancolie[1], avec une douceur de rythme qui sont poignantes, ces terzines incomparables, même en cet incomparable Purgatoire, semblent pleurer l'amitié morte, évoquer un de ces songes cruels et délicieux à la fois, où le vivant revoit ses morts et leur parle et croit les entendre. Il semble que les vers brisés, qui halètent comme une voix oppressée par l'émotion[2], dans une cadence rompue si rare en ce poème, rendent l'accent même de Dante retrouvant son ami :

> Forese, de ce jour
> Où tu quittas le monde pour une vie meilleure,
> Cinq années ne sont point passées jusqu'à présent :

Et il lui demande comment il est déjà si haut dans le Purgatoire, si près du ciel : Forese répond :

> Si tôt m'a conduit
> A boire la douce absinthe des martyrs,
> Ma chère Nella, par ses larmes sans trêve.
> Par ses prières dévotes et ses soupirs,
> Elle m'a tiré de la montagne où l'on attend,
> Et elle m'a délivré des autres cercles.
> Elle est d'autant plus chère à Dieu et plus chérie
> Ma petite veuve, que moult j'aimai,
> Qu'elle est à bien œuvrer plus seulette[3]...

Et tout de suite gronde la furieuse invective contre les femmes florentines « éhontées, qui montrent poitrines et tétons[4] ». Mais pour Dante, Forese trouve, au milieu des rudes paroles, les mots les plus tendres : « ô doux frère[5] ».

---

[1] Voir d'Ovidio, *Cristo in rima*, p. 218.

[2] D'Ovidio, *Ib.* 219. — Purg. XXIII, 76-78 ; il n'y en a que 32, suivant ce critique, dans toute la *Divine Comédie* : 12 en è, 12 en ì, 5 en ò, 3 en ù.

[3] Purg. *Ib.* 85-93.

[4] *Ib.* 94-102.

[5] *Ib.* 97 et 112.

Dante lui montre Virgile, et le lui nomme ; plus encore, il lui nomme Béatrice[1]. Et quand ils doivent se quitter, Forese se laisse dépasser par les autres pénitents du « saint troupeau », il reste en arrière et il demande à son ami :

> « Quand est-ce que je te reverrai ? »
> « Je ne sais, répondis-je, combien j'ai à vivre,
> Mais mon retour ne sera point si prompt
> Que mon désir ne me précède à cette rive[2]. »

C'est, par un sentiment délicat, Forese qui annonce à Dante l'horrible mort, à la Brunehaut, de son frère Corso Donati, si odieux au poète ; et puis il termine en disant à son ami :

> « Elles n'ont pas beaucoup à tourner, ces roues
> (Et il leva les yeux au ciel) pour que clair te devienne
> Ce que mon parler ne peut te mieux éclaircir. »

Songe d'amitié, demi-prophétique, mais qui ne suffit point encore à Dante ; à ce foyer des Donati, une autre femme lui est apparue, c'est Piccarda, la sœur de Forese. Tandis qu'il cause avec l'ombre de son ami, au Purgatoire, il a soin de lui demander :

> « Mais dis-moi, si tu le sais, où est Piccarda... »

L'autre lui répond aussitôt :

> « Ma sœur, qui entre belle et bonne
> Ne sais quel fut le plus, triomphe dans l'allégresse,
> Dans le haut Olympe déjà sous sa couronne[3]. »

[1] Purg. XXIII, 128.
[2] Purg. XXIV, 76-78.
[3] Purg. XXIV, 10-15.

Et lorsque Dante arrive dans ce « haut Olympe », au ciel de la Lune, il converse longuement avec cette Piccarda bienheureuse, qui fut dans la vie mondaine une « vierge sœur », c'est-à-dire avait pris le voile, et fut arrachée du couvent pour un mariage forcé, par son fameux et formidable frère, Corso Donati[1]. Corso, avec Farinata et douze bandits, avait escaladé les murs du couvent, brisé les clôtures, enlevé sa sœur, déchiré ses habits de religieuse, et il l'avait jetée aux bras d'un autre mécréant ; mais la clémence du Seigneur avait sauvé la jeune fille en lui infligeant une lèpre horrible, qui l'avait rongée et défigurée avant la consommation des noces. Elle mourut vraiment « vierge sœur », comme au jour où le terrible seigneur qui fut son frère, Corso, descendait à bride abattue l'Apennin de Bologne pour l'arracher au monastère des Clarisses[2].

Ces femmes des Donati, Dante leur rend ce singulier hommage pour deux raisons ; et ces raisons éclairent à la fois le génie intime de Dante et son existence privée dans ce temps-là.

D'abord, pour lui plaire et pour le toucher, elles ont, Nella, Piccarda, la petite veuve et la pauvre Clarisse, l'incomparable sortilège : la pitié. La grand'pitié que Dante avait pour ces pauvres femmes d'alors, meurtries aux froissements d'armures, violées dans leurs sentiments et dans leur chair par les « parentages » utiles, par les accords de l'intérêt politique, elle est infinie, et c'est la source de l'Amour. Même, Dante a-t-il bien conçu l'Amour en dehors de la pitié ? Il est permis de le demander, quand on le voit mettre au rang des tortures

---

[1] Del Lungo, *Dino*, II, 115. — Sur son mari, Rosso (Rosellino) della Tosa *Ib*. Cron. de Dino, p. 269.

[2] R. da Tossignano. Hist. Seraphicae relig. I, 138, ap. Casini, note 106 au chant III du Paradis. — Ottimo, II, 447. — Todeschini, *Scr. su Dante*, I, p. 337.

infernales le sort de Paul Malatesta et de Françoise de Rimini.

« Ils vont ensemble », nous dit-il, *insieme vanno*[1], emportés aux bras l'un de l'autre par la tempête de l'Enfer, et « l'amour les emporte[2] » ces « âmes tourmentées[3] ». Est-ce donc vraiment un supplice ? Ils vont ensemble, à tout jamais : à travers les ténèbres, le tourbillon tournoie et frappe et les entraîne : ils vont ensemble ! Sur leurs lèvres, lorsque le cri de Dante les a fait venir, pareils aux colombes qui plient leur essor, c'est le nom d'Amour qui s'exhale sans trêve :

> Amour, qui s'empare vite d'un noble cœur,
> Amour à nul aimé ne fait grâce d'aimer,
> Amour nous conduisit vers une seule mort[4],

et l'on sent bien que Francesca prononce avec délices le nom du mal qui l'a perdue. Le spectacle d'un tel amour fait tomber Dante comme « un corps mort tombe ». Il s'évanouit comme s'il trépassait. Il a vu le grand Amour, et il s'en trouve foudroyé. Pourquoi donc fait-il un supplice de cette union dans la faute, dans les châtiments éternels? Hélas, qui ne consentirait mille fois à pareille peine ? Oui, flagellés par la bourrasque d'enfer, oui, tournoyant, dans l'ombre et sous les cris des réprouvés, mais ensemble, ensemble, toujours ! Ces amants ne sont point damnés, puisque le souffle de l'Enfer ne saurait les désenlacer. Combien envieraient leur martyre, et s'en feraient un Paradis !

C'est la pitié, c'est la tendresse, qui auréolera les femmes de la *Divine Comédie*. Dante a la passion des

---

[1] Inf., V. 74.
[2] 78.
[3] 80.
[4] *Ib.* 100, 103, 106.

victimes, et il sait les faire immortelles : songez à Pia Tolomei[1], la triste épouse de Nello dei Pannocchieschi, le châtelain de la Maremme ; en quatre vers, le drame obscur que vit le château de la Pierre, l'assassinat de la martyre solitaire par les ordres du Barbe-Bleue, s'évoque et plane à tout jamais sur les rudes tours de Sienne et sur la tour délabrée du castel maremman, où l'on fait voir encore une fenêtre ouverte sur le précipice et que les paysans appellent toujours le « Saut de la Comtesse » :

> « Recorde-toi de moi, qui suis la Pia !
> Sienne me fit, et la Maremme me défit ;
> Il le sait, celui-là qui m'avait épousée
> D'abord, en me donnant l'anneau de pierreries[2]. »

Un tel homme, si vibrant à toute influence féminine, se plaisait au foyer des Donati. S'il en a célébré les femmes avec ce lyrisme mystique, c'est, aussi, qu'il y trouvait, y retrouvait, sous ses habits modestes de patiente fiancée, et y prenait l'épouse accordée avec lui depuis dix-neuf années, depuis 1276.

Car c'est sans doute en 1295, après la crise d'affolement intellectuel et moral qui suivit la mort de Béatrice, c'est vers la trentième année, âge fatidique en tout temps, que Dante épousa Gemma Donati, « sa bonne Gemma[3] », fille de Manetto Donati, cousine de Forese, de Corso, de

---

[1] Purg., V, 133.

[2] Purg. V. 134-136. Sur ces vers voir Del Lungo. Sec. c. p. di Dante, p. 441 à 443 ; c'est la formule même des actes : « anulando praefatus eamdem ». — « Anulumque ab eo recipiet maritalem », dit un protocole de Lapo Gianni, l'ami de Dante, voir *Ib.* 442, note. — Sur la Pia, voir aussi Lisini, *Nuovo doc. della Pia de' T.* ecc. Siena, 1893 ; ces documents sont exposés à l'Archivio de Sienne ; et art. de M. Barbi. *Bull. soc. dant.* I, 60.

[3] « La buona sua Gemma ». Del Lungo. *Dino*, t. I, VIII, 168 ; la date de 1295 dans G. L. Passerini. *Il matrim. di D.* dans L'Alighieri, Verona, 1891 ; et d'Ancona. Man. I. 277. — Del Lungo, d'abord partisan de la date 1292, semblerait se rallier à celle-ci dans D. ne' t. di D. 461, « che non fosse ancora ammogliato » car la tenzone ne peut être de 90.

Piccarda, et l'une de ces femmes qui « sobres et pudiques » lui firent concevoir la beauté de cette fleur humaine : l'honnête femme.

Fille et sœur de pieux citoyens, élus au culte de la Vierge Marie et aux œuvres de bienfaisance, camerlingues de la Confrérie d'Or San Michele[1], Gemma ne pouvait qu'élever l'âme de son époux vers les royaumes du salut.

La mère de Gemma, la belle-mère de Dante, Maria[2], survécut à Dante. Gemma elle-même vécut au moins douze ans de plus que son mari[3].

La dot fut maigre : deux cents livres en florins petits[4], soit, suivant les uns, à peu près 7.400 francs d'aujourd'hui ; ou bien, s'il faut en croire d'autres, environ 4.400 francs. Mais l'épouse fut bonne ; il est étrange que l'on ait, d'abord, suivi les racontages de Boccace, qui faiblit ici, sous l'influence des modèles littéraires, et fait cet aveu, après avoir bien abîmé les femmes et le mariage : « Certes je n'affirme point que tout cela est advenu à Dante. Car

---

[1] Del Lungo, *Ib*.

[2] Son testament est du 17 février 1315. — Imbriani. *Studi*, 401-414.

[3] *Bull. dant.* II, 13, et ser. I, n° 8, p. 7-8, art. de M. Barbi.

[4] 9 février 1276-77, art. de U. Dorini, cité ci-dessus *Bull. dant.* IX. n°ˢ 7-8, p. 181 à 184 ; avril-mai 1902 ; on comprend mal que Zingarelli (p. 152) dise : « non si sa a quanto ascendeva la sua dote. » C'était pourtant, si l'on compare avec telles autres années précédentes, une dot considérable. G. Villani dit qu'au temps du « premier peuple » vers 1273, « cent livres étaient une dot ordinaire, et deux ou trois cents une dot qu'on regardait alors comme exorbitante. » VI, LXIX, p. 99, 2° col. — Mais Dorini, art. cit., a relevé sur les documents que dans la période 1276-1316, sur 66 dots mentionnées, 10 vont de 50 à 200 l. ou environ ; 14, de 250 à 500 ; 15, de 500 à 700 ; 13, de 700 à 1218 ; 6, de 100 à 300 florins ; 8, de 300 à 600 florins. On peut donc dire que Gemma, qui rentre dans la plus basse classe, fut, pour cette époque plus récente, assez médiocrement dotée. Est-ce parce qu'on stipula justement en 1276 ? En 1320 la dot était de 325 florins. Voir Del Lungo. *La D. fior.* p. 57, note 26 et Biagi (G.). Due corredi nuziali fiorentini ecc., Firenze, 1899, in-8°, p. 9 (d'après un livre de raison des Minerbetti).

je n'en sais rien; chè nol so [1] ». Ce qui est exactement vrai, puisque nous savons, nous, à quelle source le brave, simple [2] et charmant Boccace, mieux averti d'ordinaire, empoisonnait ici sa plume; l'humanisme, qui corrompait les lettres italiennes comme il étouffera nos poètes du xvie siècle, lui avait offert un modèle, dans un traité du sec et rêche Théophraste, sur le mariage, περὶ τοῦ γάμου, et Boccace benoîtement croyait se faire grand honneur en salissant sa jolie prose avec ce vieux graillon classique, sans réfléchir que Théophraste, le « parleur divin », n'était qu'un rhéteur suranné.

Accabler, ensuite, Gemma Donati, parce que son époux, dans l'exil, ne l'appela jamais auprès de lui [3], c'est méconnaître tout ensemble les conditions domestiques de la famille demeurée à Florence, et de l'exilé contraint à errer de cour en château, de frontière en frontière ; Gemma, chargée d'enfants, n'aurait pu vivre, et faire vivre les siens, loin de Florence, où elle vivotait à l'aide de ses minces revenus, de la pension accordée par la Commune, et des subsides fournis par ses parents ; et Dante, offrant ses services d'écrivain, de troubadour, de copiste ou d'ambassadeur aux communes et aux seigneurs, arrivait à peine à suffire pour lui-même, et ne pouvait songer à traîner une femme, et trois ou quatre enfants, derrière sa besace de proscrit.

Car Gemma lui donna, dans les sept années qu'ils vécurent ensemble, au moins trois, et peut-être quatre enfants : Pierre, Jacques, Antonia et Béatrice [4]. Et c'est

---

[1] Vita 23.

[2] « Boccacius de Certaldo, vir humillimus hominum », dit B. da Imola, III, 341.

[3] Boccace, *Ib.* et Compendio, p. 22.

[4] A moins qu'Antonia n'ait pris le nom de Béatrice en prononçant ses vœux. — Voir Giorn. dantesco, VII, 8 ; et O. Bacci, Beatrice di Dante, *Ib.* VIII, X-XI, P. 465 et suiv.

une preuve assez forte que Gemma Donati ne fut ni acariâtre, ni jalouse, que ce prénom de Béatrice imposé par
Dante à sa fille. Les autres preuves, les meilleures, sont
dans le grand poème, et dans le caractère même de
Dante.

Si le poète [1] se fait prédire par son aïeul, au Paradis :

> Tu laisseras toutes choses aimées
> Le plus chèrement...

s'il montre [2] les Bienheureux « aspirant à retrouver leurs
corps, non peut-être pas tant pour eux-mêmes, mais pour
revoir leurs mamans (lor mamme), et leurs pères, et les
autres qui leur furent chers avant qu'ils fussent des
splendeurs éternelles », il n'a point séparé l'épouse
« des choses aimées », des êtres chers. Celui qui, malgré
son enfance d'orphelin précoce, dépeint ainsi l'honnête
femme :

> Ainsi qu'une dame honnête, qui demeure
> Sûre de soi, et pour les fautes d'autrui,
> Rien qu'à les ouïr, se fait timide [3]...

celui qui a décrit les gestes de la mère avec ses enfants,
dans une précision, une minutie infatigable, se souvenait
d'un bon modèle et regrettait un vrai foyer [4].

Sa pitié virgilienne pour les petites âmes des limbes
pourrait faire penser qu'il perdit des enfants à peine nés.
A-t-il vu périr un petit, « mordu par les dents de la mort,
l'innocent ? » ou, dans cette vie douloureuse qui devient
désormais la sienne, lui manqua-t-il cette douleur, d'avoir

---

[1] Par. XVII, 55.

[2] Par. XIV, 61-66.

[3] Par. XXVII, 31-33.

[4] Purg. XXIV, 108-111 ; XXVII, 45 ; XXX, 64-66. — Par. XXII, 1-6 ; XXIII,
121-123 ; XXX, 82-85 ; XXXIII, 106-8.

vu disparaître un fils nouveau-né, qui pleurait déjà, mais qui ne parlait pas encore [1] ?

Enfin, l'on a voulu tourner contre Gemma, femme de Dante, l'apostrophe de Forese Donati contre les dames florentines, les « femmes éhontées de Florence, qui vont montrant poitrines et tétons ». C'est aussi raisonnable que d'arguer contre elle de son absence dans les vers de la *Divine Comédie,* composée alors qu'elle vivait, et ne pouvait par conséquent figurer dans aucun des royaumes surnaturels. Voir, dans les dames effrontées qui exhibent les attributs réservés à l'époux, la pauvre Gemma Donati, c'est oublier qu'à cette époque prédite par son cousin Forese, elle aurait eu plus de quarante ans, et que sa poitrine devait avoir allaité quatre enfants, ou trois pour le moins. Qu'aurait-elle montré, l'infortunée ? quelque corsage, à épouvanter les damnés !

Si l'on connaît, bien au fond, le caractère ombrageux, rancunier, méticuleux de Dante, il n'est pas admissible qu'il ait exalté jusqu'au ciel les femmes de la famille Donati, si le nom et le souvenir de Gemma Donati, sa femme, ne lui étaient demeurés cher. Qu'il s'agisse là de l'amour, on peut dire après Boccace : « Je n'en sais rien ». Mais, s'il ne voulait point nommer Gemma dans un poème où tout tendait à Béatrice, en un temps où les confessions privées n'étaient point de mode [2], s'il n'a pas plus inscrit son nom qu'il n'a nommé Florence même dans la *Vita Nuova,* ce n'est point du tout une raison pour ne pas répéter, avec le maître qui a le plus fait pour ramener l'étude de Dante au vrai sentiment du génie : « Si la Béatrice idéale, la Béatrice théologique était son guide à tra-

___

[1] Purg. VII, 29-33.

[2] Ne s'est-il pas excusé de laisser prononcer son propre nom par Béatrice, une seule fois dans tout son Poème, et « par nécessité, par force » ? Purg. XXX, 55-63.

vers les sphères célestes imaginaires, le souvenir de deux femmes l'accompagnait parmi les douleurs de la vie : le souvenir de sa mère, le souvenir de la mère de ses enfants[1] ».

Au reste, si le conte que fait un vieux biographe est vrai, quelle reconnaissance ne devons-nous pas à Gemma ? « En cherchant, — dit Giannozzo Manetti, après Boccace, — l'acte manuscrit où figurait sa dot, elle donna mission à un homme compétent de remettre la main dessus ». Et l'homme compétent retrouvait, puis renvoyait à Dante exilé les sept premiers chants de la *Divine Comédie*. De là viendrait que le chant huitième commence par : «Je dis, en continuant[2]». Si Gemma Donati nous a sauvé le grand poème, elle est la première des femmes, après la Vierge Marie !

Ce mariage, convenu « dès le berceau[3] », suivant l'usage, ce fut le premier ami, ce fut Guido Cavalcanti, qui tint à honneur d'y acheminer Dante.

Le hautain gentilhomme, expert en toutes sortes de plaisir, voyait avec dégoût l'ami de son choix, le pupille de son talent, s'encanailler avec Forese. Il haïssait Corso Donati[4], il méprisait Forese. Un jour, durant la vie déréglée qui avait précédé ses noces, Dante trouva, dans cette chambre où il ne s'enfermait plus guère pour dessiner des Angelots et pour pleurer sur Béatrice, un sonnet, laissé par Guido[5] :

> Je viens à toi mille fois par jour (en esprit),
> Et te trouve occupé de trop viles pensées ;
> Alors j'ai deuil de ton noble esprit
> Et de tant de mérites qui te sont ravis.

----

[1] Del Lungo. *D. nel suo poema*, ap. Sec. e p. di D. p. 356.

[2] Ap. Solerti, p. 149. Boccace est moins affirmatif et montre un certain sens critique. Commentaire, éd. Milanesi, II, 130 et suiv.

[3] « Nella culla ». *Ottimo*, III. 355, note 103 au ch. xv du Par.

[4] Del Lungo ; *Dino*, I, 165 et suiv. — II, 88.

[5] Voir d'Ovidio. *La rimenata di Guido*. Studii cit., p. 202 et suiv.

Naguère, tu avais force gens en déplaisance,
Toujours fuyais la gent des ennuyeux.
De moi tu parlais avec tant de tendresse,
Qui avais recueilli tous tes poèmes.

Or, plus je n'ose, à cause de ta vile existence,
Montrer ouvertement que ton parler me plaît,
Ni ne viens à toi de façon que tu me voies.

Si tu lis souvent le présent sonnet,
L'esprit malfaisant qui te chasse
S'en ira de ton âme dégradée.

Dante, si sensible au remords, dut méditer et ruminer les reproches de son ami. Mais une influence plus forte encore l'amenait à la vie meilleure. Un autre ami, ce Virgile que Guido Cavalcanti ne prisait guère, parce qu'il était odieux à ce gentilhomme épicurien de voir la raison se soumettre à la Foi et y préparer[1], ce Virgile « dédaigné sans doute » par Cavalcanti mécréant et raffiné, ce Virgile souverain sur l'âme, la poésie et le style de Dante, reprit à jamais son empire sur le génie dantesque. Dante le confessait à Forese, après avoir dit sa coulpe de leur vie désordonnée :

De cette vie m'éloigna celui
Qui va devant moi...

Virgile l'a tiré de la forêt sombre où rôdaient les trois bêtes infernales[2] ; il l'a

par la profonde
Nuit mené chez les vrais morts[3]
Avec cette vraie chair qui le suit.

[1] Voir D'Ovidio. Il disdegno di Guido, studi cit. 150-201, et Del Lungo. Dal sec. e dal poema di D. p. 3-61. Voir aussi ap. d'Ovidio, le chap. « Non soltanto lo bello stile », ecc., p. 225-236.

[2] Voir D'Ovidio, *Ib*. *Le tre fiere*, p. 302-325 ; d'accord sur la louve, qui est l'avarice, et le lion, qui est l'orgueil (p. 318), les critiques hésitent sur la *lonza*, qui serait un lynx ou une panthère, et représenterait ou l'envie ou la luxure (??).

[3] Ceux qui n'ont point la grâce divine.

Il lui a fait gravir le mont du Purgatoire, et il lui promet de l'accompagner « jusqu'à Béatrice ». Et d'un élan révérencieux, Dante nomme enfin son doux maître, son guide éternel :

> Virgile est celui-ci qui me parle ainsi ;
> Et je le montrai du doigt [1]...

Dès lors, par la vie sérieuse, par l'étude et par les devoirs virils, Dante reprend, agrandit et de jour en jour mène plus haut la conception du poème qui sera le centre de sa vie. La vision mystique d'Amour lui inspira l'idée première ; un moment obscurcie par les égarements passagers, elle reparaît, et Virgile donne au poète, avec une forme précise pour la figure de son rêve et pour l'expression de son rêve, une ardeur qui le soutiendra jusqu'au seuil de ce Paradis où l'introduira Béatrice. Les études profanes sont, grâce au maître latin, les sœurs cadettes de la grande étude théologique ; Virgile n'est-il pas envoyé tout exprès par Béatrice ?

[1] Purg. XXIII, 118-131.

CHAPITRE II

VIE PUBLIQUE DE DANTE.
AMBASSADE A SAN GIMIGNANO. — DETTES
DE DANTE. — TROUBLES A FLORENCE.
LE PRIORAT. — L'EXIL DE GUIDO CAVALCANTI
ET SA MORT.

Enfin, Dante, marié dans une grande famille, jeune, déjà célèbre, doit se mêler aux actions civiques. « Adonc, écrit Léonard Bruni[1], Dante ayant pris femme, et vivant d'une vie civile, honnête et studieuse, fut très employé dans la République. » Il lui fallait reprendre terre, et souffrir par les hommes, afin de créer ce poème, « auquel ciel et terre ont mis la main[2] ». L'expérience fut excellente, car elle fut brève et cruelle ; il n'y perdit point trop de temps, ce qui aurait pu nuire à l'œuvre, et il s'y blessa rudement, ce qui servit beaucoup à l'œuvre[3].

Il ne s'agit plus maintenant de méditer dans sa cham-

---

[1] Ap. Solerti. p. 100.

[2] Par. XXV, 2.

[3] Cf. sur cette période Del Lungo. *Da Bonifazio VIII ad. Arrigo VII.* Milan 1899. in-12. — *Le consulte della Rep. fiorentina* dall' anno. MCCLXXX al MCCXCVIII per la 1ª v. pubbl. da Al. Gherardi, Firenze, 1896-1898. 2 vol. in-fol. Vrai modèle d'érudition, dû à un savant mort bien tôt pour la science et pour ses amis. — Codice diplom. dantesco. 1895-1905. — Disp. II, III et IV : Dante nei consigli del Com. di Firenze. — Renan (E.) Etudes sur la politique religieuse du règne de Philippe le Bel. Paris 1899, in-8°. — Baillet. Histoire des démêlez du Pape Boniface VIII avec Philippe le Bel, Paris 1718, in-12 — et G. Lévi. Bonifazio VIII e le sue relaz. col C. di Firenze. Rome. 1882, in-8°.

brette l'encyclopédie d'un Boèce[1], ou quelque sixième livre de l'*Enéide*. Il ne suffit point de retourner aux écoles franciscaines, à Santa Croce qui s'élève[2], ou de s'asseoir en rêvant sur une pierre en face de Sainte-Marie de la Fleur qui jaillit vers le ciel[3]. Virgile lui-même l'a dit :

> Or, il convient que tu secoues ton indolence,
> Me dit mon maître, car ce n'est pas en demeurant sur la plume
> Qu'on vient en renommée, ni, sous les couvertures.
> Et, sans renom, qui consume sa vie,
> Pareille trace sur la terre il laisse de soi-même
> Que la fumée en l'air, et, dans l'onde, l'écume[4].

Durant quelques années, Florence avait connu l'âge d'or de la démocratie guelfe ; ces temps finissaient. Comme il sied, la démocratie devenait de jour en jour démagogie. Sous la main puissante d'un noble, Giano della Bella, devenu tribun du peuple et comme dictateur, les ordonnances de justice, en février 1293, avaient affermi le pouvoir du peuple et bridé durement l'impuissance des nobles gibelins ; mais les nobles, exclus du pouvoir, et qui se voyaient interdire le Priorat, soumis aux dénonciations secrètes, menacés par le peuple réuni sous le gonfalon à croix rouge, les grands « enorgueillis » par Campaldino contre les artisans qui se « levaient », ne pouvaient tolérer de voir les arts majeurs, les marchands, et les ouvriers, sous la tutelle du capitaine et défenseur de la classe ouvrière, dominer les élections et faire la loi. Eux, les gentilshommes sauveurs de Florence, on les forçait, pour

---

[1] Voir Renan. Cahiers de jeunesse II, p. 267. Paris 1907, in-8°.

[2] Ammirato I, 191. Dante dut assister avec « tout ce qu'il y avait de bonnes gens à Florence, hommes et femmes », à la pose de la première pierre, le 3 mai 1294, Villani VIII, ch. vii, p. 173, col. 1.

[3] *Ib*. 197.

[4] Inf. XXIV, 46-51.

Sandro Botticelli. Tombeaux des Papes dans l'Enfer.

[...] l'encyclopédie d'un Bocce[...] ou quelqu[e...] [...] de l'*Én[...]*. Il ne suffit point de [...] [...] franciscaines, à Santa [...] qui s'élève [...] [...] en cédant sur une pierre en face de Sainte-[...] de la Fleur qui jaillit vers le ciel. Virgile lui-même [...] dit :

> Or, il convient que tu secoues ton indolence,
> Me dit [...] en demeurant sur la plume
> [...] sous les couvertures.
> [...]
> [...] le soi-même
> Qui [...] vie [...] par le [...]

[...] que [...] Florence avait connu l'âge d'or [...] [...] que les temps finissaient. Comme il [...] [...] en jour l'[...]. Ainsi [...] Giano della Bella, devenu tribun du peuple et comme [...] les ordonnances de justice, en février 1293, avaient affermi le pouvoir du peuple et bridé durement l'impuissance des nobles gibe[...]. Mais les nobles, exclus du pouvoir, et qui revoyaient [...] le priorat, se [...] dénonciateurs secrets, menacés par le peuple réuni sous le gonfalon à croix rouge, les grands [...] [...] [...] contre les artisans qui se [...] [...] [...] toléraient de voir les arts majeurs [...] [...] [...] les ouvriers, sous la tutelle du [...] et [...] de la classe ouvrière, [...] les élections [...] dans la loi. Puis les gentilshommes [...] de Florence, on les [...], pour

[1] Voir Revue [...] tome [...] II, p. [...], Paris [...] 18[...].

[2] [...] 1791. [...] que [...] avait de bonnes [...] à Florence [...] [...] la première pierre, le [...] 1294, Villani XIII [...] [...].

[3] [...] 18[...].

[4] XXIV, 46 [...].

ANAS
TASIO
PAPA
GVAR
DAS

exister, à se faire inscrire aux registres des métiers. Ils voyaient remettre à un plébéien, comme symbole d'un pouvoir exécré par eux, « le grand gonfalon de bon et solide taffetas blanc, avec une grande croix rouge au milieu, dans tout le champ du gonfalon ». Ils voyaient aussi, à la mi-janvier 1295, monter sur le trône pontifical le rude Boniface VIII, qui remplaçait ce pauvre moine paisible de Célestin V, celui qui repoussa la tiare, celui qui « fit le grand refus par lâcheté[1] », qui « n'attacha point de prix aux clefs de saint Pierre ».

Le nouveau Pape tenait les clefs d'un poing solide, et il prétendait « se faire donner la Toscane tout entière ». Il s'unit aux grands pour ruiner Giano della Bella ; le 5 mars, la condamnation était prononcée : bannissement, pour le tribun et les siens, et saccage de sa maison et de ses biens. Puis, quand on voulut rappeler Giano, rapporter la sentence, la menace de l'interdit flamboya dans la main du Pape, si l'on « ramenait une pierre de scandale, un introducteur de désordre, un inspiré du diable, en cette cité entre toutes dévote à Dieu et aux saints Apôtres[2] ». Nul élément ne manquait plus au désordre, à la corruption, à la décadence, puisque l'anneau du pécheur faisait la loi contre le florin de saint Jean-Baptiste.

En juillet 1295, les grands essayaient encore de secouer le joug. C'est le mois où Dante apparaît pour la première fois aux conseils de Florence. Il allait prendre, au spectacle et aux luttes de ces quelques années, des inspirations nouvelles, pour le plus grand livre qui soit peut-être, en ce siècle et dans tous les siècles[3].

Dante, depuis quelque temps déjà, s'était mis en pleine lumière. Lorsqu'au mois de mars 1294, le jeune roi de

---

[1] Inf. III, 60 et XXVII, 105.

[2] Bulle du 23 janvier 1296 ap. G. Levi, p. 88-90.

[3] Del Lungo, 119-120.

Hongrie, Charles Martel, petit-neveu de saint Louis, venait pour visiter Florence[1], Dante allait, avec Giano dei Cerchi, et la plus brillante ambassade, recevoir à Sienne le jeune prince. On lui faisait compagnie jusqu'à Florence où il restait « plus de vingt jours », avec ses deux cents chevaliers à l'éperon d'or, français et provençaux, et Napolitains du royaume, tous jeunes, autour de ce jeune roi, tous vêtus comme lui mi-parti d'écarlate et de vert foncé, les selles de même sur les palefrois, rebrodées d'or et d'argent, avec les écussons écartelés de lys d'or, et bordés, entour, de gueules et argent, qui sont les armes de Hongrie. Le jeune roi faisait amitié avec le jeune poète ; s'il n'était mort un an plus tard, il aurait tenu des promesses formées en ces jours de bonheur et de fête ; Dante lui fait dire, lorsqu'il lui apparaît au Paradis[2] :

Tu m'aimas fort, et bien avais de quoy ;
Car, si j'étais resté en bas, sur terre, je t'eusse fait voir
De mon amour plus outre que la feuillée[3].

Prince amoureux, qui apparaît dans l'étoile de Vénus, et rappelle à Dante la chanson d'amour qu'il lui avait donnée : cette canzone, elle s'adresse justement aux Intelligences qui meuvent le ciel de Vénus[4] ; prince fervent des belles chasses aux faucons, et des beaux chevaux, qui réveilla peut-être chez Dante l'ancienne vertu chevaleresque, et le goût pour les chevauchées. Il a peut-être aussi donné, par ses largesses, une aide nécessaire au débutant dans la vie politique ; puisqu'à Florence,

---

[1] Del Lungo, Dino II, 499-504 — G. Villani, VIII. XII donne (Del Lungo 503) la fausse date de 1295. — M. Schipa. Carlo Martello, ap. Arch. stor. napol. 1889, t. XIV, pp. 17-33 et 204-264.

[2] Par. VIII, 55-57.

[3] C'est-à-dire la durée et la grandeur, non éphémères comme les feuilles. Voir Zingarelli, Dante, p. 140 et Casini, *ad versum*.

[4] « Voi che intendendo. » Par. *Ib.* 37.

comme ailleurs, on ne choisissait les élus que parmi les citoyens capables de payer un certain cens, et parmi ceux aussi, peut-être, qui pouvaient payer les électeurs.

On avait cru trouver le nom de Dante sur une feuille dégradée d'un conseil, en date du 6 juillet 1295, fort important puisque l'on y corrigeait au profit des grands les ordonnances de Justice : mais une critique plus exacte écarte ce lambeau de document [1], et les offices exercés par Dante, vers le même temps, sont incompatibles, par leur nature et par leur date, avec ce que l'on avait cru découvrir dans ce papier. Le premier fait certain de sa carrière politique, c'est qu'il fut membre du Conseil spécial du capitaine du peuple durant le semestre qui va du 1er novembre 1295 au 30 avril 1296. Conseiller muet, qui n'ouvrit point la bouche en six mois, et souvent manquait à l'appel [2].

Ce petit homme noir, qui affectait la gravité du penseur, se tenait penché, « un peu bossu », et « comme une demi-arche de pont »[3], regardait posément, cherchait l'autorité dans l'allure et dans les regards [4], « parlait rarement », à l'image de ses poètes vénérés. Il méditait, le doigt posé sur les lèvres « du menton au nez [5] ». Réactionnaire d'instinct [6], il avait dû pourtant se plier aux lois, et se faire inscrire dans la corporation des médecins et apothicaires, afin de compter parmi les citoyens habiles aux fonctions publiques.

Les temps s'assombrissaient ; la vieille Florence que

---

[1] Article de M. Barbi, dans *Bull. soc. dant*, VI, 255 et suiv. Le texte de Zingarelli, p. 158 et 160, paraît en désaccord avec la note, p. 775, ici comme en plusieurs endroits. La reproduction de ce document en ruines est dans le Cod. dipl. cité, 2ª disp., août 1897.

[2] Zingarelli, ed. in-12, p. 32.

[3] Purg. XIX, 40-42. — Boccace. Comm.. éd. Milanesi, II, 129.

[4] Purg. VI, 62-3. — Inf IV, 112-114.

[5] Inf. XXV, 44-45.

[6] Inf. XXIV, 144.

Dante pleurera toujours, venait d'entrer au tombeau avec Brunetto Latini, maître aimé, vénérable image de doctrine et de bonhomie. Forcé d'agir, dans ce remous du vulgaire où les citoyens sans nom étaient les plus puissants, où l'individu ne comptait point[1], s'annulait de jour en jour devant la plus sordide plèbe, Dante, pareil aux autres nobles, en passait par où l'exigeait la multitude triomphante, peuple aujourd'hui, demain populace. Le « temps des barons » était passé !

Dans ces cadres des corporations, qui n'avaient point été faits pour un entassement pareil, se confondaient toutes sortes de gens parfaitement étrangers au métier dont ils acceptaient l'étiquette ; peut-être Dante optait-il pour celle-ci parce qu'elle comprenait les apothicaires et libraires, cumul bizarre, qui valut plus tard aux lettres florentines ce délicieux *Lasca*, Antoine-Marie Grazzini, lequel tenait la pharmacie du Sarrasin, au Coin-de-la-Paille. En outre, cette corporation admettait aussi les peintres. La première de toutes, celle des juristes et notaires, était impénétrable aux gens hors du métier ; les autres, au nombre de quatre, celle de Calimala ou des façonneurs en draps étrangers, celle de la Laine, celle de la Soie, celle du Change, se composaient avec les gros marchands et les financiers de haut vol[2]. La date où l'on inscrivit Dante est incertaine[3].

Invité, le 14 décembre 1295, à prendre place entre les Sages du Conseil consulaire pour établir la procédure, toujours variable à Florence, de l'élection prochaine qui allait renouveler la Signorie, Dante appuyait une

---

[1] Del Lungo, da Bonif. VIII ad Arr. VII, I, III, p. 8.

[2] Todeschini. Scritti, I. 373-374.

[3] D'Ancona et Bacci. Manuale, I. 278. — Zingarelli, ed. in-8°, p. 160, éd. in-12, p. 33. Cf. S. La Sorsa. L'arte dei Medici, speziali. ecc. Molfetta, 1907, et Arch. stor. 1908, 1, p. 189-92.

motion qui fut adoptée[1]. Le jour même où il sortait du Conseil du capitaine, Dante « conseiller sortant », était choisi pour le Conseil des Cent ; il fallait payer cent livres d'impôt, tout au moins. Le 5 juin 1296, Dante parla, dans une séance où se débattaient des questions importantes[2] ; d'abord, l'ingérence de la Commune florentine dans les discussions de Pistoïa, sa voisine[3] ; ensuite, un embellissement du « beau Saint-Jean », du baptistère si cher à Dante : « Item, disait le procès-verbal, que les sépulcres ou « avelli » qui sont autour de l'église Saint-Jean soient enlevés et retirés de ces lieux et mis autre part où semblera mieux convenir[4] ». Ces sépulcres, ce sont ceux-là même que jadis Guido Cavalcanti franchissait d'un bond, pour échapper aux importuns. Ce sont, aussi, les « avelli » de la *Divine Comédie*, que Dante a vus près de Saint-Jean avant de les revoir dans Arles, aux Aliscamps[5]. Il fallait encore supprimer un hôpital qui encombrait le lieu sacré, cœur de Florence. « Dante Alagherij opina suivant les motions susdites. » Et l'on éprouve un sentiment curieux, à voir l'antique page biffée, rebiffée et chancie, où ce nom éclatant fait nombre parmi des noms inconnus ou médiocres.

Un autre monument subsiste, des Conseils où Dante a parlé ; ces assemblées se tenaient dans les églises, sous les voûtes de Saint-Jean et de l'Abbaye, temples dantesques, à Saint-Procule, qui existe encore au coin de la via Pandolfini, et que décorèrent bientôt les rudes fres-

[1] Cod. dipl. II. — Del Lungo. Dino, I, p. 60 sur les élections. Sur les conseils, l'introd. de Gherardi au t. I. des Consulte, p. VIII-XIX.

[2] Cod. dipl. dant. 3ᵉ disp. juin 1898. — Gherardi, Le Consulte, II, 556-7.

[3] *Cod. dipl.* P. 2-3.

[4] P. 3, col. 1-2.

[5] Inf. IX, 112-118 ; XI, 7.

ques d'Ambrogio Lorenzetti[1], à Sainte-Reparata[2], à Saint-Pierre Scheraggio[3]. La chaire de cette dernière église, un vénérable ambon roman, venu peut-être de Fiesole, subsiste encore aux faubourgs de Florence. Passée la porte Saint-Georges, la plus pittoresque et la plus champêtre, dans une ruelle au pavé sonore que côtoient des olivaies, une vieille petite église fait tintinnabuler ses cloches au-dessus d'un vallon brumeux ; c'est Saint-Léonard en Arcetri, la chapelle du monastère où priait cette fille de Galilée qui pouvait dire au Paradis, comme Piccarda Donati, comme Béatrice Alighieri : « Au monde fus une vierge cloîtrée. »

En cette église, Galilée venait, durant sa vieillesse, traversant la ruelle où sa villa s'élève en face ; il y cherchait les consolations de la tendresse filiale tandis qu'on le persécutait ; or, depuis ces temps, sous ces pauvres voûtes, la chaire où Dante est monté pour parler en Conseil se montre avec ses images sculptées de la vie du Christ, et ses inscriptions léonines. Un des derniers ducs Médicis l'y a fait pieusement placer, il y a deux siècles[4].

Une tempête cependant s'amassait, qui allait préparer aux conseillers et aux prieurs d'autres affaires que de recevoir l'hommage-lige des Pistoïens ou d'élargir la place Saint-Jean. Les dissensions intestines gagnaient chaque jour, et allaient parvenir au comble. Tandis que Dante semblait sentir en son génie un temps d'arrêt, et que son lyrisme se faisait vague, comme un peu décadent, l'orage approchait, qui allait bouleverser les partis,

---

[1] Vasari, I, 5a3 ; c'est là que se maria Jean des Bandes noires. Voir mon livre, p. 64 et 372.

[2] Voir Davidsohn, *Forschungen*, I, 1896. p. 144-149.

[3] *Ibid.* 92 et Geschichte, t. I. IX, p. 398 ; XIV, 824-825 et 746. — Rumohr. Italienische Forschungen. Berlin 1827, p. 31.

[4] Pierre Léopold, en 1792. Cod. dipl. cité, 11º disp., p. 5.

changer Florence, et transformer l'existence du poète, en
agrandissant son esprit[1].

Il se plaignait de la lenteur que les Florentins mettaient à leurs délibérations[2] : il allait voir marcher les
événements d'un train que sa raison ne connaissait point ;
il allait apprendre que les nobles et les grands peuvent
faire des épisodes et jouer un rôle passager, dont l'éclat
donne illusion ; mais que la trame continue et la substance
de l'histoire, c'est le peuple qui la compose[3].

La tentative manquée du 6 juillet 1295 pour raffermir
la puissance des grands avait été, dit Villani[4], « la racine
et commencement du mauvais état de la cité de Florence,
qui suivit bientôt. » La lutte s'aggravait ; les caporaux
du peuple avaient fait enlever aux nobles leurs grosses
arbalètes, et les avaient achetées pour la Commune ; les
désertions affaiblissaient le parti des grands. Les prieurs,
soupçonnés de les soutenir, s'étaient retirés de leur
charge sous une grêle de cailloux, on avait cogné sur
leurs bancs à grands coups de chevilles, pour leur faire
charivari.

La cité « restait en grande discorde[5] ». Accusations,
exils, pleuvaient. On s'arrachait le pouvoir « s'abominant
l'un l'autre[6] ». Les Donati, menés par le sauvage Corso
« descendance des larrons de Catilina[7] », gibelins féroces,
abhorraient cet état populaire qui n'avait cessé de grandir depuis cinquante années bientôt ; les Cerchi, nouveaux riches, famille-type de la Florence financière et

---

[1] Carducci. Delle rime, p. 105-106, et Opere, XVI.

[2] Purg. VI 139-144. Sur le sens spécial de ces vers, Del Lungo. Dino, II,
520.

[3] Voir Del Lungo. *La gente nuova.* ap. D. nei t. di D., p. 19.

[4] Villani VIII, XII, p. 175, col. 1.

[5] Dino. p. 71, I. I. XVI.

[6] *Ib.* XX, p. 83.

[7] Mot du Tasse, ap. del Lungo. *La gente nuova*, p. 23 et p. 32.

commerçante, désireux de paix, inoffensifs, des Blancs contre des Noirs[1], voulaient arranger les affaires, pacifier et gouverner. Mais on allait fatalement en « venir au sang[2] ». Ce fut d'abord des rixes particulières, dans les palais bouleversés, aux fêtes où l'on se massacrait en paroles ou en gestes, jusqu'à meilleure aubaine, comédies grotesques dont l'issue deviendra tragique[3].

Dante, cependant, accablé de famille, et ambitieux, faisait des dettes. Pour ses enfants, ou pour ses livres, ou pour ses électeurs, il empruntait, du 23 décembre 1297 au 11 juin 1300, par cinq prêts successifs, la somme de mille florins[4]. Il faut remarquer que la dernière dette fut contractée au moment même où Dante devenait Prieur. Les voix du peuple n'ont jamais élevé les gueux ; je veux dire par là : ceux qui ne peuvent point verser d'argent.

Les premiers excès, avec l'an 1300, allaient se commettre. Guido Cavalcanti, surnommé le Pieu par Corso Donati pour son apathie philosophique, répondait aux brocards en lançant une javeline contre son ennemi ; et c'était une poursuite forcenée à travers les rues de Florence, une chevauchée d'enfer, épées au vent, pierres grêlant des fenêtres. « La haine multipliait. » Quand Corso parlait de Vieri dei Cerchi, beau et bête, c'était pour demander : « l'âne de la Porte[5] a-t-il brait ? » Les jongleurs chansonnaient les adversaires de leurs patrons.

---

[1] Voir Davidsohn. Forsch. III° partie, 263-270.

[2] Inf. VI, 64-65.

[3] Del Lungo. *Ib.* 50-51.

[4] On varie entre l'évaluation de 37 et de 22.000 francs d'à présent. Zingarelli, p. 156. — Le meilleur relevé de ces dettes, après Imbriani et autres qui sont incomplets ou confus, est le travail excellent de M. Barbi dans *Bull. della soc. dant.* sér. I, n° 8, p. 7-28, où les noms sont rétablis, les faits mis en ordre, etc.

[5] Porte Saint-Pierre, où était le palais Guidi, acheté en 1280 par les Cerchi.

Le pape excitait les rancunes. Enfin « le sac se vida », pour la fête du 1er mai 1300[1].

La fête du printemps, par un soir de mai florentin, avec les jeunes gens vêtus de neuf, les damoiselles qui menaient les danses, les musiques sonnantes, parmi les couronnes de fleurs et les guirlandes de feuillage, rappelait les années heureuses ; quand une troupe, des jouvenceaux Donati, qui avaient bien dîné, se montèrent la tête et firent le projet d'aller bousculer les Cerchi, « avec les mains et les fers ». Rencontre, bagarre, les estrades renversées par les chevaux, les repas en plein air troublés, fracas de vaisselle, cris de femmes, hurlements de bataille, « aux armes, aux armes » ! les voisins qui courent, les marchands qui ferment. La place Sainte-Trinité devient un champ-clos où se heurtent les palefrois. Les palais noirs, Scali, Spini, préparent entre leurs créneaux les arbalètes de combat. Ricoverino dei Cerchi a le nez coupé, blessure infamante, inexpiable.

Les partis ne feront plus désormais que s'affirmer. Personne ne peut rester en dehors. Dante est avec les Cerchi, Dante est guelfe blanc. Mais il maudira les partis extrêmes, il n'est point engagé à fond comme Cavalcanti. Seulement, que font les nuances dans une bourrasque pareille ? et parmi ces gens qui se battent, dominés par le pur instinct, tiraillés par les intérêts de famille ou d'argent, comme des rats dans une ratière ?

Dante, plus tard, fera maudire par son aïeul Cacciaguida[2] ceux dont les querelles ont fait « chavirer la barque ». En attendant, il en va prendre le gouvernail avec un peu plus d'efficace.

Six jours après la bousculade de la place Sainte-Trinité,

---

[1] Voir Davidsohn. Forsch. IIIᵉ partie, p. 270.

[2] Par. XVI, 94-96, et tout ce chant, et Purg. XXIV, 82-90, où il stigmatise Corso Donati.

le 7 mai 1300, Dante prenait le rôle d'ambassadeur florentin auprès de la commune de San Gimignano [1]. « Noble homme Dante des Allegherij, ambassadeur de la commune de Florence [2] » invitait la petite ville alliée de la ligue guelfe, à se faire représenter dans l'élection prochaine d'un capitaine de la Ligue. Les alliés, dans la petite cité aux cents tours, aux belles tours, obéirent et envoyèrent leurs délégués à l'élection où les conviait la voix de Dante.

Le 14 juin 1300, Dante était nommé prieur [3], « prieur des arts et artisans de la Cité de Florence », office nul, qui dépendait entièrement des Conseils ; office éphémère, puisqu'il ne durait que deux mois. « De ce Priorat, dit Bruni, naquit son exil, et tous les malheurs de sa vie, ainsi que lui-même l'écrit en une épître, dont voici les termes même : « Tous les maux et tous les inconvénients que j'ai subis eurent leur raison et principe dans les malheureux comices de mon Priorat ; duquel Priorat, bien que pour la sagesse je ne fusse point digne, néanmoins pour la foi et pour l'âge je n'étais point indigne, attendu que dix années étaient déjà passées depuis la bataille de Campaldino, où le parti gibelin fut quasi tout entier mort et détruit, en laquelle je me trouvai, déjà hors de l'enfance, sous les armes, et ressentis grande frayeur, et à la fin grandissime allégresse à cause des divers événements de cette bataille [4]. »

Une cité travaillée par les émissaires du pape Boni-

Cod. dipl. dantesco. disp. I, mai 1895.

[2] *Ib.* p. 6, voir L. Pecori. Storia di S. Gemignano. Florence. 1853, in-8° ; et R. Pantini. *S. Gimignano e Certaldo.* Bergamo, 1904, in-8°. — Cet auteur donne la date du 8, Zingarelli celle du 7 mai ; celle-ci est la bonne (doc. du Cod. dipl.).

[3] Sur le priorat. Davidsohn, Forsch. IIIe partie, 273-283. — Del Lungo. Dino II, app. III, p. 443-464, et Da Bon. ad Arr. VII, 22-25.

[4] Bruni, ap. Solerti. — p. 100.

face VIII, qui voulait en devenir maître, empoisonnée par les espions aux gages de Rome, un parti guelfe divisé, la conquête, la guerre civile, les supplices et l'exil menaçant chacun et tous, voilà ce que Dante et ses collègues trouvaient dans l'exercice de leur charge. Le 15 juin, lendemain de leur élection, les nouveaux prieurs confirmaient la condamnation prononcée contre Noffo de Quintavalle, Simon Gherardi et Ser Cambi de Sesto, convaincus de complot contre Florence, sous l'inspiration du Souverain Pontife. Deux mille livres d'amende à chacun, ou la langue coupée[1]. Le cardinal Mathieu d'Acquasparta, que Boniface VIII avait dépêché à Florence sous le prétexte de pacifier, sentait le soufflet infligé à la Cour de Rome. Ce fut un grief, le premier grief officiel de cette longue haine entre Dante et le pape terrible. Haine exprimée en mots de feu, dans l'Enfer et le Purgatoire, jusqu'au moment où une haine plus virulente, celle du « fleurdelysé » l'offusquera[2].

Le faix le plus cruel, pour l'heure, c'étaient les discordes civiles. « La veille de la Saint-Jean-Baptiste[3], comme les Corporations allaient à l'offrande, suivant la coutume, les consuls marchant devant elles, certains grands les maltraitèrent et les battirent, en leur disant : « C'est nous qui avons défait les ennemis à Campaldino ; et vous nous avez écartés des offices et honneurs de notre cité. Les Seigneurs, indignés, prirent conseils de moult citoyens. » Et en effet, l'opinion publique inspirait les Conseils ; et même, durant la première quinzaine de leur office, les prieurs devaient convoquer une Assemblée, où non seulement les conseillers de toutes les autres charges,

---

[1] Davidsohn. *Loc. cit.* p. 279, Levi, p. 40 ; le notaire est Lapo Gianni, l'ami de Dante et de G. Cavalcanti. *Bollett. dantesco.* décembre 1890.

[2] Inf. XIX, 53. — Par. XXX, 148. — Inf. XXVII, 70 et suiv. — Par. XII, 90 ; XVII, 49 et suiv. ; XXVII, 22 et suiv. — Purg. XX, 86.

[3] Dino. Cron. I, XXI, p. 96.

mais jusqu'aux artisans les plus infimes, avaient droit de motion [1].

Dans ce conseil, tenu sans doute à l'église Sainte-Reparata [2], il y eut beaucoup de ces « assennati discorsi [3] », de ces « sages propos », qui étaient l'honneur des Florentins. La sanction fut une grosse fournée de bannis : une vingtaine au moins dans le parti des Donati [4], confinés aux Apennins d'Urbin ; autant de partisans des Cerchi, renvoyés à Sarzane en Lunigiane ; parmi ceux-ci, l'ami de Dante, le « premier ami », Guido Cavalcanti, que frappait la sentence prononcée par le prieur Dante et proposée par lui. Tels sont les effets de la politique.

Le pauvre Guido Cavalcanti, dans cette « vapeur du Val di Magra [5] », parmi les villes, mortes ou moribondes, des embouchures pestilentielles, prit au souffle de la malaria une fièvre pernicieuse. Il se sentit mourir, et comme son maître Épicure, méprisant la Mort et les dieux qu'il n'avait jamais révérés, il écrivit une ballade pour dire adieu à sa Toscane [6] :

> Puisque n'espère oncques de retourner,
>> Petite ballade, en Toscane,
>> Va-t'en, preste et simplette,
>> Droit vers ma dame,
>> Qui, par sa courtoisie,
>> Te fera grand honneur...
> Tu sens, ballade, que la Mort
> M'étreint, si que la vie m'abandonne,
> Et sens comme le cœur me bat bien fort

---

[1] Gherardi. Introd., p. xi.

[2] *Ib.* XIII. — Sur cette église, Davidsohn. Forsch. I, 144-149.

[3] *Ib.* XIX.

[4] Dino, XXI, p. 97-8. Le mot « consorti » est vague.

[5] Prise cette fois au sens propre, et non pas comme dans Inf. XXIV, 145, allégoriquement.

[6] Ercole, p. 406-407, Arnone, 31-34.

Pour ce que dit chacun de mes esprits.
Tant est déjà détruite ma personne
        Que je ne puis[1] souffrir :
        Si me veux bien servir,
        Emmène mon âme avec toi,
        Je t'en prie bien fort,
        Quand du cœur sortira.
Las ! petite ballade, à ton amitié
Cette âme qui tremble se recommande ;
Mène-la avec toi, dans sa douleur piteuse,
A cette belle Dame, à qui je te mande.
Las ! petite ballade, en soupirant dis-lui,
        Lorsque tu seras devant Elle :
        Voicy votre servante,
        Vient pour être avec vous,
                Partie de celui-là
        Qui fut servant d'Amour...

Il ne succomba pourtant pas dans la Maremme de
Luni, devant les Apennins sinistres et la mer toujours
irritée, parmi les marais, et les rocs de marbre pareils
aux dalles des tombeaux. Il vint mourir dans sa Toscane.
Il revit, de ses yeux embrumés par la fièvre des Maremmes, ces sépulcres de la vieille basilique Sainte-
Reparata, qui allait bientôt crouler sous le pic pour faire
place à Sainte-Marie de la Fleur. Le 27 ou 28 août 1300,
Guido Cavalcanti mourait ; le 29, il allait reposer dans
une des sépultures qu'abritait la cathédrale de Florence[2].

Dante, sorti du Priorat, ne fut point de ceux qui faisaient grâce à Guido moribond, et signaient son rappel.
Il ne semble même avoir pris souci que de s'excuser sur
ce retour des bannis, pour se laver d'avoir été favorable
aux exilés de Lunigiane, tandis que ceux d'Urbin restaient
chassés ; il répondait « afin de prendre excuse comme

____

[1] Et non « le souffrir » il y aurait « ch' io no'l posso ».
[2] Del Lungo. Dino. II, 98, note 26.

un qui n'a point pris parti, que lorsqu'on rappela ceux de
Sarzane, il était hors de l'office du Priorat, et qu'il ne
fallait point le lui imputer ; et il dit de plus que leur
retour eut pour cause la maladie et la mort de Guido
Cavalcanti, lequel tomba malade à Sarzane par le mauvais
air et peu après mourut[1]. » Cette lettre de Dante ne s'est
point conservée ; si Léonard Bruni la rend exactement,
on peut penser qu'elle n'aurait point fait honneur à celui
qui l'écrivit. Est-ce pour de tels souvenirs que Dante fut
si peu sévère envers le magistrat Ponce-Pilate[2] ?

Le souvenir de Guido Cavalcanti passe, mélancolique
et fier, dans ce chant de l'Enfer où Dante voit Cavalcante, le père, sortir du sépulcre et lui demander, comme
Dieu fit au frère d'Abel[3] : « Pourquoi son fils n'est point
avec lui ? » et si « la douce lumière ne frappe plus ses
yeux ». Et le poète murmure : « Lorsqu'il s'aperçut que
je tardais un peu avant de répondre, il retomba à la ren-
verse, et ne reparut plus dehors ». A-t-on bien senti ce
que Dante pouvait mettre, dans ce retard de sa réponse
au père, dans ce silence et dans ce trouble, et quelle
image l'obsédait alors, et quel remords, peut-être ?

L'unique souvenir heureux de son Priorat, c'est l'histoire qu'il raconte assez fièrement, un fait-divers, à son
honneur :

« Je vis, — a-t-il dit dans l'Enfer[4], — sur les pentes et
dans le fond,

> La pierre livide toute pleine d'ouvertures creusées
> Toutes de même largeur, et chacune était ronde.

---

[1] Bruni. ap. Solerti, p. 102.

[2] Indirectement nommé (Purg. XX, 91) à propos de Philippe le Bel, il ne
figure point dans la *Divine Comédie*. Il est cité plusieurs fois dans les l. II
et III du *De Monarchia*.

[3] Inf. X, 69-72.

[4] Inf. XIX, 13-21.

> Elles ne me paraissaient ni moins amples ni plus grandes
> Que celles qui sont dans mon beau Saint-Jean
> Faites pour l'endroit où l'on baptise,
> L'une desquelles, il n'y a pas encore beaucoup d'années,
> Je brisai pour sauver un qui se noyait dedans. »

« Certains enfants, ajoutera le vieux Commentaire [1], jouaient ensemble dans l'église Saint-Jean autour du Baptistère, ainsi qu'ils ont coutume ; l'un d'entre eux, plus furieux, sauta dans un de ces trous, et ainsi et tellement y inséra et confondit ses membres, que par nul moyen et nul stratagème n'en pouvait être retiré. Les enfants donc criaient, ne le pouvant secourir, et en peu de temps force peuple accourut ; et bientôt, nul ne sachant ou ne pouvant secourir l'enfant en péril, survint Dante, qui lors était des Prieurs en exercice. Lequel, soudain qu'il eût vu l'enfant, s'écria : « Ah ! que faites-vous, gent ignare ? Qu'on apporte une hache. » Et incontinent que la hache fut apportée, Dante de ses propres mains frappa la pierre, qui était du marbre, et la rompit facilement ; et l'enfant, comme renaissant, s'évada libre d'entre les morts. »

Si cher que fut ce souvenir à un homme qui n'avait point beaucoup d'actes matériels pour marquer sa vie, le fardeau que Dante emportait du Priorat pesait bien davantage. Fardeau de haines, qui ne lui pardonneront plus. Le parti des Donati, mécontent, allié du Pape furieux de ses déconvenues ; intrigues de nobles, intrigues de Rome, qui ne craindront pas d'employer l'alliance de la populace pour renverser, pour écraser les modérés, les guelfes blancs. Rancune de cet âpre Pape, dont la formidable figure subsiste encore, sous la tiare de nécromant [2];

---

[1] B. d'Imola, II, p. 35-36.

[2] Voir C. Ricci, Santi ed artisti. Bologne 1895, in-12 : i ritratti di B. VIII, p. 251-272.

à Florence, à Orvieto, surtout dans la rude statue de cuivre battu que conserve Bologne.

Boniface VIII hantera la mémoire de Dante ; c'est contre les Prieurs dont il faisait partie que le Pontife, monstre grandiose du moyen âge, vrai dompteur d'ouailles, écrivait au cardinal d'Acquasparta, son coup manqué : « Je ne parle point de ce fait, patent à tous, à savoir combien honteusement on vous a traité et vous traite en cette ville[1]. » Le Pape, qui voulait Florence et la Toscane pour les États du Saint-Siège, ne pouvait souffrir l'esprit laïque et juridique de ces légistes florentins, aussi tenaces, raisonnables et retors que ceux de France ; un Lapo Salterelli, jurisconsulte consommé, l'exaspérait ; ses lettres fulminaient : « Ces gens-là, par harangues publiques, et d'ailleurs par leurs affirmations à leurs concitoyens, suggèrent contre toute justice que point ne nous devons mêler des procès et sentences de la Commune florentine, et même que nous ne le pouvons point ; sans faire attention que le Pontife Romain, tenant la place de Celui qui est constitué par Dieu juge des vivants et des morts et à qui sur le ciel et la terre est donnée la toute-puissance, commande au-dessus des Rois et des royaumes, et chargé du soin de toutes les brebis du Seigneur occupe la suzeraineté par-dessus tous les mortels[2]. » Contre ce peuple, alors gouverné par des citoyens « d'état moyen », il élevait son énergie, fomentant l'union factice des « grands et superbes nobles, qui veulent toujours être tyrans », avec « la vermine du peuple bas[3] ». Rapace et sans scrupules, il proclamait bien haut l'éternelle maxime de la Sainte Église, que d'autres, sans

---

[1] Davidsohn, Forsch. Das priorat Dante's, p. 281.

[2] Regesti di Bon. VIII, to. 49, ann. VI. ch. 125, p. 30 : à l'évêque et à l'Inquisiteur de Florence, ap. Levi. *op. cit.*, p. 96.

[3] Jac. della Lana, III, 364.

l'abandonner, n'osèrent pas toujours afficher d'une aussi voyante manière : « Il est licite de tout faire pour l'exaltation de l'Église [1] ».

Le Pape, perdu d'avarice, de népotisme et d'ambition, si redouté pour son impudence sans frein, était en exécration aux Guelfes blancs. Et, comme Guelfe blanc, Dante lui préparait, à ce Gaëtani, une place entre les Simoniaques, où il serait enfoncé la tête en bas dans un trou, le feu sous la plante des pieds [2].

[1] B. d'Imola, II, 43-44.
[2] Inf., XIX, 53-79.

CHAPITRE III

LE JUBILÉ DE 1300. — DÉFAITE DES GUELFES BLANCS. — EXIL DE DANTE.

Mais si l'artiste est des temps modernes, chez Dante, le chrétien est purement du moyen âge. Ce Pape détesté, maudit, mésuse des clefs de saint Pierre, mais il est le successeur légitime de saint Pierre ; comme tel, il lie et délie, et l'on s'incline devant lui.

Par une bulle du 22 février 1300, le Pape a proclamé le grand Jubilé[1]. La chrétienté tout entière s'est émue, et les longs convois des pèlerins marchent vers Rome ; deux millions de fidèles vont, à travers les routes de l'Europe, se prosterner devant Celui qu'on voit encore, sur un pilier du Latran, avec ses deux cardinaux et son diacre, la bulle d'appel à la main.

Lorsque la Ville Éternelle se découvre à leurs yeux, les pèlerins à deux genoux, faisant le signe de la croix, entonnent le cantique :

> O noble Rome, ô maîtresse du monde,
> Très excellente entre toutes les villes,
> Rouge du sang vermeil des martyrs,
> Et blanche des lys candides des vierges,

---

[1] L'effet rétroactif de cette bulle devait remonter jusqu'à la Noël, c'est-à-dire jusqu'au jour où le style romain faisait alors commencer l'année. Voir Moore. Gli accenni al tempo nella D. C., Firenze 1900, p. 6. — La bulle, ap. Boehmer, Corp. juris canonici, II, 1193. — La fresque de Saint-Jean de Latran, attr. à Giotto, est sur le revers du premier pilier dans la nef majeure.

Salut à toi par tous les temps !
Nous te bénissons, « salve per sæcula [1] ».

Ils descendent en ville, ils entrent sur le pont Saint-Ange, et, devant les autels, ils se pressent, ils jettent leurs offrandes, « que jour et nuit, deux clercs râtissent avec des râteaux, râtissant infiniment d'argent [2] ».

Dante ne songe plus, où ne veut plus se souvenir que ce Pape, autrement fort que Hildebrand, « le plus vigou-reux seigneur qui ait été sur le siège de Rome [3] », a la main sur sa Toscane. Chrétien, il va partir pour Rome, après les épreuves de son Priorat ; c'est justement « le meilleur temps, la Mi-Août, alors que l'air est tempéré, les voies sèches, les eaux peu abondantes, les jours fort longs pour marcher [4] ». Les antiques itinéraires recom-mandent cette saison.

Du haut du Monte-Mario [5], Rome se dévoile, elle s'offre tout entière aux yeux de Dante. Il voit bientôt la double file des pèlerins passer le Pont Saint-Ange, divisé par le milieu, le flot qui monte vers Saint-Pierre allant « le front au château », le flot qui redescend de la basilique s'écou-lant vers le Monte Giordano [6].

Comme Jean Villani, cet autre Florentin qui conçoit à ce spectacle l'idée d'écrire sa chronique [7], Dante sent l'in-fluence de l'année miraculeuse ; l'essor des âmes qu'il contemple, éploie en lui l'idée immense de son œuvre. La date du Poème est fixée : le voyage surnaturel com-

---

[1] A. Graf. *Roma nella memoria e nelle immaginazioni del M. Evo*, I, II, 57, citant Daniel. *Thesaurus hymnologicus*, IV, 96.

[2] Ventura. Chron. Astense ap. Rer. Italic. Script. XI, 192 ; dans Del Lungo, *Dino*, I, IX, 185, note 2.

[3] Del Lungo, *Ib*. 186 et note 1.

[4] Graf. *Ibid*., note 27, citant Pertz. *Scriptores*, XXVI, 335-8.

[5] Par., XV, 109.

[6] Inf., XVIII, 28-33.

[7] G. Villani, VIII, ch. 36, p. 182, col. 1.

mencera le vendredi saint 8 avril de cette année 1300, le poète sortira de l'Enfer le 9 avril, « pour revoir les étoiles » entrera dans le Purgatoire le 10 avril, en sortira le 13, « pur et dispos à monter aux étoiles, » entrera le 14 avril au Paradis, dans le matin, et se sentira prosterné sous la suprême et l'indicible extase, au soir du même jour, l'esprit et le vouloir tournés par « l'amour qui meut le soleil et les autres étoiles [1] ».

Il a gagné les indulgences plénières, en visitant durant quinze jours consécutifs les églises de Saint-Pierre et de Saint-Paul, il s'est confessé, tous ses péchés lui sont remis. Les vendredis et jours de fête, il a vu se dévoiler à Saint-Pierre « la Véronique », le suaire où Notre-Seigneur a posé sa face et empreint ses traits. Il a vu cette Rome, qui sera pleine et demeurera pleine de deux cents mille pèlerins, un an durant, et la richesse qui afflue, et ce miracle de calme, de bon ordre et de sainte paix, « sans rumeurs ni querelles », les provisions ne manquant jamais, toutes les mesures bien prises, et rien ne troublant ce triomphe de la foi catholique [2].

Puis, il s'en revient à Florence. Il retrouve peut-être en chemin sa haine antique pour « la ville où, tout le jour, on trafique du Christ [3] ». Mais l'impression qui décide le plan et la forme du Poème est née. C'est assez pour un Jubilé.

Le Pape, au milieu de sa gloire universelle, n'oubliait point Florence ; il préparait, avec l'appui des Guelfes noirs, l'intervention d'un prétendu « pacificateur » ; c'était le moyen d'introduire le loup parmi les brebis de Saint-Jean. Cette fois, le choix du Pontife s'était porté sur un prince français, ce Charles de Valois, frère de Philippe le Bel,

---

[1] Voir Moore. Studies, III, 144-177. — Et Casini, note ad Inf. I, 1 p. 3.
[2] Villani, *ibid*.
[3] Par., XVII, 51.

Les pèlerins aux pieds du Pape, en l'an 1300. — Le trône impérial

(Manuscrit du musée Condé, Chantilly.-École de Giotto).

mencera le vendredi saint 8 avril de cette année 1300, le poète sortira de l'Enfer le 9 avril, « pour revoir les étoiles » entrera dans le Purgatoire le 10 avril, en sortira le 13, « pur et dispos à monter aux étoiles, » entrera le 14 avril au Paradis, dans le matin, et se sentira prosterné sous la suprême et l'indicible extase, au soir du même jour, l'esprit et le vouloir tournés par « l'amour qui meut le soleil et les autres étoiles[1] ».

Il a gagné les indulgences plénières, en visitant durant quinze ... les églises de Saint-Pierre et de Saint-Paul ... tous ses péchés lui sont ... il a vu se dévoiler ... le suaire où Notre-Sei gneur a ... ses ... et empreints ses traits. Il a vu cette ... qui sera pleine et demeurera pleine de deux cents mille pèlerins ... la richesse qui afflue, et ce miracle ... de bon ... et de sainte paix, « sans rumeurs ni querelles », les provisions ne manquant jamais, toutes les mesures bien prises, et rien ne troublant ce triomphe de la foi catholique[2].

Puis, il s'en revient à Florence. Il retrouve peut-être en chemin sa haine antique pour ... la ville où, tout le jour, on trafique du Christ ... Mais l'impression qui décide le plan et la forme de ... est née. C'est assez pour un Jubilé.

Le Pape, au milieu de sa gloire universelle, n'oubliait point Florence ... préparait avec l'appui des Guelfes noirs, l'intervention d'un prétendu « pacificateur » ; c'était le moyen d'introduire le loup parmi les brebis de Saint-Jean. Cette fois, le choix du Pontife s'était porté sur un prince français, ce Charles de Valois, frère de Philippe le Bel,

[1] Voir Moore, Studies, III, ... note ad Inf. ...
[2] Villani, ibid.
Par. XVII, 51.

nes nec z pphetias cum occurrerint et
quot compationes siue similitudines ac
etiam notabilia ponit. Deducto reve de
uulgari in latinu.

Nno enim domini
ecce quo sano
fuit rome qualis
remissio omniu
peccatorum sede
te in sacrosancta
sede romana. Bo
nifatie papa viij.
sacrauit romano uacante imperio de
mense martij dieueniis sancti hec est
illa die quam tertius fuit xps in auro
ra iste poeta more poetico fingit se ista
comediam hec est uniuersa que contine

erine morehis exprimiit pecia saffest
ut sacra euangeliorum textura signa
na. Incipiens aut uniuersaq urdio
p ordinem enarrare dice qa in medio iti
neris nre vite hec est in somno inuet
se in una silua obscura quemadmod er
roies z tristia presignat. Et officinat
cam circ inerto in here deuiarat. quod
qd rectum ut uiam significat ut uirtuosa
Auc autem aqualis fuerit ista silua
subiungendo declarat dicens.
Et quanto dir qualere cosa dura.
esta selua seluaggia raspara i forte
chene pensr rinnuoua laponra
hec est dicere de ista silua quanto zqlis
sit. Cardinum z difficale. Et tm dico te
ipa q dico e aspra silua uccdum q qn

tige de la race pourrie qui devait empoisonner si longtemps
le trône de France ; ce mari de trois femmes, ce roi manqué
d'Aragon, cet empereur manqué de Constantinople, surnommé Sans-terre, et pour qui fut fait le mot fameux :
« fils de roy, père de roy, jamais roy », ce candidat sempi-
ternel, fut attiré par la promesse de la Couronne impériale. Il devait « soumettre par sa force la cité de Florence
à ses volontés [1] ». Les trahisons se préparaient, ourdies
par les frocards et les espions mitrés : « les fausses paroles
firent plus de mal que la pointe des armes... Et la quantité des deniers mêlée aux fausses paroles... [2] »

Dante, cette fois, fut exact aux Conseils, en cette année
décisive : d'abord, le 14 avril 1301 et le 28 du même
mois, il ne s'agit que de questions accessoires : la première fois, le Conseil des Sages délibère sur l'élection
des Prieurs et sur celle de six Bons Hommes du quartier
de Borgo pour l'élection du gonfalonier, et Dante soutient
deux avis qui sont acceptés ; dans la deuxième assemblée, Dante est élu pour surveiller officiellement les travaux de voirie qui élargiront la rue de Saint-Procule [3], et
pour présider à l'expropriation des immeubles, nécessaire
à la réfection de cette voie stratégique, principale artère
des chevauchées communales, et qui amenait en pleine
Florence les milices de la comté.

Le 19 juin 1301, la séance est plus grave : il s'agit
d'octroyer au légat de Boniface VIII, frère Mathieu d'Acquasparta, ancien général des Frères mineurs, cardinal
de Sainte-Rufine [4], ex-pacificateur, et chef des conjurations pontificales, cent cavaliers armés qu'il requiert en

---

[1] Villani, VIII, 43.

[2] Dino, II, II, p. 131-32.

[3] Aujourd'hui rue des Pandolfini et (partie de la rue) de l'Agnolo. Le torrent d'Affrico la bornait et la coupait alors. Zingarelli. Dante, 175.

[4] Voir Ghirardacci. St. di Bologna, cit., I, 415. — Del Lungo. Dino. I, 175,
et suiv.

Romagne. Cet envoi, qu'il avait déjà obtenu en 1297 et 1298 [1], Dante est d'avis qu'on le lui refuse. Mais son vote est perdu : la majorité de quarante-neuf voix adopte la proposition, qu'il repousse avec trente et un des autres conseillers. Il aura soin, dans son poème, de flageller l'Acquasparta [2] ; par la bouche de saint Bonaventure, il dira que « de Casal et d'Acquasparta, telles gens viennent, que les uns fuient la règle franciscaine et d'autres la resserrent ».

Le 13 septembre, le notaire juge à propos de laisser en blanc les paroles prononcées par Dante [3] dans une assemblée où l'on traite des Ordonnances démocratiques et des statuts populaires. Le 20 septembre, Dante opine après Lapo Salterelli, dans le même sens que cet homme dont il fera l'exemple même et le modèle du concussionnaire [4], mais qui est alors l'ennemi tenace du Pape. Enfin le 28 septembre, Dante parle sur des questions administratives, en bon conseiller municipal. Il y a unanimité [5].

Dans ces conseils, la part du peuple est toujours plus grande. C'est que le danger se fait plus menaçant. L'effort des modérés, comme Dante, se tend désespérément contre les ambitions privées et la cupidité du Pape et des princes, conjurés pour bouleverser et pour conquérir Florence. En vain un Dino Compagni s'était écrié dans le Conseil tenu à Sainte-Trinité [6], pour affermir le parti guelfe :

---

[1] Del Lungo, Dino, II, 95, note 11.

[2] Par. XII, 124, allusion à Ubertino d'Ilia de Casal, rigoureux promoteur de la stricte observance « spirituelle » et au cardinal Mathieu (d'Acquasparta), qui veut relâcher les règles, à la « conventuelle ».

[3] Voir Del Lungo, Dino, I, 209.

[4] Par., XV, 128. — G. Levi. *op. cit.*, p. 96.

[5] Codice diplom. IVᵃ disp, Dec. 1898.

[6] Cron. I, XXIV, 113, Del Lungo. Da Bon, ad Arr. ch. V, I, p. 147, et suiv.

« Seigneurs, pourquoi voulez-vous confondre et défaire aussi bonne cité ? Contre qui voulez-vous combattre ? contre vos frères ? Quelle victoire aurez-vous ? Rien que des larmes ! » Tandis que les Florentins multipliaient leurs délibérations civiques, Boniface VIII et le Valois se rencontraient dans la sinistre petite ville d'Anagni, chère au Pape Gaëtani, parce que sa famille était une des « douze étoiles » de la cité. Charles avait autour de lui comtes et barons, et cinq cents chevaliers de France[1]. Le vicaire du Christ apprenait à la « fleurdelys » le chemin de son palais. Deux ans plus tard, il reverra l'écu de France, les lys flotteront sur l'étendard de Guillaume de Nogaret.

En même temps, les signes se multipliaient dans Florence excommuniée et frappée d'interdit par l'ire implacable du Pontife ; les anciens de la ville avaient bien prédit qu'on avait eu tort de tourner, en réparant le Pont-Vieux, la vieille statue païenne de Mars, fétiche de la cité, vers le côté de tramontane, alors que le cavalier de marbre avait toujours regardé vers le Levant. « Plaise à Dieu, disaient-ils en hochant la tête, qu'il n'en arrive pas grand changement à notre pays[2] ! » Une comète apparaissait au ciel, « avec de grands rayons fumeux par derrière », on la voyait s'élever tous les soirs vers les Apennins pisans, et les astrologues prédisaient « force périls et maux à la province d'Italie ».

Dans ces mois de convulsion politique, Dante n'apparaît plus aux Conseils. Boccace en donne la raison, c'est une de ses meilleures pages, aussi « la science » l'a-t-elle spécialement attaquée et niée. Mais on sait que presque chacune des découvertes documentaires confirme l'excellent vieux maître et prouve sa véracité. Le simple bon sens n'aurait-il pas dû faire penser que Boccace, au

[1] Villani, VIII, 49, p. 186, col 2. — V. Renan, *op. cit.*, p. 35-37.
[2] Villani, VIII, 39, p. 184; la comète, *ib.*, 48.

xive siècle, et probe, et révérent, et sage, et doué de génie, et parlant à Florence pour les Florentins, recueillait une tradition orale qui pouvait valoir au moins les chimères laborieuses du xixe siècle instruit par l'Allemagne pédantesque ?

« Notre poète, écrit Boccace[1], fut de caractère altier et moult dédaigneux... Il eut de lui-même une opinion fort pareille à son mérite et n'estima pas moins sa propre valeur, *suivant ce que rapportent ses contemporains*, qu'elle n'était réellement. Laquelle chose, entre autres fois, apparut clairement, tandis qu'il était avec son parti au faîte du gouvernement de la République ; en effet, attendu que par ceux qui étaient abaissés [2] avait été appelé, par l'entremise du pape Boniface VIII, à diriger les affaires de notre cité, un frère ou cousin de Philippe alors roi de France, dont le nom fut Charles, tous les premiers du parti (blanc) se réunirent en conseil pour aviser à cet événement, et c'était le parti de Dante, et là entre autres choses ils résolurent d'envoyer une ambassade au pape, lequel alors était à Rome ; par laquelle ambassade on devait décider le pape à s'opposer à la venue dudit Charles, ou à le faire venir avec le consentement du parti qui gouvernait. Et, comme on en était venu à délibérer qui devait être le chef de cette ambassade, il fut dit par tous que c'était Dante. A laquelle requête Dante, après avoir quelque temps réfléchi, répondit : « Je pense ceci : si j'y vais, qui reste ? Si je reste, qui va ? » Comme si lui seul avait de la valeur entre tous, et que tous les autres tirent leur valeur de lui. Cette parole fut entendue et recueillie. »

Ce mot, d'un si splendide orgueil, qui l'aurait inventé ? Oui, ce mot est bien de l'homme « dédaigneux et de

---

[1] Vita 12, p. 59-60. — Compendio, p. 52.
[2] Les Guelfes noirs.

haut génie ». Un tel homme doit être haï : et ce sont
ces mots-là qui font haïr, qui mettent autour du génie
la souffrance délicieuse des inutiles et des sots. Mais les
sots et les inutiles, qui mènent le monde parce qu'ils
s'aiment et s'entendent entre eux, rendront à cet homme,
en l'écartant des biens temporels, ce que son dédain leur
inflige ; et, comme un tel caractère est « très avide d'honneur et de pompe, plus peut-être qu'à son mérite insigne
il ne conviendrait[1] », ils lui refuseront la pompe et les
honneurs, et ils sauront l'exaspérer, au grand profit de
son talent, de son œuvre et de sa mémoire, mais au pire
dommage de sa vie matérielle et de son bonheur.

Donc, au milieu de ses obscurs compagnons, Dante
retournait vers Rome, en ce commencement d'octobre,
lui qui dans le Conseil du 14 avril avait dit, dressé sur
la chaire de marbre : « Quant au service de Monseigneur
le Pape, mon avis est de n'en rien faire, *nihil fiat*[2]. » Il est
probable que les trois ambassadeurs, flanqués des Bolonais guelfes, joignirent le pape dans Anagni. Mais, et
c'est médiocrement surprenant « ils ne furent point
entendus », écrit le chroniqueur[3]. La trame était faite.
Malgré toutes les assurances d'un fourbe, Charles de
Valois avait reçu, le 3 des nones de septembre, dans
Anagni, l'investiture de « pacier », pacificateur de la
Toscane, « titre emprunté à la trêve de Dieu provençale[4] ».

La trêve de Dieu, ce fut le sac et l'incendie, portés
lâchement dans la ville sacrée, qui atteignait alors au

---

[1] Boccace, *Vita*, 46.

[2] Voir Villari. I primi due sec., II, IX, 136. La R. f. ai t. di D. — Del
Lungo, Dino, II, 427 et suiv. et Da Bonif. ad Arr. 219. — Barbi. *Bull. soc.
dant*. N. S. II, 14-15. — Contre l'ambassade, Zingarelli, ed. in-12, p. 38, qui
dans l'éd. in-8° y est plutôt favorable, p. 178. — L'opinion extrême, dans
l'app. de Papa à Bartoli, V. 337, et suiv.

[3] Dino, II, IV, 137.

[4] Fauriel. *Vie de Dante*. I, 172.

comble de la fortune[1]. Entré dans Florence, le jour de la Toussaint, le Valois avait racolé, de Sienne à Sainte-Marie-Nouvelle, tous les aventuriers blasonnés qui bordaient la route : serpents de la Romagne[2], « mâtin nouveau » de Rimini, frère de l'homme qui tua Paolo et Francesca[3], toutes les bêtes à venin et à crocs suivaient Charles Sans-Terre, et Corso, Corso Donati, le « mauvais génie[4] », rompait son ban et rentrait dans Florence pour y déchaîner la terreur. Que pouvait le « troisième parti », celui de Dante, ce vain parti des modérés, contre ceux qui versaient au pape soixante-dix mille florins d'or, près de trois millions? Le 7 novembre, une nouvelle Signorie intitulait les actes au nom du pape Boniface VIII, on instituait le calendrier romain au lieu du style florentin[5], le cardinal d'Acquasparta rentrait en maître et en vengeur, et le pape imposait son podestat, Messire Cante Gabrielli de Gubbio.

Dante n'avait point attendu la catastrophe. « Ta fortune, lui dit avec ironie son maître Brunetto Latini, te réserve tant d'honneur, que l'un et l'autre parti auront faim de te dévorer; mais aie soin que l'herbe soit loin de leur bouche[6]. » Les ambassadeurs étaient-ils rentrés à Florence? en tous cas, ils virent clair, furent prudents, et n'attendirent point les coups et les dangers. « Toute affaire cessante, ils ne songèrent qu'à s'enfuir, et sans être chassés, ils sortirent de leur cité, et Dante avec eux[7].»

---

[1] Villani, VIII, 39, p. 183.

[2] Inf., XXVII, 49 et suiv. Purg., XIV, 118.

[3] Inf., XXVII, 46; XXVIII, 85.

[4] Del Lungo. Da Bon. ad Arr. VII, II, 231.

[5] Zingarelli. *Ib*.

[6] Inf., XV, 70-72.

[7] Boccace, Compendio, 10-27. D'autres disent que Dante ne rentra pas, et que son exil commençait à Sienne où les nouvelles le trouvèrent; c'est fort improbable, voir Zingarelli, p. 180.

On fit aussitôt le procès des anciens prieurs, parmi
lesquels figurait Dante; c'est ainsi que s'ouvrit l'année
1302, style nouveau! Le 18 janvier[1], les proscriptions
commençaient, dans cette ville où Corso Donati, symbole de ces temps nouveaux, était rentré brisant les
portes à coups de hache. En moins d'un an, plus de
six cents condamnations, à l'échafaud pour les nobles,
à la potence pour les vilains, devaient tomber sur les
partis vaincus.

Dante Alighieri fut de la première fournée; le 27 janvier 1302, avec trois citoyens de moindre vol, — dont un
changeur, et un homme de loi — l'ancien prieur du peuple,
« l'ambassadeur à Rome[2] », était condamné pour avoir
commis « concussions, gains illicites, extorsions iniques,
en deniers ou objets... avoir commis ou fait commettre
fraude ou concussion, en argent ou objets de la commune
florentine ». Et la véritable raison de cette sale accusa-
tion apparaissait assez, lorsque le premier grief était
d'avoir agi « contre le Souverain Pontife et Messire
Charles pour résister à sa venue ». Il seyait bien à ce
Pontife simoniaque de faire souiller ses adversaires politiques, lui qui soutenait le Catilina florentin, Corso
Donati, lui qui répondait au Valois, lorsqu'il requérait
« des deniers » : « Je vous ai mis à la source de l'or[3]. »

La croix de sang qui était apparue sur le Palais de la
Signorie[4] n'était pas un signe menteur. « Détruire les
adversaires à tout prix[5] », c'était le mot d'ordre chez la

---

[1] Is. del Lungo. Dell'esilio di D. Florence 1881, in-12. — Cod. dipl. Disp.
IX et X. Sept.-oct. 1904 et *Bull. soc. dant.*, XI, 21 et suiv.

[2] Dino, Cron, II, XXV, 220. « Dante Alighieri che era ambasciatore a
Roma », voir aussi le comm. cité par Carducci. Opere, XVI, Poesia e storia.
1905, p. 7, et Barbi ap. *Boll. soc. dant.* N. S. II, p. 14, 1894-95 : « e in
questo tempo trovandosi Dante imbasciadore » ecc.

[3] *Dino Ib.*, 212 et XX, 197.

[4] *Ib.*, XIX, 193.

[5] *Ib.*, XXVIII, 227.

faction triomphante. Meure plutôt Florence, et que nous gardions le pouvoir! c'était leur cri de ralliement, l'éternelle devise des partis politiques. Et les meilleurs citoyens, dit tristement le vieil annaliste, « s'en allèrent en peinant de par le monde, qui de-ci, qui de-là[1] ».

La sentence, en latin ronflant, était fort pleine de belles choses : on y voit que « Dante Allegherij du quartier Saint-Pierre Majeur », et les autres condamnés « recueilleront le fruit suivant la qualité de la moisson semée »; il y a là-dedans la main de quelque prodige à tonsure, un favori de l'Acquasparta ou tout autre oiseau de sacristie en mal de bénéfice ou de mitre. Et si, dans les trois jours, les « coupables » ne répondaient, c'était la mise à l'encan de leurs biens, le ravage, le saccage et la destruction de leurs immeubles. En tout état de cause, leurs noms demeuraient inscrits dans les statuts populaires, comme ceux de faussaires, concussionnaires, inhabiles à tout jamais pour aucun office ou bénéfice de l'Etat[2]. En cas de contumace, c'était la peine capitale, « de manière que si l'un des susdits tombe jamais au pouvoir de ladite Commune, il soit brûlé par le feu de telle sorte qu'il en meure[3] ».

Dante fut contumace. Il n'entendit point le héraut de la Commune « loyal et vrai Guelfe, fourni de claire et bonne voix », s'arrêter dans l'étroite rue, devant la maison où Gemma Donati tremblait au milieu de sa couvée; il ne le vit point emboucher sa trompette d'argent, pour prévenir le peuple, et puis, du haut de son roussin, dans son habit de drap d'écarlate, lever la feuille où s'inscrivait la sentence de bannissement, et la crier bien haut, bien clair, aux quatre coins du carrefour. Dante était sorti de

---

[1] Dino, *Ib.*, p. 222.
[2] Cod. dipl. XI, p. 12.
[3] *Ibid.*, 15.

Florence. Vivant, il n'y rentrera point. Mort, il n'y doit point reposer.

Le 10 mars, la sentence est répétée, est confirmée. L'exil est ouvert, à jamais ; durant les années, les vingt années à peu près, qui lui restent à vivre, Dante ne repassera plus les frontières de Florence. « L'arc de l'exil a lancé sa première flèche[1]. »

[1] Par., XVII, 57.

LIVRE III

L'EXIL

CHAPITRE PREMIER

LES AMERTUMES DE L'EXIL. — PREMIERS EFFORTS
DES BANNIS CONTRE FLORENCE.
QUE L'EXIL A DONNÉ SA GRANDEUR ET SON CA-
RACTÈRE A LA *DIVINE COMÉDIE*

« Plût au dispensateur de l'Univers, écrira Dante en
son âge mûr [1], que je n'eusse jamais telle raison de m'excuser ; que ni les autres n'eussent failli contre moi, ni
moi souffert injustement la peine ; la peine, dis-je, de
l'exil et de la pauvreté ! Après que ce fut le plaisir des
citoyens de la très belle et fameuse fille de Rome, — c'est
Florence, — de me rejeter hors de son très doux giron
(dans lequel je naquis et fus nourri jusqu'au faîte de ma
vie [2], et dans lequel, si cette cité me le permet, je désire
avec tout mon cœur reposer mon âme lassée et terminer
le temps qui m'est accordé), par presque toutes les parties de la terre, où cette langue-ci s'étend [3] je suis allé
pérégrinant, presque mendiant, exhibant malgré moi la
plaie de la fortune, qu'on a coutume bien souvent d'im-

[1] Convivio, I, III, p. 64-65, ed. Fraticelli.
[2] Fixé à trente-cinq ans. Convivio, IV, XXIII, p. 345.
[3] Voir le De Vulgari Eloquentia, « journal de route » philologique.

puter avec injustice à celui qui en est blessé. Véritablement j'ai été vaisseau sans voiles et sans gouvernail[1], porté à divers ports et embouchures et rivages par le vent aride qu'exhale la douloureuse pauvreté; et j'ai paru vil aux yeux de maintes gens qui peut-être, sur la foi de quelque renom, m'avaient imaginé sous une autre forme; en présence desquels non seulement j'avilis ma personne, mais aussi tous mes ouvrages se firent de prix moindre, tant ceux qui étaient faits déjà comme ceux qui étaient à faire. »

Ceci, c'est le cri du vieil exilé, qui se retourne et peut compter toutes les pierres du chemin, toutes les boues, toutes les ronces. Mais, en ce printemps de 1302, des collines qui plongent sur la ville où il a laissé « toutes les choses les plus chères », Dante ne regarde point encore sa Florence comme perdue. Les émigrés du parti blanc rôdent tout près, au Mugello[2], dans cette vallée qui s'entr'ouvre au flanc de Fiesole : le sentiment de la patrie n'était point tel, à cette époque, ni l'idée du devoir civique, — même dans la défaite et dans l'exil, — que l'on eût honte d'ameuter les étrangers contre sa ville et son pays ; rien d'infamant n'accompagnait, alors, l'idée de combattre un parti contraire, avec l'aide des ennemis.

Cette vallée du Mugello mène à Bologne, et Bologne, toujours guelfe, aidait les guelfes blancs proscrits[3] ; ceux-ci se vantaient de chasser à leur tour les noirs, et leur donnaient ainsi la force de résister à tout ; les Ubaldini, dans le Mugello qu'ils entouraient de leurs châteaux, rassemblaient les forces gibelines contre les guelfes noirs.

Dante, qui avait peut-être appris sa proscription à

<hr>

[1] Voir Purg., VI, 77, même comparaison pour l'Italie.

[2] Del Lungo. App. XII à la Chron. de *Dino*, t. II, p. 562 et suiv. — Codice dipl. disp. VI, déc. 1900.

[3] L. Bruni. Storia, IV° Livre, p. 71 r°.

Sienne[1], mais qui certainement rôdait, lui aussi, autour de Florence, se réunit d'abord à ses compagnons d'exil dans un château des Ubertini, à Gargonza, entre Sienne et Arezzo ; les « roquets d'Arezzo » furent aussi surexcités par les proscrits, on fit général en chef le comte Alexandre de Romena[2], et l'on nomma douze conseillers, parmi lesquels figure Dante Alighieri.

Le 8 juin 1302, dans l'abbaye de San Godenzo, au fond d'un vallon des montagnes mugellanes, une alliance entre les proscrits et les seigneurs Ubaldini se signait. Le château de Montaccenico, forte place des Ubaldini, devait devenir le quartier général du parti. Au chœur de la petite église[3] qui subsiste, la convention fut signée ; Dante y figurait le treizième[4].

Mais il s'écarta bientôt de ce parti sans cohésion, sans probité politique[5], type du « parti modéré ». Il passa quelque temps sans doute à Forli, près de Scarpetta Ordelaffi, chez qui peut-être il avait préparé l'expédition du Mugello[6]. Est-ce là qu'il vit, dans une alpe rude où s'élève un monastère bénédictin, cette cascade qui s'écroule en rebondissant et en grondant, et qu'il peignit au chant XVI° de l'Enfer[7] ?

Car c'est le bienfait de l'exil, que cet homme va devenir ce que tout écrivain de taille doit être à un moment

---

[1] Bruni. Vita, ap. Solerti, 103.

[2] Voir Del Lungo, Dino II, 592 et suiv. — Il est douteux que ce soit celui de l'Enfer XXX, 77, faussaire.

[3] « Actum in choro... Gaudentij de pede Alpium. » Cod. dipl. *Ib.*

[4] Cf. encore G. M. Brocchi. Descriz. della provincia del Mugello, ecc. Florence 1748, in-4°, p. 21, 58 et 267.

[5] Voir sur le doc. bolonais publié par Orioli. Docum. bol. sulla faz. dei Bianchi 1896, p. 9, le Cod. dipl., p. 2, col. 2.

[6] Del Lungo, note à la page 295. Da Bon. ad Arr. — M. Barbi. Sulla dimora di Dante a Forli. *Bull. soc. dant.* ser. I, 8, 1892, p. 21-28, surtout p. 23 ; et p. 25 sur l'incertitude d'une légation auprès du Scaliger à Vérone.

[7] Inf., XVI, 94-105.

quelconque de sa carrière ; un chemineau, le bohémien de la route, « pèlerin, presque mendiant », cuit aux soleils, battu des vents, lavé par la pluie et cinglé par les neiges et les grésils. L'exil, c'est comme un renouveau pour Dante, c'est la renaissance de son génie, et l'horizon de la montagne, de la mer latine s'ouvrant pour son œuvre. Qui le niera[1] ? Si la *Divine Comédie* n'enfermait les pages d'amour et les images de la nature, elle serait allée dormir sans doute le sommeil auguste qui enveloppe les traités théologiques et mystiques. Et de quel cœur respectueux nous la laisserions reposer, sous l'aile des puissances éternelles, dans cette poudre vénérable et vraiment sacrée qui enveloppe, symbole de la paix divine, les *Patrologies* et les *Sommes !*

Non ! il fallait que l'injustice ouvrît à cette âme précise et tumultueuse les grands spectacles de l'exil. Sur les chemins de l'Italie, son œuvre deviendra le livre d'une nation, sur les routes de l'Europe, son œuvre fera le livre universel, éternel, parce qu'elle est formée chaque jour et à chaque pas avec la vie réelle. Ce n'est point un poème de bibliothèque, fait pour être lu, déclamé, couronné entre des murs ; mais un livre fait sur les routes, avec la brume qui mouille la page et le coup de soleil qui la sèche, dans la forêt, sous la cascade, au long du fleuve, au bord du golfe ; en regardant, — on placerait un vers de Dante sous chacune de ces images, — le castel sur sa roche aiguë, le paysan devant le seuil de sa cabane, le montagnard qui pioche son courtil en pente, la haute cité crénelée où le soir va donner refuge au pèlerin, le pêcheur qui tourne sa barque vers la lumière matinale,

---

[1] Voir ce que disent les maîtres, et Carducci. Delle rime, *loc. cit.*, et Del Lungo. Esilio di Dante, p. 58-62. On connaît le sonnet de Carducci à Cante Gabrielli, « O premier, ô le seul inspirateur de Dante. » Nuove poesie. Bologne 1879, p. 63.

ou qui peine à rentrer au port. Les cloches y tintent, les voiles des vaisseaux y frémissent, on y sent l'odeur de la poix brûlante, on entend retentir les maillets des calfats, les patois des provinces résonnent avec leur accent, la gelée blanche argente les pages, et, commencé parmi les bois, il s'achève sous les étoiles. Une fresque d'église, un chant de pèlerins, les chroniques des villes, la forme des montagnes, tout y sert, et tout s'y rassemble dans une forme sans égale.

Nos vieux romans de chevalerie ne pouvaient tenir un pareil rôle, faits de puériles fables, et maniés par des enfants ; trop faible ou trop mûre, gamine ou pédantesque, c'est le sort de toute littérature. Ici, l'aventure est unique. Jamais aucun peuple n'aura ce que Dante va créer pour le sien : une épopée faite avec les croyances, l'histoire, la lumière, le sang et la terre du sol natal. Un médiocre auteur trouvera, deux siècles plus tard, un éclair de génie pour écrire ces paroles vraies : « Fondateur de la langue toscane, à ce Dante, son exil fut plus grand et plus glorieux que même la souveraineté de toute la Toscane. Car il exaspéra, enflamma la force de son génie, secret encore, de son divin génie, qu'excita le penser amer. Elle naquit donc en exil, cette *Comédie* à triple face... et, renonçant à sa patrie, il mérita de recevoir droit de cité dedans l'Italie tout entière[1]. »

Exilé, donc errant malgré lui, comme tout à l'heure il sera gibelin malgré lui[2], Dante offre le parfait exemple de l'impuissance absolue que l'homme, surtout s'il est grand, éprouve à maîtriser sa destinée. Il n'a rien de ce qu'il désire ; il vient de perdre tout ce qu'il chérit ; il va renoncer à tout ce qu'il espère en ce monde. Son œuvre

---

[1] Jovii. Elogia, p. 10-11, éd. de Bâle. Perna, in-fol., 1577. — Voir aussi le *Iscrittioni*, trad. da Orio, Florence 1552.

[2] « Ghibelliuo per forza. » Del Lungo. Dino II, p. 610.

même change malgré lui ; conçue comme une apothéose mystique, et sans doute composée déjà du Paradis ébauché, la vie la transforme. « Il faut bien dire, écrit son voisin Villani, qu'il se plut en cette *Comédie* à gronder et à s'écrier à la façon des poètes, peut-être un peu plus qu'il n'était seyant ; mais sans doute c'est son exil qui le lui fit faire [1] ».

Oui, c'est son exil « qui le lui a fait faire », le poème de l'Italie, du monde et de l'humanité ! Dès qu'il a tourné son échine courbée vers les sentiers de la montagne apennine, buvant sa rage à longs traits, voici que Virgile le reprend par la main, voici que Béatrice lui apparaît déjà, comme au sommet du Purgatoire. Chaque marche de ce calvaire, c'est une étape dans son œuvre, et les guides divins sont là.

Si déjà, durant ses études d'adolescent à Bologne, il pleurait Florence et regrettait

> Le doux pays qu'il avait délaissé [2],

que sera maintenant l'état de cette âme, ulcérée par le désir de la patrie et par le regret du pouvoir ? S'il haïssait les ennemis de Florence, alors qu'il la pouvait défendre et gouverner, jusques à quel excès parviendra sa fureur contre eux, maintenant qu'ils le forcent à la fuir et à la combattre ? Enfin, s'il conservait au cœur l'image de sa Béatrice, voilée à ses yeux par le tumulte des ambitions et la poussière des luttes civiles, de quel éclat va-t-elle à présent resplendir, dans la solitude et l'exil ?

Les yeux intenses de la morte commencent à le regar-

---

[1] Villani, Cron, IX, 136, p. 253, col 2.

[2] Canzone, I, p. 80, éd. Fraticelli. — Del Lungo, Da Bon. ad Arr. p. 297. — Zingarelli. *Dante*, p. 112.

der du fond de son Passé, du fond de cette jeunesse expirée, dont Béatrice est le symbole. Il emporte, dans sa besace de proscrit, l'ébauche du poème triomphal qu'elle inspira ; il emporte l'idée du *De Monarchia*, conçu par horreur du pouvoir pontifical ; il va recueillir sur les routes les éléments du *De Vulgari Eloquentia* ; le *Convivio* s'achève : nous avons Dante tout entier.

CHAPITRE II

LE « PURGATOIRE », JOURNAL DE ROUTE.
PREMIER REFUGE DE DANTE : VÉRONE ET BAR-
THÉLEMY DELLA SCALA.
LA MORT DE BONIFACE VIII. — NOUVEAU SÉJOUR
A BOLOGNE.

C'est surtout les premiers chants du Purgatoire qui demeurent comme un journal de route, et l'exilé ne semble point pouvoir se détacher de cette vision qui le hante : les pèlerins, les gens errants, les pauvres hères égarés, hésitants sur le chemin rude.

Tandis qu'il va

> La Liberté cherchant, qui est si chère [1],

Il pense

> A ceux qui s'en revont à la route perdue
> Si bien que jusque là leur semble aller en vain [2].
> Aux gens qui pensent à leur chemin,
> Qui vont avec le cœur et demeurent avec le corps [3].

Il peint

> Le geste de celui qui regardant autour
> S'essaye à des choses nouvelles [4].
> Et de l'homme qui va, sans savoir où giter [5].

[1] Purg., I, 71.
[2] *Ib.*, 118-119.
[3] Purg., II, 11-12.
[4] Purg., II, 53-54.
[5] *Ib.*, 132, voir *Vita Nuova*, XIII, 19.

D'autres pèlerins de la route le rencontrent, et se
retournent silencieusement pour le voir, à cette heure du
crépuscule « au monter du premier soir, alors que commencent par le ciel des visions nouvelles, si que la vue
paraît et ne paraît point vraie [1] ». Et des marchands en
caravane passent auprès de lui, « les malheureux marchands, qui vont par le monde, tremblant aux feuilles
que le vent fait remuer, alors qu'ils portent avec eux
leurs richesses [2] ». Heureux, à ces heures douteuses,
celui-là qui rentre chez lui, dans son logis, et bienheureux qui, cheminant toute la nuit, voit l'aube se lever
derrière la colline où est sa maison :

« Quand les ténèbres fuient de toutes parts devant ces
splendeurs avant-courrières de la lumière, qui sont aux
pèlerins d'autant plus douces à voir lever, qu'en retour-
nant ils vont vers un gîte moins lointain [3]. »

Ce gîte, il va le mendier. Ce qu'il fit, en 1303, il le fait
prédire à son aïeul dans le Paradis :

> Tu éprouveras si combien [4] il a le goût de sel
> Le pain d'autrui, et combien c'est un dur chemin
> De descendre et monter par l'escalier d'autrui.
> Et ce qui pèsera le plus sur tes épaules
> Sera la compagnie mauvaise et stupide
> Avec laquelle tu tomberas en cette vallée [5];
> Qui, toute ingrate, toute folle et impie,
> Se mettra contre toi [6]...

Encore mêlé aux entreprises des proscrits en mars 1303,
sous le commandement de Scarpetta Ordelaffi, tout de

---

[1] Par., XIV, 70-72.
[2] Convivio, IV, XIII, 302.
[3] Purg., XXVII, 109-112.
[4] Forme encore populaire dans le Midi de la France.
[5] L'exil ? ou le Mugello ?
[6] Par., XVII, 58-65.

suite il vit l'échec de Castel Pulicciano produire son effet
naturel : la discorde entre les proscrits. On se rejeta la
défaite : « vaincus et irrités les uns contre les autres [1] »,
les blancs aigrirent leurs querelles. Dante devint suspect
aux émigrés[2], qui se mirent « à le haïr fortement et à
s'irriter moult contre lui, si bien qu'il se partit d'entre
eux [3] ». Et il nous dit où il allait chercher refuge [4] :

> Le premier refuge et le premier abri
> Sera la courtoisie du grand Lombard
> Qui au-dessus de l'échelle porte sur son écu le saint oiseau ;
> Car il aura pour toi de si bénins égards,
> Que, du faire et du demander, entre vous deux,
> Le premier se fera qui chez les autres est plus lent.

Celui qui porte dans ses armes, au blason féodal,
l'échelle surmontée de l'aigle impérial, c'est Barthélemy
Scaliger, seigneur de Vérone, et la louange que lui attirent
les vers de Dante, sur cette libéralité délicate qui pré-
venait la requête par le bienfait, c'était une des charmantes
vertus de ce prince, si familier avec le traité *de Beneficiis*[5].

Ce seigneur qui « pratiquait continuellement » les
œuvres morales de Sénèque, inspira sans doute la page
du Banquet, composée à sa cour, dans laquelle Dante énumère les qualités du bienfaiteur et la manière de donner :
« la troisième chose, dit-il, en laquelle se peut noter la libéralité toujours prête, c'est de donner sans qu'on
demande[6] ». C'était l'honneur d'un chevalier. Brunetto
Latini l'avait marqué dans son Trésor, et dans son petit

---

[1] Villani, VIII, LX, p. 195, col. 1.

[2] « Suspectus factus est ». Chiose anon. ap. Casini. Comm. au vers 64.

[3] Ottimo, III, 398, note 61.

[4] Par., XVII, 70-75.

[5] Ottimo, *Ib.* 399, note 75. — Voir encore Petri Dantis comm. p. 668-669. —
Chiose anon. éd. 1846, p. 610. — et Anon. fior. III, 326-327.

[6] Convivio, I, VIII, 85.

Trésor[1] ; c'était la théorie du temps, adoptée par tous les fins connaisseurs en preud'homie. Barthélemy, affable, aimé du peuple, « de nature bénigne et pacifique, peu guerrier », était accueillant aux poètes, si nécessaires à ces cours[2].

Lorsque ce prince mourut, tous les pauvres de la cité l'accompagnèrent, à travers Vérone, jusqu'à ce sépulcre où il dort devant Sainte-Marie-la-Vieille, entre ses ancêtres farouches et ses farouches descendants[3], avec l'aigle éployé sur l'échelle des della Scala. Auprès de lui, l'enfant de neuf ans qui sera Cangrande, deviendra plus tard le restaurateur de la force impériale que Dante célébrera[4], le bienfaiteur et l'ami de l'âge avancé.

A quoi pouvait servir, dans ces cours de princes, un homme tel que Dante[5] ? et pourquoi s'y présentait-il avec espoir d'être reçu, nourri, vêtu, payé ? C'est qu'un seigneur avait besoin, pour son plaisir et son service, d'une nombreuse clientèle ; des hommes cultivés, lettrés, sachant bien parler, bien chanter, bien lire et bien écrire, c'était fort rare, et précieux : pour les longues journées de loisir, pour les repas de cour, pour les ambassades, les discours publics et les lettres missives aux grands personnages, un gentilhomme qui était poète, courtisan,

---

[1] VI. 30 ; XV, 57 et suiv. Zingarelli. Dante, p. 200, qui cite force autres textes. Voir enc. Purg., XVII, 54, et Canzoniere, XVIII, p. 198 et suiv. éd. Fraticelli ; citée dans le De Vulg. El. II, 2, p. 44, ed. Rajna ; voir Convivio, I, VIII, p. 86.

[2] Voir F. Novati, Vita e poesia di corte nel dugento, ap. Arte. sc. e fede ai giorni di D. cité plus haut.

[3] Voir Biadego. Discorsi e profili letterari. Milan 1903, in-8° I. « Dante e gli Scaligeri », et Arch. stor. it. ser. V. t. 28, 1901, disp, 4.

[4] Par., XVII, 76-93 et comm. de Casini à ces vers, p. 709. — Voir sur le passage à Vérone, Boccacc. Comm, II, 130. — Chiose anon, éd. de 1846, p. 610. — On a cru reconnaître en Cangrande le *Veltro*, cf. Cian. Sulle orme del Veltro. Messine, 1897, et Ricordi di Sabba da Castiglione, Venise 1555, in-8°, p. 76-77.

[5] Voir Scherillo, *Dante uomo di corte*. Nuova antol. 1er sept. 1901.

habile à dire et à psalmodier les belles chansons amoureuses ou morales, capable de haranguer aussi bien que
de chasser, excellent la plume à la main comme le faucon
sur le poing, méritait toutes les largesses, et d'avoir le
vivre à la bonne table, le couvert au château, les bourses
d'or, les belles robes de menu-vair ou les draps de France,
que le seigneur avait levés dans les « richesses des marchands[1] ». Il ornait la cour ; et il formait l'opinion publique
au respect du généreux prince, à la reconnaissance pour
le souverain libéral. Ces gens d'élite préparaient les
alliances, éludaient les conflits, composaient une chan-
cellerie nécessaire au gouvernement. En échange de
l'appui que leur science apportait au prince, ils avaient
la sécurité nécessaire à l'étude, et la paix féconde pour
l'œuvre.

Dans la studieuse Vérone, près de la savante Padoue,
qu'il vit peut-être de nouveau un peu plus tard[2], Dante
composa la plus belle des canzones morales : « Trois
dames alentour du cœur me sont venues », où se trouvent
deux vers qui signent l'œuvre :

L'exil qui m'est donné, pour honneur je me tiens,

et

Tomber entre les bons est digne de louange[3].

Surtout, il commençait à mettre en ordre ce *Banquet*,
dont les canzones devaient être faites déjà, se trouver
dans ces papiers, qu'une main amie, peut-être celle de
Gemma, dut lui faire tenir, soit à Vérone, soit, un peu

---

[1] Voir dans Papanti, Dante sec. la tradizione e i novellatori, les anecdotes, sans
doute légendaires, mais vraies au sens général des mœurs.

[2] D'Ancona et Bacci, Man. 280. — Sur Vérone savante, G. Bolognini. L'Univ.
di Verona e gli statuti del sec. XIII, Verona 1896.

[3] Ed. Fraticelli. Canz, XIX, p. 205-207. — Carducci. Delle rime ccc. 110 et
suiv. — Poesia e storia, 1er chap.

plus tard, à Bologne[1]. On a supposé que l'avènement d'Alboin Ier della Scala, qui succédait en mars 1304 à son frère Barthélemy, fut la cause qui chassa Dante de Vérone.

Il est certain qu'il a cinglé de sa plus mordante ironie cet Alboin, dans un passage du *Convivio*[2]. Il met sa noblesse au-dessous des seigneurs qui gouvernent Reggio d'Emilie, le tient inférieur à Guy de Castello, et prend soin de le nommer côte à côte avec Asdente, le savetier de Parme. Au premier hôte, « probe et sage, qui lui donnait provision[3] », il avait vu succéder un maître plus rude, froid et dédaigneux[4]. Ce n'était plus « ce seigneur qui écoute ce qui lui plaît à entendre, et puis embrasse son serviteur, le félicitant pour la nouvelle, dès qu'il se tait[5] ». Celui-ci faisait « manger le pain en affamé[6] ».

Dante avait beau se répéter qu'il faut, pour s'attirer et pour conserver les « bienfaits[7] » « s'armer de prudence, si bien que, le lieu le plus cher m'étant ravi, je n'aille point perdre les autres à cause de mes vers[8] », sa conscience et son caractère lui faisaient la « parole brusque[9] ». Il ne fut jamais diplomate. Et c'est sans doute pour cela qu'il laissa la rouge Vérone, ses mille tours et l'horizon de ses montagnes paradisiaques.

Ce que cet homme a dû souffrir, on le sent par ses

---

[1] Villani. *Ib.* — Boccacc. Vita, p. 28, place ce séjour après 1306 (Lunigiane etc.). Je suis ici Zingarelli, p. 209.

[2] IV. XVI, p. 315-316.

[3] B. d'Imola, V, 195-196.

[4] Zingarelli, éd. in-12, p. 43.

[5] Par., XXIV, 148-151.

[6] Inf., XXXII, 127-8.

[7] Par., XVII, 88.

[8] *Ib.*, 109-111.

[9] *Ib.*, 126.

haines, et mieux encore par sa reconnaissance. Son front plia de jour en jour, car rien n'est plus lourd à porter que le souvenir de certains « bienfaits », comme rien n'est plus répugnant que l'image de certains « bienfaiteurs ». Et, dans le même temps, un bas bouffon Siennois, Cecco Angiolieri, le traitait, dans ses vers sordides, comme un confrère en parasitisme !

Dante emportait une première accoutumance à cette vie de parasite, la mémoire fidèle de sa première étape heureuse, le spectacle du « palio » vert, de cette course, qu'il revit, et qui subsiste encore, à Sienne, équestre et furibonde. « Ceux qui courent à Vérone le drap vert par la campagne », ces coureurs qu'il avait vus le premier dimanche de Carême lutter de vitesse au faubourg de Sainte-Lucie, il les compare à Brunetto Latini se sauvant en hâte[1]. Cette fête lui rappelait celle de la Saint-Jean florentine[2].

Hélas, cette Florence où flambaient alors les feux de joie, où l'on promenait les rameaux d'olivier autour de Santa-Croce, elle faisait fête au légat du pape, au cardinal Nicolas de Prato[3] ; pour Dante, elle aurait allumé l'autre feu, celui qui « brûle jusqu'à ce que mort s'ensuive ».

Il semblerait, d'après les sentiments modernes, que Dante aurait dû ressentir, à Vérone, dans l'automne passé, de 1303, l'une de ses plus grandes joies. Celui qui l'avait fait bannir, ce pape Boniface, tyran de Florence, allié du prince Français, n'avait-il pas connu, dans

---

[1] Inf., XV — fin. — Gaëtano da Re. *I tre primi statuti sulle corse dei Pali in V.* dans Rivista crit. di lett. it. VII, p. 80-87. — Cf. W. Heywood. *Palio and Ponte*, Siena 1904, in-8°, p. 12. — B. d'Imola, I, 527.

[2] Par., XVI, 42.

[3] Dino. Cron. III, IV 270-274. La lettre au cardinal de Prato se placerait ici. Mais elle est d'une authenticité douteuse. Voir d'Ancona et Bacci, p. 287. — Zingarelli, p. 194. — Del Lungo. Dino, II, 587, etc.

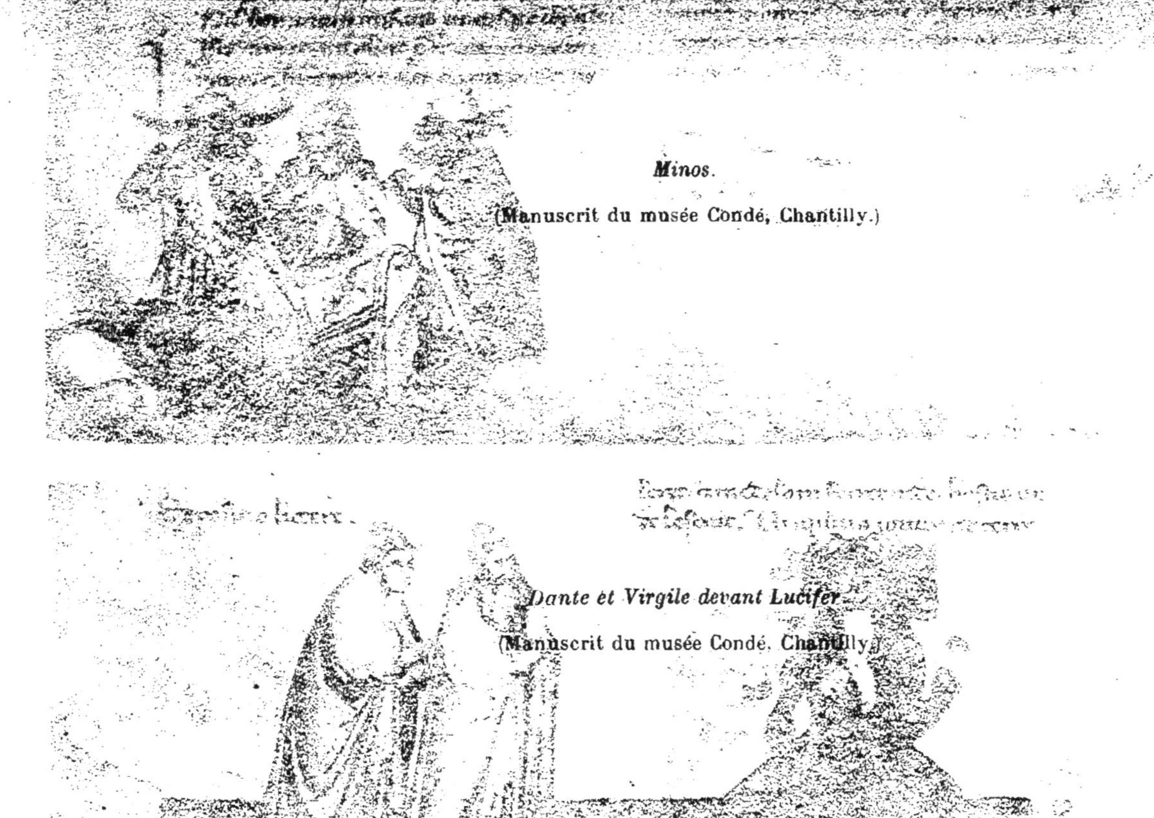

Minos.

(Manuscrit du musée Condé, Chantilly.)

Dante et Virgile devant Lucifer

(Manuscrit du musée Condé, Chantilly.)

héros, et mieux encore par sa reconnaissance. Son front plie de jour en jour, car rien n'est plus lourd à porter que le souvenir de certains « bienfaits », comme rien n'est plus répugnant que l'image de certains « bienfaiteurs ». Et, dans le même temps, un bas bouffon Siennois, Cecco Angiolieri, le traitait, dans ses vers sordides, comme un confrère en parasitisme !

Dante emportait une première accoutumance à cette vie de parasite, la mémoire fidèle de sa première étape heureuse, le spectacle du « palio » vert, de cette course, qu'il revit, et qui ardait encore, à Sienne, équestre et furibonde. « Ceux qui courent à Vérone le drap vert par la campagne ». Ces coureurs qu'il avait vus le premier dimanche de Carême lutter de vitesse au faubourg de Sainte-Lucie, il les compare à Brunetto Latini se sauvant en hâte[2]. Cette fête lui rappelait celle de la Saint-Jean florentine.

Hélas, cette Florence où flambaient alors les feux de joie, où l'on promenait les rameaux d'olivier autour de Santa-Croce, elle faisait fête au légat du pape, au cardinal Nicolas de Prato[3] ; pour Dante, elle aurait allumé l'autre feu, celui qui « brûle jusqu'à ce que mort s'ensuive ».

Il semblerait, d'après les sentiments modernes, que Dante aurait dû ressentir, à ce moment, dans l'automne passé, de 1303, l'une de ses plus grandes joies. Celui qui l'avait fait bannir, ce pape Boniface, tyran de Florence, allié du prince français, n'avait-il pas connu, dans

[1] Inf., XV — fin. — Gaetano di [illegible] gli statuti sulle corse dei Palii in V., dans Rivista crit. di lett. it. XII, p. [illegible] — Cf. W. Heywood. Palio and Ponte, Siena 1904. in-8°. p. [illegible] Annals, I, 527.

[2] Par., XVI, 42.

[3] Dino. Cron. III, IV 270 [illegible] la rencontre du cardinal de Prato se placerait ici. Mais elle est d'une authenticité douteuse. Voir d'Ancona et Bacci, p. [illegible] — Zingarelli, p. [illegible] — Del Lungo. Dino, II, 587, etc.

Nil hominum miseris uariusq̄ oibz urbi
Iste minos nil aliud ē ñ diuina exami
natio/ ñ siue utria alio excatio. Et q̄r
niuit q̄ annis singulis athemensee mit
tere minotauro septe pueros p tributo.
Vn ouidius. Bella pmē minos androgeis
Expositio litere.
a medelam ferret inde/ hostie un
de lesone. Unde sciue igitur de terre

la ville même où le Valois le rejoignait naguère, le châtiment de Dieu?

Les insolences du Pontife envers un roi tel que Philippe le Bel, ces bulles extravagantes, ces sempiternelles bravades, ridicules chez un vieillard désarmé, odieuses chez un vicaire du Christ, avaient enfin reçu leur récompense. L'homme enflé d'orgueil écrivait un jour à Philippe : « Nous voulons te faire assavoir que dans les choses spirituelles et temporelles, tu nous es soumis. La collation des bénéfices et prébendes, tu n'as rien à y voir... Ceux qui pensent d'autre manière, nous les réputons hérétiques[1] ». La fabuleuse Bulle « Ausculta fili » méritait un exemplaire châtiment. Lorsqu'un vieillard, fût-il deux fois octogénaire, trouve la force d'outrager autrui, c'est un fait nécessaire qu'il ait aussi la force de recevoir les insultes méritées par son impudence.

Guillaume de Nogaret avec Sciarra Colonna bousculèrent et insultèrent Boniface, dans Anagni, le 7 septembre 1303, veille de la Nativité, comme il préparait une Bulle fulminante pour réexcommunier Philippe. On cassa ses vitres, ses portes, on pilla son trésor, on but son vin, les barons Romains semblent même avoir porté la main sur lui, malgré les efforts du légiste français, plus calme et dédaigneux[2]. On eut raison de lui laisser la vie ; « il se rongeait, comme enragé », dit Villani, depuis ce jour. Un mois après, il trépassait de male rage.

Eh bien, ce pape auquel il mettra le feu d'enfer sous les pieds, Dante, catholique avant tout, ne peut accepter qu'on l'insulte ; ce pape, ami du prince français, qui a fait

---

[1] Baillet, p. 94-95.

[2] Renan. *op. cit.* « Guillaume de Nogaret ». — Villani, VII, LXIII, 196 ; c'est peu certain, Villani ne parle que de « parole ». Par les Peruzzi, ses informations étaient exactes. — Dino, II, 252 ; « arrabiato si mori » ; voir le récit d'un témoin publié par A. Reumont, Arch. stor. it. IIe ser. XVIII, 208-212, et Potthast. Reg. Pontif. rom. p. 2022 et suit. — Del Lungo. *op. cit.*, 327 et suiv.

venir le Valois, si c'est un Français qui l'outrage, Dante ne voit plus sous la tiare déshonorée que le vicaire de Jésus-Christ, et le Jubilé de 1300 lui cache la proscription de 1302 :

> Je vois entrer dans Alagna[1] la fleur de lys,
> Et Christ être captif en son vicaire.
> Je le vois une seconde fois bafoué,
> Je vois renouveler le vinaigre et le fiel,
> Et je le vois occire entre larrons vivants.
> Je vois le nouveau Pilate si cruel
> Que ceci ne l'assouvit point, mais que sans jugement
> Il porte dans le Temple ses voiles cupides.
> O mon Seigneur, combien serai joyeux
> En voyant la vengeance, qui, cachée,
> Fait douce maintenant ta colère, dans le secret de ta volonté[2].

Mais s'il s'incline devant le successeur de Pierre, il épanche toute sa plus virulente allégresse lorsque son ancien parti, ses amis d'hier, se font battre dans l'échauffourée de « la Lastra[3] », pendant l'été de 1304. Avec la haine incomparable des amitiés rompues et des alliances décevantes, il proclame que

> Ce sont eux, non lui, dont rougira le front[4],

en ce jour de la Sainte-Marguerite, le 20 juillet 1304, quand les émigrés en désordre, pris d'une hâte insensée, se hasarderont jusqu'au cœur de Florence, et débandés, sous les carreaux d'arbalète qui leur sifflent aux oreilles, se replieront vers leurs alliés attardés, lesquels

---

[1] Ancienne forme. Voir Villani. — Paradis, XXX, 148. — Dino. *loc. cit.* et la note 3 à la p. 252.

[2] Purg., XX, 86-96.

[3] Nom du lieu de ralliement, d'où les rebelles se mirent en marche.

[4] Par., XVII, 66.

s'enfuiront, eux aussi, « par l'œuvre et volonté de Dieu[1] ».

La patrie n'existe guère en ce temps-là. Seule la foi est souveraine. Et la défaite des émigrés a peut-être moins frappé Dante que cet autre événement florentin, s'il l'apprit alors, une page de son Enfer : pour le 1er mai 1304, voulant fêter le cardinal de Prato, les gens du Borgo san Frediano s'étaient mis à organiser une belle réjouissance autour du Pont alla Carraïa, qui venait d'être construit ; on avait édifié sur l'Arno un pont de bateaux, et là-dessus « on fit la ressemblance et figure de l'Enfer avec des feux et autres supplices et martyres, avec des hommes déguisés en démons, horribles à voir, et d'autres qui avaient figures d'âmes nues, qui semblaient personnes vivantes, et on les mettait en ces divers tourments avec des cris épouvantables et des grincements, et un vacarme, qui semblait affreux et terrifiant à ouïr et à voir ; et pour voir ce jeu nouveau se rassemblèrent là force citoyens, et le pont alla Carraïa, dont le tablier était àlors de boisage, se chargea si fort de peuple qu'il croula par beaucoup d'endroits, et tomba avec les gens qui étaient dessus ; d'où moururent beaucoup de gens léans et se noyèrent, et beaucoup y gâtèrent leurs personnes, si bien que le jeu fait pour farces devint vrai, et, suivant ce qu'on avait fait publier (à savoir que quiconque voudrait connaître des nouvelles de l'autre monde, devrait aller le 1er mai sur le pont alla Carraïa), force gens par la mort s'en allèrent à savoir nouvelles de l'autre monde[2]. »

Un mois après, Neri Abati, clerc et prieur de Saint-Pierre Scheraggio, mettait avec du feu grégeois l'incendie près d'Or-San-Michele ; Calimala brûlait, la tramontane furieuse étendait la flamme sur tout le cœur de la cité. Plus de mille sept cents maisons, tours et palais, flam-

---

[1] Villani, VIII, LXXII, « fummo presenti, » dit le chroniqueur.
[2] Villani, VIII, LXX, p. 200.

baient d'un coup. Les toits de paille, les fenêtres bouchées
de toile aidaient au triomphe du fléau. Les plus riches
familles étaient ruinées.

Dante restait calme, à Bologne. Il y enseignait peut-
être la grammaire, pour vivre[1]. Il devait y subsister, aussi,
des économies faites à la cour de Vérone. Il y a désormais dans sa vie des intervalles assez réguliers ; tantôt,
durant tout cet exil, on le voit en pleine lumière, chez
un seigneur qu'il sert, et dont il est hébergé, payé ; puis
il plonge dans une ombre ou une pénombre : il travaille,
il vit à Bologne, Padoue, Paris, Oxford peut-être ou Lau-
sanne, qui sait ? Il a péniblement rempli son escarcelle,
et dès qu'il sent « la liberté, qui est si chère » s'ouvrir
devant lui, le pèlerin de la science et de la poésie s'en va,
disparaît dans un coin de ville savante, vit à sa guise, jusqu'au jour où la pauvreté lui rendra nécessaire un nouveau
servage, et le danger, un nouvel abri.

A Bologne, il pouvait accroître, aux faits sans nombre
qu'il apprenait tous les jours, cette *Comédie* dont le plan
merveilleusement commode comporte toutes les soudures,
les sutures, les additions. Chaque événement peut entrer
dans ce poème, où tous les hommes et tous les siècles ont
place, et les terzines s'intercalent, on le sent plus d'une
fois, à mesure que s'accumulent les impressions quoti-
diennes.

[1] Zingarelli, 209.

CHAPITRE III

LE CONVIVIO

Autour du monument insigne, il y a des ouvrages
moindres, qui en sont comme les bas-reliefs. Dante, dans
la cité lettrée, écrit le *Convivio*, le *Banquet*. Ce nom platonicien désigne un ouvrage fort didactique, d'un esprit
très haut, bourré de doctrine. Une espérance de retour vers
Florence, un désir de réhabiliter son nom y paraissent.
Composé de canzones qui sont « la viande », de commentaires extrêmement diffus, qui sont « le pain », le traité
devait contenir quatorze livres, pour expliquer quatorze
canzones ; plus, un livre de préambule. Quatre livres seulement furent composés, où l'on trouve comme les matériaux épars de la *Comédie* ; caractère commun à tous les
ouvrages de cet esprit, si puissant, que toute page sortie
de lui rappelle, par sa forte empreinte et par ses éléments
pareils, l'ensemble de l'œuvre géante.

On glane, le long de ces pages, les opinions de cet
homme, et les traits de son caractère, les impressions
de sa vie. Le reste, comme l'analyse d'un poème que chacun peut lire, c'est affaire aux Manuels, aux « histoires de
la littérature », ou aux cours publics, institués afin d'éviter
qu'on ne lise, et souvent confiés, en France, à qui ne sait
point lire.

L'introduction du *Convivio* fixe l'époque ; et c'est bien
celle où nous sommes, « l'entrée de la jeunesse déjà pé-

rimée » ; puisque la « jeunesse » s'accomplit, s'achève dans la quarante-cinquième année, et qu'elle dure de vingt-cinq à quarante-cinq ans, Dante doit avoir entre trente-cinq ans et quarante-cinq ans, ce qui s'accorde parfaitement avec la date de 1304 et 1305, où il touche la quarantaine. [1]

Au milieu d'arides ratiocinations, le commentaire offre mille sentences et mille aveux qui attachent et révèlent, comme les canzoni laissent fleurir, parmi des beautés contournées, les vers harmonieux et simples.

On sent, dès la première ligne, l'homme qui vit dans les écoles. « La science est l'ultime perfection pour notre âme[2]. » Une allusion, tout de suite, amène la mélancolie et prouve l'exil. Il n'y a point à blâmer ceux qui « ont défaut du lieu où ils reçurent la naissance et l'éducation, et qui parfois se trouvent privés non seulement de toute espèce d'Université pour étudier, mais encore loin de tous gens studieux[3]. » Dante mange, lui, « le pain des anges », la bonne science, il aime naturellement son prochain, son âme se détend et s'épanouit. Il a connu la miséricorde d'autrui, « mère du bienfait », c'est-à-dire la bonté de ceux qui nourrissent de leur science les « vrais pauvres », les ignorants, et sont « comme une source vive qui rafraîchit par ses eaux la soif naturelle[4] ». Lui, ramasse au pied de la table les miettes du bon festin. Il les recueille pour autrui.

Il a, pour se mettre à l'œuvre, la « peur de l'infamie[5] ». Nul n'est prophète en son pays[6]. « Il s'est présenté quasi

---

[1] Voir la note de Del Lungo. Dino, II, 584, sur le sens de « trapassata ».

[2] Ed. Fraticelli, p. 55. Je cite constamment ce texte, très commun, et suffisant.

[3] P. 56.

[4] 57.

[5] 63.

[6] 69.

à toute l'Italie », il s'est avili ; maintenant, pour se relever, il prendra de l'autorité, par la force de son ouvrage, par le poids de ce commentaire[1].

Il convient qu'il s'excuse pour écrire en langue vulgaire ; c'est faire pain d'orge au lieu de froment[2]. Entre ses raisons, il ose compter « son amour naturel pour sa propre langue ». Et tout d'un coup sort une image qui rappelle les chevauchées anciennes, un coup de trompette sonne dans cette chambre d'étude[3].

Ses raisonnements sur le latin et la langue vulgaire présagent le *de Vulgari Eloquentia*, qu'il annonce en le nommant par son titre ; nouvelle marque de ce plan certain, rigoureux, qui est en toute son œuvre[4]. Puis, chevaux, épées, comme tout à l'heure braques et faucons, viennent illustrer les comparaisons didactiques.

On peut voir, à lire ces traités, combien cette méthode, procédant point après point, rappelle celle des sermonnaires catholiques[5]. Chemin faisant, Dante a donné son sentiment, juste et sévère, sur les traductions des poètes : « Que chacun sache, que nulle chose harmonisée par un lien musical ne peut se transmuer de son propre langage en un autre sans rompre toute sa douceur et harmonie[6]. »

Il est certain que le traduire, comme aussi traduire Virgile, c'est donner un surmoulage en fonte grossière des portes du Baptistère florentin. Heureux si, le suivant avec un humble zèle et une fervente révérence pour son génie, il me fut permis çà et là d'offrir tout au moins la

---

[1] P. 70.
[2] Ch. v. *ib*.
[3] 71.
[4] P. 73.
[5] Voir ch. vii, p. 77.
[6] P. 80.

froide, la probe exactitude d'un pauvre et simple moulage en plâtre, pris sur le chef-d'œuvre, sans retouche et sans prétention, vulgaire et fidèle !

Ce premier traité du *Convivio*, c'est le plus vivant, savoureux d'une saveur délicieuse : on y sent l'amour du pays, de l'Italie, du parler italien, de tout ce qui fait la patrie et sa douceur. On a pu dire « que tous les souffles d'Italie respiraient là[1] ». Oui, Dante est, ici comme toujours, trompé, débordé par son génie. Il voulait faire une glose de scolastique, et voici que la salle obscure de l'école semble crouler, les horizons de la patrie et de l'avenir se dévoilent ; l'homme, inspiré malgré lui-même, se lève et rejette la robe de l'écolâtre : il plaide, pour ce beau langage naissant, pour cet italien qu'il va élever jusqu'au faîte du triomphe. Et les comparaisons de la vie réelle déchirent la trame grisâtre où il enfermait sa logique.

C'est le « chevalier qui donnerait un bouclier à son médecin, et le médecin octroyant au chevalier les aphorismes d'Hippocrate ou les tekné de Galien, mis par écrit[2] ». Et l'on voit tout de suite les gens de la Faculté bolonaise, le médecin Thadée. C'est la honte qu'il y aurait à dégrader des choses belles, à faire « une pioche d'une belle épée, ou un beau vase à boire d'une belle cithare »[3]. Et puis, à chaque instant, la plus ardente apologie du poète, et de son futur Poème, dont la chère et splendide ébauche est près de lui, tant qu'il écrit.

Le fougueux homme de lettres qu'est toujours Dante se révolte, se cabre et bondit sous le poids de la démonstration méthodique, comme un cheval de sang que l'on

---

[1] Zingarelli, I, XIV, 212. — voir aussi F. Flamini. ap. Lectura Dantis. Le *Op. Min.* cit. pp. 63-191. *Il Convivio.*

[2] 82.

[3] 83.

prétendrait atteler à une brouette. Si la langue vulgaire
est destinée à devenir « lumière nouvelle, soleil nouveau
qui surgira quand se couchera le vieux soleil, et donnera
lumière à ceux qui sont dans les ténèbres et l'obscurité
par la faute de ce vieux soleil usé », c'est que le latin,
soleil terne et moribond, il l'abandonne pour se tourner
vers cet astre nouveau qui lui devra toute sa gloire, et
qui se confond avec son génie [1].

Il fait honte à ces faux littérateurs « qui ne se doivent
appeler littérateurs, car ils n'acquièrent pas la science
littéraire par leur usage, mais autant que par elle ils
gagnent deniers ou dignités ; ainsi ne doit-on appeler un
cithariste celui qui garde sa cithare au logis afin de la
prêter à louage, et non pour s'en servir à faire de la
musique ». Vienne la langue nouvelle, qui ouvrira les
champs de la science et des lettres à ceux dont l'esprit est
meilleur, princes, barons et chevaliers, gentilshommes
et belles dames, qui avaient laissé jusqu'ici la belle culture à ceux qui « l'ont faite, de dame, courtisane [2] » !

Il faut faire éclater aux yeux de tous « la grande excellence de la langue vulgaire du Sì [3] », il faut confondre
« ceux qui accusent le parler d'Italie », et publier « leur
infamie ! » la « perpétuelle infamie de ces hommes pervers [4] ». Et les pages d'injures les stigmatisent, les
outragent. On sent que Dante vit près des pédants, sous
l'ombre des écoles ; quoi qu'il en ait, sa rage gronde et sa
bile s'épanche à flots. Il aime la science ; il exècre les
gens qui la vendent au tarif.

Ce n'est pas qu'il estime la gloire populaire. Elle est,

----

[1] Conv. p. 103. — Voir Del Lungo. Dal sec. e dal p. di D. *Il volg fior. nel
P. di D.*, V, p. 424, et suiv.

[2] 87.

[3] 92. — C'est le mot de l'Inf. XXXIII, 80.

[4] 93.

dit son maître Boèce, sans discrétion [1]. « Et il faut appeler ces gens-là des brebis et non pas des hommes ; car si une brebis se jetait d'un rivage de mille pieds, toutes les autres iraient derrière ; et si une brebis, par une raison quelconque, saute, au passer d'une route, toutes les autres sautent, sans rien voir qu'il faille sauter. Et jadis j'en ai vu beaucoup sauter en un puits, pour une qui sauta dedans, croyant peut-être sauter un mur ; nonobstant que le berger, pleurant et criant, se mettait devant, les bras étendus et la poitrine offerte ».

Le parler provençal, que son adolescence aimait, il le réprouve, s'il veut primer ce « précieux langage vulgaire d'Italie [2]. » C'est « ma langue à moi », répète-t-il avec une passion tenace. « Je l'aime non pas seulement d'amour, mais d'un parfait amour [3]. » Je l'aime « pour son excellence. Un homme doit être barbu, la femme avoir le visage glabre, le braque avoir bon nez, et le lévrier bien courir. C'est ainsi que chaque être se fait aimer. Et j'aime mon langage pour ses excellentes vertus ».

L'allégorie emplit le deuxième chapitre ; mais c'est là que Dante donne [4] ces précieux aveux de sa vie qui complètent la *Vita nuova*, et furent sertis à leur date. Un mot, dans la foule des mots, est singulier. Dante parle de la doctrine catholique sur le ciel et les astres ; et il écrit « les catholiques [5] », comme ferait un auteur étranger à la foi. Ici s'épanche la cosmogonie que l'on retrouvera dans le Poème, d'une précision fulgurante, faite avec les cahiers d'école, mais criblée par ce cerveau lyrique : de l'Alfragan, du Ptolémée enthousiaste [6]. Il révèle lui-même,

[1] 94-95.
[2] 95-97.
[3] 98.
[4] II, II. 111.
[5] 116.
[6] Moore. Studies, III, 1-108. — Voir aussi Convivio, 153 et 176 : « Alfarabio ».

sans y songer, le mécanisme de sa pensée : « Comme je songeais à cela, dit-il, ainsi qu'il m'était possible, je m'en allais quasi ravi en extase[1] ». Et il avoue que cette extase lui faisait envier la mort, afin de suivre l'objet de son rêve.

C'est que Béatrice revient dans ce livre au milieu de la scolastique et la rhétorique. « Cette Béatrice bienheureuse, dit-il, de laquelle je n'entends plus parler en ce livre[2]. » Pour elle, il affirme... contre « la bestialité très stupide, très vile et très damnable de ceux qui croient qu'après cette vie il n'est point d'autre vie », la grande théorie de l'immortalité de l'âme. Il invoque le témoignage des songes[3] ; et vraiment, le plus beau de son œuvre, n'est-ce pas des songes, saisis au vol et sans doute écrits au réveil ?

Il loue la piété, « laquelle fait resplendir toute autre excellence par sa lumière, la piété, suprême louange que Virgile donne à Enée[4] », la courtoisie, « parure première des dames[5] », il égrène ainsi chaque mot de sa canzone initiale où les anges font tournoyer la troisième sphère du ciel. Et puis, il se raconte encore et toujours[6]. C'est là que sont les grands aveux sur la « dame noble ».

Au milieu de toute sa cosmographie, il remémore « qu'en Florence, au commencement de sa destruction, l'on vit en l'air, en figure d'une croix, grande quantité de ces vapeurs qui suivent l'étoile de Mars[7] ». Et il exalte la musique et ses « relations » admirables. Il n'oublie point l'astrologie, qui est la gloire de Bologne, et

[1] 135.
[2] 138.
[3] 140.
[4] 145.
[5] 146.
[6] 150.
[7] 156-7.

lui reste si chère[1] à lui-même. Ne sent-il pas pour la philosophie une ferveur tout amoureuse ? « Oh, doux et ineffables semblants, ravisseurs soudains de l'âme humaine, qui dans les démonstrations, c'est-à-dire dans les yeux de la philosophie, apparaissez, lorsqu'elle arraisonne ses amoureux[2] ! Vraiment en vous est le salut, par quoi se fait bienheureux qui vous regarde, et se sauve de la mort, de l'ignorance et des vices ! » Les doutes qui surgissent au premier abord, c'est « quasi comme les petites nuées matinales sur les feux du soleil ». Dante met sa pourpre et son or sur ces paperasses savantes.

Philosophie, amour, science et femme se confondent. « Oh ! que de nuits, s'écrie l'amant passionné, alors que les yeux des autres penseurs clos par le sommeil se reposaient, mes yeux à moi dans la demeure de mon amour fixement regardaient ! Et, comme l'incendie propagé veut à toute force se montrer au dehors, car il est impossible qu'il reste caché, la volonté me vint de parler d'amour, lequel je ne pouvais du tout garder en moi[3]. »

C'est ce réalisme sauveur qui arrêta Dante sur la voie de la scolastique et l'empêcha de gâcher ses années à écrire en « conciossiacosachè[4] », à s'égarer de nouveau dans une forêt bien pire que celle des vices capitaux : l'horrible forêt marécageuse des écoles et des commentaires. Ces beaux éclairs de vérité brillent en ces ouvrages incomplets, comme aussi cette canzone qu'il fera chanter par Casella dans le souriant Purgatoire[5], comme cette autre, encore, que Charles Martel lui rappelait au Paradis[6].

[1] 158.
[2] 165-6.
[3] 172.
[4] Voir d'Ancona, Disc. sur Beatrice, p. LXXVII.
[5] Purg., II, 112, et suiv. — Convivio, III, 1.
[6] Par., VIII, 37. — Convivio, II, I.

Lorsqu'il nomme « par similitude » les yeux et le doux
sourire « les balcons de la dame qui habite dans l'édifice
du corps, c'est-à-dire l'âme[1] », on sent l'ancien goût des
troubadours lui revenir. Lorsqu'il proclame « qu'à philosopher, l'amour est nécessaire[2] », et que pêle-mêle, à
force d'amour, Salomon, saint Jean, Démocrite, Platon,
Aristote, Zénon, Socrate, Sénèque, ornent la même
page, gloires de « l'Athènes céleste[3] », on soupire après
un amour moins complexe, comme il « haletait après le
langage vulgaire ».

Bientôt il se lassa lui-même : le quatrième chapitre
est le dernier. Cet âpre et vigoureux esprit secoua la robe
philosophique, ce souffle fait pour l'Empyrée trouva
l'horizon trop étroit. Il laissa tout, monta plus haut[4].
Déjà les personnages de la *Comédie*, l'Empereur et
Caton[5], le hantaient. Il parlait aux rois sur un ton de
prophète[6]. Les sentiers de l'Apennin, la neige fraîche
s'évoquaient à ses yeux[7]. Après s'être traîné sur Aristote, il écrivait tout à coup : « Vraiment j'ai vu l'endroit
dans les côtes d'un mont en Toscane, qui se nomme
Falterona[8], où le plus vil vilain qui fût en toute la con-
trée, en piochant, trouva plus d'un boisseau de Sainte-
Hélènes du plus fin argent, qui peut-être l'avaient attendu
plus de mille années[9]. » Les Sainte-Hélènes, ce sont ces

[1] 2o5.

[2] 227.

[3] 231.

[4] Voir Carducci. Delle rime, 78-79.

[5] *Convivio.* 255 et 263 ; voir encore 260.

[6] 269.

[7] 271.

[8] Voir Purg., XIV, 17.

[9] Convivio, IV, XI, 289-90. On comprend mal, à moins que les Allemands
ne lisent point le Convivio, comment Bassermann à écrit : « Les traces de
Dante ne nous conduisent point sur la croupe de la Falterona », p. 68,
trad. Gorra. — C. Hare, si léger d'ailleurs, ne s'y est pourtant pas trompé.
Voir Dante the Wayfarer, p. 248.

monnaies byzantines, souvent choppées, que l'on appendait au cou des enfants afin de les préserver contre le mal caduc. On en retrouve encore, en Provence et en Italie, et d'or et d'argent, avec leurs personnages hiératiques dont le peuple fait une image de Sainte Impératrice, avec leur pointillé en relief, un Christ au revers, qui ressemble au saint Jean du florin toscan, et les trous percés pour les suspendre en guise d'amulettes.

Est-ce le souvenir de ce boisseau resplendissant qui l'induit à louer si hautement les bienfaiteurs ? « Notre Seigneur, dit-il, appelle iniques les richesses, lorsqu'il dit : « Faites-vous des amis avec l'argent d'iniquité », invitant et encourageant les hommes à la libéralité des bienfaits, lesquels engendrent les amis. Et que bel échange il fait, celui qui donne de ces choses très imparfaites, pour avoir et pour acquérir choses parfaites, si comme les cœurs des hommes de mérite ! C'est un échange qui peut se faire chaque jour... Et qui n'a encore dans le cœur Alexandre, pour ses bienfaits royaux ? qui n'a encore le bon roi de Castille, ou Saladin, ou le bon marquis de Monferrat, ou le bon comte de Toulouse, ou Bertrand de Born, ou Galéas de Montefeltro[1]... » Bienfaiteurs de Dante, le Panthéon vous est ouvert, il a su vous faire immortels, à l'égal de ses ennemis, mais dans les sphères bienheureuses.

C'est que « les petits enfants désirent surtout un fruit[2], puis un oiselet, puis, plus outre, un beau vêtement ; puis un cheval, puis une femme, et puis richesse modérée, et puis plus grande, et puis plus encore[3]. » Le poète est toujours enfant.

---

[1] Convivio, IV. *Ib.*, 291.

[2] « Pomo ». Voir Purg., XXIII, 34 et suiv.

[3] 298.

Ce qu'il pense de la noblesse, on l'a vu. C'est la beauté même de l'être, il est noble par vertu propre. « Aussi maintes fois nous disons un noble cheval et un vil ; et un noble faucon et un vil ; et une noble perle et une vile. » Et comme il prévoit la contradiction, oyez de quel air il l'accueille : « Or si l'adversaire voulait dire que dans les autres choses noblesse s'entend pour le mérite de la chose, mais que chez les hommes elle s'entend parce que de leur basse condition il n'est plus mémoire, ce n'est pas avec les paroles, mais avec le couteau qu'on voudrait répondre à tant de bestialité [1]. » Que voilà bien celui dont Boccace écrira : « Ce dont j'ai plus vergogne à l'égard de sa mémoire, c'est que dans la Romagne on sait très publiquement que n'importe quelle femmelette, ou petit enfant qui, parlant des partis, aurait condamné le gibelin, l'aurait mis en telle folie furieuse, qu'il en serait venu à jeter des pierres, si l'autre ne s'était point tû ; et cela, autant de fois qu'on l'aurait voulu ; et cette violence d'âme lui dura jusqu'à la mort [2] ».

Aussi Dante épanche-t-il rudement sa rancune contre le Scaliger dont il fut mécontent : « Bien sont certains fols, qui estiment que par le mot *noble* on entend être nommé et connu de beaucoup... Alors, à ce compte, l'aiguille de Saint-Pierre serait la plus noble pierre du monde ; Asdente, le savetier de Parme, serait plus noble qu'aucun de ses concitoyens, et Alboïn della Scala serait plus noble que Guy de Castello de Reggio [3]. » Ce savetier parmesan, qui prétendait prédire l'avenir, Dante l'a plongé dans l'Enfer [4], à côté de Michaël Scot, parmi ceux qui vont avec le visage tourné par derrière :

---

[1] 3o6, voir encore 314.
[2] Vita, 61 et Compendio, 53.
[3] « Aiguille », obélisque, 315-316.
[4] Inf., XX, 118.

> Avoir donné ses soins, au cuir et à l'alène
> Ores il voudrait bien, mais se repent trop tard[1] !

Alboïn della Scala peut remercier le nom qu'il porte, rendre grâce à ses deux frères, que Dante aima ; cela seul l'a sauvé de quelque supplice infamant. Il n'est que dans le *Convivio*, pas même une antichambre de l'Enfer.

Les dates historiques permettent de croire, si l'on dénombre les personnages parsemés dans ce *Convivio*, que cet ouvrage fut composé en plusieurs fois, comme presque tous les écrits de Dante. La composition de l'œuvre incomplète s'étendrait jusqu'en 1308, selon les uns[2], 1309 d'après d'autres[3], 1314 même[4]. Il est assez naturel que Dante, voulant gagner la protection des grands, se faire employer et renter, ait continué lentement, lancé de temps à autre un fragment de son éloquence. Il serait bien faux de penser qu'il ait jamais écrit de suite, et les chapitres à la file, comme un homme de cabinet. Toutes ses œuvres ont une intention effective, et sont long-temps sur le chantier, les soudures, les sutures, les reprises sont apparentes.

Il est curieux de le voir nommer, parmi les vertus philosophiques, celle-là même que des penseurs modérés chérirent le plus[5]. Mais il lui est plus naturel d'avouer que « la honte n'est point louable, ni ne sied bien aux vieux et aux hommes d'étude ; parce qu'il leur convient de se garder de ce qui peut induire en honte[6]. »

Il voulait « rendre ce *Banquet* utile le plus possible en

[1] Son vrai nom était Benvenuto. Salimbene fait de lui le plus grand éloge. Chronica, 284-301-304.

[2] Zingarelli, 390. — Scartazzini, Enciel, I, 462.

[3] D'Ancona et Bacci. Man. p. 284.

[4] D'Ovidio. Studi crit. p. 339, le fait même commencer alors.

[5] L' « eutrapélie », chère à Renan, p. 319.

[6] 325.

chacune de ses parties[1] ». Et il édifiait une longue théorie
des quatre âges de l'homme : adolescence ou accroissement de la vie, jusqu'à la vingt-cinquième année, période
où le corps s'embellit, où l'âme se transforme ; jeunesse,
âge de la perfection, comble de la vie, qui dure vingt
années, jusqu'à la quarante-cinquième ; puis, la décadence, la « descente » de la vieillesse, jusqu'à soixante-
dix ans ; enfin la sénilité, proche de la mort[2]. Lorsqu'il
dépeint l'adolescent qui entre dans « la forêt trompeuse
de la vie », on ne peut manquer de revoir la forêt obscure
qui ouvre le grand Poème. Les éléments de la pensée
dantesque se ressemblent partout.

Lois de la famille, amitié[3], tout ce qu'il célébrera dans
la *Comédie* est encore ici. L'*Enéide* donne le ton, donne
l'exemple. Et Cicéron, et Boèce, et Caton sont toujours
présents. C'est presque en vers que Dante parle, lorsqu'il
s'écrie soudainement : « Et il convient que l'homme s'ouvre
quasi comme une rose qui ne peut rester close davantage, et que l'odeur, qui s'est créée dedans, se répande[4]. »
Et s'il vient à parler du gouvernement, alors sa Florence
lui apparaît : « Oh! malheureuse, ô ma malheureuse
patrie, quelle pitié pour toi m'étreint, toutes fois que je
lis, toutes fois que j'écris une chose relative au gouvernement[5]! » Il remet l'invective au « pénultième traité de
ce livre » sans se douter que celui-ci sera l'ultime. Mais sa
colère le reprend : « Ah, malandrins[6], maudits qui aban-
donnez les veuves et pupilles, qui dérobez aux moins

[1] 334.
[2] 346-348.
[3] 351-358.
[4] 360.
[5] 362.
[6] « Malastrui », du provençal malastruc, né sous méchant astre. Raynouard.
Choix de poésies orig. des troubadours, (II. 194; IV, 91) et Fraticelli 363,
note 1. Rabelais écrit : « Malauctruz ».

puissants, qui volez et prenez les biens d'autrui ; et de
ces biens organisez festins, donnez chevaux et armes,
robes et deniers ; portez les vêtements admirables ; édi-
fiez les admirables édifices ; et croyez faire largesse ! et
qu'est-ce faire autre chose que voler le drap de dessus
l'autel, et en couvrir le larron et sa table ! Il ne faut pas
autrement rire, tyrans, de vos largesses, que d'un voleur
qui mènerait chez lui ses invités, et, la touaille dérobée
dessus l'autel et qui conserve encore les signes de
l'Eglise, poserait sur la table, et ne croirait qu'on s'en
aperçut[1] ! » « Oyez, obstinés, ce que dit Tullius contre
vous... »

Se souvenait-il, à cette heure où il écrivait les derniers feuillets du livre qu'il allait laisser incomplet, que
le 12 août 1305, à Florence, un Vezzo Vezzosi plaidait afin
de se faire payer d'une « chevauchée » faite pour le service
communal, et dont la solde avait été assignée « sur les
biens de Dante des Alleghieri et de son frère François,
rebelles et condamnés[2] ? »

[1] 363.

[2] Il devait être payé en grains. *Bull. soc. dant.* N. S. XIV, 2. juin 1907,
p. 125.

CHAPITRE IV

LE *DE VULGARI ELOQUENTIA*. — PROFONDE ORIGINALITÉ DE LA SCIENCE CHEZ DANTE. EXCELLENCE DE CE TRAITÉ.

Le traité *De Vulgari Eloquentia*, « de l'éloquence vulgaire », c'est-à-dire du langage vulgaire, ne fut point achevé non plus[1]. Dante avait écrit le *Convivio* en langue vulgaire, à demi poétique par ses effets et sa contexture, plus riche de vocabulaire et moins chargée de répétitions que celle de la *Vita Nuova*[2]. Il écrivit cette fois en latin, sans doute pour frapper avant tout les ennemis du parler populaire, et les combattre en leur propre verbe.

Car, ce traité, c'est une apologie encore, et d'une rigueur, d'une force, d'une valeur singulières. Il dut le commencer vers 1304, le suspendre et le reprendre, sans cependant le terminer. Les anciens commentateurs prétendent qu'il devait y avoir quatre parties[3]. Tel qu'il est, avec ses idées sur l'origine du langage, sur la nécessité de créer une langue « illustre, aulique, cardinale, curiale », une langue

---

[1] Édition magistrale donnée par M. Pio Rajna. Il trattato de *Vulgari Eloquentia*. ediz. critica, Florence 1896, gr. in-8°, et ediz. minore, ivi, 1897, in-12, que je cite comme plus courante. — Voir D'Ovidio, Saggi critici, p. 330-416 et Studi sulla D.C., p. 486 et suiv. — Carducci. Delle rime, 79 et suiv. — Del Lungo, *Sec. e p. di D.*, p. 419 et suiv. — Machiavel. Opere, ed. 1843, in-4°, p. 578 et suiv. — Villari, N. Machiavelli e i suoi tempi, éd. de 1897, in-12, III, p. 186 et suiv.

[2] Voir Lisio. *L' arte del periodo nelle opere volgari di D. A.* ecc. Bologne, 1902, in-4°, pp. 137 et 142.

[3] Villani, IX, CXXXVI, 253. — Boccace, Vita, 74. — De Vulg., El. II, 4. et 8.

italienne formée de tous les parlers pris et choisis en leurs éléments les meilleurs, c'est le premier ouvrage où se posent les problèmes du langage, où se discernent et se jugent les dialectes, où la rigueur didactique se soit unie à la connaissance expérimentale[1].

Ce qui nous occupe, nous autres qui sommes des lecteurs profanes, c'est ce qu'on glane de la vie, dans ces pages embroussaillées de scolastique et hérissées d'érudition. C'est, d'abord, cette sensation que l'on a, bizarre en face d'un ouvrage latin, et philologique, cette impression que l'œuvre aride est saupoudrée par la poussière du grand chemin, et formée de matière vivante.

Comme Rabelais citera les gens de la France entière, Tiraqueau, de Fontenay-le-Comte, Rondelet, de Montpellier, et cet abbé-ci, et ce seigneur-là, et les hôteliers, et les moines, et les bourgeois, Dante mêle à sa prose, même dans ses rudes chapitres, un souffle naturel de vie, qui ranime le lecteur et le soutient.

Dès le IIe chapitre, il parle des anges et des démons[2], et de leur langage. Il met en scène le serpent du Paradis terrestre et l'ânesse de Balaam, et l'Ovide de la *Divine Comédie*[3]. Et brusquement, recherchant de quel idiome s'est d'abord servi le genre humain, il dit : « Mais nous, dont le monde est la patrie, comme l'onde marine aux poissons, bien que nous ayons bu l'eau de l'Arno avant de faire nos dents, et que nous chérissions Florence au point de subir, pour l'avoir aimée, un injuste exil... et quoique pour notre plaisir et le repos de nos sens il n'y ait au monde plus agréable lieu que Florence[4]. » Il cite « Cino de Pistoïa et son ami[5] ». L'ami, c'est lui-même

---

[1] Voir d'Ancona et Bacci, Man., p. 285-6.
[2] P. 4-5.
[3] Inf., IV, 90, et XXV, 97.
[4] P. 10.
[5] 19.

qui ne veut toujours point se nommer. L'Apennin apparaît,
comme dans Virgile, comme dans le Poème sacré [1]. Dante
aime à rappeler les anciens amis de sa jeunesse lyrique,
Guido, Lapo « et un autre », qui est lui-même ; et toujours
Cino de Pistoïa [2]. Il s'arrête bien longuement à Bologne,
dont il marquera le langage aux vers de son Poème [3]. Et
la « panthère », la « lonza » de la *Comédie*, traverse une
phrase : « Nous avons chassé dans les bocages et les
pâtures de l'Italie sans atteindre la panthère que nous
suivons [4]. » Et le regret d'une « Cour d'Italie », perce
dans un dernier chapitre [5].

Le second traité, c'est une poétique, surtout heureuse
en ce qu'elle fixe les règles de la canzone. Intéressante
aussi, pour la genèse du divin poème, en ce qu'elle défi-
nit les styles [6]. Mais déjà le fort génie de Dante trouvait
d'autres routes. Sauf un hasard de politique, rien ne le
ramènera plus dans ces voies de l'érudition, où il est
maître parce qu'il est Dante, mais où Dante n'aurait
jamais pu se déployer tout entier.

En cette suite d'années, où Bologne subit les crises de
toutes les cités italiennes, un changement profond s'opère.
Dante, absorbé par ses études, n'a peut-être pas bien
senti, d'abord, ce qui le menaçait dans la ville guelfe,
dans la cité studieuse. Ce qu'il fait est si nouveau ! Renverser le latin ! quel rêve de poète ! Quand le lucide
Machiavel, plus Florentin que Dante, et capable de
discerner quels chants de la *Divine Comédie* sont les
plus toscans [7], lui reprochera d'avoir voulu « rapiécer »

---

[1] 20 et 26.

[2] 25.

[3] 27. — Inf., XVIII, 61.

[4] P. 29. Ceci peut influer sur l'opinion de ceux qui voient, dans la *lonza*,
un animal différent de la panthère.

[5] 33.

[6] 48.

[7] *Loc. cit.*, P. 581, col. 1.

la langue et défendra furieusement le florentin[1], contre Dante même, songeait-il, dans les allées du jardin Oricellari, à l'effort surhumain de Dante pour libérer l'italien?

Le latin! mais il a pesé jusque sur nous, au dernier siècle. Et l'on écrivait en latin des discours, des vers (Dieu nous sauve!). Et, sept cents années après Dante, on voyait ceux que la force des choses ou la faiblesse d'un préjugé tenace amenaient à briguer les titres officiels, oui, on les voyait contraints d'écrire encore en latin, et de discuter latin, comme Diafoirus, pour le plus grand triomphe de quatre cuistres assemblés!

Et voici qu'un homme, au temps de Clément V, auprès des écoles, prend ces haillons et les secoue. Voici qu'il montre l'excellence du parler natal : Dieu devait une récompense à cet homme. Il la lui a donnée, puisqu'il lui a permis de faire, au temps où balbutie encore notre langue, avec Joinville, le poème de son pays, où la langue de l'Italie est mise jusque dans le ciel.

N'oublions point, cependant, qu'il s'agit d' « éloquence », et la remise au jour du titre véritable instruit sur l'intention fondamentale du traité ; non l'élocution, mais *l'éloquence*, la langue faite et composée, qui régnera parce qu'elle est noble ; « nous sommes des Latins[2] », pourrait-il redire avec l'Arétin et le Siennois des Malebolge, c'est-à-dire, « des Italiens », et la langue curiale, — l'italien littéraire, — qui va naître auprès du latin moribond, doit être un parler noble, composé et composite.

Ce n'est pas que Dante méconnaisse les lois obscures qui dirigent la vie, la croissance, l'évolution, comme on

----

[1] Voir l'introduction de Rajna dans Manuel d'Ancona et Bacci, p. 24, qui montre combien Machiavel est clairvoyant; et aussi dans *Lectura Dantis*, cit. l'étude sur le *De V. Eloq.* p. 195-217.

[2] Inf. XXIX, 91, ap. Rajna, *op. cit.* note 9.

dirait à présent, des langues vivantes ; au jugement des techniciens même, il fut le premier des techniciens, « premier historien conscient du langage [1], » un « savant » de haute puissance. Et l'écrivain qui composait des chapitres magistraux [2] sur la subdivision des idiomes, la triple variété du langage, les transformations que le temps apporte au même dialecte, l'invention de la grammaire et la diversité des dialectes italiens, le critique apte à distinguer les nuances du dialecte entre deux quartiers de Bologne, avait encore la fierté de pouvoir dire, en « chassant la panthère » sur les terres inexplorées, ce mot hautain et véridique : « J'entends m'enquérir de matières où nulle autorité ne me soutient (nullius auctoritate fulcimur [3]) ».

En effet, la classification des dialectes, personne au monde, pour pas un des autres pays, ne l'avait faite. En ceci, encore et toujours, Dante est un précurseur [4]. C'est toujours l'homme « qui se fait son parti par lui-même. » Il est si fort, qu'il se contient même au point de vue politique ; et les allusions se font rares, les apostrophes se clairsèment [5]. Il ne crie qu'une fois « Raca ! » sur les princes, et en trois lignes.

Même incomplète, et en ce sens malaisée à juger, cette œuvre impose par sa force. Il y a là cette puissance d'abstraction fondée sur l'expérience, que saura rendre un Spinosa, quatre siècles plus tard. Mais il y a, ce qu'un philosophe de génie ne possède pas, le mélange d'éléments plus concrets, la vie, le sentiment des liens étroits qui unissent la poésie à la musique. Et tout cela, pris

[1] Rajna, *loc. cit*, p. 202 « il primo storico cosciente del linguaggio » et « scienzato », p. 203.

[2] De V. El. I, VIII-X. — Voir Rajna, p. 203.

[3] IX, 1.

[4] Rajna, 205.

[5] XII, p. 23.

dans un esprit fougueux, qui se transforme encore, mais qui se maîtrise toujours, et ces raisonnements subtils échafaudés à miracles, malgré la vie qui cahote, et change sans trêve.

CHAPITRE V

DANTE CHEZ LES MALASPINA.
LA PAIX DE CASTELNUOVO. — CINO DE PISTOIA.
L'AMOUR AU CASENTIN

Car il faut bien que Dante se réveille des songes grammaticaux, pour regarder autour de lui ! Bologne, en ce commencement de 1306, après bien des luttes intestines, tourne au parti des Guelfes noirs, de ceux qui ont chassé Dante Alighieri : « le parti blanc est abattu presque partout [1] ». En outre, excommuniée par le légat du nouveau pape Clément V, Bologne perd son Université, qui émigre à Padoue [2], sous l'Interdit pontifical. « Presque tous les étudiants [3] » s'en vont dans la cité lombarde. Ceci, bien mieux qu'un document mal entendu [4], confirme ce court séjour de 1306 dans la cité d'Ezzelino.

Mais, dans l'automne de 1306, Dante est sûrement revenu sur l'autre versant de l'Apennin. Il est dans la Lunigiane, et c'est l'une des plus certaines, des plus pittoresques histoires qui varient son exil [5]. Il est chez ces

---

[1] Anon. fior., I, 516. — Del Lungo. Dino 585. — Ghirardacci, I, 486.

[2] Ghirardacci, *Ib.*, 88. — Rashdall. II, I, § 4, p. 16 et suiv.

[3] « Fere scolares universi. » Ann. Cœsenat, ap. Muratori, R. Ital. Script., XIV, C. 1127. — Rashdall, note 2, à la p. 16.

[4] Voir là-dessus d'Ancona e Bacci. Man. I, p. 280, note 4.

[5] Voir Codice dipl. dant. disp. VII-VIII. Mars et juin 1903. — E. Branchi, Storia della Lunigiana feudale. Pistoïa 1897, I, 181 et suiv. — Staffetti, 1 Malaspina ricordati da Dante. ap. Bartoli, t. VI. append. p. 266-303. — Et *Bull. soc. dant.* VI, 105. — Codice dipl. delle relaz. tra la Liguria, la Tos-

Malaspina, seigneurs « de l'épine sèche et de l'épine fleurie, » qu'il magnifiera dans son Purgatoire, auprès de son antique ami Nino Visconti, « le juge de Gallura », témoin des années florentines[1]. Il a passé ces âpres montagnes de Luni : « là où sarcle le Carrarais, qui demeure au-dessous[2] », ces montagnes où Lucain lui fait revoir le devin Aruns, son confrère en magie, ces roches de marbre écroulé qui verront errer Michel-Ange, proscrit, et furieux aussi.

Hôte des marquis Malaspina, Dante prend le rôle de leur procurateur ; il est leur chargé d'affaires, porte directement la parole en leur nom dans les conventions officielles. C'est un rôle que les poètes, comme les Provençaux de jadis, comme le mantouan Sordello, tenaient à la cour de leurs « Mécènes », et l'empereur Frédéric II se servait toujours de poètes pour ces missions solennelles[3]. L'acte était rédigé par leurs mains expertes de lettrés, d'humanistes ; et de fait, l'acte qui subsiste sent le bas-latin pompeux de Dante Alighieri.

Le 6 octobre 1306[4], le matin, avant la messe, Dante recevait sur la place de la Carcandola, dans Sarzane, la procuration des seigneurs Malaspina, pour apaiser, par une paix officiellement formulée et conclue, les différends graves qui existaient et renaissaient sans cesse entre eux et Monseigneur Antoine de Camilla[5], comte-évêque de

cana, la Lunigiana, a't. di Dante, pubbl. da A. Ferretti. Rome, 1901-1903, 3 v. in-4°, t. XXXI, p. 1-11 des atti della soc. Ligure ecc. — Purg. VIII, 64, fin. — Voir enc. sur ce pays de Lunigiane, G. Sforza, Saggio d'una bibliogr. stor. della Lunigian a. Modena, 1874, in-4°.

[1] Sur Nino, voir Del Lungo, Dante ne't. di D. una fam. di guelfi pisani, p. 275 et suiv.

[2] Inf., XX, 48.

[3] Voir Zingarelli, p. 218, du ch. XIV.

[4] Et ceci confirme l'exacte chronologie du poème. Voir Purg., VIII vers 133-139.

[5] Cod. dipl. 7ᵃ disp. p. 2, col. 2 ; et non « Canulla » comme transcrivit un copiste ignorant ou facétieux.

Sandro Botticelli. Dante et Béatrice au Paradis.

Sandro Botticelli. Le triomphe de l'Église

M[ala]spina, seigneurs « de l'épine sèche et de l'épine
fleurie, » qu'il magnifiera dans son Purgatoire, auprès de
son antique ami Nino Visconti, « le juge de Gallura »,
témoin des années florentines[1]. Il a passé ces âpres montagnes de Luni : « là où sarcle le Carrarais, qui demeure
au-dessous[2] », ces montagnes où Lucain lui fait revoir le
devin Aruns, son confrère en magie, ces roches de marbre
écroulé qui verront errer Michel-Ange, proscrit, et furieux
aussi.

Hôte des marquis Malaspina, Dante prend le rôle de
[leur] [...] leur chargé d'affaires, porte directe[ment] [...] dans les conventions offi-
[ciel]les. C'est un rôle que les poètes, comme les Proven-
[çaux et les jon]gleurs comme le mantouan Sordello, tenaient à la
[cour] [...] et l'empereur Frédéric. Il se
[...] [...] [ambas]sades solennelles[3].
L'art [...] mains expertes de lettrés,
d'humanistes; et de fait, l'acte qui subsiste sent le bas-
latin pompeux de Dante Alighieri.

Le 6 octobre 1306[4], le matin, avant la messe, Dante
recevait sur la place de la Carcandola, dans Sarzane, la
procuration des seigneurs Malaspina, pour apaiser, par
une paix officiellement formulée et conclue, les différends
graves qui existaient et renaissaient sans cesse entre eux
et Monseigneur [...] l'évêque de

cana, la Lunigiana, et d[...] A. Ferretti, Rome, 1901-1905. 3 v.
in-4°, t. XXXI, p. [...] Ligure [...] Purg. VIII, 64.
fin. — Voir enc. [...] G. Sforza, Saggio d'una bibliogr.
stor. della Lunigiana, Modena, [...] in-4°.

[1] Sur Nino, voir Del Lungo, [...] di D. [...] di quelli pisani, p. 275
et suiv.

[2] Inf., XX, 48.

[3] Voir Zingarelli, p. 218, du ch. XIV.

[4] Et ceci confirme l'exacte chronologie du poème. Voir Purg., VII,
vers 133-139.

[5] Cod. dipl. 7e diep. p. 2, col. 2; [...] « Camila » comme transcrit [...]
copiste ignorant ou facétieux.

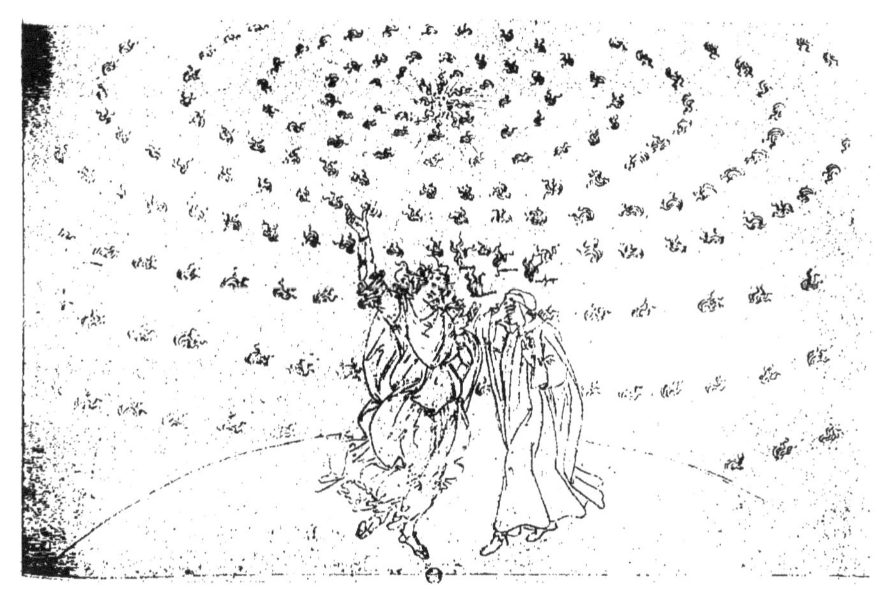

Luni. Les contestations de domaines étaient alors inces-
santes, et les envahissements, les rapts, les ravages,
avaient désolé le pays.

Le comte-évêque attendait Dante dans le palais de Castelnuovo, là-haut, aux flancs du Mont Bastione qui domine
le Val di Magra [1]. L'acte fut exhibé, produit et lu parde-
vant Monseigneur Antoine, malade, et qu'entouraient, en
la chambre épiscopale, son frère Parsifal, le religieux
Guillaume Malaspina, l'un des artisans de la paix, le franciscain Guillaume de Godano, Bartolo de Panigale, cha-
noine de Luni, le légiste de Sarzane François Pellacane,
et plusieurs assistants de la Curie. A l'heure de tierce,
la paix fut conclue au nom de Franceschino Malaspina, que
représentait Dante, et, subsidiairement ou conditionnel-
lement, au nom des autres marquis Malaspina.

L'acte dit :

« Au nom du Seigneur. Amen :

« L'an de la Nativité du Seigneur mil cccvi[e]. Indiction
ive ; le jour vi[e] d'octobre.

« Attendu que depuis trop longtemps une puissance
diabolique règne entre Vénérable Père et Seigneur, le
seigneur Antoine par la grâce de Dieu, évêque et comte
de Luni, et Magnifiques hommes et hauts Seigneurs, Mes-
seigneurs Morroello, Francischino, Conrad et leurs frères
marquis Malaspina, que guerres, inimitiés, et haines en
sont sorties, d'où homicides, blessures, massacres, incendies, ravages, dommages et périls en grand nombre s'en
sont suivis, et la province de Lunigiane a été diversement
déchirée.

« Au nom du Seigneur, amen. L'an de sa Nativité mil
cccvi[e], indiction ive, le vi[e] d'octobre avant la messe. Le
Magnifique Seigneur Monseigneur Francischino, marquis

____
[1] Inf., XXIV, 145.

Malaspina a fait, constitué et ordonné comme son procurateur légitime, exécuteur, facteur et nonce spécial,
Dante Aleghierii de Florence, afin de recevoir paix, apai-
sement, quiétude, rémission et terme à perpétuité de
Vénérable Père en Dieu et seigneur Monseigneur Antoine
par la grâce de Dieu évêque et comte de Luni... »

Le procurateur avait pleins pouvoirs pour engager et
promettre [1]. En signe « de vraie et perpétuelle paix [2] »,
Dante et l'évêque s'embrassèrent. Excommunication et
interdits furent levés douze jours plus tard [3] ; et cela fit
beaucoup d'écritures, qui se conservent sur des feuillets
en loques, rongés et souillés par les années et par les
hommes.

> Marquis du « rameau sec et du rameau fleuri »
> Tous ces Malaspina, sires de male épine,
> Ravageaient la campagne et brûlaient la colline ;
> Pour leur ongle rapace il n'était point d'abri.

> Mais leur nom brille encore sous le nom d'un proscrit :
> Un cœur de gentilhomme était en leur poitrine,
> Puisqu'ils ont recueilli dans leurs tours apennines
> L'exil immérité de Dante Alighieri !

> Dante, avec leurs blasons, a signé la parole
> Qui terminait la guerre épouvantable et folle ;
> Il a de leur grand sceau scellé le parchemin.

> Leur renommée était comme une torche ardente ;
> Mais l'immortalité, que leur donna sa main,
> Fait que leur aigle vole avec l'aigle de Dante !

En redescendant vers Sarzane, tout gonflé de son
importance et la joue chaude du baiser épiscopal, Dante

---

[1] « Ipsi procuratori videbitur et placebit », p. 8.
[2] *Ib.*, p. 7.
[3] *Ib.*

voyait-il devant lui l'ombre de Guido Cavalcanti ? C'est
là que l'haleine empoisonnée des vieilles terres étrusques
avait mis le germe de mort dans le sang du « premier
ami ». Dante était maintenant proscrit, comme Guido : la
même mort, plus prompte en ses approches et en ses effets,
l'attendait sur l'autre revers de l'Apennin, le long de
l'autre rive italienne, quinze années plus tard. Il était à
l'âge penchant où l'adolescence, déjà si lointaine, se
colore de lumières irrésistibles ; courbé sous le poids des
quarante années vécues, dénué de l'amour réel qui l'aide-
rait à tolérer l'exécrable approche de la vieillesse mena-
çante, songeait-il à l'amitié qui l'avait sacré dans les
lettres, qui lui avait si largement embelli sa vingtième
année ?

Un ami plus jeune attendait, à la cour des Malaspina.
Et c'était Cino de Pistoïa, le favori des années mûres.
Guittoncino — Cino — dei Sigibuldi, l'amoureux de Sel-
vaggia, venait de prendre, en 1304, son grade de bachelier
à Bologne, durant un exil qui le frappa de 1301 à 1306[1] ;
il revenait peut-être bien de France ; Dante y allait
partir bientôt. Talent intermédiaire entre le génie de
Dante et l'humanisme de Pétrarque, Cino voyait s'éloi-
gner peu à peu la poésie avec la jeunesse.

Dante lui avait adressé, dans son bas-latin ordinaire[2]
une épître qui portait en tête : « A (Cino) le Pistoïen, exilé,
l'exilé de Florence qui ne mérite point son exil. » Cette
lettre n'était point faite pour rehausser Dante parmi les
épistoliers. Car ce n'est point là son génie. Il est, comme
tant de poètes et d'écrivains hors ligne, un épistolier
détestable le plus souvent, et d'une enflure, d'une confusion, d'une diffusion qu'exagère l'horrible latin de

---

[1] Voir d'Ancona et Bacci, I, 396 et suiv. et les notes pour la bibliographie.
[2] Voir Novati. Le epistole, ap. Lectura Dantis citée, p. 298 et 302.
L' « hypercriticisme » qui voit partout des faux y est justement combattu.

l'époque et l'esprit scolastique. Une commune passion pour la poésie, la science, et l'amour prolongé jusqu'à la vieillesse [1], réunissait ces deux amis au caractère peu commode. Cino fit même quelques rimes amoureuses pour une marquise Malaspina [2]. Dante assura toujours cet ami « de l'ardeur d'une tendresse éternelle (perpetuæ caritatis ardorem) ». Et Cino le nommait superbement : « Seigneur de toute poésie (signor d'ogni rima) » [3], sentant bien que la philosophie et la théologie passeraient et s'éclipseraient à mesure que monterait l'astre du poème divin.

Dante erra dans ce pays rude, parmi les Apennins de marbre, dans cette Garfagnana, sauvage comme son nom, lieu futur d'exil pour l'Arioste ou Jean des Bandes noires ; il poussa du pied les décombres de ces vieilles villes habitées par des devins fabuleux, et croulantes au temps déjà que Lucain écrivait :

Aruns hanta les murs de Luni la Déserte [4].

La montagne Apuane, Pietrapana, sommet abrupt et recourbé de l'énorme Apennin ligure [5], occupa son esprit. Il s'était répété, devant les pentes et les cimes où se tordait l'armée brillante des chênes verts agités par la tramontane, les vers de son maître Virgile :

Notre Père Apennin tout frémissant de chênes,
Et joyeux se dressant sous ses pentes de neige
Par les souffles des airs [6].

---

[1] « Fu lor caro il piacer loro, etc. » Boccace, Decam., IV, Préambule, t. II, p. 181, éd. de 1803, Milan, in-8°.

[2] Carducci. Disc. prel. aux Rime di M. Cino, p. xii.

[3] Rime cit. XIII, 138.

[4] Pharsale, I, 586. — Inferno, XX, 46-48.

[5] Inf., XXXII, 29.

[6] Enéide, XII, 701-703.

Il connaissait maintenant, autour de Fosdinuovo, de Mulazzo, les ravins de terre sanglante, les grottes de marbre livide, les rugissements du torrent sous la neige, la montagne sauvage et noire, et qui semble toucher au ciel avec ses milliers de mètres entassés comme les membres des géants infernaux. Il s'abrita peut-être au château de Moroël Malaspina de Giovagallo, gypaète au milieu de ces faucons, de ces sacres et de ces laniers sans nombre qu'étaient les autres marquis des deux rameaux ; celui-là, guelfe noir, puis gibelin, suivant les heures, changeant comme le ciel de son Val di Magra[1], reçut peut-être l'honneur d'une épître dantesque, où Dante, parlera de cet amour tardif pour une montagnarde, aux vallées du Casentin, passion violente qui respire encore ardemment, aux vers d'une canzone.

Mais la lettre semble fabriquée avec cette canzone même et avec Boccace, par un scribe ingénieux, qui écrivait encore un plus méchant latin, plus embrouillé, plus emphatique et plus surchargé que celui de Dante même[2]. Si pourtant l'épître est de Dante, si les phrases ampoulées, sur « un amour terrible et impérieux qui le tient », sur cette femme qui « a éteint cette conduite louable où je m'abstenais des femmes et des chants amoureux, et relégué, avec impiété, les méditations assidues où je contemplais tant les choses du ciel que celles de la terre[3] », oui, si tout cet amphigouri, qui semble fait avec ses canzones, son poème, et ses biographies, est par aventure de lui, c'est un commentaire un peu lourd à cette canzone si pleine de verdeur et d'allure qu'il fit dans le Casentin.

Car on ne saurait point sans doute fixer toutes les

---

[1] Voir Dino, Cron., III, XXXIV, 402.

[2] Voir Zingarelli, p. 222. — Novati, p. 301. — Vandelli, *Bull. soc. dant.* VII, 59 et Zenatti. Dante e Firenze, app. III, p. 430-462.

[3] Voir Par., XXV, 2.

marches et contre-marches de Dante à travers l'Italie.
S'il a, de Vérone, connu le lac de Garde et le Mincio qui
« s'emmarécage [1] », séjourné vers Rovereto dans les éboulis
du Tyrol, gravi la pente escarpée de San Leo dans le
Montefeltro [2], et le Monte Catria [3] dans un temps où il
séjournait chez les moines des Camaldules, et le faîte du
Bismantova quand il venait à Reggio [4] d'Emilie, quel alma-
nach ou quel carnet de route nous le dirait ? Certes,
son fils aîné le prêtre et son fils cadet le légiste, au lieu
de jargonner autour des vers paternels, auraient mieux fait
de nous laisser une chronologie exacte des années et des
voyages. Mais nous n'avons rien, que Boccace et l'œuvre
de Dante [5].

Or, voici ce que dit Boccace [6] : « Notre poète ne fut
point épris seulement d'un amour, mais, moult enclin à cet
accident, pour d'autres objets dans son âge plus mûr
nous trouvons qu'il a fréquemment soupiré... dans les
Alpes du Casentin, pour une fille de montagne, laquelle,
si l'on ne m'a menti, bien qu'elle eût beau visage, était
goitreuse ; et pour chacune de ses amoureuses, il composa
mainte et mainte belle poésie. »

Goitreuse ! les gens de bureau, de bibliothèque se
récrient ; mais les gens de laboratoire ou de cabinet
médical souriront à peine. Goitreuse ! mais la divine
duchesse de Bourgogne, cette princesse piémontaise,
fille du duc de Savoie, Victor-Amédée II, oui, cette déesse
sur les nues, adorée, idolâtrée, était goitreuse, comme sa
sœur la reine d'Espagne, qui ensorcelait son époux mal-

---

[1] Inf., XX, 61-81.

[2] Purg., IV, 25.

[3] Par., XXI, 109.

[4] Purg., IV, 26 ; sur un séjour à Gubbio, dans ce temps, voir Ugolini, St.
dei duchi e conti d'Urbino, I, 172.

[5] Voir Carducci. Delle rime, 90. — Zingarelli. ed. in-12, p. 60.

[6] Compendio, 17.

gré les écrouelles dont elle mourut à la fin. « Avec un soupçon de goitre, dit Saint-Simon, qui ne lui seyait point mal[1]. » Toute tare physiologique a des amateurs éperdus ; et ce fétichisme est connu. Manetto Portinari aimait sa « dame circonflexe ; » la boiterie, le pied-bot même, le strabisme, la myopie, ensorcèlent certains amants. Et Dante était un névropathe, comme l'on dirait aujourd'hui ; sa colère était indomptable, sa haine féroce, ses amours extatiques, sa luxure « très ample ».

Il a quarante-deux ans ; il est l'époux fort honoraire de la lointaine Gemma. La belle fille montagnarde, avec son gros cou, qui supporte une belle tête et prolonge un beau corps, l'a rencontré le long des ruisselets, « qui des vertes collines

> Du Casentin, dévalent dans l'Arno,
> Faisant leurs lits mols et pleins de fraîcheur[2].

Est-ce que le quadragénaire va bouder à l'idylle qui s'offre ? Hôte du comte Guy Selvatico de Dovadola[3], ou d'un autre comte Guidi, il a le prestige de l'hospitalité seigneuriale, et il sait écrire des vers tels que ceux-ci :

> Amour, puisqu'il convient que je me plaigne
> Parce que l'on me hait,
> Et qu'on me montre dénué de tout mérite,
> Fais que je sache pleurer à mon gré...
> Fais, monseigneur, qu'avant que je me meure,
> Cette cruelle par moi ne le puisse ouïr,
> Car, si elle entendait ce que dans moi j'écoute,
> La pitié ferait moins beau son beau visage...
> Bien que connais que la neige va au soleil[4] ;

---

[1] Mém. éd. Chéruel, in-8°. X, 84.

[2] Inf. XXX, 64-66.

[3] Neveu du Guido Guerra chanté dans Inf. XVI, 38. — Voir encore Par. XVI, 64, la canzone ap. Fraticelli. Canzoniere, VIII, p. 130.

[4] Qui la fera fondre, comme l'Amour le détruit lui-même.

Mais plus ne peux ; je fais comme celui
    Qui dans le bien d'un autre
    Va de son pied, là où il sera occis...
Ainsi m'as arrangé, Amour, emmi les Alpes,
    Dans la vallée du fleuve
Le long duquel toujours tu triomphes de moi...
Las, point de dames céans, point d'accorte personne
    Ne va, à qui fasse deuil de mon mal...
    O ma canzone montagnarde, tu t'en vas ;
Peut-être tu verras Florence, ma patrie,
      Qui se ferme pour moi,
    Vide d'amour et dénuée de pitié ;
    Si tu y entres, va disant : Meshuy
Plus ne vous peut mon maître faire guerre,
    Là d'où je viens, une chaîne le serre,
    Telle, que si votre cruauté ploie,
    De revenir il n'a plus liberté. »

CHAPITRE VI

DANTE PREND PLEINE CONSCIENCE DE LUI-MÊME.
VOYAGE EN FRANCE : ARLES, CLUNY, PARIS.
LA THÉOLOGIE, ET SON RÔLE
DANS LA *DIVINE COMÉDIE*.

Tout cela, c'était des chansons. Lorsque Bologne se rouvrait, Dante allait peut-être bien à Bologne ; mais les événements de Florence même ne retentissaient plus sur lui[1] ; de plus en plus il s'enfonçait en lui-même, sûr de n'avoir rien à faire dans la décadence de sa patrie, dans cette « guerre de Corso Donati »[2] où n'entraient, de part et d'autre, que ses ennemis acharnés. De jour en jour, il éclairait sa conscience et se redisait :

> Mais néanmoins, repoussant tout mensonge,
> Sache manifester toute ta vision,
> Et laisse donc gratter, qui est rogneux, sa rogne ;
> Car si ta voix au premier goût semble fâcheuse,
> Digérée, elle laissera nourriture de vie.
> Ton cri fera comme le vent
> Qui frappe plus les cimes les plus hautes[3] ;

Et sa devise, désormais immuable, c'est :

> T'être fait ton parti par toi-même[4] !
> L'averti fatta parte per te stesso !

[1] Boccace. Vita. *Loc. cit.* — Voir Ghirardacci, I, 503-504.
[2] Del Lungo. Da Bon. ad Arr. VII, p. 410-11.
[3] Par. XVII, 127-134.
[4] *Ib.* 69, voir encore VI, 103-108.

De quel orgueil il dut l'écrire, ce mot splendide, presqu'égal au : « Non serviam ! » de Lucifer ! Heureux qui a le droit de penser ainsi sur soi-même, et qui va seul, seul comme un dieu !

Pour « manifester toute sa vision », pour conduire son œuvre jusqu'au Paradis mystique, Dante éprouva le besoin de s'affermir dans la théologie. Pour mener à fond cette étude, il fallait aller à Paris[1].

On a pensé qu'il s'était mis en route avec son ami de Pistoïa, maître Cino, le « doux poète amoureux », qui fut digne de le comprendre, puisqu'il écrivit ces vers d'une suavité quelque peu farouche :

> Tout ce qui plaît aux autres, me dégoûte ;
> Et si, m'ennuie et me déplaît le monde entier.
> Or donc, qu'est-ce qui te plaît ? —
> Je te réponds : quand l'un souvent transperce l'autre ;
> Et je me plais à voir les coups d'épée
> Dans le visage d'autrui, et les vaisseaux sombrer[2].

Mais Dante avait assez de force et de ressources pour aller seul, sans compagnie du poétereau préféré. Et il s'est remis sur les routes, ayant peut-être en son bissac le « petit cahier » qu'on avait, dit-on, retrouvé parmi ses papiers à Florence, et qu'on lui avait fait tenir chez le marquis Moroello Malaspina, dans la bicoque de Mulazzo[3]. Ce carnet, où il écrivait de « son écriture parfaite, avec lettres maigres et longues, et moult correctes[4] », — ainsi que le marque Bruni, qui avait vu des autographes, — ce vieux carnet usé, corné, va se remplir de jour en jour,

---

[1] Sur l'école de théologie à Paris, outre ce qui fut cité plus haut, voir Rashdall. t. I.

[2] Carducci. Disc. prel. XII, XX, XXI, voir encore Del Lungo. *Da B. ad Arr.*, p. 155.

[3] Boccacc. Comm. leçon XXXIII, II, p. 130-132.

[4] Leon. Bruni. ap. Solerti, 104.

d'étape en étape. Qu'écrit-il là, ce voyageur solitaire et quinteux, tout absorbé dans ce qu'il pense, distrait, jusqu'à ne point répondre aux questions, et ne point s'apercevoir des gens qui l'entourent ? N'a-t-il pas, un jour, à Sienne, dans la boutique de l'apothicaire-libraire qui fait le coin de la petite montée aux Barbiers et de la grand'place du Campo, saisi si avidement un livre nouveau pour lui, que la fête des jeunes gens, les danses, les fanfares, ont tourné, défilé devant l'étal de bois où il lisait, sans qu'il ait rien entendu ni rien vu[1] ?

> Et donc, quand chose s'entend ou se voit
> Qui tienne fortement à soi l'âme tournée,
> Le temps s'en va, et l'on ne s'en aperçoit mie.
> O imagination, qui nous ravis
> Parfois si hors de nous, qu'on ne s'aperçoit point
> Même quand alentour sonneraient mille trompettes[2].

Cette fois, Dieu merci, son bagage ne comporte aucun livre. Il va « pour féconder et enrichir sa poésie, établie sur la vraie science et sur études infinies[3] ». Mais au-dessus de la science, et purifiant les études infinies, comme un rayon de soleil dans un ramas de poussière, il y a ce qu'il voit et note à présent : la mer, la montagne, le chemin de Provence et de France, « entre Lerici et la Turbie[4] » dont il gravit et redescend, sur le sourcil de l'Apennin maritime, les « escaliers déserts et solitaires », suspendus sur le flot brisant.

Lui-même il a marqué le mécanisme des comparaisons, « où la pensée surgit (éclate) d'une autre pensée[5] ». Il a

---

[1] Boccacc. *Vita*. 45-46.
[2] Purg. IV, 7-9 ; XVII, 13-15.
[3] Bruni, 104.
[4] Purg. III, 49.
[5] Inf. XXIII, 10.

pris la route des monts qui séparent la Toscane de la
mer ; avec des pèlerins qui s'en retournaient[1], avec ses
amis les frères mineurs, silencieux et solitaires comme
lui, marchant à la file[2], peut-être auprès de ces compagnons douteux, ramassés en chemin, et « qui se regardent l'un l'autre sous la lune nouvelle [3] ».

Enfin, l'auberge a rougeoyé, la grande cuisine a flam-
boyé devant les chemineaux transis : sur le fourneau, les
tourtières chauffaient ; l'hôtesse écaillait les gardons en
les râclant de son couteau [4], et la friture allait chanter.
Ou bien, à la suite d'un page qui rentrait à bride abattue,
il a passé le pont-levis d'un château, les cuisiniers lui ont
permis de s'asseoir sous le manteau de la cheminée,
c'était le coup de feu, les aides de cuisine plongeaient les
viandes avec des crocs dans la marmite, afin de les tenir
au fond[5]. Confusément, il a revu les éboulis et les ravins
vertigineux [6]. Il a secoué sur les cendres la neige de
l'Alpe :

> Rappelle-toi, lecteur, si jamais dans les Alpes
> Te cueillit une nuée par laquelle tu vis
> Non autrement que par leur peau les taupes,
> Comment, quand les vapeurs humides et épaisses
> Commençaient à se dissiper, la sphère
> Du soleil faiblement y pénètre [7].

Mais la nuée s'est refermée, et « d'une chute lente, les
larges flocons de la neige » sont venus se poser sur
l'Alpe, où le vent ne soufflait plus[8].

[1] Par. I, 51.
[2] Inf. XXII, 1-3.
[3] Inf. XV, 18-19.
[4] Ib. 82-84.
[5] Inf. XXIX, 76-78. — XXI, 55-57.
[6] Inf. XII, 1-10.
[7] Purg. XVII, 1-6.
[8] Inf. XIV, 28-30.

Encore une étape ; on est en pleine vallée abrupte, vers Pontremoli, Borgotaro, vers le cœur de l'Apennin sauvage ; les chèvres ruminent par troupes, redescendues des cimes où elles couraient et s'égaillaient effrontément, le soleil brûle, elles se sont mises à l'ombre, le berger s'appuie sur sa houlette ; la nuit, il va veiller sur son bien, que les loups menacent[1]. Car les forêts, ici, sont noires[2], les ruisseaux froids, la tramontane, le vent « nostral », arrache leurs feuilles aux plus robustes chênes[3], ou bien un coup de tempête australe achève de les dépouiller[4]. Les rameaux volent, les bêtes et le pasteur s'enfuient. Enfin, l'accalmie laisse voir la clairière et le gué du fleuve, avec les barques échouées « partie dans l'eau, partie sur terre[5] ».

Déjà l'air plus doux, plus salubre, comme embaumé par la marine, invite à repartir. On s'est levé devant le jour.

> L'aube triomphait du vent matinal
> Qui fuyait devant elle, si bien que de loin
> Je reconnus le scintillement de la Marine[6].

Et le lendemain, cheminant cette fois sur les écueils rudes où fuse la vague, entre Porto-Venere et Sestri, au fin matin, Mars apparut tout rouge entre les vapeurs lourdes, « bas au ponant sur le sol de la mer[7]. » On peut marcher derrière Dante, ce livre à la main, et surtout, je le redis, ce Purgatoire tout imprégné de l'air marin,

---

[1] Purg. XXVII, 76-84.

[2] *Ib.* XXXIII, 109-111.

[3] Purg. XXXI, 70-72.

[4] Inf. IX, 69-72.

[5] Inf. XVII, 19-20.

[6] Purg. I, 115-117. Voir sur l'òra mattutina, Moore. *Gli accenni al tempo.* P. 71, notes 1 et 2.

[7] *Ib.* II, 13-15. — Voir Par. XIV, 87 et Convivio, II, 14.

illuminé par cette mer aux splendeurs inaccoutumées, et qui s'ouvre, dès le premier vers, par une image maritime :

> Pour courir meilleure onde hausse les voiles
> Meshuy l'esquif de mon entendement,
> Qui laisse derrière soi mer si cruelle [1].

Dans le Paradis, Dante invoquera les dieux, Apollon ; dans le Purgatoire, il invoque la mer divine et souveraine. Des bouches fiévreuses du Tibre, où l'Ange rassemble les âmes [2], aux rocs sanglants de la mer provençale, le flot ourle tout ce poème, et la lumière de la mer en auréole la beauté.

Tous les mouvements des navires, des barques, les galères et les tartanes, les grands vaisseaux et les balancelles, glissent, s'émeuvent et frissonnent ; dans l'Enfer, les ailes du démon souverain sont si vastes qu'il s'écrie :

> Voiles sur mer ne vis oncques de telles [3].

Les rames, au son du sifflet qui commande, se plaquent dans l'eau [4], il en a noté le reflet quand elles sont levées, il rend le froissement de leur cadence. Le mât se hausse [5], tandis qu'autour du golfe, dans la pêcherie, dans la madrague, les poissons montent vers l'appât sur l'eau tranquille et pure, car le fond est de marbre ou de sable blanc [6]. Poussée de bon vent [7], la nef aborde sur la plage [8], ou sort de ces calanques resserrées, peu à peu, arrière,

---

[1] Purg. I. 1-3.
[2] Purg. II, 10 et suiv.
[3] Inf. XXXIV, 47-49.
[4] Par. XXV, 133-135.
[5] Inf. XXXI, 145.
[6] Par. V, 100-102.
[7] Purg. XXIV, 3.
[8] Purg. XVII, 78.

arrière, la poupe rebroussant le flot[1]. Mais voici les îles d'Hyères, et la grand'rade où saint Louis amena la flotte des croisades. C'est le royaume des dauphins, entre les îles du Levant, au pied des chapelles sacrées qui dominent les promontoires.

Les dauphins font signe aux marins, avec l'arc de l'échine, qu'ils s'occupent de mettre à l'abri leur vaisseau[2]. C'est que la mer, battue des vents contraires, mugit, et tonne dans les creux de falaise[3], sur ces pointes que l'on appelle « Cap des Morts ». Un pêcheur s'est presque noyé ; maintenant, essoufflé, trempé, le pauvre hère se retourne et regarde l'eau périlleuse[4]. Les navires qui n'ont point vu l'avertissement des dauphins, et tiennent encore la mer, sont vaincus par les ondes, et tournoient, roulant de bâbord à tribord[5].

On avait côtoyé, vers Gênes, vers la côte de France, la flotte où l'amiral, debout sur la galère capitane, marche sur le tillac, de poupe en proue, surveille et encourage[6].

Et il a connu les angoisses du départ en mer, le poète qui a décrit l'appareillage, aux heures poignantes du soir :

> C'était déjà l'heure qui tourne[7] le désir
> De ceux qui naviguent, et attendrit le cœur,
> Le jour qu'ont dit à leurs doux amis adieu,
> Et qui point[8] de tendresse le nouveau pèlerin,
>   S'il entend une cloche au loin
> Qui semble pleurer le jour qui se meurt[9].

---

[1] Inf. XVII, 100-101.

[2] Inf. XXII, 21-23.

[3] Inf. V, 29-30 ; VII, 22-23.

[4] Inf. I, 22-24.

[5] Purg. XXXII, 116-117.

[6] Purg. XXX, 58-60.

[7] Vers leur patrie.

[8] Poindre, pungere.

[9] Purg. VIII, 1-6.

La cloche de complies, à l'heure où l'on chante aux
églises : « Te lucis ante terminum [1] », a marqué l'entrée
de la nuit. Et maintenant on se dirige le long des côtes,
sur « le signe de terre », un phare primitif fait de bois
gras que l'on allume dans un réchaud de fer, et que surveille une vigie; ou bien « au signe de l'étoile [2] ».

Aux Saintes-Maries de la Mer, comme Lazare, comme
les Maries et Sara, les pèlerins ont débarqué, parmi les
fiévreux qui tremblaient la fièvre quarte de Camargue,
les ongles pâles, cherchant le soleil réchauffant [3]. Dans
Arles, « où le Rhône stagne », Dante s'égare aux Aliscamps, bosselés de tombeaux, ornés de légendes, terre
bénie par Notre-Seigneur Jésus-Christ, sanctifiée par les
premiers apôtres; il a vu les tonneaux descendre le
Rhône et s'agripper aux harpons des Arlésiens qui les
guettent : tonneaux funèbres, où l'on place les morts, dans
les cités d'amont, avec une pièce d'argent dans la bouche,
afin de payer ceux qui les tireront du fleuve et les
enseveliront sous la terre sacrée, aux Aliscamps. Les
bocages virgiliens du cimetière l'ont abrité, toujours seul,
toujours taciturne [4], « mélancolique et pensif ». Il a vu,
et il reverra bientôt dans Lyon, ces autels de Mithra, qui
montrent les signes du Zodiaque, « le Zodiaque rou-
geoyant, l'oblique cercle qui porte les planètes [5] ». Et ce
même autel, au Bourg-Saint-Andéol, sur la partie de
« France » où s'approuent les gabares qui remontent,
Dante l'aura pu voir encore.

Au pays d'Arnaut Daniel, « qui plore et va cantant [6] »

[1] *Ib.* 13, voir Novati ap. Casini., Comm. p. 329, note 6.

[2] Inf. XXII, 12.

[3] Inf. XVII, 85-87.

[4] Inf. IX, 112-115. — Boccace. Vita, 43.

[5] Purg. IV, 64. — Par. X, 14. — Mistral. Notes au Poème du Rhône,
ch. xii, note 4, p. 345; même image sur le dallage du Baptistère à Florence.

[6] Purg. XXVI. 142-fin.

Dante a pu visiter, avec sa passion pour les courses de montagne et la solitude, le vallon d'Enfer, près des Baux « baus, balzo [1], » c'est le même nom que les escarpements décrits en son poème. « L'Infèr » des Alpilles, c'est bien l'extrémité de la haute rive

Que faisaient grandes pierres brisées, en cercle [2].

Il a pris le Rhône, traversé Lyon fourmillant d'Italiens, vu la Bourgogne où ce saint Bernard, qui l'amènera jusqu'au trône de Dieu, jusqu'à la Trinité mystique, essaima ses cloîtres fameux; pour voir Cluny [3], le pèlerin a fait quatre lieues dans le val de Grône ; il voit monter sur l'horizon pacifique de la Bourgogne les tours romanes de l'abbaye; elle « se couronne de tours » comme Montereggione, et ces formidables murailles le font songer aux géants de l'Enfer [4]. Et les grands frocs bénédictins, aux vastes capuchons baissés sur les yeux, tels qu'on les revoit aux tombeaux anciens des Musées, hantèrent toujours sa mémoire. Surtout, dans cette basilique, la plus étendue que l'on vît, après Saint-Pierre de Rome, autour de ces cloîtres savants où la règle du réformateur avait remis l'esprit mystique, Dante dut concevoir l'admiration sans limites qu'il exprima pour saint Bernard : plus haut que Béatrice même, saint Bernard recevra des mains de Béatrice celui qu'il a seul le pouvoir de conduire aux pieds de Marie :

Ainsi que du soleil l'étoile matinale [5],

[1] Mistral, notes au ch. vi, de Mireille, p. 263 éd. de 1882, in-12.

[2] Inf. XI, 1-2.

[3] « Che in Clugni per li monaci fassi. » Inf. XXIII, 61-63. J'adopte la leçon de Witte, éd. de Berlin, 1862, in-4°. Voir enc. ed. Heitz, Strasbourg, in-16. — Voir Casini, p. 173, note 62. *Cologne* ne signifie rien. — Voir sur saint Bernard, Cluny, etc., E. Michaud, Guillaume de Champeaux etc. Paris 1867, in-8°, livre III, ch. iii.

[4] Inf. XXXI, 40-44.

[5] Par. XXXII, 108.

Saint Bernard reçoit par la Vierge les rayons de l'astre divin. C'est le loyer de cet amour incomparable que le contemplateur, le docteur mystique, a conçu pour la Sainte Vierge. Et, sous les voûtes formidables de l'abbaye cistercienne où saint Louis et les croisés avaient abrité leur phalange, Dante a pu concevoir, alors, l'éblouissante apothéose où s'épuisera son génie, où sa foi se sublimera.

Ayant gagné le coche d'eau qui descend la Seine, — car les routes sont infestées [1] de brigands et presque impraticables, — il arrivait enfin jusqu'à Paris. Ce voyage, affirmé par Boccace, n'est plus guère discuté maintenant [2]. Boccace, né à Paris en 1313, était mieux placé que pas un pour connaître, par son père même qui habitait Paris dès 1310, la vérité sur le séjour de Dante. Et d'ailleurs, Jean Villani, contemporain, « voisin » de Dante, n'a-t-il pas le premier, parlé de cette venue à Paris [3]?

Là seulement Dante pouvait trouver la Théologie qu'il cherchait. Pauvre arrivant, il va loger à Saint-Julien-le-Pauvre, au bas de l'Université, devant Notre-Dame qui se dresse sur l'autre rive de la Seine. Il est venu « comme il a pu [4] », il demeure « en étudiant tant qu'il peut... non sans grand'pénurie des choses opportunes à la vie [5] ». Le couvert, il l'aura dans Saint-Julien-le-Pauvre, où logeait jadis Grégoire de Tours [6], après qui l'on peut bien passer, quelques siècles plus tard.

---

[1] A. Franklin, *Les rues et les cris de Paris au xiiie siècle, etc.* Paris, 1874, in-12, p. 87.

[2] Voir Bartoli même, V, 211 et suiv. — Scartazzini. Enciel. et Dantologia p. 151. — Zingarelli. *Dante*, p. 237 sur le tém. de Boccace « vero documento ».

[3] Cron. IX, 136, p. 253.

[4] Boccace. Vita, 29.

[5] Boccace. Compendio, 27-28.

[6] Greg. Tur. Hist. Franc. IX, VI.

La petite église où se dressent, aux chapiteaux, les harpies de l'Enfer,

> « Saint-Juliens
> Qui herberge les crestiens, »[1]

ou Saint-Benoît-le-Bétourné, mal orienté vers le couchant,

> Saint Bénéois li Bestornez
> Aidiez à toi mal estornez !

sont accoutumés à ces hôtes plus chargés de science que d'écus. Au sol de Paris, la race italienne a pourtant poussé des racines, et ce ne sont pas les plus gueux qui viennent ici : les Lombards, les banquiers, — Peruzzi qu'on nomme *Perruches*, Frescobaldi, qui deviennent *Frescombaus*, — bien d'autres, affluent avec l'or de florins, les lettres de change, le négoce et l'agiotage. Les lits des dames florentines sont désertés « pour la France[2] ». Dante a pu trouver quelque appui chez les familles florentines ; sans admettre qu'il ait été jusqu'au Louvre, et qu'il ait lu devant le roi Philippe les vers de Jacopone da Todi contre Boniface VIII[3], il n'est pas sans vraisemblance que Dante, après avoir retrouvé son ami Giotto dans Padoue, au temps où il peignait l'Arena, en 1306[4], ait eu Giotto pour compagnon cette fois encore. Paris serait alors un de ces « divers lieux de France » que le bon peintre visita

---

[1] *Les Moustiers de Paris*, ap. Franklin, *ibid.*, p. 184. Saint Julien était le patron des voyageurs. V. *Lég. Dorée*. tr. Brunet. I. 125, et J. Viatte, Monogr. de l'église Saint-Julien-le-Pauvre, Châteaudun. 1898, in-8°.

[2] Par. XV, 120. — Voir encore *ib*. XVI, 161. — Langlois, *op. cit.*, 227. — S. L. Peruzzi. St. del. commercio e dei banchieri di Firenze.

[3] Légende recueillie, avec bien d'autres, dans le Discours sur l'état des lettres, etc. Hist litt. de la France au XIVᵉ siècle, par J.-V. Le Clerc et E. Renan. Paris, 1865, in-8°, t. I, p. 170. — Voir encore, *Ib*, 222 et 481, et t. II, p. 68.

[4] Cicerone, p. 610. — B. d'Imola. Comm. III, 313.

et orna[1]. Benvenuto Cellini recueillit, parmi les Italiens du xvi° siècle, à Paris, cette histoire toujours vivace[2].

Il est certain que Dante nomme la ville de Paris deux fois seulement et, l'une des deux, c'est dans les vers[3] où Giotto se trouve exalté comme le maître souverain ès art de peindre. S'ils sont venus ensemble, Giotto put trouver de l'ouvrage, et aider à son ami. Mais Dante lui-même, avec sa science, sa belle main, vivait, sinon dans l'opulence, tout au moins comme la plupart des hommes studieux en cette époque.

La ville, avec les nouveaux murs de Philippe-Auguste, l'Université, que fleuronnaient une dizaine de collèges[4], la rue aux Ecrivains, la rue Erembourc, pleines d'enlumineurs, de copistes, la rue Chartière, riche en parchemins, cette montagne des Ecoles, où

> Clerc vienent as estudes de toutes nations
> Et en yvier s'asanlent par pluseurs légions[5],

toute cette ruche du savoir, ces huit libraires qui montraient bien d'autre livres que l'apothicaire siennois, ces bibliothèques de couvents ou de docteurs, tout était nouveau, ravissant pour l'étranger.

On a voulu qu'il ait pris ses grades[6]. Mais c'est peu probable. Il a dû se mettre au nombre des auditeurs et des disputeurs qui hantaient les écoles : une rue de la vieille

---

[1] Vasari. I, 387. Ceci est nié par Crowe et Cavalcaselle.

[2] Cellini. *Vita*, éd. Bacci, p. 289, c'est là que se trouve l'étonnante glose des vers dantesques « Pape Satan ». Inf. VII. 1.

[3] Purgatoire, XI, 81.

[4] A. Springer. Paris au xiii° siècle, 1870, in-12, p. 35-38.

[5] Gilles li Muisis, ap. Langlois. La vie en France au moyen âge, Paris 1908, in-12, p. 329.

[6] F. G. da. Serravalle, ap. Solerti, p. 95 ; la conclusion fait juger de la foi qu'il y faut donner. Il dit que Dante retourna chercher à *Florence* l'argent qui lui manquait pour prendre le dernier grade. Sur les divers grades, et leur prix, voir Rashdall, *op. cit.* I. 396, 462, 475, 479 et suiv.

ville, la rue au Feure, est devenue fameuse par les vers de Dante : on va répétant une erreur à ce sujet, et tout le mal est venu des critiques français, qui n'ont jamais lu les vieux livres. Comment les Italiens auraient-ils pu savoir que Sauval dit[1] : « Pour la rue du Fouarre, en 1260, elle s'appelait la rue des Ecoliers ; en 1264, la rue des Ecolles ; en 1300, la rue au Feure ; en 1358, la rue au Feurre ; sous François Ier la rue du Feurre, et depuis quelques années la rue du Fouarre. » Voilà qui éclaircit, peut-être, le commentaire aux vers fameux de la *Divine Comédie*[2] :

> Celle-ci, d'où vers moi retourne ton regard,
> C'est la lumière d'un esprit, auquel les pensers
> Graves ont fait paraître lent l'approche de la mort :
> C'est la lumière immortelle de Sigier
> Qui, lecteur de théologie dans la rue au Feure
> Démontra, par syllogisme, des vérités qui excitèrent la haine.

Ce Sigier de Brabant, fameux averroïste[3], était mort depuis dix-sept ans lorsque la rue au Feure prit ce nom ; le « vico degli strami » s'appelait, de son temps, rue des Ecoles. Mais Dante, venu après 1300, n'a connu que le nom nouveau ; il célèbre ce Sigier que vante encore l'Université de Paris, il sait que ce disciple de Robert de

---

[1] Sauval (Henri). Hist. et recherches des antiquités de la ville de Paris. 1724, in-fol., t. I, p. 134-135 du livre II. « Etymologies des noms des rues de Paris. » Voir p. 17, du livre I, ce qu'il dit de Saint-Julien-le-Pauvre, asile des écoliers et ib. l. IV. p. 273. — Cf. enc. A. Longnon. Vocab.-Index de F. Villon, éd. citée p. 306. — V. p. 259, ci-dessous, la cit. de Rabelais, qui confirme Sauval.

[2] Par. X, 133-138.

[3] V. Renan. Averroès, p. 208. — Dante cite le comm. d'Averroès sur le *De Anima* d'Aristote, dans le *Convivio*. IV, et le *De Monarchia* I. Voir aussi Inf. IV, 144. — Voir *Giorn. stor. della lett. it.* 1886, VIII, 53-140. art. de C. Cipolla. — G. Mazzoni. app. *Bull. soc. dant.* II fasc. 8 mai 1895, p. 113-116, et VII, 1-2, oct.-nov. 1899 p. 36 et l'art. de F. Tocco, sur le travail de Baeumker, et du même, *Ib.* décembre 1899, sur le travail de Mandonnet. *Siger de Brabant et l'averroïsme, etc.*

Sorbon fut un « lecteur « et un docteur illustre ; mais il donne à la rue où s'éleva la chaire inclyte de l'averroïste un nom que Sigier ne connut jamais.

Dante hanta fort les écoles de théologie : « Théologien fort célèbre, dit un historien pieux, il s'en fut dans la cité de Paris afin de pouvoir faire en si fameuse Université l'expérience de ses grands mérites, et publiquement en toute faculté il afficha des conclusions, s'offrant à toutes personnes doctes, prêt et préparé aux disputes. » Et Boccace décrit ces joutes, dont il a pu recueillir la renommée encore fraîche : « Ce poète fut encore de capacité merveilleuse, et de très ferme mémoire et de perspicace intellect, tant que, durant son séjour à Paris, il y soutint une disputation *de quolibet*, ainsi qu'il était coutume dans les écoles de théologie, avec quatorze questions, contre divers hommes savants, et sur diverses matières ; avec arguments pour et contre formés par les adversaires ; et sans délai il reprit tous ces arguments, et dans leur ordre, ainsi qu'on les avait produits, les récita ensuite, en suivant ce même ordre, subtilement résolvant et répondant aux arguments contraires ; ce qui fut réputé quasi pour miracle par tous les assistants [2]. »

La scène est vraie ; car Rabelais, qui a pris les moutons de Panurge au *Convivio* [3], la reproduit exactement. « Pantagruel, bien recordz des lettres et admonitions de son père, *voulut ung jour essayer son sçavoir* [4]. De faict,

---

[1] Suppl. delle Cronich. del R. P. Frate Jac. da Bergamo ecc. Venise, 1540, in-fol., p. 206 *rétro*.

[2] *Vita*, p. 46.

[3] Il avait fort bien pu connaître, dans son séjour en Italie, les œuvres de Dante et de Boccace ; ou encore à Lyon, quand il fut prote chez Sébastien Gryphe. Voir mon livre sur *Rabelais, Montaigne, Calvin*. Paris, 1893, in-12, p. 44-45. Quant à Montaigne, il cite deux fois Dante, mais de façon à montrer qu'il le connaît bien. Essais, livre I, ch. xxv ; — livre II, ch. xii. — Je mets en italique ce que Boccace et Rabelais ont de commun quant aux termes mêmes.

[4] C'est la phrase même du chroniqueur cité.

par tous les carrefours de la ville *mit conclusions* en
nombre de neuf mille sept cens soixante et quatre, en
tout sçavoir, touchant en ycelles les plus forts doubtes
qui fussent en toutes sciences.

« Et premièrement, *en la rue du Feurre*, tint contre tous
les régens, *artiens* et orateurs, et les meit tous de cul.
Puis, en Sorbonne, *tint contre tous les théologiens, par
l'espace de* six sepmaines... Et à ce assistarent la plus part
des seigneurs de la court, maistres des requêtes, prési-
dens, conseilliers, les gens des comptes, secrétaires, avo-
catz et aultres, ensemble les eschevins de la dicte ville
avec les médicins et canonistes. Et notez que, de yceulx,
la plus part prindrent bien le frain aux dents ; mais,
nonobstant leur ergotz et fallaces, il les *feit tous quinaulx*,
et leur montra visiblement que ilz n'estoyent que veaulx
engipponez[1]. »

Boccace ne dit point si Dante fut aussi célèbre à ce coup
que le bon Pantagruel, et si jusques aux bonnes femmes
lavandières, courratières[2], roustissières, ganyvetières[3],
et autres, chacun l'admirait au passage. Lui qui trouvait,
comme fera maître François, le peuple de France « inepte
et badault » —, moins que les Siennois, cependant[4] —,
il ne dut point faire amitié avec les Parisiens, badauds
et bavards renforcés. Souffrant « froids et veilles pour les
vierges sacrosaintes », — ce sont les Muses[5], — il s'ac-
cordait de temps à autre une fugue pour son repos, il allait
voir à Saint-Denys l'oriflamme des rois de France[6], qui
lui remémorait Campaldino, les batailles et sa jeunesse.

---

[1] Pantagruel, II, X.

[2] Revendeuses, qui couraillent pour acheter à vil prix.

[3] Vendeuses de canifs, ganivets ; il y a une rue du Canivet près Saint-Sul-
pice.

[4] Inf. XXIX, 121-123. — Rabelais. Gargantua. I, XVII.

[5] Purg. XXIX, 37-38.

[6] Par. XXXI, 127.

Au moustier, où pria plus tard la mère de François Villon,
il entendait la messe auprès des murs où se montraient :

> Paradis paint, où sont harpes et luz,
> Et ung enfer où dampnez sont boulluz [1],

il voyait jouer, au parvis Notre-Dame, ces mystères où
ses amis les écoliers figuraient l'enfer, le purgatoire, le
jardin d'Eden, et la gloire des cieux avec leur belle porte.
Au couvre-feu, dans la nuit froide, il entendait, non plus
la cloche de l'Abbaye florentine, mais cette cloche de
Sorbonne,

> Qui tousjours à neuf heures sonne
> Le salut que l'ange prédit [2].

Paris dormait, comme Florence, sous le mantel de
Notre-Dame ; et, « pour prier, comme le cuer dit », l'exilé
florentin, quittant ses grimoires savants, implorait avec
révérence

> Le nom de la belle fleur, que toujours invoque
> Et matin et soir [3].

Pour disposer en l'honneur de Marie, et de l'amour qui
le conduit à Marie, son poème entier avec tous ses
cercles de gloire, il pensait qu'il devait se faire insigne
théologien. Ne gravera-t-on pas plus tard sur son tombeau « valde gravi », très lourd [4], ce vers d'un humaniste :

> Theologus Dantes, nullius dogmatis expers ?
> Ce théologien qui connaît tous les dogmes [5].

[1] Villon, p. 58, éd. Longnon.

[2] Villon. Petit test. XXXV, p. 15.

[3] Par. XXIII, 88-89.

[4] B. d'Imola. II, 393.

[5] Voir Boccace *Vita*, 33, et Ricci. L'ult. rif. di D. p. 251 et suiv., qui
nie le fait de l'inscription sur le sépulcre.

Hélas, cette théologie, dont s'encombrera le *Paradis* tout entier, les écoles de Paris ne la lui fourniront que trop abondante et trop lourde ! Il épure, au contact du Thomisme qui triomphe, et règne tout-puissant ici, les éléments un peu confus de sa doctrine[1]. Y gagne-t-il ? Le théologien sera de première force ; encore ne sera-t-il pas toujours exempt des soupçons et de l'hérésie. Mais le poète ? « Le bon frère Thomas d'Aquin[2] », lui sera-t-il un guide aussi excellent que Virgile ? et, quand Béatrice le quitte, et reprend place parmi les Bienheureux, l'austère saint Bernard ne laisse-t-il pas regretter qu'aux pieds de la Femme suprême, le poète ne soit point amené par le suprême Amour ?

Indigne sans doute, et par mon siècle et par moi-même[3], de comprendre et de ressentir ni la vertu ni la grandeur de ces très augustes chimères, j'aime mieux garder le silence. Ni saint Thomas, ni saint Bernard ne semblent mener nulle part qu'au vide, et aux songes baroques. Confessons, et c'est bien le cas ! notre infirmité tout entière.

Que de ressources, au Paris d'alors, pour un esprit avide des pâtures théologiques ! La concurrence des moines réguliers et de l'Université ne faisait qu'accroître le nombre des chaires théologiques. Et surtout les Dominicains avaient grandi de jour en jour, devant l'Université qui résistait aux conséquences de la Bulle

---

[1] Sur tout ceci, le livre de A. Graf. Miti, leggende e superst. del M. Evo, Turin. 1892, 2 vol. in-8°, t. I, ch. 1. 3. II, 19, p. 239-270 ; t. II, p. 79-139 et 239-303. — D'Ancona, Orig. del teatro ital I. 363. — Hauréau (B.). De la philosophie scolastique. Paris, 1850, 2 vol. in-8°. — Bach. (G.-H.). Dante et saint Thomas. Rouen, 1836, in-8°.

[2] Convivio, IV, XXX, 374 ; sur la tyrannie du Thomisme au xiii° siècle, voir Hauréau *op. cit.* II, 216 et suiv.

[3] Un excellent commentaire au point de vue théologique est celui de G. Poletto. 3 vol. in-8°. Rome et Tournai, 1894. — Cf. aussi F. Tocco. *Dante e l'eresia.* Bologne 1899, t. VI, de la Bibl. st. crit. della lett. dant.

Ad fructus, cherchait à détruire les privilèges que cette
pièce conférait aux Ordres, et soutenait le Roi dans sa
campagne contre le Saint-Siège[1]. Couvents de la rue
Saint-Jacques, monastère de Saint-Victor, qui formaient
les maîtres parmi les réguliers, Collège de Sorbonne où
s'élevaient les séculiers, collèges d'Harcourt, des Cholets,
vingt autres[2] qui cherchaient à faire mentir la chanson :

> L'université ne si membre
> Qu'il ont mise du trot au pas,
> Quar tel herberge on en la chambre,
> Qui le seignor gète du cas !

C'était là de quoi moissonner mille cahiers farcis de
textes, de gloses et de commentaires. Et les cahiers se
sont emplis, dans cette ville pédantesque où quarante mille
copistes travaillaient dès le siècle passé[3]. Et le Paradis
s'est bourré de dissertations savantes : « Béatrice parle
comme un livre de saint Thomas, écrit un Italien d'élite,
et fait la doctoresse en chambre de manière à donner
presque la nausée[4] ». Oui, Dante lui-même, ingénu
comme un étranger, comme un fidèle et comme un disciple, a subi l'empire de ceux que Michelet nomma « le
peuple des sots ». L'aigle a vécu chez les oisons mystiques, et il a voulu leur emprunter leur chant grotesque.
Mais, en dépit de tant d'efforts, il ne put déguiser son
vol ; il l'a seulement alourdi, par instants ; car ce ne sont
plus deux ou trois vers de verbiage scientifique ou mystique, il ne « retourne plus à sa science[5] », ainsi que le

---

[1] Voir Langlois, livre III, ch. III.

[2] Franklin, p. 80. — Springer ch. X.

[3] Springer. ch. XXXIX.

[4] D'Ovidio. Studij. sulla D. C., p. 198. — Voir Michelet. *Renaissance.*
Paris 1855, in-8°, introd. XXX-XXXIII. « Le moyen âge monastique eut un
monde d'idiots. » § VI, p. XXX.

[5] Inf. VI, 106. — Voir Par. XIV.

lui conseillait Virgile, en aphorismes de deux ou trois vers : c'est par tirades[1], de cent vers et de cent cinquante, que grouillent dans ces pages splendides les vermisseaux théologiques. Nés d'interprétations erronées, faussés par une mécanique intellectuelle absurde et torturante, ces magistères de la suffisance et du délire méthodique, paraissaient, au génie même qui les devait annuler par son éclat, vénérables et nécessaires. Dante s'en gorgea[2]. Les éléments même que des légendes populaires, des *visions*, auraient donnés, plus pittoresques, mieux plastiques, et les croyances populaires, si frustes et si expressives, cèdent, s'étouffent sous la loi de saint Bonaventure, d'Albert le Grand, de saint Thomas surtout. Il faut de la doctrine. Lucifer sera dépeint comme aux vieux portails des églises, mâchant les pécheurs ainsi que sur le tympan de Saint-Basile à Étampes, de Saint-Gall à Florence[3], mais les Anges seront bien ceux de l'école, et les arraisonnements des Bienheureux, ceux de l'école.

---

[1] Par. ch. iv, 17-111 ; vii, 24-148 ; xiv, 37-60, xix, 13-114 ; xx, 94-138 ; xxi, 85-120 ; xxvi, 4-66 ; xxvii, 40-fin ; xxix, 10-fin.

[2] V. Hauréau *op. cit.* et Michelet, *ib.*

[3] Didron, ap. Graf. *op. cit.* II, 94.

CHAPITRE VII

L'EMPEREUR HENRI VII EN ITALIE.
DANTE ET L'EMPEREUR. — SIÈGE DE FLORENCE.
DANTE N'Y PARAÎT POINT.
DÉCEPTION ET MORT DE L'EMPEREUR.

Mais, suivant la loi qui préside à toute cette carrière heurtée, presque inconsciente dans son progrès, qui est celle de Dante, un événement capital vint, et pour jamais, l'arracher aux écoles et le rejeter vers l'Italie, dans les luttes réelles, dans la vie et dans la souffrance laborieuse, féconde.

Cet Henri de Luxembourg que Dante avait pu voir, prince mystique, héros du xiiie siècle, au Jubilé de Rome en 1300[1], avait été fait Empereur le 27 novembre 1308, dans un couvent de Francfort, par les sept électeurs germaniques assemblés. Dans l'été de 1310, il s'acheminait vers l'Italie. Ce fut une grande espérance, le dernier grand rêve de Dante, vision suprême que le moyen âge expirant donnait à son plus grand poète.

L'Empire, éloigné d'Italie depuis plus d'un demi-siècle, redevenait romain, alors que l'Église romaine, aux mains d'un Bertrand de Got, esclave du Français, ne pouvait plus être appelée vraiment romaine, exilée en Provence, serve de Philippe le Bel par la félonie de Clément V[2].

---

[1] Voir Saraceno (Ph.). Regesta des princes d'Achaïe, ap. Miscell. di st. patria 1882, t. XXVI, p. 126-612.

[2] Voir Del Lungo. Da B. ad Arr., 411-fin.

L'Empire sauveur s'annonçait, il allait

> Guérir les plaies dont mourait l'Italie[1].

Il allait calmer le regret qu'exprime ce vers :

> Pense qu'en terre il n'est point qui gouverne[2] !

Ce Messie du rêve dantesque, et du poème, et du dernier livre en prose, c'est encore un fantôme du mysticisme, politique cette fois. Mais le génie même subit les lois de son époque ; la révélation n'existe pas plus pour lui que pour les autres hommes ; il agrandit leur vision, il ne la dépasse jamais. La forme qu'il donne à ses songes, l'ardeur qu'il insuffle à ses réflexions, le manteau dont il revêt ses espérances, peuvent bien faire illusion. Mais, en somme, les éléments de ses idées, ce sont des faits ou des pensérs contemporains, sublimés par un grand cerveau.

Le coursier n'avait plus personne pour le chevaucher ; la « selle était vide[3] » ; voici le chevalier sauveur, qui va prendre les rênes d'or et dompter le peuple rebelle. Mais il ne faudra pas longtemps pour que l'opinion publique, bientôt désabusée, répète : « Cependant, quoique notre auteur, Dante, puisse dire, je ne sais point du tout ce que font de bon en Italie Gaulois ou Germains, sinon des rapines publiques et privées[4] ».

Henri de Luxembourg, au moins, fut loyal et fut généreux, s'il fut inutile. « Le garbouil d'utopies[5] » surannées qui hantait ce brave homme d'Empereur « sage, juste et gracieux, pieux et tranquille sous les armes, honnête et

---

[1] Purg. VII, 95.
[2] Par. XXVII, 140.
[3] Purg. VI, 89.
[4] B. d'Imola, V, 463.
[5] Zingarelli p. 250 ; voir sur cette période Villari *I due primi sec*, II, ch. x.

catholique », c'était un fouillis confus d'anachronismes : couronnement à Rome, pacification de l'Italie, et croisade nouvelle en Terre-Sainte. Figure bien faite pour ces années confuses, où prêche Arnauld de Villeneuve, que sillonnent les troupes folles des flagellants, les hordes confuses des hérétiques [1], où fume encore le bûcher du fabuleux frère Dolcino [2].

Peu importe de rechercher si Dante était ou non, à ce moment, auprès de tel principicule [3]. Les événements sont assez grands pour qu'il suffise de le voir à leur pleine lumière. Au reste, qu'aurait-il fait maintenant en France ? Un édit allait en chasser les « Lombards », c'est-à-dire tous les Italiens en masse, « attendu, disait la prose royale, que nos sujets sont dévorés par leurs usures ; ils violent nos ordonnances ; ils troublent le cours de nos monnaies [4] ». La monnaie d'un roi qui brûlait les Templiers ! Tous les esprits se tournaient vers le Rédempteur, vers le César venu d'Aix-la-Chapelle.

Le jour des rois, à l'Epiphanie de 1311, dans cette cité de Milan où se voit le tombeau des Rois Mages [5], avec l'étoile poussinière, on mit la couronne de fer sur le front de l'Empereur et de l'Impératrice, la pieuse Marguerite de Brabant, en présence d'une noblesse très nombreuse et d'ambassadeurs envoyés par la plupart des cités italiennes, hormis Florence, qui refusait « d'abaisser les

[1] Villani VIII, CXXI, 221, IX-X, p. 222-223.

[2] Inf. XXVIII, 55, et note au v. par Casini, p. 214.

[3] D'autant que le passage au sujet d'Ordelaffi ap. Blondi Flavii. Hist. ecc. dans Solerti p. 156 et *Bull. soc. dant.* série I, n° 8, 1892, p. 21 et 25, paraît bien se rapporter à 1303 et non à cette période-ci, et d'ailleurs est confus et peu valable. Si Scartazzini a raison de dire que les Ordelaffi furent faits prisonniers par Robert de Naples en 1310 (Encicl. II, 1388), ce récit tombe de lui-même pour cette année 1310-1311. — Voir Villani, VIII, 60.

[4] Langlois, p. 229.

[5] A Saint-Eustorge ; voir mon livre sur Milan. 1 volume in-4°. Paris 1905, p. 23. — Voir sur ces années, Acta Henrici VII, ecc. a F. Bonaïnio coll., Florence 1877, in-8°, 2 parties.

cornes pour pas un seigneur ». Dante vit l'affable Empereur, il se prosternait à ses pieds[1]. « Moi qui vous écris, dira-t-il dans une épître du mois d'avril suivant adressée à l'Empereur, moi qui vous écris tant pour moi que pour d'autres, je vous ai vu, ainsi qu'il sied à la Majesté impériale, très plein de bénignité et vous ai ouï très plein de clémence, lorsque mes mains ont touché vos pieds et mes lèvres accompli leur devoir. Alors, mon esprit exulta en vous, et j'ai dit en moi-même, hautement : « Ecce agnus Dei, ecce qui abstulit peccata mundi ».

Une autre épître, confirmant et complétant la Bulle de Clément V, avait été lancée par Dante, un peu avant l'arrivée de l'Empereur, avec cet exergue : « A tous et à chacun des rois d'Italie, aux sénateurs de l'Alme Cité, et aussi à tous ducs, marquis, comtes, et peuples, l'humble italien Dante Alagerii, florentin et exilé iniquement implore paix ». C'était, dans un style biblique, apocalyptique, prophétique et pontifical, un hymne exalté d'allégresse, un *Lœtare* prodigieux[2].

Mais les objurgations de Dante n'avaient point été entendues. « Renonce, criait-il, ô sang des Lombards, à ta barbarie accumulée ! » Et le sang lombard repoussait le Messie ; Torriani, Visconti, déchiraient Milan, la trêve était rompue, Crémone, Lodi, Brescia, Pavie, fermaient leurs portes ; Henri VII voyait l'aigle impériale charbonnée sur les murs, pendue au gibet, la fleur de sa noblesse périssait des fièvres au siège deBrescia, l'Impératrice en mourait à Gênes. Florence payait toutes les rébellions ; « avec dix pouilleux elle irait braver tout grand prince ».

Il fallait que l'Empereur vît la fidèle Pise lui offrir une tente somptueuse et une épée splendide, pour oublier un peu tant d'amertumes. Mais, dès le 31 mars 1311, des

---

[1] Del Lungo, 422, et *Le Epistole*, éd. Fraticelli, p. 466.
[2] Ed. Fraticelli, 440-447.

confins toscans où il se tenait chez quelque comte Guidi, « jouxte les sources de l'Arno », Dante, « Dante Allagherij, Florentin, et iniquement exilé », écrivait « aux très scélérats Florentins du dedans », pour leur annoncer la venue terrible de l'aigle d'or, qui fondra sur eux[1]. Il leur rappelait Milan rasé par Barberousse, après Spolète. Il menaçait, il fulminait contre la « très misérable descendance des Fiesolans[2] ».

Florence, mise le 24 décembre 1311 au ban de l'Empire, avait répondu d'avance par la fameuse réforme contre ses bandits et rebelles, promulguée sous le nom de Baldo, le « vilain d'Aguglione[3] », et qui confirmait, rebaptisait comme exilés et « non vraiment guelfes », les anciens bannis, et entre eux, « Dante Allegherii » du quartier de la Porte Saint-Pierre.

Le 19 septembre 1312 l'Empereur assiégeait Florence. Mais dans la nuit de la Toussaint, après plus d'un mois consumé dans l'abbaye de San Salvi, là même où fut laissé Corso Donati, devant la ville qui le narguait, il levait le camp, abattu, malade, découragé. Dante avait reculé devant l'opprobre qui atteint celui dont les armes secondent un prince étranger contre sa patrie, même infâme : et, lui que Pétrarque enfant voyait à Pise auprès de l'Empereur en février de cette même année[4], « il n'y voulut point être » (non vi volle essere) lorsque le César invoqué planta sa tente impériale devant la porte de Florence. Cet homme, usé déjà par la vie, et que le petit Pétrarque trouvait « plus vieux que son père », — alors que ser

---

[1] *Ibid.* p. 450-459.

[2] Voir Inf. XV, 73.

[3] Par., XVI, 57. — Voir Purg., XII, 105. — Del Lungo. *Esilio*, 107. Codice diplom. X[a] disp., p. 5. — *Bull. soc. dant.* XI, 21 et suiv. Cette pièce est datée du 2 sept. 1311.

[4] Bruni, ap. Solerti, 104. — Petrarca, éd. Fracassetti. Florence, 1863, in-12, III, 15, 21 et Carducci. Studi lett. *della var. fort. di D.*, p. 254.

Dante exilé.

D'après le triomphe du Saint-Sacrement, par Raphaël Sanzio. (Chambres du Vatican.)
(Cliché Alinari.)

confins toscans où il se tenait chez quelque comte Guidi,
« près des sources de l'Arno », Dante. « Dante Allaghe-
rii, Florentin, et iniquement exilé », écrivait « aux très
scélérats Florentins du dedans », pour leur annoncer la
venue terrible de l'aigle d'or, qui fondra sur eux[1]. Il leur
rappelait Milan rasé par Barberousse, après Spolète. Il
menaçait, il fulminait contre la « très misérable descendance des Fiesolans[2] ».

Florence, mise le 24 décembre 1311 au ban de l'Empire,
avait répondu d'avance par la fameuse réforme contre
ses bandits et rebelles, promulguée sous le nom de Baldo,
le « vilain d'Agugliano », et qui confirmait, rebaptisait
[illegible] exilés et « non vraiment guelfes », les anciens
[illegible] entre eux, « Dante Allegherii » du quartier
de la Porte [illegible]

Le 19 septembre 1312 l'Empereur assiégeait Florence.
Mais dans la nuit de la Toussaint, après plus d'un mois
consumé dans l'abbaye [illegible], la même où fut laissé
Corso Donati, devant la ville qui le narguait, il levait le
camp, abattu, malade, découragé. Dante avait reculé
devant l'opprobre qui atteint celui dont les armes secondent un prince étranger contre sa patrie, même infâme ;
et, lui que Pétrarque enfant voyait à Pise auprès de l'Empereur en février de cette même année[3], « il ne voulut point
être » (non si volle essere) lorsque le César invoqué
planta sa tente impériale devant la porte de Florence.
Cet homme, [illegible] par [illegible], et que le petit Pétrarque
trouvait [illegible] alors que ser

Dante exilé.

D'après le triomphe du Saint-Sacrement, par Raphaël Sanzio, (Chambres du Vatican). (Galerie Alinari).

---

[1] *Ibid.* p. [illegible]

[2] Voir *Inf.* [illegible]

[3] *Par.*, XVI, 5[illegible] — [illegible] — Del Lungo, *Dino*, 10[illegible]
Codice diplom. [illegible] — *Inf.*, XI, [illegible] Cette pièce
est datée du 9 sept. 1311.

[4] Bruni, ap. Solerti, [illegible] Florence, 1863, in-12,
[illegible] et Cardinal, Studii [illegible] *Dante* [illegible] p. [illegible]

Petracco, l'ancien compagnon de l'exil dantesque, avait réellement douze ans de plus que Dante, — ce rebelle recondamné détourna la tentation déshonorante. Quand il fallut porter la hache contre les portes de Florence, l'ombre méprisée de Corso Donati lui apparut : « il n'y voulut point être ! »

Le 24 août 1313, Henri VII, empoisonné dans l'hostie de la communion, mais depuis longtemps moribond et spectral, mourait un peu plus loin que Sienne, à Bonconvento[1], suivant dans le tombeau son épouse, son frère, morts dans cette même Italie. Trompé par le Pape « Gascon[2] », le César allait occuper, saoûl de déceptions et brisé de fatigue, le « grand siège », le trône altier que Dante lui réservait au sommet de son Paradis[3]. Tandis que son âme montait au ciel, le corps de celui qui avait pris la couronne des antiques « Césars triomphants[4] » exhalait une telle odeur qu'on le fit cuire, et qu'on l'aspergea d'aromates. Puis l'Empereur ainsi traité fut porté par ses Germains fidèles, comme s'il respirait encore, jusqu'à Paganico, bourg du Siennois[5]. Il sentait encore la peste, *intolerabiliter olentis*. On le transporta jusqu'à Pise, dans un cercueil où reposaient auprès de lui les insignes impériaux, la couronne, — cette couronne qui marque son trône au Paradis de Dante, — le sceptre et le globe de vermeil. Pise mit deux ans à lui faire le sarcophage magnifique, orné par Tino di Camaino[6], et qui, placé d'abord au Dôme où plusieurs fois il changea de chapelle, fut enfin scellé dans le sublime Campo

---

[1] Del Lungo, 448.

[2] Par., XVII, 82 ; XXX, 142.

[3] Par., XXX, 133-148.

[4] Villani, IX, 9.

[5] G. Trenta. La tomba di Arr. VII. Imperatore. Pisa 1893, in-8°, ch. III ; d'autres (p. 63) disent à Suvereto.

[6] Cicerone, 395-396.

Santo, terre sacrée de l'art et de la foi pisane. Lorsqu'en l'an 1727, dans un déplacement de la tombe insigne, on ouvrit la caisse de marbre, on y trouva la couronne, le sceptre et le globe, avec les débris du manteau rouge et or, qui semblait montrer, dans la pourpre nuée de son tissu, l'aigle et le lion.

Cette mort fermait la vie publique de Dante, comme la mort de Béatrice semble clore sa vie privée de poète. Celui qui devait créer son œuvre avec la Mort la rencontrait ainsi, marquant chaque époque de sa carrière. Désormais, le poète a reçu les deux leçons suprêmes : il ne manque plus rien à ce Paradis qu'il va construire. La vie réelle le rejette tout entier à son vrai devoir, à sa vraie gloire : son Poème.

CHAPITRE VIII

DANTE A VÉRONE, CHEZ CANGRANDE DELLA
SCALA. — LE *DE MONARCHIA*. — LA COURONNE
DE LAURÉAT. — GENTUCCA DE LUCQUES, LE
DERNIER AMOUR. — NOUVELLE SENTENCE DE
BANNISSEMENT. — LA LETTRE A L'AMI FLO-
RENTIN. — LA LETTRE A CANGRANDE. — LA
THÈSE SUR L'EAU ET LA TERRE.

Alors, cette cour de Vérone, où le jeune héros Cangrande della Scala[1], le lévrier qui doit chasser, gibelin
et laïque, la louve rapace de la Curie[2] guelfe, cette cour
magnifique, entre Feltre et Montefeltro, séjour de celui
que César a désigné par testament, dit le peuple, comme
vicaire impérial, elle va se rouvrir pour Dante, comme
au temps de Barthélemy le grand Lombard, mais sous un
maître plus puissant et plus somptueux.

C'était, cette cour du jeune prince, monté seul depuis
un an au pouvoir suprême, après l'avoir partagé d'abord,
un de ces asiles splendides qui annoncent la Renaissance
et en présagent le luxe et les raffinements. Suivant la qualité des hôtes, les logis étaient parés de devises peintes :
triomphes pour les capitaines, bonne espérance pour les
exilés, bois sacré des Muses pour les poètes, Mercure pour
les artistes, paradis pour les orateurs sacrés ; une armée

---

[1] Par., XVII, 76-93. Ricordi ovvero ammaestramenti di Mgr Saba da Castiglione, ecc. Venise, 1555, in-8°, p. 76ro -77.

[2] Inf., I, 101.

de serviteurs épargnait à chacun les peines matérielles ;
musiciens, bouffons, jongleurs égayaient les repas ; les
chambres à coucher, splendides, étaient tendues de cour-
tines où l'on voyait les figures de la Fortune instable, et
des peintures excellentes les paraient encore [1].

Boccace [2] se plaît à narrer les fantaisies de ce seigneur,
libéral et hardi. Son dédain pour les richesses, racontaient
les anciens, apparut dès l'enfance : « Car, un jour que son
père l'avait conduit voir un grand trésor, l'enfant aussitôt releva ses vêtements et pissa dessus ; d'où les spec-
tateurs inférèrent tous qu'il serait fort magnifique, à
cause de ce mépris pour les trésors, etc. [3] » Cette muni-
ficence avait ses faiblesses, elle était intermittente comme
la grâce de ce prince quinteux et fantaisiste. Mais Dante
lui a consacré le plus reconnaissant éloge :

> Avant que le Gascon trompe le grand Henri,
> Paraitront des étincelles de son mérite,
> Dans l'insouci de l'argent et des peines.
> Ses magnificences seront connues
> Encore, tellement que ses ennemis même
> N'en pourront tenir leurs langues muettes.
> A lui t'attends, ainsi qu'à ses bienfaits ;
> Par lui seront transmués force gens,
> Changeant de condition et riches et mendiants [4].

Et dans une lettre où il lui offrait la primeur du Paradis, quelque temps après, il répétera : « J'ai gagné
Vérone... J'y ai vu vos grandeurs, j'ai vu et touché tout
ensemble vos bienfaits » ; il signera : « Dante Alagherij,

---

[1] Sagazio Muti della Gazata rapp. par Panciroli. ap. Muratori. Rerum. it
scr. XVIII, 2. préf. — Giorn. stor. it. 1885, VI, 71 et suiv. — Enciel. dantesca,
II 2117-8. — Zingarelli, p. 303 et note p. 723.

[2] Decamerone. Giorn, I. nov. VII. — Voir Papanti. Dante. sec. la trad.
ecc. p. 90 et suiv.

[3] B. D'Imola, V, 197.

[4] Par., XVII, 82-90.

Florentin de nation, mais non de mœurs..., votre très dévoué et ami[1]. »

Dante, logé dans la chambre aux Muses, a-t-il pris, à ce spectacle des fresques gracieuses, l'idée des invocations aux Muses et au dieu Apollon qui ouvrent les deux derniers chants du Poème, et semblent y avoir été rajoutées ? Il connut, en tous cas, la paix et le loisir nécessaires aux âpres travaux, à ce Poème en fusion, qu'il achevait, et dont il « maigrissait » depuis des années, et aussi à ce traité de la Monarchie, si intimement rivé à sa vie et à son poème, où il se consolait alors, employant à louer et à fixer ses idées politiques une force toujours plus grande, et un génie toujours plus net[2].

Les traités de ce genre étaient fréquents à cette époque ; en France, les grands publicistes aux gages du roi, Pierre Dubois, Jean de Paris, Nogaret, avaient soutenu les droits du pouvoir temporel laïque, avec une clarté, une énergie qui font honneur aux traditions gallicanes[3]. Mais Dante, au faîte alors de sa puissance intellectuelle, assagi par l'expérience, animé par l'épreuve, a fait de ces éternelles controverses une synthèse magistrale.

Il a trouvé, comme les autres de son temps, dans la Genèse, la théorie des deux luminaires universels, Pape, Empereur, et il nie, ainsi que les autres, la théorie des Décrétalistes sur le Pape-Soleil et l'Empereur-Lune. Mais

---

[1] Fraticelli, p. 508 ; en faveur de l'authenticité de cette lettre : D'Ancona et Bacci, p. 287. — Vandelli, *Bull. soc. dant*, VIII, avril-mai 1901, p. 136-164. — Torraca. *Rivista d'Italia*, 15 décembre 1899, fasc. 12. — Moore. Studies III, 284-374. — G. Bolognini. Arch. stor. 1901, disp. 4, p. 387. — Contre : D'Ovidio, Studii sulla D. C., p. 430 et 448-485. — Zingarelli. Dante, p. 308-318.

[2] Ed. Fraticelli du De Monarchia ap. op. minori cit., t. II ; et ed. Witte. Vienne 1874. — D'Ancona, ap. Lect Dantis, p. 225 et suiv.

[3] Renan, *op. cit.* 289 et suiv. — Cipolla, Il tratt. de Monarchia di D. Al. e l'opuscolo. De pot. regia et papali di G. di Parigi. Torino 1892. — Villari, *N. Machiavelli*, II, 240 et suiv. — et art. de L. Chiappelli ap. Arch. stor. it. 1908, disp. 1, 3-44.

avec une méthode inflexible, divisant l'ouvrage en trois
livres dont le premier est spéculatif, le deuxième historique, le troisième politique, il proclame que « sa présente
matière est ordonnée non point pour la spéculation pure,
mais pour la pratique, *ad operationem*[1]. » Et il y a sans
doute du jargon scolastique, des essences intellectuelles,
et de l'Averroès ; mais tout de suite le grand mot, le mot
glorieux de Paix illumine ces pages. Les saints répons du
Gloria in excelsis chantent sur ce monde pervers et
déchiré. Dante est un « homme de bonne volonté » et de
son Monarque il veut faire le symbole des Pacifiques, le
souverain de la bonne Loi. Utopie sublime, unité factice,
nous le voulons bien : mais qui donc mènera le monde,
si ce n'est point ces idées-là et les génies qui les con-
çoivent ?

Dans le second livre, Dante invoque et résume les traditions historiques en faveur de ses conceptions ; dans
le troisième, il proclame cette théorie, que son Purgatoire symbolise, à savoir que les deux pouvoirs souverains doivent être séparés. Concept fondamental chez
Dante : l'Empereur, souverain des choses matérielles,
délègue une part de celles-ci à l'Eglise, chargée de la
distribuer aux pauvres. L'Eglise, par son droit propre,
ne règne directement que sur les matières spirituelles.

Et prenons garde que ceci, c'est peut-être ce qui sauva,
rendit réelle, vivante, éternelle, la *Divine Comédie*. Sans ce
profond sentiment civil et laïque, jusqu'où Dante n'aurait-il
pas dérivé dans la théologie et le mysticisme ? avec ce
sentiment, doublé du sens historique et du sens poétique,
ce fils de la prosaïque et plastique Florence ne cessera
plus de se tenir ferme à la vie, à l'art, à la réalité. Son
œuvre est sauvée par sa haine pour la suzeraineté du

---

[1] § II, éd. Witte, et III, éd. Fraticelli.

catholicisme intégral. Inconsciente en partie, mais si profonde qu'elle est son sang même et la chair de sa chair.

Il trouve ces idées dans son peuple et dans son temps : l'Empereur qu'il pleurait hier écrivit un jour[1] : « Le fils de Dieu, comme Pontife éternel, a constitué un Pontificat éternel ; comme roi des Romains et seigneur des Seigneurs, il a soumis toute puissance terrestre à l'Empire. » Et Dante dit, en un passage où résonne comme un écho de son poème : « L'homme eut besoin d'une puissance directrice double, suivant sa double fin : c'est-à-dire, du souverain pontife, qui suivant la révélation conduirait le genre humain à la vie éternelle ; et de l'Empereur, qui suivant les enseignements philosophiques, dirigerait le genre humain vers la félicité temporelle[2]. »

Au reste, son époque lui offrait chaque jour des éléments pour son poème. Clément V, l'imposteur gascon, était mort le 20 avril 1314[3], à Rochemaure de Provence. Cupide, luxurieux, simoniaque, il eut l'imprudence de consulter un nécromant afin de savoir où était un neveu chéri qu'il venait de perdre. « Le maître fit ses arts, et fit emporter aux démons un chapelain fort confident du Pape ; les diables le menèrent en enfer, et lui firent voir un palais, avec dedans un lit de feu ardent, ès lequel était l'âme dudit neveu mort, lui disant que pour sa simonie était ainsi jugé. Et il vit, en cette vision, fabriquer un autre palais en face, lequel il lui fut dit qui se faisait pour le pape Clément ; or ainsi le rapporta le chapelain au Pape, lequel depuis lors onques plus ne fut joyeux, et vécut peu, après cela ; et lui mort, comme on l'avait

---

[1] Ap. D'Ancona, *loc. cit.*, p. 21 du tirage à part, p. 245 de la « Lectura ».

[2] Ed. Fraticelli, p. 405 et 406.

[3] Villani, IX, 59, p. 234-235.

laissé la nuit en une église avec un grand luminaire, le cercueil prit feu et brûla, et aussi son corps, de la ceinture jusqu'au bas, avant qu'on ne s'en aperçut. » Dante n'a même pas daigné nommer ce Pape, sans cesse outragé dans son poème, mais il l'a fourré dans l'Enfer par-dessus Boniface VIII, on sent qu'il aurait pu lui dire avec plus d'allégresse encore :

> Donc, reste là, car ta peine est bien juste[1] !

L'effet du *De Monarchiâ* fut si puissant, son importance apparut si pleinement aux contemporains, qu'une des inscriptions placées à Ravenne sur le sépulcre de Dante, rappela cette œuvre, auprès du grand poème, et la première, et elle seule[2].

Sous l'épée de Can della Scala, Dante, raffermi,

> Bien tétragone aux coups de l'infortune[3],

continuait à travailler pour conduire l'opinion publique, et triompher par ses écrits, comme le seigneur de Vérone par ses armes. La mort du pape Clément V fit vaquer deux ans le Saint-Siège. La mort du roi de France, écrasé dans une chasse à courre, les désordres suscités au conclave de Carpentras par les cardinaux gascons, et l'assaut qu'ils donnèrent aux cardinaux italiens, tous ces faits bruyants émouvaient l'Italie ; et Dante[4] écrit aux cardinaux italiens réfugiés dans Valence, sous une menace de schisme. « Premiers défenseurs de l'Eglise militante, placés en

---

[1] Inf., XIX, 97. — Voir, *Ib.*, 82-87. — Purg., XXXII, 148 et suiv. — Par. XVII, 82 ; XXVII, 58 et suiv. ; XXX, 142, et suiv.

[2] « Jura Monarchiae, Superos, Phlegetonta, lacusque, etc. » épitaphe par le Bolonais Bernard Canaccio. Voir Zingarelli, *Dante*, p. 352.

[3] Par., XVII, 24.

[4] Ed. Fraticelli, op. min. III, p. 486 et suiv. — Villani, IX, 136, p. 253. — G. Crocioni. L'Ep. di D. ai card. it. Pérouse 1901. — Del Lungo. Da B. ad Arr. VII, X, I, 451.

tête », s'ils agissent en vendeurs du Temple, gare à la cravache dont Jésus flagella les marchands impies, gare au feu du ciel! Tous les fidèles pensent comme lui. L'Eglise doit redevenir romaine, le Pape, italien.

Dante était plus ardent encore, à voir son protecteur Scaliger vaincre les Padouans, défendre l'Empire dont il était vicaire. Parmi les prisonniers padouans, il connut cet historien poète, Albert Mussato, que Padoue couronnait, le 3 décembre 1314[1], du laurier poétique, du myrte et du lierre entrelacés. Le cœur ambitieux de Dante, « si fort dans les adversités[2] », mais « très avide d'honneur et de pompes[3] »s'émut violemment de désir et d'envie. « Il désirait avec une ardeur extrême cet honneur-là[4]. » Il l'avoue dans sa *Comédie*, ce rêve de gloire est le sien :

> Si jamais il advient que le poème sacré
> Auquel ont mis la main et le Ciel et la Terre
> Si, qu'il m'a fait pour bien des années maigre,
> Vainque la cruauté, qui m'enferme dehors
> Du beau bercail, où je dormis agneau,
> Ennemi de ces loups, qui lui donnent la guerre,
> Avec autre voix, lors, avec autre toison
> J'y reviendrai poète, et sur les fonts
> De mon baptême recevrai le chapel[5].

Et quand il priait Apollon, en commençant le Paradis, n'a-t-il pas dit :

> O divine vertu, si tu te prêtes à moi,
> Tant que, cette ombre du royaume bienheureux
> Figurée en ma tête, je la manifeste,
> Tu me verras venir à ton arbre chéri

---

[1] Voir Novati, Indagini e postille dantesche. Bologna, 1899, p. 73-113.

[2] Boccacc. Vita, 60.

[3] *Ib.*, 46.

[4] Boccacce, ib, 59.

[5] Par., XXV, 1-9.

> Et me couronner lors de ce feuillage ;
> Car la matière et toi vous m'en ferez digne.
> Si rares fois, ô Père, il s'en cueille,
> Pour triompher, ou César ou poète [1]...

Rêve éternel, toujours déçu. Dante écrit la *Divine Comédie* ; c'est Albert Mussato qui marche au triomphe, parmi l'Université jubilante, les marchands hébétés d'admiration, et le peuple qui bée. A douze ans ou à cinquante ans, les prix d'honneur sont pour les écoliers bien sages, pour ceux qui savent se résoudre au rôle abject et profitable de disciples obéissants. Le chien gras reçoit, en échange de son collier, les bons reliefs du festin social et les caresses des patrons. Dante ne fut jamais célèbre, populaire, grand homme de cortège, il n'eut jamais ce carnaval de renommée qu'il désirait ; aussi ne fut-il point un charlatan dégradé, que l'avenir pousse du pied parmi les ombres anonymes. Il l'a regretté, c'est assez naturel ; le triomphe décerné par les sots au sot est pénible à voir, quelquefois. Car on ne jouit que de sa vie. Et l'ombre, portée un moment par les intrigants et les médiocres, offusque et gêne certains hommes, même très forts, même très grands. Leur revanche est après leur mort.

« Pour marcher au triomphe, ou César, ou poète », il faut s'abaisser vers la foule ; Dante ne s'abaissa jamais. Plus tard, à force de splendeur, il haussa son pays vers lui. Et de son triomphe posthume il fit la gloire de Florence, et il recréa l'Italie.

Cependant, Florence avilie par les Noirs, avait fait son seigneur Robert de Naples ; durant une dizaine d'années, « les vicaires du roi pèseront sur les actes des Prieurs et du gonfalonier [2] ». Le 29 août 1315, à Montecatini, Uguc-

---

[1] Par., I, 22-29.
[2] Del Lungo. da B. ad Arr., X, I, 452.

cione della Faggiuola infligeait aux Noirs une défaite cruelle, et Cangrande les achevait en les poursuivant au lendemain de la bataille. Dante avait suivi les milices des vainqueurs vers la Toscane; il avait prédit la défaite, et Henri VII était vengé[1]. Il alla s'éjouir à Lucques, dans l'amour d'une jeune dame.

On a nié cette aventure, tout au moins pour ce qui concerne la passion, un peu tardive. Mais qu'est-ce qui peut empêcher un homme de fibre nerveuse et solide, comme était Dante, d'être amoureux à cinquante ans, et de prouver tout son amour ? Boccace fait-il pas dire à son Philostrate : « Et donc, certains de ceux qui me trouvent répréhensible, disent que mal fais, ô jeunes dames, en trop m'ingéniant de vous plaire, et que trop me plaisez à moy... Je leur réponds, que jamais ne me réputerai à vergogne jusques à l'extrémité de ma vie de devoir me complaire en ces choses, èsquelles Guido Cavalcanti et Dante Alighieri, *déjà vieux*, et Messer Cino de Pistoïa très vieux trouvèrent gloire[2] ».

Dans le Purgatoire, Buonagiunta de Lucques parle au poète et prophétise :

> Il murmurait ; et moi j'entendais là
> Je ne sais quel : « Gentucca »...
> O âme, lui dis-je, qui parais tant avide
> De parler avec moi, fais ainsi que je te comprenne
> Et contente-nous, toi et moi, par tes paroles.
> — « Une femme est née, et point ne porte encore le bandeau d'é-
> Commença-t-il, qui te rendra plaisante   [pousée,
> Ma cité natale, combien que l'on s'en gausse.
> Tu t'en iras avec cette prophétie-là ;

---

[1] Purg., XXIII, 105 et suiv. — Voir Del Lungo. Dino. app. au comm. II, 624 et suit. — Casini, note au vers 109, p. 460.

[2] Decam. IV, Proemio t. II, p. 181.

Si dans mon marmonnement tu avais pris erreur,
Les choses vraies t'éclairciront ceci [1].

Cette femme, en fleur de jeunesse, Gentucca Morla,
mariée à Buonaccorso Fondora [2], cette bonne hôtesse de
Lucques avait-elle un autre moyen de « faire plaire sa
cité » à Dante, que de lui donner plaisir ? On aimerait à
savoir ce qu'une jeune femme peut faire d'agréable à un
vieux passant, sinon de lui octroyer ce qu'il lui demande
de mieux. Et puis, quand le passant, c'est Dante,

Il vaut bien qu'on le courtise
Quand il est fait comme *lui* !

Comment dire que la prédiction « a quelque chose de
voilé et de pudique », alors que l'esprit du Lucquois
mâchonne : « je ne sais quel : Gentucca ! » Belle pudeur,
en vérité, et délicate ! non, il semble plutôt que Dante,
s'acheminant vers Béatrice, fasse, en un symbole concret,
et en nommant l'objet suprême, litière de tous ces
amours terrestres que la Bienheureuse lui reprochera
durement :

Dans une voie contraire
Te devait entraîner ma chair ensevelie [3],

lui dira dédaigneusement, amèrement la grande Aimée.
Il est malaisé de pénétrer à travers de telles énigmes, et
avouées par Dante même. Le fond de l'âme d'un poète,
et d'un poète catholique, héberge d'étranges chimères :
empoisonné par ces remords qui le harcèlent, quelle
idée a-t-il conçue ? Peut-être a-t-il voulu choisir l'amour

----

[1] Purg., XXIV, 37-48.

[2] Casini, p. 464. — Minutoli. ap. Dante e il suo secolo, cit, p. 223. — Buti,
II, 575, dit qu'elle était Morla en son nom. — D'Ovidio. Studj. sulla D. C. nie
l'amour (p. 569).

[3] Purg., XXXI, 48.

le plus voyant, le plus public, le dernier de tous, celui qui convenait le moins à l'âge et à l'homme, et l'étaler, afin d'en faire un « je ne sais quoi », dans la bouche de l'ivrogne Buonagiunta Orbicianni [1].

C'est une sorte d'holocauste moral aux pieds de Béatrice ? Qui sait ?

Entre temps, à la défaite de Montecatini, Florence répondait encore, en aggravant les sentences de bannissement contre les exilés ; on leur avait offert une amnistie, mais, rebelles et contumaces, ils tombaient sous le coup des lois, eux et les leurs, entre quinze ans et soixante-dix ans : « Dante Adhegerij et ses fils » étaient compris dans la formule qui nous reste, au ban du 6 novembre 1315 [2]. Dante, en effet, n'avait point voulu, lui qui rêvait une rentrée triomphale à Saint-Jean-Baptiste, revenir par la porte basse du pardon et de l'amende honorable, c'est-à-dire déshonorante.

« Il répondit, écrit Boccace : « que Dieu m'en préserve ! jamais on ne verra celui qui fut élevé dans le sein de la philosophie et y a grandi, devenir un lumignon (candelotto) dans sa commune [3] ! »

Et il écrivit cette lettre sublime [4] à un ami qui lui offrait d'aider à son retour :

« ... D'autant plus obligé vous suis, que plus rarement les exilés ont le bonheur de trouver des amis. Voici donc que par vos lettres, et par celles de mon neveu, et aussi de plusieurs autres amis, on m'a fait assavoir l'ordonnance récemment rendue à Florence sur l'absolution des bannis : c'est-à-dire que si je voulais solder une certaine

---

[1] B. d'Imola, IV, 73, « facilior vinorum » ; il est mis avec le bon biberon de Forli, Marchese degli Argogliosi, celui qui « toujours avait soif ».

[2] Publié en dernier lieu dans Cod. dipl. Mars 1905, XI⁰ disp.

[3] Compendio, 52, § 22.

[4] Jugée fausse par certains ; cf., *Bull. soc. dant.* II, 16 et suiv. 55, défendue par Mazzoni, *Ib.* V, p. 97 et suiv. — Torraca. Nuove Rassegne etc. 263-269, etc.

somme, et souffrir la honte de l'offrande publique à Saint-Jean [1], je pourrais être absous et rentrer présentement. En quoi deux choses sont ridicules et mal pourpensées, ô mon Père; je dis mal pourpensées par qui promulgua ces sentences, car vos lettres plus discrètement et sagement libellées ne contenaient rien de tel.

« Est-ce donc là ce rappel glorieux, par quoi Dante Alighieri est rappelé dans sa patrie, après avoir souffert un exil de près de trois lustres? Est-ce le prix d'une innocence universellement manifeste? D'une sueur et d'un travail assidu à l'étude?... Non, Père, ce n'est point ici la voie du retour à la patrie. Mais si une autre voie, par vous, ou par d'autres ensuite, est trouvée, qui convienne à la gloire de Dante et ne déroge point à son honneur, celle-là, je l'accepterai d'un pas rapide. Que si par aucune voie telle je ne puis entrer à Florence, eh bien, je n'entrerai jamais à Florence! Quoi donc? ne verrai-je pas en tous lieux les miroirs du soleil et des astres? Ne pourrais-je point en tous lieux méditer sous le ciel des vérités très douces, sans m'être auparavant chargé de bassesse et d'ignominie même, à la face du peuple et de la cité de Florence? Et le pain même, je m'assure, ne sera pas pour me manquer [2]. »

Il retrouvait son pain à Vérone, où il retourna. Il sentait bien que désormais, pour longtemps, sinon pour toujours, Florence était fermée devant son espérance. Mais il avait gardé l'honneur, il était demeuré lui-même. Il venait de connaître une des plus intenses joies d'un brave homme : tenir bon. Comme il advient toujours, la souffrance et l'épreuve l'avaient pleinement révélé à son propre esprit. Maintenant il était sauvé ; repoussant les sales invites d'une patrie qui racolait les vaincus, les

[1] Voir Boccace, *loc. cit.*, et Vita, p. 59.
[2] Ed. Fraticelli, p. 500-502. — D'Ancona et Bacci, p. 281-287.

avances viles de concitoyens qui prétendaient humilier et
gracier, il avait rejeté d'un pied dédaigneux la planche
pourrie qu'on lui glissait sous le talon. Il restait Dante
Alighieri, devant ces ennemis qui écorchaient son nom[1],
il habitait la seule vraie patrie du poète : son œuvre. Il
possédait le meilleur bien du créateur : la liberté d'écrire
et d'achever son livre[2].

Ces années de 1316 à 1318, qui voyaient grandir chaque
jour le protecteur de Dante, et finissaient par amener ce
Mécène guerrier au rang de capitaine général pour la ligue
gibeline en Lombardie, donnaient un éclat plus illustre à
cette cour du Scaliger, où les études littéraires en faveur, la
sympathie d'un maître qui était poète lui-même, créaient
cette heureuse atmosphère qui encourage le talent et qui
féconde le génie. Cangrande faisait des sonnets. « Et
Dante avait coutume, tous les fois qu'il avait fait six ou
huit, soit plus soit moins, des chants de son poème, de
les envoyer avant que personne autre les vît, d'où qu'il se
trouvât, à Messer Cane della Scala, auquel il portait
révérence plus qu'à tout autre homme en ce monde ; et
après qu'il les avait vus, il les communiquait à qui en
voulait[3]. »

Ceci se confirme par la lettre dédicatoire du Paradis. Fût-elle fausse, — et je la crois vraie — cette
épître reste valable en ce qu'elle montre comment
les hommes de ce temps concevaient le poème sacré ;
l'envoi de « la sublime Cantica de la *Comédie*, qui est
décorée du titre : « Paradis[4] » est accompagnée d'un
résumé général, précis et prolixe à la fois, dans ce bas-latin

[1] Adhegherij.

[2] Sur ce qui suit, Del Lungo. Dino, II, 577. — Albo dantesco Veronese. Milano
1865, in-8°. 160. — Zingarelli, p. 304 et suiv.

[3] Vita, 68.

[4] Ed. Fraticelli, p. 510.

de l'école où Dante s'empêtre et besogne ; « le sujet de
l'œuvre entière, dans le sens uniquement littéral, c'est
l'état des âmes après la mort, pris simplement[1] ». Le
titre du livre, c'est : « Ici commence la Comédie de Dante
Alagherij, Florentin de nation, non pas de mœurs[2] ». *La
Comédie*, c'est un « chant de campagne, villanus[3] », un
chant populaire. Admirable aveu, qui remet en pleine vie
« humble et simple », ce poème dont quelques vers, —
— horreur! — avaient été faits d'abord en latin. Le langage est « le parler vulgaire, celui qui sert aux femme-
lettes elles-mêmes[4] ».

Mots employés ailleurs par Dante, dans une pièce
authentique, et qui signeraient cette lettre s'il en était
besoin.

La fin de l'œuvre, en somme, c'est d'arracher les
vivants à la misère, et de les dresser à l'état de félicité[5].
Et suit un commentaire qui est comme le modèle et le
premier type de ces amas doctrinaires que les siècles suivants accumuleront autour du poème. Richard de Saint-
Victor arrive à la rescousse, et saint Bernard et saint
Augustin[6], et Platon.

Un appel aux bienfaits pourrait faire hésiter sur la véracité du texte, si l'on n'avait vu dans chaque œuvre la
théorie de Dante à cet égard : « La pénurie domestique
me presse, écrit-il,... mais j'espère en votre magnificence,
afin d'avoir d'ailleurs faculté de poursuivre cette utile
exposition. » Les enfants grandissaient au loin; Pierre,
enfoui dans les études juridiques, va se fixer bientôt à

----

[1] 514.

[2] 516.

[3] 516.

[4] 518. Voir sa réponse à G. Del Virgilio, éd. Albini, p. 7, première Eglogue :
« femineo resonant attrita labello. »

[5] 520. — Voir De Monarchia, III. XV, 404-405, éd. Fraticelli.

[6] 532-533.

Vérone ; Jacques sera prêtre, et Béatrice religieuse. C'est
là tout ce qu'avait pu faire, un peu aidée par sa famille[1],
la pauvre Gemma Donati. Dante « montant de ciel en
ciel, terminait son ouvrage en Dieu[2] », mais ceci nour-
rit mal son homme. Et les princes, même lettrés, sont
facilement oublieux.

Il avait déjà parlé du Paradis dans le traité de la
Monarchie[3]. « Ainsi que je l'ai déjà dit dans le Paradis
de la *Comédie*. » C'est donc un jeu malaisé qne de prétendre attribuer au séjour de Ravenne la composition du
Paradis[4]. Au reste, on ne peut concevoir Dante, en aucun
de ses ouvrages, comme un auteur qui écrivait d'un jet,
de suite, et sans retour ; autant le plan est fixe, net,
bien construit, à la florentine, autant détails et épisodes
peuvent se rajouter ensuite, au gré des impressions, au
gré des événements qui frappent et des idées qui surgissent ; méthode constante, et qui est encore plus sûrement
imposée au poëte, non seulement par la nature de son
génie, mais par ce fait qu'on n'imprime point, que l'œuvre
est toujours manuscrite, communiquée en manuscrit et
publiée en manuscrit ; par là, moins fixe, et malléable
presque sans terme.

A Vérone encore, le 20 janvier 1320, Dante soutint
publiquement, dans l'église Sainte-Hélène, une « admirable discussion très utile sur l'eau et la terre[5] », à savoir
si l'eau dans sa circonférence naturelle était, en quelque

---

[1] Voir le testament de la belle-mère, ap. Imbriani, p. 406, et suiv., 17 fév.
1315.

[2] P. 536.

[3] I, 14 ; manque dans quelques manuscrits et dans Fraticelli, p. 300-302. —
Voir Par., V. 19-24.

[4] Ricci. Ultimo rif. 118.

[5] Cf. Moore. Studies, II, 303 et suiv. — *Bull. soc. dant.* Nov. déc. 1905,
N. S. t. XII, p. 347 et suiv. — Giorn. stor. della lett. it, XX, 125-150. — Et
Ricci. Ult. rif. 40-45, contraire à l'authenticité ; encore Giorn. stor. XXXVI,
162 et suiv. et *Bull. soc. dant.* VII, 52.

point, plus haute que la terre émergeant des eaux ; Dante avait ouï soutenir l'affirmative, à Mantoue ; il tenait pour la négative. Son mysticisme aristotélique avait besoin de s'épancher ; avec une dialectique rigoureuse, et une valeur scientifique à peu près nulle, il disserta. « Nourri dès mon enfance dans l'amour de la vérité, sans aucune interruption, dit-il en préambule[1], je n'ai pu supporter de laisser sans discussion la question susdite ; mais il m'a plu de montrer le vrai là-dessus, et de dissoudre les arguments contraires, tant par amour de la vérité que par haine de la fausseté. Et afin que la pâle envie de maintes gens, qui ont coutume de fabriquer des mensonges envieux[2] sur les absents, ne transforme point derrière mon dos mes dires véridiques, il m'a plu en outre de laisser en cet écrit, fait par ma main, ce que j'ai déterminé, et de fixer avec la plume la forme de toute la discussion ».

Et le petit traité conclut[3] : « Cette dissertation philosophique fut faite, sous le gouvernement d'invincible Seigneur Messire Can Grande de la Scala, vicaire du Saint-Empire romain, par moi, Dante Alighieri, minime entre les philosophes, dans l'inclyte cité de Vérone, en la chapelle de la glorieuse sainte Hélène[4], en présence de tout le clergé véronais, hormis certains, lesquels ardents d'excessif amour-propre, n'admettent point les postulats d'autrui, et, par vertu d'humilité pauvres en l'Esprit-Saint, refusent d'assister aux discours d'autrui ». Ceci, seul, signerait la pièce.

---

[1] Ed. Fraticelli, Op. Min. II, 416.

[2] Il faut lire « invidiosa » non « invidiosis » le « is » du copiste est venu du « viris » trop proche ; de même il faut : « transmutet », non « transmutent ».

[3] *Ib.*, 448-5o.

[4] Près la cathédrale ; Albo dantesco veronese, p. 163.

CHAPITRE IX

DERNIER REFUGE A RAVENNE.
GUIDO DE POLENTA. — LES ÉGLOGUES LATINES.
ACHÈVEMENT DU POÈME.
AMBASSADE A VENISE. — MORT DE DANTE.

Dante n'acheva point sa vie auprès du Scaliger. Un autre prince, moins illustre, mais d'une séduction plus douce, Guy Novello de Polenta[1], « fleur délicate, entre les ronces et les troncs d'une forêt maudite[2] », raffiné, lettré, parmi ces princes inglorieux et pervers, l'attirait auprès de lui. C'était le neveu de Françoise de Rimini. Pacifique seigneur, qui faisait des chansons d'amour.

Dans Ravenne la taciturne, parmi les murs de ces églises où les images du Sauveur aux yeux cernés et des anges bizarres semblaient les fantômes d'un ciel fabuleux, le poète de la *Comédie Divine* vécut sous les regards fixes de Justinien[3], de Théodora, dressés aux coupoles d'or; près du tombeau de Théodoric, dans Ravenne la byzantine, et devant cet autre tombeau qu'habitait en ce temps-là une larve de Gallia Placidia; sépulcres de Rome ou de

---

[1] Voir, avec les rectifications ou discussions de Zingarelli : — C. Ricci. L'ult. rifugio di D. A. Milan 1891, in-4° et *Ravenna*, Bergamo 1903, in-8°. — Dantis Eclogae. J. de Virgilio carmen. ecc. a cura di G. Albini, Florence 1903, in-8°, et Lectura Dantis, *Le Egloghe*, par le même, p. 262-282. — Macri-Leone. La bucolica latina nella lett. ital. del sec XIV. Torino 1889, in-8°. — d'Ovidio. Studij. p. 418-439. — Paget Toynbee. Ric. e note dantesche, I-II, 1899-1904, Bologne, in-8°, 2 vol. t. II, p. 25.

[2] Ricci. *Ravenna*, p. 80.

[3] Purg., VI, 89. — Par., VI, 10.

Byzance, aussi nombreux qu'au pays d'Arles, Ravenne, partout, en conserve. Elle-même « toute sphérique en ses murailles très antiques... imbibée par le sang des martyrs[1] », Ravenne est un vaste tombeau.

Sous l'aigle de gueules sur champ d'or, qui est des Polenta[2] Dante y vécut paisible. S'il a parlé sévèrement du « pays où les cœurs se sont faits si méchants[3] », il a promené ses rêves au milieu de ces monuments insignes, presque tous funèbres. Surtout, il a senti la mort envelopper la ville, claire entre la lueur des marais et la splendeur de l'Adriatique. Il erra dans ce mol rivage de Classe, planté de pins funéraires, au bord des lagunes fiévreuses ; il y entendit le murmure du vent africain, lorsque les têtes des grands arbres faisaient vibrer leur éventail sous la rafale desséchante[4]. En ce sépulcre de l'Empire romain, Dante finit sa vie.

Ce ne fut pas sans un hommage d'humaniste, qui réveilla sa muse latine, et fit cet effet singulier, qu'une des dernières œuvres de Dante, ce sont deux Eglogues latines, imitées des Bucoliques[5].

« Il composa, dit Boccace, de fort belles Eglogues, lesquelles furent dédiées et mandées par lui, en réponse à certains vers qui lui avaient été adressés, à maître Giovanni del Virgilio[6]. » Ce nom même : Jean *du Virgile*, semble une ironie. Professeur à vingt-quatre carats, « lecteur de poésie et classiques latins en l'Université de Bologne », — c'est son titre, qui n'est point mince ! — le jeune docteur recevait quarante livres d'appointements ;

---

[1] B. d'Imola, III, 393.

[2] An. fior. I, 568.

[3] Purg., XIV, 111. — Voir Boccace, Decam. Giorn. V. nov. VIII.

[4] Purg., XXVIII, 18-21.

[5] Voir Carducci. Della varia fort. di D. ap. Studi letterari, p. 144 et suiv.

[6] Compendio, p. 62-63 ; un des manuscrits des Egl. est de la main de Boccace. — Voir aussi Bruni, ap. Solerti, p. 106.

il sentait son génie. Il entama la correspondance avec
Dante, et Dante répondit deux fois, en vers latins beaucoup moins bons que ceux de l'humaniste à toge. A lire
ces élucubrations enchevêtrées et surchargées, on ne
peut que souscrire à ce jugement de Léonard Bruni :
« A dire vrai, le mérite de notre poète fut dans la poésie
vulgaire, où il excelle par-dessus tous les autres ; mais
en vers latins ou prose latine, il égale à peine ceux qui
furent des écrivains de moyen ordre. Et ses Eglogues,
en vers hexamètres, même si on les trouve belles, néanmoins s'en peut voir de beaucoup mieux écrites ».

Jean du Virgile commença par déplorer que Dante
« jetât au vulgaire des choses aussi graves » que son
Poème. Les jongleurs les pouvaient brailler aux carrefours,
ces vers divins, parce qu'ils n'étaient point écrits en
latin [1]. Oui, l'on verra les forgerons à l'ouvreau, les âniers
derrière leur bourrique encaparaçonnée de rouge, les
taverniers et les bouchers, ceux du marché, ceux de la
place, ceux de la route, chanter les terzines de Dante, et
les écorcher même. Les humanistes de l'école et de la secré-
tairerie repousseront Dante de leur assemblée très illustre :
« Il faut donner, écriront-ils, son livre aux apothicaires
pour faire des cornets, ou mieux aux regrattiers pour
envelopper leur merluche, car il écrivit en langue vulgaire[2] ». Pétrarque, — le fils du notaire Petracco, l'ancien
compagnon d'exil, — poète lauréat que Rome et Paris se
disputent, sous sa couronne capitoline, regardera de
haut celui « qu'applaudissent avec fracas les teinturiers de
Florence, les aubergistes, les tondeurs de laine[3], gens

[1] Sacchetti. Novelle, I, CXIV-CXV.

[2] Flamini. Lir. tosc. del rinasc, p. 15-16. — Voir Rossi. *Dante e l'uma-
nesimo*, p. 155 et suiv. ap. *Con D. e per D.* cit.

[3] Carducci. Della var. fort. di D. Studi lett., 268-279, je traduis « lanaiuoli »
avec Fracassetti, et non « beccai ».

dont la louange est honteuse », race de cabaret et de carrefour, sans lettres !

Sans lettres ! oui, Dieu merci, Dante n'a pas écrit pour les lauréats et les humanistes ; poète de grand jour et fait pour tous, il n'a point ciselé quelque joyau d'anthologie, ou de gros poèmes latins, pâture des vers à bouquins. Dante est « vulgaire, trivial ». Il est vivant.

Aussi le professeur de Bologne lui propose, comme « admirable matière à mettre en vers latins », la Guerre de Gênes, sujet de poème héroïque, aussi beau, selon Villani[1], que le siège de Troie. Que Dante « chante les monts Ligures et les flottes parthénopéennes ».

Dante, traité de « magister », de « maître », fut flatté, répondit. Il faisait allusion à la couronne qui se poserait sur ses cheveux blancs, aux bords de cet Arno qui l'avait vu jadis, — il y avait près de vingt ans, — avec la brune chevelure de la jeunesse[2]. Il répétait, dans un vers, une phrase de sa lettre au Scaliger[3]. Il décrivait ses brebis, — ses vers — « liées à nuls troupeaux, accoutumées d'aucunes bergeries[4] ». Le professeur lui répondit ; et Dante renvoyait encore, après longtemps, une autre Eglogue.

C'était, alors, aux derniers jours de sa vie. Honoré dans Ravenne, enseignant peut-être à ses heures les belles-lettres, il avait auprès de lui sa fille Béatrice, nonne au moûtier dominicain de Saint-Etienne de l'Olive. Comme Piccarda Donati, la vierge aux voiles blancs et noirs était « vergine sorella », mais rien ne troublait son asile, en cette cité que l'aigle des Polenta « couvait en paix ». Les fils de Dante admiraient son poème au point de vouloir

---

[1] Villani, Cron, IX, 118, p. 240-249.
[2] Albini, Comment. p. 37. — Voir Par., I, 22 ; XXV, 1.
[3] Ecl. I, 53, voir plus haut p. 284.
[4] Voir Cod. dipl. dant. 5e disp., juin 1900. — Inf., XXVII, 41.

l'achever quand ils crurent avoir perdu les derniers chants. Des amis lettrés l'entouraient. La *Comédie* était finie.

L'homme s'était usé par elle, il lui avait donné sa vie. Il prononçait peut-être, au fond de son âme tragique, apaisée par l'âge et le temps, le *Nunc dimittis* du vieillard Siméon, lui qui disait, dès 1300 :

> « Je ne sais point combien de temps me reste à vivre,
> Mais mon retour ici ne sera pas si prompt
> Que mon désir ne me précède à cette rive[1]. »

Il allait la voir, cette rive si longtemps hantée par son âme.

Il y avait, en cette année 1321, aux approches de l'automne, un différend grave entre Venise et Ravenne. La République de Saint-Marc, molestée dans ses intérêts maritimes, menaçait la cité romagnole d'une guerre prochaine. Des négociations s'entamèrent, et Dante, vers la fin d'août, s'en fut à Venise porter les propositions de Guido de Polenta[2].

Il fallait trois jours, en ce temps, pour gagner Venise par la voie de terre. Dante ne séjourna point dans les lagunes vénitiennes. Il ne s'arrêta point à revoir ce qu'il avait peint dans l'Enfer[3]. L'œuvre était finie. La destinée était sur lui.

Epargné par le Val di Chiana, et par ces maremmes dont il avait décrit la peste, « en juillet et septembre[4] », Dante connut bientôt que septembre est aussi funeste sur les bords de l'Adriatique. Le premier jour de voyage, après l'ambassade accomplie, le menait de Venise à Chioggia, par la lagune, et puis, par terre, à Loreo. C'était ensuite

[1] Purg., XXIV, 76-78.
[2] Villani, Cron. IX, 136-253, col. 1.
[3] Inf., XXI, 7-15.
[4] Inf., XXIX, 46-49.
[5] Ricci, 153 et suiv.

le delta du Pô, les mille rameaux du grand fleuve à l'embouchure, qu'on traverse sur des chalands à fond plat. Et l'on venait coucher à l'abbaye de Pomposa, vieille maison bénédictine où Guy d'Arezzo trouvait autrefois sa théorie de la musique. Là, des bocages, des jardins repoussaient la malaria.

Mais il fallait un jour encore pour gagner Ravenne. En septembre, aux premières pluies de l'automne, les marais desséchés s'humectent, les germes morbides fermentent, la vase pestilentielle grouille de poisons et répand les fièvres pernicieuses. Plus tard, les Bénédictins même durent quitter leur abbaye, l'abandonner à sa ruine.

A la fin, c'était la pinède avec ses ruisseaux clairs, l'étoile des nymphéas, le vent de mer à travers les branches sonores. Et c'était Ravenne. Mais Dante rapportait dans son sang le venin mortel. Durant la nuit du 13 au 14 septembre, il connut cette mort qu'il avait décrite si souvent, dans tant de manières, et qui avait été sa Muse.

Dans la chambrette sans vitrages, ouverte au vent de la marine, il gisait, nu, sur sa couchette, entre ses fils, son prince, et ses élèves [1]; son médecin et son ami, Fiduccio dei Milotti, n'avait pu vaincre les accès qui minaient ce corps épuisé. Le transport venait au cerveau. La novice dominicaine de Saint-Etienne aux Oliviers était au chevet de son père. Entre deux bouffées du délire, Dante Alighieri rouvrait ses yeux, creux dans sa maigre face, la lèvre inférieure qui faisait saillie sous le nez d'aigle s'avançait encore, un murmure indistinct s'exhalait de la bouche aux coins tombants ; regardait-il ce coin de mur, où, derrière un morceau de natte, il avait caché les derniers feuillets du Poème, que la haine guettait déjà?

---

[1] Del Lungo. Da B. ad Arr. VII. 462. — Carducci. St. lett. 190.

La Pineta de Ravenne

(Cliché Alinari)

le delta du Pô, les mille rameaux du grand fleuve à
l'embouchure, qu'on traverse sur des chalands à fond plat.
Et l'on venait coucher à l'abbaye de Pomposa, vieille
maison bénédictine où Guy d'Arezzo trouvait autrefois sa
théorie de la musique. Là, des bocages, des jardins
repoussaient la malaria.

Mais il fallait un jour encore pour gagner Ravenne.
En septembre, aux premières pluies de l'automne, les
marais desséchés s'humectent, les germes morbides fermentent, la vase pestilentielle grouille de poisons et
répand les fièvres pernicieuses. Plus tard, les Bénédictins eux-mêmes désertés quittent leur abbaye l'abandonner à
sa ruine.

À la fin d'une nuit où il pilotait avec les nuages noirs,
[illegible] à travers les branches
[illegible] rapportait dans
son sang le venin subtil. Durant la nuit du 13 au 14
septembre, il connut cette mort qu'il avait décrite si
souvent, dans tant de manières, et qui avait été sa Muse.

Dans la chambrette sans vitrages, ouverte au vent de la
marine, il gisait, nu, sur sa couchette, entre ses fils, son
prince, et ses élèves [1]; son médecin et son ami, Fiduccio
dei Milotti, n'avait pu vaincre les accès qui minaient ce
corps épuisé. Le transport venait au cerveau. La novice
dominicaine de Saint-Étienne aux Oliviers était au chevet
de son père. Entre deux bouffées du délire, Dante Alighieri rouvrait ses yeux creux dans sa maigre face, la
lèvre inférieure qui faisait saillie sous le nez d'aigle
s'avançait encore, un murmure indistinct s'exhalait de la
bouche aux coins tombants : regardait-il ce coin de mur,
où, derrière un morceau de natte, il avait caché les derniers feuillets du Poëme, que la haine guettait déjà?

<hr>

[1] Del Lungo, Dell'Esil. di Dante, VII, 467. — Carducci, St. lett. 190.

Voyait-il, le voyant sublime, son œuvre, condamnée
d'abord par les inquisiteurs, grandir dès après son trépas,
s'épandre dans l'Italie et dans le monde, être commentée[1],
ce qui n'est rien, être chantée, aimée, redite, glorifiée,
ce qui est tout; et, par cette langue « vulgaire », par
cette langue italienne dont il avait coulé lui-même et
forgé le métal, cette œuvre humaine, surhumaine, donner
sa conscience au peuple, son existence à la patrie, être
la Bible[2] et le drapeau ?

Le vent d'équinoxe grondait sur le rivage de Chiassi.
Dante murmura : « Béatrice » ! Et l'on ne pouvait point
savoir s'il parlait à la vierge voilée qui lui tenait la
main, ou s'il voyait déjà la Rédemptrice du Poème
l'accueillir dans l'Eternité. La tempête d'automne entra,
couchant la lumière des cierges, des ombres flottaient
sur les murs, les étoiles étaient au ciel, comme à la fin du
Purgatoire: l'homme « rendit son âme lasse », et, ce jour
où l'on célébrait l'exaltation de la Sainte Croix, Dante
Alighieri put savoir si les royaumes d'outre-tombe étaient
aussi grands que son rêve.

---

[1] L. Rocca. Di alc. comm. della D. C. comp. nei primi vent'anni dopo la morte
di Dante. Florence, 1891, in-12.

[2] Le mot est de Mariotti, ap. Poletto, I, XXI, § 20, et d'Ancona, ap. Lectura
D., p. 240.

ÉPILOGUE[1]

SUR LA *DIVINE COMÉDIE*, ET SUR LES CARACTÈRES
DU GÉNIE DANTESQUE

Jamais rêve ne fut si grand ! Prolonger dans l'Éternité les espérances fugitives, faire, avec le terrestre et l'éphémère, quelque chose d'inaltérable et d'intarissable : l'Amour éternel, l'immortalité dans l'Amour.

Le moyen âge, qui déifiait la femme, finit par cette apothéose de la femme, principe et terme du salut, du

[1] Ce chapitre renvoie à : E. Gebhart, *L'Italie mystique*, dernier chapitre. — P. Villari. Antiche leggende e tradizioni che illustrano la D. C. Pisa 1865, in-4° — D'Ancona (A.). I precursori di Dante. Florence 1874, in-12. — Torraca (F.), *I precursori di Dante*, ap. *Lect. Dantis*, p. 312 et suiv. — D'Ovidio, *Studii sulla D. C.* 76-147 ; 225-326. et *Nuovi Studi danteschi*. Milan, 1906 in-8°, et *Bull. soc. dant.* N.-S. XIV, 3 septembre 1907, pp. 161-195, article de E. Parodi. — Voyage au Purgatoire de saint Patrice, visions de Tindal et de saint Paul, publ. par A. Jeanroy et A. Vignaux. Toulouse 1903, in-8°. — *Sainte Hildegarde (la vie de)* écr. par les moines Théodoric et Gode froid. Paris 1907, in-12. — *Les voyages merveilleux de sainct Brandan*, etc., éd. F. Michel Paris, 1878, in-12. — *Le voyage du puys Saint Patrix*. Genève, 1867, in-12. — Manetti (A.). Dialogo circa al sito ecc., dello Inferno di D. A. s. l. n. d. (Giunti. 1606), 1 v. in-12. — Doni. *Mondi Celesti*, etc., 1 v. in-12. Venise 1583. — Auvray (L.). *Les manuscrits de Dante des bibl. de France*. Paris 1892 in-8°. — Vandelli (G.). L'*edizione critica della D. C.* ap. Mazzoni. Avviamento allo st. crit. della lett. it. Florence, 1907, in-12, donne le nombre des vers du Poème : 14.233 (p. 225). — Ricci (C.). Rinascità. Milan, 1902, in-12, p. 291 et suiv. et Guerrini et Ricci. Studi e polemiche dantesche. Bologne 1880 in-16. — Barbi (M.). *Dante nel cinquecento*. Annali della sc. norm. sup. di Pisa. 1890, in-8°. — Bembo. (P.). *Prose scelte*. Milan 1880, in-12. Le *Prose*. Venise, 1554, in-12. Gli *Asolani*. Venise, 1553, in-12. — Varchi (B.), *Lezioni sul Dante ecc.*, Florence, 1841, 2 vol., in-8°. — Gelli (G. B.). *Letture edite ed inedite sopra la C. di D.* Florence, 1887, in-12. — *Studi sulla D. C. di G. Galilei, V. Borghini ed altri ecc.*, Florence, 1855, in-12, — Ugo Foscolo. *Disc. sul testo della C. di Dante*, Milan, 1887, in-12. — Leopardi (G.). Pensieri di varia filosofia a e di bella letteratura. Florence, in-12, 1898 et suiv.

salut vers lequel conduit une femme, à laquelle conduit l'Amour.

Dante s'élève jusqu'aux pieds de Béatrice, et Béatrice l'agenouille aux pieds de la vierge Marie. Le cycle d'amour est fermé.

« Ses yeux fixés en haut, mes yeux fixés en Elle !

L'Aimée, la Sainte, l'Ange gardien, ce que la vie humaine offre de plus pur, de plus noble, la fleur mystique, cette Aimée conduit jusqu'à Dieu par l'intercession de la vierge Marie.

« Il en est certains, écrivit le plus grand des Papes, qui, embrasés par les flammes de la contemplation surnaturelle, ahannent dans l'unique désir de leur Créateur et aiment et brûlent, et trouvent le repos en leur ardeur même [1]. » Ce désir, Dante l'a conçu d'abord par le désir terrestre, et jusqu'au bout il a gardé, dans la flamme d'amour mystique, l'image réelle et charnelle qui l'avait d'abord pénétré.

Il rejette d'instinct ce qui est factice, et le met à part, loin du vrai, loin de la vie. Il a commencé, c'est possible, quatre vers de sa *Comédie* en latin. Mais il veut qu'on lise et qu'on aime son œuvre ; l'instinct du génie, qui défend sa création, lui dit que les seigneurs, les dames, ceux qui vivent et ne sont point engourdis aux bibliothèques ou aux écoles, se détournent des anciennes disciplines et du vieux latin ; et « voulant l'honneur », il « médite profondément » et fait son poème en langue vulgaire [2] !

Les lettres latines lui donnent pourtant son modèle et

---

[1] Saint Grégoire le Grand, ap. F. Tocco. Le fonti più ant. della legg. francescana,. Arch. stor. ital. 1906, p. 327.

[2] Anon fior. I, 6.

son guide : Virgile, qui est « sa raison[1] ». Il part de la forêt obscure, où la lumière est incertaine, où les feuilles tombent, et c'est la forêt qui conduit aux Enfers dans l'*Énéide*[2]. Anchise est dans l'Enfer dantesque ; et « la Muse majeure », celle de Virgile, lui prête jusqu'à son langage premier[3]. L'antiquité résonne de toutes parts ; le Christ même, c'est

> Le Jupiter souverain
> Qui fut sur terre pour nous mis en croix[4].

Mais le mécanisme infaillible et constant de l'imagination dantesque fait bientôt de la forêt obscure une « forêt d'esprits serrés[5] ». La forêt devient symbolique, et les esprits, en retour, semblent matériels. La vision est commencée. Virgile a soin de dire à Dante :

> Tout ce que la raison voit ici
> Dire je te le puis ; mais ensuite là-haut t'attends
> A Béatrice, pour ce qui est œuvre de Foi[6].

L'assomption mystique est commencée ; initié, dans la *Vie Nouvelle*, par le réel, voici que le poète monte à l'apothéose idéale. La femme ainsi comprise, par cet esprit nourri de Platon[7], succède au rôle de l'éphèbe platonicien. Inspiratrice, elle abolit presque son sexe, un éréthisme nécessaire séduit et entraîne le poète.

C'est le nom de l'Aimée qui lui fait traverser la fournaise :

> Entre Béatrice et toi s'élève ce mur[8] de feu,

[1] B. d'Imola I, 213.
[2] En. VI, 271-2, 310, et *Dite*, 541.
[3] Par. XV, 25-28. — Enéide, VI, 836.
[4] Purg. VI, 118-119.
[5] Inf. I, 2 et IV, 65-66.
[6] Purg. XVIII, 46-48 et 73.
[7] Autant qu'il le pouvait alors. Voir Moore, I, 156 et suiv.
[8] Purg. XXVII, 36.

Est-ce pas « la dame Aimée par l'amant souverain, la Divine, dont le parler l'inonde et l'échauffe si bien qu'il l'avive de plus en plus[1] ? »

Lorsque Béatrice apparaît, à la cime du Purgatoire, on se sent au cœur du poème. C'est ici le centre de l'œuvre. La langue elle-même s'élève, devient plus rayonnante encore, et la Rédemptrice appuyée sur le char mystique, resplendit comme en un vitrail illuminé par le soleil. Des vers tels que ceux dont l'aurore se lève là, si purs, si grands, ne se trouvèrent et ne se trouveront jamais. Ils semblent pensés, composés « sous la forme de l'éternité ».

Dante assouvit enfin sa soif « de dix années[2] ». Il revoit, sous le voile des Bienheureux, Celle qui le nomme par son nom, pour la première et unique fois[3], en ce Poème de quatorze mille deux cent trente-trois vers[4]. Le « doux et cher guide[5] » est venu, et Béatrice commande à Dante la *Divine Comédie* :

> Et ce que tu vois,
> Une fois retourné là-bas, fais en sorte de l'écrire ![6]

Elle la lui dicte, à mesure qu'ils s'avancent dans l'Empyrée :

> Toi, note ; et telles que je te les octroyai,
> Ainsi produis ces paroles, aux vivants
> D'une vie qui est une course à la mort ;
> Et souviens-toi, lorsque tu écriras...[7]

Abîmé dans la contemplation de Béatrice, enlevé par

---

[1] Par. IV, 118-120.

[2] Purg. XXXII, 2 et XXX, 124-126.

[3] *Ib.* XXX, 55, 62-63.

[4] Vandelli, *loc. cit.*

[5] Par. XXIII, 34.

[6] Purg. XXXII, 104-105.

[7] Purg. XXXIII, 52-54.

la lumière de l'Amour [1], fasciné par l'ardent sourire de
la dame élue [2], il est mené par Elle à Dieu [3], il est, — cri
d'amour extatique —

> Il est près d'elle, et dans le Paradis [4] !

Elle l'a tiré de la servitude humaine, et ce chercheur de
liberté [5] trouve sur ses pas le chemin de la liberté souveraine [6]. Béatrice est

> Celle-là qui emparadise son esprit [7].

A la fin, pour l'apothéose, il déclare qu'il ne peut plus
la peindre ; à ce maître ouvrier de la parole, voici que
les termes de gloire et de lumière font défaut. Il est
Dante, mais il reste homme : il est « au terme dernier de
son pouvoir d'artiste [8] ». Mais pour nous, le chef-d'œuvre
était en l'apparition première. La Béatrice humaine
éclipse la Béatrice surnaturelle. Dans la « lumière de
l'esprit, toute pleine d'amour [9] » c'est l'Amour qui survit
pour nous à la théologie défunte et au mysticisme aboli.
Et Béatrice, devenue l'Amour mystique, sous sa forme de
vertu théologale créée par Dante, restera toujours Béatrice Portinari.

La « petite faute, piccol fallo », n'existe point pour le
grand amour. Béatrice, restant humaine, le prouve par
l'amertume de ses reproches. A mesure que Dante voit

[1] Par. I, 64-75.
[2] Par. VII, 13-18.
[3] Par. XVIII, 4.
[4] Par. XXV, 139.
[5] Purg. I, 71.
[6] Par. XXXI, 85.
[7] Par. XXVIII,3.
[8] Par. XXX, 33.
[9] *Ib.* 40.

grandir, à ses yeux, aux yeux du souvenir et de l'imagination, Béatrice Toute-Puissante, l'Inspiration souveraine, la Dame unique et idéale, ces peccadilles de la chair doivent s'exagérer à ses yeux de catholique façonné par le remords ; il les abhorre.

Ceux qui ont longuement peiné sur les chemins de la vie, et qui ont été des artistes, et qui pensèrent et souffrirent, ont ressenti ce long reproche des ensevelis. On devait les mieux écouter, le conseil de leur chair glacée devait... Hélas, la vie emporte ! Tant de chemins, obscurs, impurs, et les « sirènes », et les nuées d'incertitude, les orages subits, ou les beaux jours traîtres, encore pires et plus périlleux ! On s'égare. Mais dans les âmes « si bien douées que toute vertu ferait en elles un merveilleux effet », le jour arrive où les yeux d'une morte, — ou d'une vivante, — dissipent les « fausses images ».

Béatrice, morte, et stérile, n'ayant point subi les outrages de la vie, appartient à Dante. Oui, charme et séduction suprême, elle est morte avant de défleurir ; et elle fut stérile, « non ebbe figliuoli ». Aucune image répugnante ne vint altérer la splendeur de cette figure amoureuse. Dante la reverra toujours — puisqu'en ce temps l'époux ne compte point, — sans une tare, sans une déchéance, digne de la métamorphose qui en fait un être divin. Aussi, comme il l'a possédée, dans la splendeur universelle ! De cet amour, comme effleuré jadis, si peu réel, sa puissance a fait un amour souverain, sublime entre tous. Qui l'empêchera d'être maître, par sa vision ? Béatrice, qui ne fut jamais sienne sur la terre des hommes, voici qu'elle est à tout jamais celle qui l'emporte à travers tous les cercles du Paradis. Elle devient immortelle, et elle le fait immortel, et rien ne saurait empêcher que son nom ne soit révélé, consacré, purifié, mis à son tour par le poète dans les cycles d'éternité.

Ah ! ce n'est plus ici la dame impalpable des troubadours. Tout est mystique, et tout est vrai. Derrière l'image sacrée de Béatrice, on voit partout dans ce Poème l'image exécrée, adorée, désirée toujours, de Florence. La ville où naquit cette femme, la ville de Dante, sans cesse maudite avec la fureur d'un incurable amour. L'art du poème est florentin, précis, mesuré, d'une audace inflexible, mais prudente et contenue en ses effets : d'autant plus forte et plus expressive. Le plan est florentin, avec des proportions rigoureuses, exactes jusqu'à la dernière minutie. La forme est florentine, c'est la sirvente populaire [1] remaniée, allégée, affranchie, forgée par le maître. Des bas-reliefs florentins ornent le Purgatoire [2], des « graffiti » à la toscane en émaillent le sol [3], l'Enfer grouille, restreint et fourmillant, comme aux manuscrits, comme aux fresques de Florence. Dante a blasphémé cette ville qui le chassait et le recondamnait sans cesse [4] ! Il lui a lancé l'invective avec une telle rudesse [5] que l'Enfer lui paraît à peine assez profond pour engloutir ce repaire d'iniquités. Et ses injures, cependant, sont encore si pleines d'amour, que, dans un siècle, les Florentins vainqueurs à Pise les rechanteront, à leur gloire !

> Réjouis-toi, Florence, puisque tu es si grande
> Que sur mer et sur terre tu bats des ailes [6] !

N'est-ce pas à Florence, où restent les pierres sculptées

---

[1] D'Ancona et Bacci, p. 289. — Zingarelli, — 667 et suiv. — G. Mari. Dizionarietto e riassunto di ritm. it. Turin, 1901, 41-44. — Flamini. St. di Stor. lett. it. e stran. Livourne, 1895, 141 et suiv. — Pellegrini. Giorn. stor. XXII 399 et suiv. — Vandelli. ap. Rass. bibliografica della litt. it. II, 11 et suiv.

[2] Purg. X, 28-99.

[3] *Ib*. XII, 23 et suiv.

[4] Par. IX, 127-131.

[5] Inf. XXVI, 1-3.

[6] Carducci. St. lett. Livourne, 1874, p. 446, ap. Casini, p. 195.

pour mémoire du Jubilé[1], en 13oo, qu'il a conçu le grand poème? La ville était sous l'interdit[2]. Mais Rome acceptait les pèlerins, car ils apportaient l'or. En 13oo « quand Dante fit ce livre[3] », Dante le catholique fut si profondément pénétré, qu'il rapportait dans Florence, pour la *Vie Nouvelle*, pour le Poème, la vision ineffaçable et obsédante des pèlerins.

A Rome, qu'il décrit sans trêve au même chant du Paradis, il s'est glissé derrière

> Le pèlerin, qui se récrée
> Au temple de son vœu, en regardant partout,
> Et déjà se promet de redire comme il était[4];

Il a vu

> Celui qui, de Croatie peut-être,
> Vient pour voir notre Véronica,
> Et, de l'avoir longtemps ouïe vanter, ne peut se rassasier,
> Mais dit en sa pensée, tant qu'elle se dévoile :
> « Mon Seigneur Jésus-Christ, Dieu véritable,
> Donc ainsi fut faite votre semblance[5]. »

Cet homme, formé pour l'extase[6], encombré par la scolastique[7], qui pouvait choir dans la divagation ou sombrer dans la théologie pure, son salut lui vient de Florence.

Cette ville, d'esprit laïque, irrémédiablement fermée à tout ce qui n'est point l'art vrai, populaire et précis, cette cité de la lumière sobre et fine, Dante en est le fils et

---

[1] Via della Fogna, n° 4.

[2] Ammirato, I, 207.

[3] Chiose anon. éd. 1846, p. 143. — Inf. XXI, 112-114. — Moore. Studies III, 151. — B. d'Imola, II, 220.

[4] Par. XXXI, 43-45. — Voir aussi 31-36.

[5] *Ib.* 103-108.

[6] Voir Purg. XXXII, 1-12, 91-93 ; XXXIII, 33.

[7] Par. XIV, 52-53, note de Casini à 52, p. 670 ; il traduit saint Thomas d'Aquin.

l'image. Dans un esprit ainsi réglé, le moyen âge même ordonne ses rêveries, agence ses cauchemars, purifie ses raisonnements, et devient clair.

On a beaucoup parlé des précurseurs que Dante avait trouvés, de ce qu'il put imiter. Et, de vrai, les rêvasseries sur la vie future sont de tous les siècles ; avant Platon, il y avait l'Égypte, avant Virgile, il y avait Platon ; dans les monastères, des saints hallucinés narraient leurs visions ; le christianisme ostentait la vision de saint Paul, qui vit le ciel, les visions du puits saint Patrice, de Tundal ou Tindal, lesquels décrivaient le Purgatoire et l'Enfer ; le voyage de Saint-Brandan montrait une « terre de promission [1] » ; les femmes avaient augmenté cette étrange littérature ; et sainte Hildegarde, comme Mathilde de Hakeborn, s'étaient targuées de révélations admirables. La légende dorée raconte que « sainte Geneviève, ayant perdu ses parents, elle fit un séjour à Paris, et elle tomba si gravement malade, que durant trois jours elle demeura sans donner aucun signe de vie, et ses membres étaient comme ceux d'une personne morte. Et lorsqu'elle eut recouvré la santé, elle dit qu'un ange lui avait montré la gloire des saints et les supplices des méchants [2] ».

Et Jehan Trepperel, avec plus de naïveté, décrit l'état physique de la sainte ; c'est une maladie classée : « Après la mort de son père et de sa mère, vint la saincte dame demeurer à Paris ; pour sa bonté esprouver et pour mieux valoir fut si malade de paralisie qu'il sembloit que ses membres fussent disioinctz. Dont elle fut si tourmentée que par trois jours on la gardoit comme morte, ne signe

---

[1] V. Renan. Essais de morale et de critique, p. 444 et suiv. Paris, 1859, in-8°. Gœrres Myst. chrétienne, III ; et la pièce de Calderon. Le Purgatoire de saint Patrice, fervente d'esprit catholique. ap. Drames religieux. Paris, 1898, in-8°.

[2] Lég. dorée. Paris, 1843, in-12. II, 323, et Vie de Madame sainte Geneviefve, par Jehan Trepperel citée *ibid*, p. 382.

de vie ny apparissoit, fors en ses ioes (yeux) qui estoient un peu rouges. En celle espace, si comme elle confessa après la maladie, la mena ung ange au repos des bons ; et au tourment des maulvaiz ».

Hystérie et catalepsie, rêves de cerveaux détraqués, désemparés· ou surmenés, miracles qui relèvent de la pathologie, tout ceci n'est point de l'art. Ces gens de cloître ont vu l'Enfer ou le Paradis malgré eux ; Dante a façonné, préparé, non point sa vision, car il entre dans l'au-delà les yeux bien ouverts, en pleine conscience, mais son voyage, et les étapes qu'il doit et veut faire ; du premier pas, on le sent bien, Virgile « c'est-à-dire la raison », apparaît, ne le quitte plus.

La topographie d'outre-tombe, il la trouve dans saint Thomas. Mais il en fait ce qui lui plaît. Il construit, élimine, ajoute, ordonne avec rigueur, et, sauf quelques échappées, à la fin, où il rime ses cahiers de scolastique, parce que la réalité lui fait défaut, il va sans défaillance vers le sanctuaire mystique ; n'y va-t-il pas avec un guide païen d'abord, et puis avec l'Amour terrestre, incarné par la Rédemptrice?

Il domine si bien sa force, qu'il règle savamment, qu'il dose son pouvoir hallucinatoire. Un prodige, — et c'est le génie même, — c'est qu'il est au point juste : en deçà, le génie fléchit ; au delà, le génie s'égare.

Les hommes de son temps, surpris par cette création sans pareille, l'ont cru sorcier. Et dans l'amas de ses connaissances, il est bien aisé qu'il ait mis quelques sciences interdites. Et vraiment, le premier abord de cette œuvre explique l'impression des anciens lecteurs ; un magicien, un nécromant, c'est ce qui peut apparaître au novice : étrange dans l'Enfer, mystérieux au Purgatoire, vertigineux au Paradis. Mais bientôt, si l'on sait se faire plus familier avec le poème, tout s'ordonne et tout s'éclaircit : les épisodes mieux compris se mettent à leur place, l'unité de forme apparaît, le style éclaire maintenant sans éblouir ; le jour où Dante pourra dire à son lecteur, comme Virgile le lui dit :

Tu le sais bien, toi qui la sais et tout entière,

le jour où la *Divine Comédie* vous a pénétré tout entier, alors, oh alors ! ce poème, encyclopédie, Evangile, Bible des âges disparus, annales splendides de l'Italie ancienne, on sent qu'il reste aussi la lumière, le grand flambeau des âges modernes, car il est fondé sur les deux puissances maîtresses : l'Amour et la Raison. Et c'est pourquoi toujours il sera le livre des Livres.

Virgile et Béatrice y règnent, en dépit des premiers commentaires qui voyaient la théologie l'emplir tout entier. Et les haines de Dante le peuplent, et ses enthousiasmes le font vivre : les gens sont bons quand il les aime et quand il les admire, ils sont méchants quand il les exècre, médiocres s'il les méprise. C'est la foi vraie, car c'est la sienne. Ce livre, c'est la *Dantéide*. Et c'est par cela qu'il survit, plus fort et plus grand qu'aucun autre.

Dante sauvera ceux qui lui plaisent, il damnera ceux qui l'offensent ou le dégoûtent. Il est incohérent d'idées ; cette synthèse de sa foi, de ses passions, de sa patrie, pour laquelle il a su forger en un merveilleux instrument son langage natal, c'est un vrai métal de Corinthe, où tout s'agglomère et se fond, et qui est d'autant plus sonore, plus éclatant et plus durable.

Il admire, lui le croyant, ou qui s'estime tel, l'Empire romain, adversaire de son Eglise, il a les idées de son temps, caduques et contradictoires. Qu'importe ? si sa forme est éternelle, et son génie sans pair ?

Ce gouvernement de soi-même, dans une âme visionnaire, est unique. On oserait dire qu'il joue avec les dogmes et les hallucinations mystiques, s'il n'était plus vrai de dire qu'il s'en joue. Pour la science, c'est plus visible encore ; restreinte, avec des parties vagues et mal définies, confinant à l'astrologie, à la thaumaturgie, cette science est d'autant mieux faite pour un poème ; élémentaire, pauvre et réduite, la doctrine semble facile à posséder tout entière. Mais Alfragan ou Ptolémée peuvent ouvrir leur ciel à Dante ; il y évolue à sa mode, et rien ne se ressemble plus. L'autre étudiant qui viendra plus tard à Bologne, Copernic, n'a point encore élargi l'univers par ses hypothèses. Dante peut fabriquer le monde qu'il lui faut, « mathématiquement »[1].

Et c'est l'impression du ciel étoilé sur nos têtes, c'est le chemin de Monseigneur Saint Jacques, pavé de soleils en poussière, que Dante tirera pour nous des grimoires astrologiques.

Si jamais œuvre mérita son nom, c'est bien celle-ci, car c'est vraiment la comédie humaine, aux acteurs innombrables. Il l'avait nommée ainsi. L'admiration la baptisa divine. Mais elle est plus belle en n'étant que la comédie souveraine de l'humanité, avec ses mille scènes et ses drames, de quelques lignes, mais grands à emplir le monde, son mouvement endiablé dans l'Enfer, sa paix poignante au Purgatoire, les échappées resplendissantes du Paradis. Il n'y a là que les beautés du théâtre, les épisodes attachants des Mystères, sans la lourdeur et les ficelles empêtrées qui font de tout théâtre un art si élémentaire et grossier. C'est la différence d'une symphonie, hautaine et pure, à une œuvre lyrique déshonorée par la mise en scène, et les acteurs, et les costumes. Dante épure et sublime l'art, sans rien sacrifier, car le moyen âge rejoint l'antiquité dans son poème, et si la

---

[1] Carducci. St. lett. p. 127, « Matematico nella forma. »

forme est éternelle, le fond reste du temps, car c'est la
vie même ! terreurs, fureurs, élans d'amour, naïveté
grandiose, chants de gloire et cris d'agonie, image d'un
temps où la peste fauchait les hommes par millions, où
Notre-Dame ouvrait les mains sur les vitraux des cathédrales.

Les basiliques byzantines ou romanes, les premiers
temples gothiques se tapissent d'Enfers et de Paradis. Ce
« merveilleux-chrétien », si plat souvent et si confus, Dante
en prend ce qui peut donner des effets admirables : le
péché, la punition du péché, et la gloire des Justes, et
l'acheminement vers la béatitude par l'expiation. Il
écarte les parades ou les billevesées. Presque partout, la
règle antique maintient son esprit.

Et surtout, sa race, et Florence, l'aident encore. En
Italie, les saints se font familiers ; ce sont des amis, des
bourgeois, concitoyens et bonnes gens, qu'on voit sur le
mur des églises ou des cloîtres comme on salue les por-
traits de famille. Ils se promènent sur les routes et
dans les rues ; c'était hier, le grand saint Thomas, qu'on
empoisonna dans un gâteau, le bon saint François, charmeur d'oiseaux, à qui les loups donnaient la patte.

Virgile même est plein de bonhomie. Il est touchant
de voir qu'il parle à Dante comme un bon maître d'école,
ainsi que fait à son élève le vieux Brunetto sculpté sur le
bas-relief du Campanile. Il emploie le jargon même de
l'école[1], se fait benoît et nourricier.

Aussi, la bizarrerie de la science dans un tel poème
importe médiocrement. La vie, qui s'épanche partout,
fait tout passer. D'ailleurs, qu'est-ce que la science ? Si la
cosmogonie dantesque est bizarre, et la physique puérile,
en quoi donc, hier, les tourbillons de Descartes ou les

[1] Voir Inf. XI.

monades de Leibnitz, en quoi, peut-être, dès demain, nos théories les plus fameuses, furent-ils et seront-elles plus exemptes de ridicule ? Lucrèce n'a rien de bizarre pour avoir suivi un Epicure ; les cahiers d'école amassés par Dante ne valent ni mieux ni moins.

Il fut toujours le même : dans une canzone[1], ou dans le début du Paradis, le procédé se montre pareil : une astronomie didactique, d'où jaillit ensuite un grand flot de poésie, tout inondée d'air, de lumière et d'espace. C'est qu'il connaît les météores, les forces de l'air et du ciel, pour avoir suivi les chemins d'Europe, le jour et la nuit. Vagabond, piéton passionné, comme Rousseau, comme tous les mélancoliques de génie, Dante a pu prendre ses modèles durant ses courses infinies : l'Apennin entre Florence et Bologne, ou la Ligurie, les Alpes Apuanes, les rocs provençaux, pour l'Enfer ; la vallée du Mugello, calme ainsi que le Purgatoire aux ombres grises, ou le val d'Ema que fleurissent les hellébores sur les rives des ruisseaux clairs ; la vieille route de Fiesole, c'est le chemin du Paradis, et, par certaines matinées du premier printemps, sur le mont de Vincigliata, dans ces roches broyées d'où sortiront les matériaux de Florence, entre les cyprès de métal vert et les pêchers roses, l'air cristallin, surnaturel, semble alléger l'homme, le faire nager d'allégresse en un éther impondérable ; et, quand la nuit couvre les monts, roule sur l'Apennin sublime, il se fait de telles clartés aux cieux, que le Paradis se révèle.

Et puis, afin de figurer les lumières surnaturelles, Dante avait ses rêves. On n'a jamais étudié ce que peuvent donner les songes de la nuit à de tels esprits, et les paysages créés, et les lueurs incomparables. Aux grammairiens, traînés sur les livres, de méconnaître ce qui

---

[1] Canzone XI. « Io son venuto al punto della rota », et Par. I-II.

peut dépasser leur entendement; et qu'ils reprochent donc à Dante de n'avoir point ce qu'ils ignorent! Un consciencieux Allemand [1] raillera Dante parce qu'il n'a point su créer la lumière du Paradis, parce qu'on ne peut figurer une autre clarté que celle du soleil. Cet Allemand-là ne rêvait point! Il aurait su que le ciel même des grandes altitudes, ce ciel violet des Hautes Alpes, si différent du firmament que l'on voit en plaine, n'est rien encore, auprès des irradiations magnifiques dont la lumière des rêves peut baigner certains paysages façonnés par certains cerveaux.

Comment tel peintre, un Turner par exemple, aurait-il figuré ses visions de clarté, s'il n'avait eu le sens intime, révélé par l'inconscience, d'une splendeur autre que la lueur terrestre? Sans doute, les premiers éléments de tels spectacles intérieurs sont réels, mais ceux qui les créent, les conservent en eux, et les expriment pour les autres, prennent comme éléments, s'il s'agit de lumière, la suprême splendeur connue, celle du soleil le plus éclatant ou de l'air le plus pur, et puis, la doublant, la triplant, la centuplant, la font devenir paradisiaque, la subliment. Seulement, ceux-là seuls comprennent leurs rêves, qui ne sont point bornés à la plus brute et grossière réalité. Certains poèmes, certains tableaux, comme certaines œuvres musicales, n'existent point pour tous. Il est des surdités mentales et des cécités intellectuelles. Tout infirme est à plaindre ; il ne fait rire que s'il veut s'ériger en juge et en maître.

Ce qui est sûr, c'est que Dante savait évoquer, imposer ses visions, au point d'étonner ceux de son époque. Et surtout pour l'Enfer, plus plastique, plus frappant, plein de supplices et de douleurs humaines. Le peuple et les

[1] Gaspary. St. Della lett. t. I p. 291 et l'excellente discussion de G. Giacosa dans *la luce nella D. C.* ap. Con Dante e per Dante p. 309 et suiv.

femmes croyaient fermement à ses communications réelles avec les régions infernales : « Un jour, dit Boccace [1], à Vérone, comme la renommée de ses œuvres était déjà divulguée partout, et principalement cette partie de sa *Comédie*, qu'il intitule *Enfer*, et lui-même connu de force hommes et dames, — il advint que, comme il passait devant une porte où plusieurs dames étaient assises, l'une d'elles à mi-voix, non cependant assez bas pour n'être pas entendue par lui et par qui l'accompagnait, dit aux autres dames : « Voyez-vous celui qui va dans l'Enfer, et retourne quand il lui plaît, et rapporte ici-haut nouvelles de ceux qui sont là-bas ? » A laquelle une des autres répondit avec simplesse : « En vérité, tu dois dire vrai ; ne vois-tu pas comme il a la barbe crépue et la couleur du visage brune, à cause de la chaleur et de la fumée qu'il y a là-bas dessous ? » Lesquelles paroles Dante entendant dire derrière soi, et connaissant qu'elles venaient de pure créance chez ces dames, il y prit plaisir, et quasi content qu'elles eussent telle opinion, il sourit quelque peu, et passa plus avant. »

Il n'y avait pas que les femmes pour avoir telle créance ; puisqu'un brave commentateur, homme de poids et qui écrivait en latin, croit pouvoir marquer curieusement : « Dante entra mentalement, non corporellement, dans l'Enfer ».

Assurément, lorsqu'il nous y entraîne, il faut un effort pour songer que l'on n'y est point « corporellement ». Tels supplices, les plus poignants, sinon les plus horribles, comme celui des rameaux qui saignent, font illusion. Mais toujours Dante choisit des supplices plastiques. Les damnés, par exemple, ne sont jamais dans le silence et la solitude.

[1] Vita 43. — Comp. p. 33-34.
[2] B. d'Imola, I, 127.

Oui, ce supplice est oublié dans ce cycle où tout bruit, gronde, frémit, grince et sanglote : le supplice du solitaire, seul, à jamais, dans sa souffrance et son remords. Les damnés ont des compagnons. De même que la mort est moins horrible, même au lâche, parce qu'elle est promise à tous et que personne n'y échappe, de même un mal que l'on partage est moins cruel. Et puis le poids du crime ne doit peser de toute force sur une conscience humaine que si l'homme est toujours en face de soi-même, et de soi seul.

S'il créait des peines morales, au lieu de peindre ses damnés comme une fresque formidable, Dante aurait ajouté ceci : à côté de la solitude, morne enfer où l'homme se sent éternellement seul, cet autre cercle, abominable entre tous, où l'homme sera supplicié par le fait même qu'il n'est jamais seul, condamné sans relâche à toujours subir les contacts dégoûtants, odieux, des misérables qui se disent ses *semblables*.

Dante, à l'étranger, est célèbre surtout par l'Enfer ; c'est aussi peu juste que d'admirer Holbein pour la *Danse macabre*.

Avec ces légendes de brume, que l'on nomme et qu'on ne lit point, avec ces mythes parvenus d'Islande, de Bretagne, d'Allemagne, âpres, enfantins, farouches, histoires de puits où l'on entre neuf par neuf, ou crises de saintes affolées, Dante sait construire son œuvre, son chef-d'œuvre, le Purgatoire. Il connaît les Champs-Élysées de Virgile, et il s'en souvient. Mais combien il surpasse tout !

De ces rêves pauvres, confus, il tire une merveille d'art. Pour l'Enfer, il avait en lui la tradition des plus vieux âges : les enfers étrusques, sur les tombeaux, parlent déjà de cette hantise éternelle [1]. Et puis, il avait

---

[1] Pourquoi faut-il que l'art étrusque ait été étudié chez nous... par un

pour animer, pour disposer en groupe les éléments de sa
rêverie, ces haines salutaires qui l'ont révélé à lui-même.
Ainsi que tous les hommes forts, et plus que tous, étant
plus fort, il redisait avec le vieux cantique [1] :

> Notre salut vient de nos ennemis
> Et par la main de ceux qui nous haïssent !

Au Purgatoire, rien de tel. Tout s'adoucit et se transforme. Et c'est Orphée, après Eschyle ou saint Jean.
« Cantica » sublime. C'est bien d'elle que l'on peut
dire :

> Ils s'en vont vers le ciel
> Avec une chanson plus douce et plus profonde [2].

Miracle ! la lyre succède aux trompettes funèbres, et les
processions mystiques chantent des laudes sur ce même
rythme où rugissaient le désespoir et les blasphèmes
des damnés. Tous les sentiments nobles, suaves et profonds trouvent ici leur harmonie. Les sages de l'antiquité
viennent accueillir sur le seuil du mont sacré, l'Ange de
Dieu mène la barque sainte, les canzones terrestres
résonnent encore avec une douceur surnaturelle, le blond
Manfred, le joli prince que l'Église avait foudroyé, le fils
du païen Frédéric II, vient montrer son front sillonné
par un coup d'épée, sa poitrine percée d'une plaie, et lui,
le fils de l'ennemi, de l'hérétique, il est sauvé, il marche
vers le Paradis[3] ; la Pia Tolomei passe en faisant étinceler

Jules Martha ! — Cf. Museo etrusco de Florence. Cortone, Musée de l'Université à Pérouse ; Chiusi, Volterra, etc. — L. A. Milani. Studi e materiali di
Archeol. e numismatica, Florence, 1902, in-4°, t. II. — Decharme. Mythol.
de la Grèce antique. Paris, 1879, ch. iv. — Fustel de Coulanges. La cité antique. Paris, 1874. p. 12, etc.

[1] Ap. Graduale ; in festo Corp. Christi. Cant. Zachariæ.

[2] Purg. XXXII. 90.

[3] Voir Gebhart. L'Italie mystique, fin ; et Scherillo. *Manfredi*, ap. con D. c.
per D. p. 40 et suiv.

les pierreries de son anneau nuptial, le trouvère de Mantoue et le mantouan Virgile célèbrent leur chère patrie, les « dames antiques et les chevaliers » forment une tapisserie aux couleurs chatoyantes, contre les flancs des vallées pâles ; les esprits célestes poursuivent le serpent du péché ; et Dante, sous la garde maternelle de Virgile, s'endort d'un somme ébloui par les visions, aux portes du vrai Purgatoire, où l'accueille une « dame du ciel », lumière de grâce divine, et l'ange qui garde la porte lui dessine au front le symbole purificateur.

Car le Purgatoire est ici précédé par le lieu d'attente, par un vestibule mystique. Dante a transformé les légendes. Il a pris, à ce monde fixe et borné qui est celui de son époque, « ces lieux où l'on entre en chantant », où résonnent les *Te Deum* et l'*Hosanna*. Il a détaché de l'Enfer souterrain ce mont du Purgatoire, et il l'a exhaussé jusqu'à mettre sa cime dans le ciel. De cette cime, on monte dans les étoiles. Les cartes du moyen âge montrent, au bout de l'Orient, vers les Indes fabuleuses, ou l'Ethiopie, ou dans quelque Ceylan de légende, le Paradis terrestre[1]. Là s'élève un mont d'une hauteur prodigieuse ; et c'est le mont de l'Eden. Dante s'en empare. Il le place aux antipodes, il le dispose en échelons réguliers, en corniches qui sont l'échelle par où l'on monte au Paradis.

Montagne terrestre, peuplée de figures humaines, le Purgatoire tient à la terre, s'il confine à l'Empyrée. On y rencontre des cortèges qui chantent l'oraison dominicale ; on demande son chemin aux âmes des superbes, comme naguère aux mariniers de Noli, aux paysans de Lunigiane ; on parle des beaux manuscrits avec l'enlumineur de Gubbio ; on « montre comme on est léger » sur ces routes

---

[1] Rajna. ap. Vita nel Trecento, 172 et suiv.

ornées de dessins, où l'on marche sur les symboles ; des voix mystérieuses passent, ·murmurent des paroles saintes, des fumées épaisses s'élèvent, où sont les pécheurs coupables de colère, on marche à l'aveuglette, sous un « pauvre ciel » sans planètes, mais les anges sont toujours là, et les paroles de Virgile sur l'amour.

Le sommeil symbolique, traversé d'apparitions, tombe sur Dante par intervalles ; les poètes antiques apparaissent après les anciens rois de France ; et Stace, purifié, accompagne Dante et Virgile vers le ciel, où le guide premier, le maître souverain, n'entrera point. Au milieu des chemins, l'arbre chargé de fruits, et la source limpide rafraîchissent l'âme et les yeux, on revoit ses amis terrestres, et les troubadours qu'on aima, dont on fut le disciple en langue italienne ou provençale. Les flammes purificatrices cachent une prairie en fleurs, où les dames symboliques apparaissent en songe à Dante, et font des bouquets devant lui ; on est au Paradis terrestre, et Virgile va quitter Dante pour s'en retourner sur le chemin, puisque le baptême lui manque pour s'affranchir du Purgatoire. Maintenant, c'est Mathilde qui recueillera le pèlerin, et la procession mystique, modèle pour Botticelli, s'avance lentement vers eux. Béatrice apparaît ; et l'on serait en Paradis, si ce n'était le moment de prononcer les reproches contre Dante, de lui jeter à la face les vérités les plus terrestres, et de lui faire mériter, en l'humiliant devant tous, l'assomption vers le Paradis.

Pour cette assomption mystique, Dante n'avait aucun modèle. Les Paradis rêvés par ceux qui viennent avant lui n'étaient que de pauvres copies empruntées à l'Apocalypse ou à la Genèse. Lui prend les cieux que lui révèle l'astronomie de son époque, et il en tire ce qu'il nomme « la forme générale du Paradis [1] », il distribue dans chaque

---

[1] Par. XXXI, 52.

planète, la lune, Mercure, Vénus, le soleil, Mars, Jupiter, Saturne, les âmes nées sous l'influence de ces planètes. Au-dessus, le ciel cristallin des étoiles fixes, puis le ciel du Premier Mobile ; et enfin, tout au faîte le dixième ciel, l'Empyrée.

Dante a épuisé son génie pour rendre habitable aux imaginations humaines ce séjour de la suprême lumière, vertigineux, éblouissant ; « basilique des Bienheureux, cloître céleste, où Christ est l'abbé, concile, cour divine, éternel palais, temple admirable et angélique, Athènes céleste, Rome dont le Christ est citoyen, printemps éternel, douce vie », dont les louanges infinies se déroulent en litanies à travers le poème entier.

Il a senti que désormais le sol lui tremblait sous les pas, et se dérobait devant lui. L'allégresse du Purgatoire fait place à une terreur sainte. Il sait que son œuvre devient presque impossible à faire :

« L'eau sur laquelle je m'en vais, on ne la parcourut jamais, dit-il[1], » et les aveux des pièges, des périls, des peines, sont partout. Il se sent parmi des difficultés inconnues à son esprit de Florentin :

> Et ainsi, pour figurer le Paradis,
> Convient que saute le Poème sacré,
> Comme un qui trouve son chemin coupé.
> Mais qui pourrait penser à l'écrasant sujet
> Et à l'épaule mortelle qui s'en charge,
> Ne la blâmerait point si dessous elle tremble.
> Ce n'est mie traversée par une petite barque
> Celle que va fendant ma proue hardie,
> Ni de nocher qui s'épargne soi-même[2].

Parfois « sa plume saute, il n'écrit plus[3] ».

---

[1] Par. II, 7.
[2] Par. XXIII, 6i-69.
[3] Ib. XXIV, 25.

> A ce point-ci je m'avoue vaincu
> Plus que jamais ne fut, par un point de son thème,
> Surpassé quelque auteur, ou comique ou tragique [1].

On arrive bien à sentir, même quand les comparaisons s'achèvent, si elles sont nées de la nature même, spontanées et vraies, ou bien quand elles ont passé par le livre et la scolastique [2]. Il finit par se perdre, çà et là : dans un des moments où le sublime est le plus puissant, voici qu'arrive [3] une « similitude » étrange, et la plus déplacée, celle du géomètre ; les problèmes d'école pénètrent tout à coup dans le fin fond de l'Empyrée.

Aussi, ce qui demeure le plus vivant et le plus beau, dans le Paradis, ce sont les parties qui semblent prises à l'Enfer et au Purgatoire, comme l'épisode de Cacciaguida [4], comme les chants où retentissent les invectives ou les prophéties injurieuses.

De même qu'au Purgatoire, Dante peint l'amour comme un Saint Graal, et, disciple des troubadours extatiques, se sent toujours de son ancien mysticisme, de même il conserve, au milieu du Paradis, la vigueur et la verdeur de la vieille sirvente.

Il serait injuste pourtant d'oublier comme il a poussé jusqu'à l'extrême la plus haute des tentatives pour décrire l'Inconnaissable et rendre visible l'Inconcevable. Ce poète précis, par son invention des lumières mystiques, où les âmes transparaîtront comme le rayon du soleil à travers l'albâtre, par cette idée extraordinaire des âmes-lumières s'avivant à mesure que les frappe la parole aimée, vraiment il a su figurer, un peu, l'illimité, l'inexprimable.

[1] *Ib.* XXX, 22-24.
[2] *V.* par ex. *Ib.* XIV, 52.
[3] *Ib.* XXXIII, 133-135.
[4] *Ib.* XV-XVIII.

Mais le plus souvent, il tient à la terre. Et c'est là qu'il puise sa force. Après l'imitation de l'art lyrique provençal, flambeau de son adolescence, il a connu partout, et surtout en France quand il y a vécu, notre grande épopée française, composée elle aussi en langue populaire, et avant la sienne. Elle avait pénétré partout : les carrefours des villes comme les champs de bataille, les rues de la cité parisienne, comme les palais et les châteaux, avaient retenti de ses rythmes. Ceux qui jadis venaient mourir à Campaldino, sous un cri de guerre carolingien, avaient pu répéter ces vers à Dante, autour des bivouacs, comme avaient fait, deux siècles plus tôt, les chevaliers normands qui chargeaient aux plaines d'Hastings. Et la grandeur de l'épopée dantesque, tout intellectuelle, c'est d'avoir pris les éléments chevaleresques et la langue nouvelle. Il exprima la conscience de sa race, le cœur de sa race, avec ces mêmes moyens éternels.

Tout ce qui est purement imaginaire est caduc ; la beauté naît, dans la mesure où l'art s'approche de la vie et en procède. Ce qu'il y a de meilleur, dans ce poème des poèmes, ce sont les allusions à la vie terrestre, les regrets des morts pour la vie terrestre, leur souci pour leur renommée terrestre, les prophéties d'événements terrestres. Il est curieux même de voir le poète oublier souvent, dans l'émotion qui l'entraîne, les conventions de son sujet ; il arrivera que ses ombres ne sont plus des ombres, et l'une des plus belles scènes, je l'ai dit, et des plus touchantes, c'est assurément celle où Virgile jette ses bras au cou de Dante, et le baise au visage, en lui disant :

Bénie est celle-là qui de toi fut enceinte !

Or, ce Virgile qui tout à l'heure ne chargeait point la barque fatale, ce spectre impondérable, impalpable, il

se trouve maintenant qu'il a des bras, et il ne pourrait
plus redire son fameux vers :

> Trois fois il essaya de lui mettre les bras
> Autour du col ; trois fois l'image en vain saisie
> S'enfuit d'entre ses mains... [1].

Il a des lèvres pour donner le baiser, il reprend un
corps. Et Dante, ni là ni ailleurs, en bien d'autres actes
pareils, ne s'aperçoit que cette ombre n'est plus une
ombre.

C'est que jamais, au fond, génie n'eut davantage soif
et faim de vérité. Sa véracité est si grande, que les pièces
authentiques, les documents que l'on retrouve, en témoi-
gnent avec éclat ; c'est, pour user d'un seul exemple, un
testament, daté du 28 septembre 1294, celui de Conrad
Malaspina, qui commente, éclaire et fortifie ce vers du
Purgatoire :

> Aux miens portai l'amour qui s'épure céans [2].

L'écueil d'un art semblable, c'est, on le sent bien, l'obscurité. Deux causes peuvent la produire : les allusions historiques, limpides aux contemporains, mais dont le sens
se perd très vite. Et puis, l'excès même de force et de
tension dans le style ; à force de serrer la forme, on
risque çà et là de la fausser ; à force d'être bref, et de
mépriser artifices et transitions, épithètes et ornements,
à force surtout de parler par oracles, on arrive à l'énig-
me, et, si j'ose dire, à la devinette. Tels vers seront de
vrais rébus, où les commentateurs s'épuisent, et sur qui
poussent les brochures, comme les orties le long des vieux
murs. Burchiello, certes, avait bien mauvaise grâce à signa-
ler ces « sentences inintelligibles ». Mais on ne saurait nier

---

[1] Enéide. VI, 700-702.
[2] Purg. VIII. 120. Cf. Zingarelli, p. 215-216.

qu'elles existent, comme les symboles aux porches des cathédrales, le grimoire dont la clef n'est plus en nos mains.

Ce style, avec ses rares ombres, n'en est pas moins le plus puissant et le plus rayonnant de tous. Dans cette langue italienne, où la mièvrerie et l'emphase guettent ceux qui ne sont point maîtres absolus, Dante consomme ce miracle, d'éviter l'une et l'autre, et de créer pour son usage le plus majestueux, le plus simple, le plus parfait de tous les styles. Il se forge une langue neuve, de métal vierge. Il n'a point cette honte de subir une vieille langue, salie par les détritus littéraires de plusieurs siècles.

Nul poète n'est mieux poète. Et nul n'est plus intraduisible. Il n'aimait point les traducteurs : et l'on ne touche point à lui, même l'adorant, sans trembler ! Les effets d'un style pareil ne sauraient se transposer. Il l'emplissait de sa pensée, de ses images, jusqu'au bout, exactement comme il voulait. Il taillait ce marbre éclatant, il soudait ces vitraux gemmés, sans une hésitation, sans un repentir, à la florentine. C'était l'absolu dans son art. Et il ne s'explique point, ni ne se copie.

« Moi qui écris, dit un commentateur ancien, j'ouïs dire à Dante que jamais rime ne l'entraînait à dire autre chose que ce qu'il avait l'intention de dire ; mais que souvent et maintes fois il faisait dire aux vocables, dans ses vers, autre chose que d'habitude ils n'exprimaient chez les autres auteurs [1]. »

Un tel artisan, si hautain, signe son œuvre en chaque vers. Il concentre toujours, il ne développe jamais. Ceci, encore, prouve bien qu'il sentait ce que Virgile lui avait donné pour son art ; ce « beau style » est virgilien : un

[1] Ottimo, I, 183.

mot seulement, plein d'ombre, ou de douce lumière, drame ou tendresse, et l'âme s'en va comblée. C'est le pur génie : dans un temps où beaucoup de choses sont illisibles, sauf pour les curieux, dans une nation où les poètes vrais sont rares, cet homme construit un poème qui reste éclatant, réchauffant, soleil parmi des nébuleuses ou de vieux astres refroidis.

Il semble qu'il ait épuisé toute beauté. Que sont, auprès de ce héros, même les poètes les plus célèbres de l'Italie? Que Dante, en trois vers, exprime une pensée, cisèle une comparaison, si, par témérité peut-être, ou par oubli, l'Arioste revient sur la même trace, il lui faut une octave et demie, et plus, pour délayer, sans pittoresque et sans éclat, ce que la terzine dantesque avait fixé sous sa forme éternelle[1].

Le peuple ne s'y trompa point; irrité de voir un Pétrarque ignorer la *Comédie* jusque bien après la cinquantaine, et traiter de haut le poète souverain, le peuple inventa des légendes, où Pétrarque se repentait, rachetait sa négligence, faisait amende honorable[2] : « Que mon lecteur, dit un vieux texte, note ceci, que me trouvant, moi qui écris, à Trapani en Sicile, et ayant visité un vieillard pisan parce qu'il avait la réputation par toute la Sicile d'entendre fort bien la *Comédie* de Dante ; et avec lui parlant et travaillant sur la dite *Comédie*, maintes fois et sur bien des matières, cet homme de mérite se mit à me parler ainsi : « Je me trouvai une fois en Lombardie, et visitai Messire François Pétrarque à Milan ; lequel, par sa courtoisie, me tint avec lui plusieurs jours. Et comme j'étais un jour avec lui dans sa chambre d'étude, je lui demandai s'il avait le livre de Dante ; il

---

[1] Inf. XIII, 40-43. — Orlando furioso. VI, str. XXVII-XXVIII et XXXII.

[2] Il lut la *Comédie* en 1359, à cinquante-cinq ans. — Voir sur ceci Papanti. D. sec. la trad. ecc. p. 85 et 178, — et Carducci. St. letter. p. 282, et suiv.

me répondit que oui, et se leva ; et, comme il eut cherché parmi ses livres, il prit le livre dont j'ai parlé plus haut, nommé la *Monarchie*, et me le jeta devant moi.

« Voyant cela, je lui dis que ce n'était point ce que je demandais, mais que je demandais sa *Comédie*.

« Alors messire Pétrarque témoigna de la surprise, de ce que j'appelais cette Comédie « livre de Dante ». Et me demanda si je croyais que Dante eût fait ce livre ; et comme je disais que oui, honnêtement il m'en reprit, disant qu'il ne voyait point que par intelligence humaine, sans un don singulier du Saint-Esprit, on dût pouvoir composer une telle œuvre ; concluant qu'il lui paraissait que ce livre de la *Monarchie* se devait et pouvait bien attribuer à Dante, mais la *Comédie* plutôt à l'Esprit-Saint qu'à Dante. Il ajouta encore et me dit ceci : « Dis-moi ! tu parais te plaire et t'entendre à cette *Comédie* de Dante ; comment entends-tu trois vers qu'il met dans le Purgatoire, chant[1] XXIIII, où il fait demander[2] si c'est là celui qui a composé : « Dames, vous qui d'amour avez intelligence, » et Dante dit : « Et je lui répondis :

> Je suis un, qui, lorsque l'Amour m'inspire,
> Note, et dans la manière qu'il me dicte au-dedans
> Vais exprimant...

« Et messire François me dit : « Ne vois-tu pas qu'il dit clairement que lorsque l'amour du Saint-Esprit souffle dans son intelligence, il note l'inspiration, et puis exprime selon que lui dicte et lui montre ce même Saint-Esprit ? »

« Il voulait démontrer par là que les choses subtiles et

---

[1] « Capitolo », c'est le titre même des poèmes populaires, satiriques, etc. On disait aussi, parce qu'ils étaient en terzines : terza catena. — Voir Firenzuola. Discacciamento delle nuove lettere ecc. Florence, 1552, in-8°, p. 316, ap. Vocab. della Crusca. t. I, éd. de 1729, p. 549.

[2] Purg. XXIV, 49 et suiv.

profondes qu'il traita et toucha dans ce livre, ne se pouvaient connaître sans grâce singulière et don de l'Esprit-
Saint. »

L'autre fable fut rapportée par le bénédictin Vincent
Borghini, ce pur Florentin, qui refusa l'archevêché de
Pise pour rester près du Campanile : « Je me ressouviens,
dit-il, et c'est quasi l'un des premiers souvenirs que
j'aye, attendu que j'étais bien enfant, lorsque j'ouïs dire
ce que je redirai, à l'un de nos concitoyens, noble, ingénieux et fort âgé, lequel disait l'avoir ouï raconter à ses
anciens, et que cette histoire était venue de main en
main ; à savoir que Pétrarque avait, dans son cabinet de
travail, fait une fois, à certaine occasion, peindre
Dante comme on avait coutume en ce temps-là de représenter les larrons, pendu par un pied.

« Et, comme quelques-uns de ses amis lui en deman-
daient la raison, il dit qu'il l'avait fait avec justice, attendu
que Dante lui avait volé, à lui particulièrement, toute
bonne occasion de pouvoir jamais rien écrire de bon ».

C'est que Dante, malgré ses études amoncelées, ne fut
jamais un humaniste ni un lettré de cabinet. Même lorsqu'il joue sur les mots, ou laisse aller des vers étranges [1],
à équivoques et à concetti, on peut croire que c'est plutôt un mépris hautain, à la Pascal, pour les mots répétés,
le dédain envers l'épluchage littéraire et contre la
recherche de médiocres équivalents, l'acceptation souveraine de la pensée qui se présente sous une forme immé-
diate [2]. Et qu'il n'a point voulu limer les contours et les
affaiblir. Michel-Ange a de ces façons.

C'est qu'il est naïf, comme tous les grands. Il a même
dans ses conceptions cette naïveté sublime. La haine,

---

[1] Inf. XIII, 25, 67-68; I, 36-72. — Purg. XX, 1; XXVII, 132 ; XXXI, 136,
XXXIII, 143. — Par. III, 57 ; V, 139 ; XXI, 49, etc.

[2] Voir Pascal. éd. Havet, in 8°, VII, 21, p. 110.

qui l'échauffe et l'inspire, quoi de plus naïf? c'est vraiment un hommage rendu à tous ces drôles, qu'il flagelle, à ces ennemis dont il daigne mentionner les supplices, fixer l'existence. Le mépris les anéantirait. La haine les fait vivre. Dante, méprisant, annulait par son silence les coquins anonymes qu'il daigne torturer; exécrant, il les éternise. Il n'a de silence que pour les tièdes, les indifférents, ceux qui ne prirent point parti, « furent pour eux [1] ». Quiconque sut agir et vouloir, en mal ou en bien, mérite courroux, pardon ou gloire. Il croit profondément à la vie, aux lois de la vie, aux actes de la vie humaine.

Cette naïveté sublime fait qu'il confessera sa terreur, et se peindra comme un enfant. Aucun apprêt. Ce grand esprit, ce génie sans pair va parler « au lecteur », se met sans trêve de plain-pied avec celui qui le lira.

Il montre qu'il a fait un plan matériel, strict, à ce point que les feuillets du papier sont coupés, comptés à l'avance, la longueur, le nombre des chants mesuré, le nombre des vers bien fixé. Il regrette de « n'avoir pas plus d'espace, et que tous les feuillets disposés pour ce second chant soient remplis ». Le « frein de l'art » le contient dans le compte même de ses pages [2].

On apprend qu'il écrit à l'encre [3]. Il jure au lecteur « par les vers de cette *Comédie* [4] » souhaite que « Dieu laisse le lecteur profiter de sa leçon [5] », explique pourquoi telle chose est émise [6], fait remarquer la nouveauté,

---

[1] Inf. III, 39.

[2] Purg. XXXIII, 136-141, et XXVI, 64. — Voir F. Mariotti. Dante e la statistica delle lingue. Florence, 1880, et G. Agnelli. Topo-Cronogr. del viaggio dantesco, Milan, 1891, in-4°.

[3] Par. XIX, 78.

[4] Inf. XVI, 127-128.

[5] Inf. XX, 19-20.

[6] Inf. XXI. 1-2.

« le nouveau jeu [1] », d'une trouvaille. Quand la description se fait trop étrange, il dit :

> « Si tu es, lecteur, lent à croire
> Ceci que je dirai, ce ne sera merveille
> Puisque moi, qui le vis, à peine me l'accorde [2] »

Il ranime l'attention, et il objurgue le lecteur [3], décrit ses procédés, et le comment et le pourquoi [4] : c'est un maître, et c'est un ami. « Lis Ezéchiel, et tu verras en ses papiers. »

> Pense, lecteur, si je m'émerveillais...
> Béatrice me dit, ainsi comme j'écris...

Il voit son lecteur, sur « le banc » où il lit sa *Comédie*, et il lui parle, l'engage, le prend par la main comme Virgile l'a pris lui-même [5] lui avoue qu'il espère un jour retourner dans le Paradis [6].

Que ne donnerait-on, pour voir, pour toucher ces pages augustes, ces feuillets sacrés, où Dante Alighieri traçait les vers de son poème ? il ne reste pas une ligne de sa main ! Les manuscrits, même sur parchemin, même enluminés, duraient peu dans ce temps-là ; le « temps consumait » les ouvrages d'Oderisi de Gubbio, dans la « librairie » du Vatican [7]. Les lettres même que voyait Léonard Bruni sont perdues, ou confondues dans l'anonyme des paperasses. Car Dante, pour vivre, dut être copiste, et cela pourrait expliquer un peu la disparition, la mécon-

---

[1] Inf. XXII, 18.

[2] Inf. XXV, 46-48.

[3] Inf. XXXIV, 26-28. — Purg. VIII, 19.

[4] Purg. IX, 70-72 ; X, 106-111 ; XVII, 1-7 ; XXIX, 97-103 ; XXXI, 124. — Par. V. 85, 109-112, 139.

[5] Par. X, 7-8, 22-27.

[6] *Ib.* XXII, 106.

[7] Vasari, *Giotto.* I, 385.

naissance peut-être, de ses manuscrits. Certains, qui sait? sont confondus, ayant passé de main en main, et telles pages originales, que l'on vénérerait à deux genoux, pareilles pour leur écriture à d'autres œuvres copiées par le copiste Dante, dorment peut-être ici ou là. Au temps de Bruni, la tradition s'attachait à certaines pages, on savait que telles épîtres étaient de Dante et autographes. Mais le feu, l'humidité, l'oubli sont venus ; et le désordre des archives, à travers tant de catastrophes. On a même supposé que les papiers de Dante, cachés dans les murailles d'un couvent, se moisissaient chez des Frères mineurs de Ravenne, entre les mêmes pierres où l'on retrouva son cercueil[1].

Ce qui nous reste de plus proche, ce sont les anciens commentaires. Et la voie est ouverte par ce délicieux « maistre du chœur » qui est Jean Boccace. Le 18 octobre 1373, dans cette église des Saints-Apôtres où l'on disait que Charlemagne avait cloué sur le vantail de la grand'porte un fer de son cheval[2], on entendit, sous la nef délabrée et sale, s'élever la voix de Boccace expliquant Dante.

Et grâce à lui, et tout de suite après lui, dès 1375, se forme cette école de commentaires ingénus, au milieu desquels surgissent parfois de délicates nouvelles, de gentils récits, comme des fleurs dans les décombres. Les fils du poète avaient publié la *Comédie* dès 1323 ; ils la commentèrent, pauvrement et mal, en vrais fils. Mais de dévots admirateurs se succédèrent d'âge en âge ; les plus touchants sont les premiers : vieux cahiers où l'on trouve, écrit à la fin : « fini et achevé par moi, Nicolas fils de ser Dino de Nicolas, de « l'art de la laine », ce jour xviiie d'octo-

---

[1] C. Ricci. Rinascità. Le carte di D. p. 293 et suiv.

[2] Comm. ed. Milanesi. Préface au t. I. — B. d'Imola — qui confond avec la Badia, V, 145. — B. d'Imola expliqua Dante en 1375, à Bologne, *Ib*. I. 523.

bre 1458 à quatre heures de nuit, dans la chambre et à la demande de Lazare fils de Michel fils de Pierre de Varna, du quartier de Saint-Pierre Gattolino, ayant la lune douze jours ». Le brave homme avait commencé le 1er mars 1457 « par plaisir[1] ».

Chacun, à Florence, chacun, en Italie, voulait ce livre, qui inspirait l'art, de l'Angelico[2] à Botticelli[3], à Michel-Ange, la pensée, de Ficin à Savonarole. Ce qu'il devint, on le sait bien : la conscience de l'Italie, la lumière de ses lettres et la gloire de son verbe. Au sommet de la poésie, comme au sommet du Paradis, il y a Dante, il y a Dieu.

Avec les vertus du génie, il sait unir ce goût suprême, cette harmonie et ce beau choix, cette grâce qui trop souvent se refuse à d'autres. Cet esprit vraiment franciscain n'est point tombé dans ce péril, si flagrant en pareil sujet, de faire une danse macabre et des processions d'ombres pieuses. Homme de lettres souverain, — parce qu'il se décrit toujours et qu'il se sent toujours écrire, sans être enivré par sa force, — il suffirait d'avoir son livre pour n'avoir plus besoin de livres. Comme Rembrandt, comme Beethoven, celui-ci est son art entier, et il suffit à l'exprimer.

S'est-on jamais demandé ce que pouvait être une vie humaine, après un pareil rêve ? Dante a pu mourir de son livre achevé, tout aussi bien que de la fièvre romagnole. Il pouvait mourir; il avait ce bonheur suprême de l'artiste : l'œuvre parfaite. Ayant dit toute sa pensée, dans la langue la mieux écrite qui fut et qui sera jamais, il avait épuisé sa vie. Il laissait au front de son peuple un

---

[1] Chiose anon. ed. de 1846, p. 716-717.

[2] V. Par. XXVIII, 126.

[3] Voir la VIe canzone. Giuliani, p. 209. — « Triomphes » à Sant'Ansano près Fiesole, illustration de la D. C. pour les Médicis, etc.

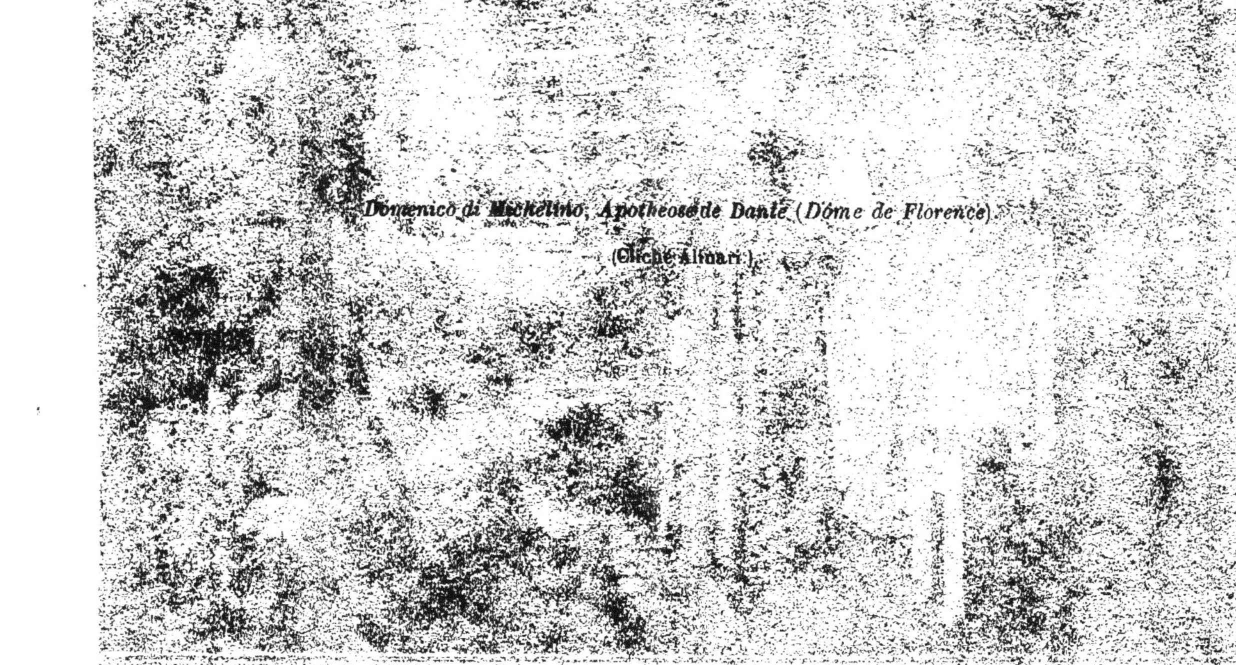

Domenico di Michelino, Apothéose de Dante (Dôme de Florence)

(Cliché Alinari.)

bre ... quatre heures de nuit, dans la chambre et à la
demande de Lazare fils de Michel fils de Pierre de Varna,
, du quartier de Saint-Pierre Gattolino, ayant la lune
douze jours ». Le brave homme avait commencé le
1er mars 1457 « par plaisir ».

Chacun, à Florence, chacun, en Italie, voulait ce livre,
qui inspirait l'art, de l'Angelico[1] à Botticelli[2], à Michel-
Ange, la pensée, de Ficin à Savonarole. Ce qu'il devint,
on le sait bien : la conscience de l'Italie, la lumière de
ses lettres et la gloire de son génie. Au sommet de la
poésie, comme au sommet du Paradis, il y a Dante, il y
a Dieu.

Avec les vertus du génie, il avait outre ce goût suprême,
cette hardiesse et ce beau ... que trop
souvent ... l'artiste ... français.
Car il n'est point tout ... besoin ... en pareil
sujet, de faire une danse macabre et des processions
d'ombres pieuses. Homme de lettres souverain, — parce
qu'il se décrit toujours et qu'il se sent toujours écrire,
sans être enivré par sa force, — il suffirait d'avoir son livre
pour n'avoir plus besoin de livres. Comme Rembrandt,
comme Beethoven, celui-ci est son ... et il suffit
à l'exprimer.

S'est-on jamais demandé ce que pouvait être une vie
humaine, après un pareil rêve ? Dante a pu mourir de son
livre achevé, tout aussi bien que de la fièvre romagnole.
Il pouvait mourir; il avait ... bonheur suprême de l'artiste : l'œuvre parfaite. Ayant dit toute sa pensée, dans
la langue la mieux écrite qui fut et qui sera jamais, il
avait épuisé sa vie. Il laissait ... front de son peuple un

[1] Chiose anon. ... éd. de 18.., p. 7..-...
[2] S. Par. XXVIII, 126.
[3] Voir la Vie ... Giuliani, p. ... ... Frontispice ... Sant Amano
par Mende, illustration de la D. C. pour ... Musée, etc.

QVI COELVM CECINIT MEDIVMQVE IMVMQVE TRIBVNALE ~ LVSTRAVITQVE ANIMO CVNCTA POETA SVO ~ DOCTVS ADEST DANTES SVA QVEM FLORENTIA SAEPE
SENSIT CONSILIIS AC PIETATE ~ NIL POTVIT TANTO MORS SAEVA NOCERE POETAE ~ QVEM VIVVM VIRTVS CARMEN IMAGO FACIT

faisceau de rayons si grand que tout autre peuple l'envie.
Vraiment, il avait accompli ce qu'il avait cherché jadis :
« Une chose nouvelle, et jamais encore tentée dans l'art[1]. »
Et cela seul vaut que l'on vive, et mérite que l'on survive.

Voilà tantôt vingt-six années que je travaille à ce
livre-ci ; sans négliger d'autres tâches, je n'ai point
cessé d'y peiner, d'augmenter lectures et notes. J'ai pu,
j'ai dû me tromper. Qui est infaillible ? J'ai travaillé
avec amour, avec probité. Tout ce que je cite, je l'ai lu
et relu. A défaut d'autre mérite, celui-ci peut-être est
original.

J'ai eu toute ma récompense : j'ai mieux connu, pénétré Dante. Et je n'en demande point d'autre. Ambitieux
uniquement de faire mieux connaître aussi à ceux de mon
pays cette œuvre qui m'a tant donné, ces excellents travaux que les Italiens accumulent pieusement, et qui
renouvellent l'histoire. C'est, en France, du moins, l'excuse pour mon audace.

Quant à l'Italie, j'aurais honte de prétendre lui rien
enseigner. Tout ce qui est ici vient d'elle. Mais, pour les
Italiens eux-mêmes, si opulents en commentaires, je pense
que ce pauvre livre, composé dans un grand esprit
d'amour et de respect, aura peut-être une valeur, si
modeste qu'elle soit : il me souvient que par un jour
d'hiver toscan, étincelant et froid, j'allai voir, dans une
bourgade, à Prato, la Madone sculptée par Jean le Pisan.
D'ordinaire, le marbre aux formes délicates et robustes
est engainé sous des paillons. J'eus ce bonheur, que l'on
avait déshabillé la statuette, et le sacristain me fit voir

---

[1] De Vulg. El. II, XIII, p. 69 ; idée constante ; voir De Monarchia, I. 1.
278 : « ut palmam tanti bravii *primus in meam gloriam* adipiscar. »

et toucher l'œuvre merveilleuse, telle qu'au xiii° siècle le
sculpteur l'avait modelée.

Si je puis faire l'humble rôle de ce « custode », et montrer, sans les ornements, trop nombreux parfois, qui l'entourent, l'image vraie de Dante, j'aurai, qui sait? rendu
service. Et je me trouverai trop payé, alors, après tant et
tant d'années, pour des peines qui n'étaient ni faibles,
ni brèves.

Paris-Florence, 1882-1908.

BIBLIOGRAPHIE

ALIGHIERI (DANTE). — *Comedia* (sic) *del divino poeta Danthe* (sic) *Alighieri, con la dotta e leggiadra spositione di Christophoro Landino, ecc.* ; Venise, 1536, in-4°, ill., 1 vol. in-4°.

DANTE. — *Con l'espositione di M. Bernardo Daniello da Lucca ecc.* ; Venise, 1548, in-4°, fig.

DANTE. — *La D. C.* ; Lyon, 1551, 1 vol. in-16.

La D. C. di D. Alighieri col com. di G. Bagioli, Paris, 1818, 3 vol. in-8°.

ALIGHIERI (DANTE). — *Opere poetiche* ; Paris, 1823, in-8°, 2 vol.

La Divina Comm. di Dante Alighieri. ricorr. ecc. da C. Witte. Berlin, 1862, in-4°.

ALIGHIERI (DANTE). — *La Divina Commedia riv. nel testo e comm. da G. A. Scartazzini* ; Milan, 1896, in-12.

ALIGHIERI (DANTE). — *La D. C. di —* con commento del prof. G. Poletto ; 3 vol. in-8°, Rome et Tournay, 1894.

ALIGHIERI (DANTE). — *Tutte le opere, nuovamente rivedute nel testo dal* Dr *E. Moore* ; 2ª ed., Oxford, 1897, in-8°.

ALIGHIERI (DANTE). — *La Divina Commedia, con il commento di T. Casini* ; 5ª ed., Florence, 1903, in-12.

ALIGHIERI (DANTE). — *Opere minori* ; ed. da P. Fraticelli.

T. I. *Il canzoniere, le rime sacre e le poesie latine* ; 5ª ed., Firenze, 1894, in-12.

T. II. *La vita nuova, i trattati de vulgari eloquio, de Monarchia, e la* questione *de Aqua et terra* ; 6ª ed., ivi, 1892, in-12.

T. III. *Il Convito e le epistole*, 7ª ed., ivi, 1893, in-12.

3 vol. in-12.

ALIGHIERI (DANTE). — *Le Opere minori* Lectura Dantis. Letture fatte in Orsammichele nel MCMV ecc. ; Florence, 1906, in-8°.

ALIGHIERI (DANTE). — *La vita nuova, illustr. con note e preceduta da uno studio su Beatrice*, per A. d'Ancona ; Pisa, 1884, in-12.

ALIGHIERI (DANTE). — *La vita nuova,* con intr. comm. e glossario di. T. Casini ; 2ª ed. 1902, Florence, 1 vol. in-12, et 1904, *Ibid.* 2 v. in-12.

L'Amoroso Convivio di Dante ecc. ; Venise, 1531, in-12

Il trattato de vulgari Eloquentia, per cura di Pio Rajna ; Florence, 1896, gr. in-8°. 3. fac-simile.

ALIGHIERI (DANTE). — Il trattato de vulgari eloquentia per cura di Pio Rajna ; Firenze, 1897, in-12.

Il de Monarchia. ed Witte. Vienne, 1874, in-8°.

DANTIS Eclogæ. — *Joannis de Virgilio, carmen et ecloga responsiva, etc., a cura di G. Albini* ; Florence, 1903, in-8°.

La Vita Nuova per cura, di Michele Barbi (Soc. dant. ital. ed. critica Op. min.) ; Milano, 1907, gr. in-8.

ALLEGHERII (PETRI) *super Dantis ipsius genitoris comœdiam commentarium* ; Florence, 1845, in-4°.

ALIGHIERI (L'). — *Riv. mensile di cose dantesche ;* Verona, 1889-1893 ; Venise, in-4° ; cont. par le giornale Dantesco dir. da G.-L. Passerini ; Venise - Florence, 1894, et suiv. in-4°.

ALBERTI (F. LEANDRO). — *Descr. di tutta Italia ;* Venise, 1557, in-4°.

ANCONA (ALESS. D'). — *I precursori di Dante ;* Firenze, 1874, in-12.

ANCONA (ALESS. D'). — *Origini del teatro italiano ;* 2ª ediz., Torino, 1891, 2 vol. in-8°.

D'ANCONA (AL.) et BACCI (OR.). — *Manuale della letteratura italiana ;* nuova edizione, Firenze, 1904, 6 vol. in-12.

ANCONA (ALESS. D'). — *La poesia popolare italiana ;* Livorno, 1906, in-12.

AMMIRATO (SCIPIONE). — *Delle famiglie nobili fiorentine ;* Florence, 1615, in-fol.

AMMIRATO (SCIPIONE). — *Istorie fiorentine ;* Florence, 1647, in fol., 2 vol. en 3 tomes.

ARETINO (LEONARDO). — *La historia universale dei suoi tempi ;* ed. da F. Sansovino, Venise, s. d. in-4 suivie de la Chr. de Matteo Villani.

AREZZO. — *Annali della città di fino al* 1717, racc. dall'abb. P. Farulli ; Foligno, 1717, in-4°.

Arte, scienza e fede ai giorni di DANTE ; t. II des confer. dantesche tenute in Milano dalla S. dant. ital. nel 1900 ; Milano, 1901, in-12.

AUVRAY (L.). — *Les manuscrits de Dante des bibliothèques de France. Essai d'un catal. raisonné,* Bibl. Ec. fr., Athènes et Rome ; fasc. 56, 1 vol. in-8°, 2 fig., Paris, 1892.

BACH (G.-H.). — *Dante et saint Thomas ;* Rouen, 1836, in-8°.

BALBO (Cᵗᵒ C.) — *Vie de Dante,* tr. fr. de Mᵐᵒ de Lalaing. Bruxelles, 1844-1846, 2 v. in-8°.

DEL BALZO (CARLO). — *Poesie di mille autori, int. a Dante Alighieri ;* Roma, 1889-1907, I-XIII, 13 vol. in-8°.

BARBI (MICHELE). — *Dante nel cinquecento, dans : Annali della Scuola normale superiore di Pisa ;* Pisa, 1890, in-8°, pp. 1-325.

BARTOLI (ADOLFO). — *Storia della letteratura italiana.*
T. IV. *La nuova lirica toscana.*
T. V. *Della vita di Dante Alighieri.* Firenze, 1881-1884, in-12.
T. V. *La Divina Commedia.* parte Iª,
T. VI. *La Divina Commedia,* parte IIª .
Firenze, 1887 e 1889, in-12.

BASSERMANN (ALFREDO). — *Orme di Dante in Italia,* opera trad. sulla 2ª ed. tedesca da Eg. Gorra ; Bologna, 1902, in-12.

BENVENUTI DE RAMBALDIS DE IMOLA *Commentum super Dantis Aldigherij. Comœdiam,* etc. ; Florence, 1887, 5 vol. in-8°.

BIADEGO (G) *Discorsi e profili letterari.* Milano, 1903, in-8°.

BIAGI (GUIDO). — *The private life of the Renaissance Florentines,* with 30 illustrations ; Florence, 1896, in-8°.

BIAGI (G.). — *Due corredi nuziali fiorentini 1320-1493, da un libro di ricordanze dei Minerbetti ;* Florence, 1899, in-8°.

BISTICCI (VESPASIANO DA). — *Vite di uomini illustri del sec. XV ;* Florence, 1859, 1 vol. in-12.

BOCCACCIO (GIOV.) — *La vita di Dante testo critico ecc.* ed. da F. Macri Leone ; Firenze, 1888, 1 vol. in-8°.

BOCCACCIO (GIOV.). — *La vita di Dante testo del cosi detto Compendio attr. a G. Boccaccio ;* per cura di E. Rostagno. Bologna, 1899, in-8°.

BOCCACCIO (GIOVANNI). — *Il Comento di soprà la Commedia ;* Florence, 1895, in-12, 2 vol.

BOETHII (A. M. T. S.). — *De Consolatione philosophiæ.* l. V ; Paris, 1783, in-16.

BOÈCE. — *Dante e Boezio,* par Murari Rocco ; Bologna, 1905, in-8°, et c. rendu. par A. Mancini. Bull. soc. dant., sett-ott. 1905.

BOEZIO. — *Della consolatione volg. da M. Alberto fiorentino ;* Firenze, 1785, in-8°.

Bollettino della societa dantesca italiana, etc. Florence, in-8°. 1890, et suiv.

Bologna. — *Della historia di Bologna* ; del P. M. Ghirardacci, 2 vol. in-4°. Bologne, 1596, in-4° et 1657, la 2ª p. publ. par le P. Ag. Solimani.

Bologne. — *Bononia docet.* 1 fasc. in-4°. ill. Milan, 1888.

Casini (T.) *La coltura bolognese dei sec. XII e XIII* dans *Giorn st. it.*, t. I, p. 5-33. Turin, 1883, in-8°.

Borghini (Vinc.). — *Discorsi*, Florence, 1584, in-4°.

Botticelli. — *Zeichnungen von Sandro — zu Dante's göttl. Kom. ecc.* Berlin 1887 in-fol.

Branchi (Eug.). — *Storia della Lunigiana feudale ;* Pistoïa, 1897-98, 3 vol. in-8°.

Brocchi (G. M). — *Descrizione della provincia del Mugello ecc ;* Florence. 1748, in-4°, carte.

Burchiello. — *Rime, comentate (sic) dal Doni ;* Venise, 1553, in-12, portr.

Burchiello. — *Sonetti del —, del Bellincioni e d'altri poeti fiorentini ecc. ;* Londra (e Pisa,) 1757, in-8°, portr.

Burckhardt (Jacob). — *Die Cultur der Renaissance in Italien ;* Basel, 1860, in-8°.

Burckhardt (J). — *La civiltà del secolo del rinascimento in Italia ;* tr. dal prof. D. Valbusa, Firenze, 1876, 2 vol. in-12.

Francesco da Buti. — *Commento soprà la D. C. di D. A. ;* Pisa, 1858, 1860, 1862, 3 vol. in-8°.

Caetani (M. A.). — *Alcuni ricordi racc. da sua vedova. ecc.* Firenze, 1904, in-8°. et *Epistolario ;* Firenze, 1902 et 1903. 2 vol. in-8°.

Calderon. — *Drames religieux. Le Purgatoire de Saint-Patrice,* Paris, 1898, in-8°.

Calò (Giov.). — *Filippo Villani, ecc.* Rocca San Casciano, 1904, in-12.

Canti *popolari toscani racc. et ann. da G. Tigri ;* Florence, 1860, 1 vol. in-12.

Capponi (Gino). — *Storia della re-*

pubblica di Firenze ;* 3ª impr. Firenze, 1888, in-12, 3 vol.

Carducci (G.). — *Studi letterari (Delle rime di D. Della varia fortuna di D. Musica e poesia del sec. XIV ; B. di Ventadorn)* Bologne, 1893, 1 vol. in-12.

Carducci (G.). — *Poesia e storia ;* Bologne, 1905, in-12.

Carducci. — *Antica lirica italiana. Canzonette, canzoni, sonetti dei sec. XIII-XV ;* Firenze, 1907, in-8° gr.

Carlyle (T.). — *Dante e Shakspeare ;* tr. C. Chiarini, Florence, 1896, in-12.

Casa (La) di Dante Alighieri in Firenze ;* relaz. della commissione municipale ecc. Firenze, 1869, in-4°.

Catalogo del Museo Nazionale di Firenze ;* Rome, 1898, in-12.

Catalogue of the Dante collection presented by W. Fiske ecc. ;* Ithaca-New-York, 2 vol. in-4°, 1898-1900, et appendice.

Cavalcanti (Guido). — *Le rime ;* ed. Nicola Arnone, Florence, 1881, in-8°.

Cavalcanti (Guido). — *La poesia giovanile e la canzone d'Amore di ;* studi di G. Salvadori, Roma, 1895, in-4°.

Cavalcanti (Guido). — *Ap. Antonio Manetti Operette istoriche ;* ed. da G. Milanesi, Firenze, 1887, in-12.

Colonna (Egidio). — *L'Espositione di M. — Soprà la canzone d'Amore di G. Cavalcanti fiorentino ecc. (con le rime e una vita).* Siena, 1602, in-12.

Cellini (Benvenuto). — *Vita di — ;* testo critico, per cura di Or. Bacci, Florence, 1901, in-8°.

Cennini (Cennino). — *Il libro dell' arte* : ed. da G. Milanesi, 1 vol. in-12, Florence, 1859.

Chiappelli (L.). — *Dante in rapporto alle fonti del diritto ecc. Arch. stor. it.* 1908, t. I. p. 3-44.

Chiose alla cantica dell'Inferno di Dante Allighieri attribuite a Jacopo suo figlio ;* Firenze, 1848, in-8°.

Chiose sopra Dante (1375) ; Firenze. 1846, in-4°.

Cibrario (Comte Louis). — *Les conditions économiques de l'Italie au temps de Dante* ; tr. par Ch. de la Varenne, Paris, 1865, in-12.

Cino de Pistoïa. — *Vita e poesie* : ed. S. Ciampi, Pisa, 1813, in-8°.

Cino da Pistoïa. — *Poesie ecc.*, ed. Ciampi, supplément, ou VI° partie 1 vol. in-8°. Pise, 1814.

Pistoïa (Cino da). — *Rime di M. e d'altri del sec. XIV*, ordin., da G. Carducci ; Florence, 1862, in-32.

Pistoïa (Cino da) *e il primo trattato di medicina legale*, da H. U. Kantorowicz ; arch. stor. it. ser. V, t. 37, 1906, disp. 1.

Codice diplomatico dantesco. I documenti della vita e della famiglia di Dante, riprod. in facsimile trascr. ed illustrati ecc., da Guido Biagi e da G. L. Passerini ; Rome, 1895, in-fol. ill. :
Ambasceria di D. a San Gemignano I.
Dante nei consigli del Com. di Firenze. II-IV.
Beatrice di Dante Alighieri, V.
La ragunata dei fuorusciti a S. Godenzo, VI.
La pace di Castelnuovo, VII-VIII.
L'esilio di Dante, IX.

Commento alla divina Commedia d'anonimo fiorentino del secolo XIV, st. a. c. di P. Fanfani ; Bologna, 1866-1874, 3 vol. in-8°.

Comparetti (D.). — *Virgilio nel Medio Evo* ; Livorno. 1872, 2 vol. in-8°.

Compagni (Dino). — *La Cronica ecc.* ; ed. scolastica. per cura di Is. del Lungo ; Firenze, 1902, in-12.

Con Dante e per Dante. — Conferenze tenute in Milano dalla Soc. dant. ital., 1898 ; Milano, 1898, in-12, 2 vol. ill.

Consulte (le) della Repubblica fiorentina dall'anno MCCLXXX al MCCXCVIII per la 1ª v. pubbl. da Al. Gherardi ; Firenze, 1896-98, in-fol. photot.

Corazzini (G. O.). — *Sommario di*

Storia fiorentina ; Florence, 1899, in-12.

Dante e il suo secolo ; Florence, 1865, in-4°, ill.

Dantologia ; vita ed opere di D. A. da G. A. Scartazzini e. N. Scarano ; 3ª ed., Milano, 1906, in-12.

Davidsohn (Robert). — *Geschichte von Florenz.* ; 1ter. Bd. aeltere Geschichte, Berlin, 1896, in-8° ; 2° Bd. 1 tr. Theil. Guelfen und Ghibellinen, ivi, 1908, 1 vol.

Davidsohn (Robert). — *Forschungen zur aelteren Geschichte von Florenz* ; Berlin, 1896, in-8° ; et *Forschungen zur Geschichte von Florenz.* Berlin, 1901, in-8° et 1908 2 vol.

Denina (Carlo). — *Delle rivoluzioni d'Italia* ; I. XXV, Milano, 1820. 3 vol. in-8°.

Dorini (U.). — *Ancora dei beni rurali confiscati a Dante. Le divise fatte dai figliuoli Piero e Jacopo nel 1341 e 1347* ; ap. Boll. di Soc. dant., Marzo 1901.

Doni. — *Mondi celesti* ; Venise, 1583, 1 v. in-12.

Elogi degli uomini illustri toscani ; Lucques, 1771-1774, 4 vol. in-4°.
Dante et Br. Latini, t. I.

Ercole (Pietro). — *Guido Cavalcanti e le sue rime* ; Livorno, 1885, in-12.

Fauriel. — *Dante et les origines de la langue et de la littérature italiennes* ; Paris, 1854, 2 vol. in-8°.

Federzoni. — *Diporti danteschi. « La vita nuova » « e quando fu composta », la « vita nuova » ecc* ; 2ª ed., Bologna, 1900, in-8°.

Federzoni (G.). — *Studi e diporti danteschi* ; Bologna, 1902, in-12.

Il fiore poeme ital. du XIII s. etc. ; ed. Ferd. Castets, Montpellier-Paris, 1881, in-8°.

I fioretti di Sancto Franciescho ; ed. L. Manzoni, Rome, 1902, in-8°, ill.

Flamini (F.). — *La lirica toscana del rinascimento ant. ai tempi del Magnifico*, Pisa, 1891, gr., in-8°.

Flamini (F.). — *Studi di storia letteraria italiana e straniera* ; Livorno,

1895, in-12 ; p. 171, gl'imitatori della lirica di Dante et : « Del Dolce stil novo ».

FOSCOLO (UGO). — *Ultime lettere di J. Ortis. Discorso sul testo della Commedia di Dante* ; Milan, 1887, in-12.

FRATICELLI (P.). — *Storia della vita di Dante Alighieri* ; Florence, 1861, in-12.

GASPARY (ADOLFO). — *Storia della letterature italiana* ; trad. dal. tedesco da Nicola Zingarelli ; Torino, 1887-1891.

GEBHART (ÉMILE). — *Les origines de la Renaissance en Italie* ; Paris, 1879, in-12.

GEBHART (ÉMILE). — *L'Italie mystique. Histoire de la renaissance religieuse au moyen âge*: 2º éd., Paris, 1893, in-12.

GELLI (G. B.). — *Letture edite ed inedite sopra la C. di D.* ; ed. da C. Negroni, Fir. 1887, 2 vol. in-12.

GINGUENÉ (P. L.). — *Histoire littéraire d'Italie* ; Paris, 1811-1819, 9 v., in-8º ; t. I. et II, j. à la p. 248.

JOVE (PAUL). — *Pauli Jovii... elogia virorum literis illustrium* ; Bâle, 1577, in-fol. ill.

GIOVO (PAOLO). — *Le Iscrittioni ecc.* ; trad. ad. H. Orio ; Florence, 1552, in-8º ill.

GIUSTI (G.). — *Raccolta di proverbi Toscani* ; Fir., 1893, in-12.

GRAF (ARTURO). — *Roma nella memoria e nelle immaginazioni del Medio Evo* ; Turin, 1882-83, 2 vol. in-8º.

GRAF (ARTURO). — *Miti, leggende e superstizioni del Medio Evo* ; Turin, 1892, 2 vol. in-8º.

GUERRINI (O.) et RICCI (CORR.). — *Studi e polemiche dantesche* ; Bologne, 1880, in-16.

HARE (CHRISTOPHER). — *Dante the wayfarer* ; Londres, 1905, in-8º, ill.

HASTINGS RASHDALL. — *The Universities of Europe in the middle Ages.*

Vol. I. *Salerno. Bologna. Paris.*

Vol. II, p. 1. *Italy. France, Spain, Germany Scotland, etc.*

Vol. II, p. 2. *Oxford, Cambridge, Student Life.*

2 vol. en 3 t. in-8º ; Oxford, 1895.

HAURÉAU (B.). — *De la philosophie scolastique* ; 2 vol. in-8º. Paris, 1850.

HENRICI VII. — *Romanorum Imperatoris Acta etc* a. Fr. Bonaïnio collecta ; Florence, 1877, in-8º : pars Iª et IIª .

Hildegarde (Sainte). — La vie de — thaumaturge et prophète du XIIº siècle, écrite par les moines Théodoric et Godefroid ; tr. du latin, Paris, 1907, in-12.

HILLEBRAND (KARL). — *Dino Compagni. ét. hist. et litt. sur l'époque de Dante* ; Paris, 1861, in-8º.

HILLEBRAND (KARL). — *Etudes italiennes* ; Paris, 1868, 1 vol. in-12.

Histoire littéraire de la France au XIVº siècle :

Discours sur l'Etat des Lettres, par V. Le Clerc. ;

Discours sur l'Etat des Beaux-Arts, par E. Renan ;

Paris, 1865, 2 vol. in-4º.

Histoire de France ; t. III. 1226-1328, par Ch.-V. Langlois, Paris, 1901, in-4º.

Il libro di canto e liuto di Cosimo Bottegari ; Florence, 1891, in-12.

IMBRIANI (VITT.). — *Studi danteschi* ; Firenze, 1891, in-12.

JEANROY (ALF.). — *La lirica francese in Italia nel. per. delle origini* ; tr. G. Rossi, Florence, 1897, in-12.

JEANROY (ALFRED). — *Dante, ap. Grande Encyclopédie*, t. XIII. p. 887-900.

KRAUS (F. X.). — *Dante, sein leben und sein werk*, 1 vol. in-4º ill. Berlin, 1897.

Légende dorée (la), de J. de Voragine, tr. par M. G. Brunet ; Paris, 1843, 2 vol. in-12.

LACURNE DE SAINTE-PALAYE. — *Histoire littéraire des troubadours* : 3 vol. in-12. Paris, 1774.

LANA (JACOPO DELLA). — *Comedia di Dante degli Allagherij col commento di* ; Bologne, 1866, 3 vol. in-12.

Et *Racconti dal Comm. di J. d. L.* ; Bologna, 1857, in-16.

LAPINI (AGOSTINO). — *Diario fiorentino dal 252 al 1596, pubbl. da G. O. Corazzini*; Firenze, 1900. in-12.

LATINI (BRUNETTO). — *Il tesoro* ; Venise, 1593, in-12.

LATINI (BRUNETTO). — *Li livres dou trésor* ; éd. P. Chabaille, Paris, 1863, in-4°.

LATINI (BRUNETTO). — *Il tesoretto e il favoletto* ; éd. G.-B. Zannoni, Florence, 1824, in-4°.

LEOPARDI (G.). — *Pensieri di varia filosofia e di bella letteratura*; Firenze, 1898-1900.

LEVI (GUIDO). — *Bonifazio VIII e le sue relazioni col comune di Firenze* ; Roma, 1882, in-8°.

Libro di novelle antiche ; Bologna, 1868, in-12.

Libro di novelle e di bel parlar gentile ecc.; ed. da M. Carlo Gualteruzzi da Fano; Florence, 1572, in-4°.

Liburnio (N.). Le tre fontane di M^r.- in tre libri div. sopra la gramm. di Dante ecc. Venise, 1534, in-8°.

Lirici italiani (raccolta di) — dall'or. della lingua sino al sec. XVIII, comp. da R. Gironi ; Milano, 1808, in-8°.

LISIO (GIUS.). — *L'arte del periodo nelle opere volgari di Dante Alighieri, e del sec. XIII* ; Bologna, 1902, in-8°.

LITTRÉ (E.). — *Histoire de la langue française*; Paris, 1878, 2 v. in-8°. T. I, p. 395-fin. Etude sur Dante.

LORIA (D^r CES.). — *L'Italia nella Divina Commedia*, Firenze, 1872, 2 vol. in-12.

LUBIN (A.). — *Dante spiegato con Dante e polemiche dantesche* ; Trieste, 1884, in-8°.

LUNGO (Is. DEL). — *Diporto dantesco*, estr. dalla N. Antol., Aprile 1873 :

LUNGO (Is. DEL). — *Dino Compagni e la sua cronica*; 3 vol. en 4 tomes, Florence, 1879-1887, in-8°.

LUNGO (Is. DEL). — *L' Esilio di Dante* ; Firenze, 1881, in-12.

LUNGO (Is. DEL). — *Dante nei tempi di Dante* ; Bologna, 1888, in-12.

LUNGO (Is. DEL). — *La figurazione storica del. M. Evo Italiano nel poema di Dante. Conferenze*; Firenze, 1891, in-8°.

LUNGO (Is. DEL). — *Beatrice nella vita e nella poesia del Secolo XIII* ; Milano, 1891, in-12.

LUNGO (Is. DEL). — *Dal secolo e dal poema di Dante* ; Bologna, 1898, in-12,

LUNGO (Is. DEL). — *Da Bonifazio VIII ad Arrigo VII*; Milano, 1899, in-12.

LUNGO (Is. DEL). — *Conferenze fiorentine*; Milano, 1901, in-8°.

LUNGO (Is. DEL). — *Firenze artigiana nella storia e in Dante*; Florence, 1906, in-12.

LUNGO (Is. DEL). — *La Donna fiorentina del buon tempo antico.* Firenze, 1906, in-12.

LUNGO (Is. DEL). — *Florentia. uom. e cose del quattrocento*; Firenze, 1897, in-12.

MACHIAVELLI. — *Le Opere di Niccolo — per cura di P. Fanfani e L. Passerini* ; Florence, 1873-1877, 6 vol. in-12.

MACHIAVEL. — *Histoire florentine ecc.*, tr. de l'it. en Fr. par le Seigneur de Brinon; Paris, 1577, in-12.

MACHIAVELLI (NIC.). — *Opere complete*; Florence, 1843, in-4°. P. 578-584, Dicorso ovvero dialogo in cui si esamina se la lingua, in cui scrissero *Dante*, Boccaccio e Petrarca, si debba chiamare italiana, toscana o fiorentina.

MACRI LEONE (F.). — *La bucolica latina nella lett. ital. del secolo XIV*; Torino, 1889.

MALESPINI (RICORDANO). — *Storia antica insino all'anno 1281 ecc.*; Florence, 1598, in-8°.

MALESPINI. — *Storie flor.* — COMPAGNI (DINO) *Cronica fior* ; Milano, 1883, in-12.

MANETTI (ANTONIO). — *Dialogo di A. M. cittadino fiorentino circa al sito, forma e misure dello Inferno di Dante Alighieri poeta excellentissimo*; s. l. n. d., in-12, pbt. Giunti (1676), v. Haym, p. 161-2.

MANNI (DOMENICO). — *Ist. del Deca-*

merone di Giovanni Boccaccio; Florence, 1742, in-4°.

MARCOTTI (D^r. G.). — *Guide-souvenir de Florence et pays environnants*; Florence, s. d., in-12, ill.

MARI (G.). — *Riassunto e dizionarietto di ritmica italiana. ecc.*; Turin, 1901, in-8°.

MAZZONI (G.). — *Se possa « il fiore » essere. di D. A*; Florence, 1901, in-8°, extr. de la *Racc. di st. critici ded. ad Al. d'Ancona »*.

MILANESI (G.). — *Sulla storia dell'arte toscana* ; Siena, 1873, in-8°.

MILANESI (G.). — Documento inedito sconosciuto su Dante Alighieri, *Arch. stor. italiano*, ser. III, t. IX, p. 11, 1869, in-8°, pp. 1-9.

MOORE (EDWARD). — *Contribution to the textual criticism of the D. C.*; Cambridge, 1889, in-8°.

MOORE (EDWARD). — *Dante and his early biographers*; Londres, 1890, in-12.

MOORE (EDWARD). — *Studies in Dante*: Ist. s : Scriptures and classical authors in D., Oxford, 1896, in-8°; II^d s : Miscellaneous Essays, Oxford, 1899, in-8°; III^d s : Misc. essays, Oxford, 1903, in-8°; 3 vol. in-8°, Oxford, 1896-1903.

MOORE (EDWARD). — *Gli accenni al tempo nella D. C. ecc.*; vers. it. di C. Chiarini : Florence, 1900, in-12.

NANNUCCI (V.). — *Manuale della letteratura del I° sec. della lingua italiana*; Florence, 1837-1839, 3 vol. in-8°.

NOSTRADAMUS. — *La vie des plus célèbres et anciens poètes provençaux, etc.*; Lyon, 1575, in-12.

NOVELLINO (Il.). — *I fatti di Enea. A. Pandolfini. il gov. della famiglia*; Milan, 1879, in-12.

OR SAN MICHELE. — *Capitoli della madonna di —*, pubbl. da L. Del Prete; Lucca, 1859, in-4°.

L'Ottimo Commento della Divina Commedia. ecc., Pisa, 1827, 3 vol. in-8°, portr.

OVIDIO (FR. D'). — *Saggi critici*; Napoli, 1878, in-12.

Disdegno di Guido, p. 312.

De vulg. eloq., p. 330.

Metr. della canzone sec. Dante, p. 416.

OVIDIO (FRANC. D'). — *Studi sulla Divina Commedia*; Milan-Palerme, 1901, in-8°.

OVIDIO (F. D'). — *Nuovi studi danteschi. Il Purgatorio e il suo preludio*; Milano, 1906, in-8°. Art. de E. G. Parodi dans Bull. dant.; N. S., XIV, 3° f. Sett. 1907.

OZANAM (A.-F.). — *Dante et la philosophie catholique au XIIIe siècle*; Paris, 1840, in-8°.

OZANAM (A.-F.). — *Les poètes franciscains en Italie au XIIIe siècle*; Paris, 1852, in-8°.

OZANAM (A.-F.). — *Le scuole e l'istruz. in Italia nel M. Evo.*; Fir., 1895, in-12.

PALLADIO (RUTILIO TAURO). — *La villa* trad. da Fr. Sansovino; Venise 1560, in-4°.

PALMIERI (MATTHEO). — *Libro della vita civile*; s.l.n. d.. in-12. pbt. avant 1529.

PANTINI (ROMUALDO). — *San Gimignano e Certaldo*; Bergamo, 1904, ill.

PAOLI (CES). — *La Battaglia di Montaperti; mem. stor.*; Siena, 1869, in-8°.

Montaperti (il libro di) MCCLX, pubbl. per cura di Ces. Paoli; Florence, 1889, in-4°.

PAPANTI (GIOV.). — *Dante secondo la tradizione e i novellatori*; Livorno, 1873, in-8°.

Paris au XIII siècle, par A. Springèr; Paris, 1860, in-12.

Paris au XIIIe siècle. Les rues et les cris de — publ. par A. Franklin; Paris 1874, in-12.

PASSERINI (G.-L.). et MAZZI. — *Un decennio di bibliografia dantesca*, 1891-1900 ; Milano, 1905, in-12.

PAUR (THEODOR.). — *Ueber die Quellen zur Lebensgesch Dante's*; Görlitz, 1862, in-8°.

PAUR (D.-TH) — *Dante über den Adel*. extr. in-8°.

PECORI (L.). — *Storia di S. Gimignano*. Florence. 1893. in-8° fig.

PELLEGRINI (FLAMINIO). — *Di un So-*

nette soprà la Torre Garisenda, attr. a D. Al. ; Bologna, 1890, in-8°.

PELLI (GIUS.). — *Memorie per servire alla vita di D. A. ecc.* ; Florence, 1823, in-8°.

PIRANESI (G.). — *Le case degli Alighieri* ; 2° ed., Florence, 1905, in-8° ill.

Pisa. Mem. storiche della città di Pisa. racc. da M⁀ʳ P. Tronci ; Livorno, 1682, in-4o.

Poeti del Trecento; rime di trecentisti minori ac. di G. Volpi ; Florence, 1907, in-12.;

POMMEREUL (DE). — *Lettres sur la littérature et la poésie italiennes*, tr. de l'italien par — ; Florence et Paris, 1778, in-8°.

Prontuario de le medaglie de' piu illustri e. famosi huomini e donne ecc. ; P. Iᵃ, Lyon, 1577, in-4°.

Et *seconda parte del prontuario ecc.* Lyon, 1581, in-4°.

QUINET (EDGAR). — *Les révolutions d'Italie* ; Paris, s. d., 1 vol., in-12.

RABANIS. — *Clément V et Philippe le Bel* ; Paris, 1858, in-8°.

RENAN (E.). — *Averroès et l'Averroïsme essai hist.* ; Paris, 1852, in-8°.

RENAN (ERNEST). — *Étude sur la politique religieuse du règne de Philippe le Bel* ; Paris, 1899, in-8°.

RENIER (R.). — *Il tipo estetico della donna nel Medioevo* ; Ancona, 1885, in-12.

RICCI (CORRADO) — *L' ultimo rifugio di Dante Alighieri* ; Milano, 1891, in-4° ill.

RICCI (CORR.). — *Santi ed artisti* ; Bologne, 1895, in-12, p. 1, 121, 231.

RICCI (CORR.). — *Rinascità* ; Milano, 1902, in-12.

RICCI (CORR.). — *Ravenna* ; Bergamo, 1903, in-8° ill.

ROCCA (LUIGI). — *Di alcuni commenti della Divina Commedia composti nei primi vent'anni dopo la morte di Dante* ; Firenze, 1891, in-12.

ROSSETTI (D.-G.). — *Dante and his circle* ; Londres, 1892. in-8°.

SABA DA CASTIGLIONE. — *Ricordi overo ammaestramenti ecc.* ; Venise, 1555, in-4°.

SACCHETTI (FRANCO). — *Delle novelle*. Milano, 1803, 3 vol. in-8°. Le *novelle*, ed. Ott. Gigli ; Florence, 1888, 2 vol. in-12.

SALIMBENE (FRA.). — *Chronica fr. Salimbene parmensis ecc. ap. Monumenta hist. ad provincias parmensem et placentinam pertinentia* ; Parme, 1857, in-4°.

SALIMBENE (FRA.). — *Cronica volg sull'unica ediz. del 1857 da C. Cantarelli* ; Parme, 1883.

SALVADORI (G.). — *Sulla vita giovanile di Dante* ; Roma. 1907, in-4°.

SANSOVINO (FRANCESCO). *Della origine e de' fatti delle famiglie illustri d'Italia* ; Venise, 1582, in-4°.

Santa Maria Novella of Florence. The dominican church of. — *by J. W. Brown* ; Edimbourg, 1902, in-4° ill.

SANTINI (PIETRO). — *Studi sull'antica costituzione del comune di Firenze :*

T. I. *Contado e politica esteriore del sec. XII*, Florence, 1 vol., in-8° 1901.

T. II. *La città e le classi sociali in Firenze nel periodo che precede il primo popolo* ; 1 vol. in-8°, Florence, 1903.

SAUVAL (HENRI). — *Histoire et recherches des antiquités de la ville de Paris* ; Paris, 1724, in-fol., 3 vol.

SCARTAZZINI (G.-A.). — *Prolegomeni della Divina commedia* ; Leipzig, 1890, in-12.

SCARTAZZINI (G.-A.). — *Enciclopedia dantesca.*

Vol. I, A. L ; Milan, 1896 ;

Vol. II, M. Z. ; Milan, 1899 ;

2 V. in-12.

Et *Vocabulario-concordanza delle op. lat. e ital. da Fiammazzo.* Milan. 1905. in-12.

SCHERILLO (MICHELE). — *Alcuni capitoli della biografia di Dante* Torino, 1896, in-8°.

SFORZA (G.). — *Saggio d'una bibliogr. stor. della Lunigiana* ; Modena, 1874, in-4°.

Sonetti e canzoni di diversi autori toscani in dieci libri raccolte ; Firenze, Giunti, 1527, in-12

Studi sulla D. C. di Galileo Galilei,

Vincenzo Borghini ed. altri., pubbl. da Ott. Gigli; Florence, 1855, in-12.

Studi giuridici ded. a F. Schupfer ecc. ; Torino, 1898. in-8° ; Contient :

VADALA-PAPALE : Le leggi nella dottrina di D. A. ecc., p. 41 ;

BONI (PIETRO) : La Lectura Dantis nello Studio senese. p. 153 ;

BRANDILEONE (F.) : Il contratto di matrimonio, p. 265.

SUNDBY (THOR.). — *Della vita e delle opere di Brunetto Latini*, tr. Renier app. de del Lungo et Mussafia ; Firenze, 1884, in-8°.

SUPINO (I.-B.). — *Sandro Botticelli* ; Firenze, 1900, in-8°.

SYMONDS (J.-A.). — *An introduction to the study of Dante* ; Londres, 1893, in-8, portr.

THOMAS (A.). — *Francesco da Barberino et la littérature provençale en Italie au moyen âge* ; Bibl. Ec. Fr., Athènes et Rome, fasc, 35 ; 1 vol. in-8°, Paris, 1883.

TOCCO (F.). — *Quel che non c'è nella Divina Commedia o Dante e l'eresia ecc.* ; Bologna, 1899, 1 v. in-8°.

TOCCO (F.). — *I fraticelli.* — Arch. stor ital., ser. V, t. XXXV, 1905, disp. 2° p. 331-368.

TODESCHINI (G.). — *Scritti su Dante* Vicenza, 1872, 2 vol. in-12.

TORRACA (F.). — *I precursori di Dante* ap. Lect. Dantis, p. 312 sqq.

TOYNBEE (PAGET). — *Ricerche e note dantesche* : Ser. Iª, 1899; Ser. IIª, 1904 : il diz. lat. di D., p. 25; Bologne, 2 vol. in-8°.

TOYNBEE (PAGET). — *Dante Alighieri.* Londres, 1900, in-12, portr.

TRENTA (GIORGIO). — *La tomba di Arrigo VII imper. ecc.* ; Pise, 1893. in-8° ill.

VANDELLI (G.). — *L'edizione critica della D. C.* ; app. à : G. Mazzoni, avviamento allo studio critico della lett. ital. Firenze, 1907, in-12, pp. 225-329.

VARCHI (BEN.). — *Lezioni sul Dante e prose varie* ; ed. G. Aiazzi e L. Arbib, Firenze, 1841, 2 vol. in-8° portr.

VASARI (GIORGIO). — *Le vite de' più eccellenti pittori scultori et architettori* ; ed. G. Milanesi, Florence, 1878-1885, 9 vol. in-8°.

VECCHIO (A. DEL). ed. E. CASANOVA. — *Le rappresaglie nei comuni medievali e specialmente in Firenze* ; Bologne, 1894, in-8°.

VENTURI (L.). — *Le similitudini dantesche* ; Florence, 1899, in-8°.

VERONA. — *Albo dantesco veronese* ; Milano, 1865, 1 vol. in-8°, portr.

VILLANI (GIOVANNI, MATTEO E FILIPPO). — *Croniche* ; Trieste, 1857. in-4°, 2 vol.

VILLANI (PHILIPPI). — *Liber de civitatis Florentiæ famosis civibus.* Florentiae, 1847, in-4°.

VILLARI (PASQ.). — *Antiche leggende e tradizioni che illustrano la Divina Commedia* Pisa, 1865, in-4°.

VILLARI (PASQ.). — *La Repubblica fiorentina al tempo di Dante Alighieri* estr. dalla N. Antologia. 1869, juillet. 1 br. in-8°, Florence, 1869, 34 pp.

VILLARI (PASQ.). — *I primi due secoli della storia di Firenze.* Firenze 1894, 1898, 2 vol. in-8°.

Le vite di Dante, Petrarca e Boccaccio scritte fino al. sec. XVI, racc. dal prof. Ang. Solerti. Milano, s. d. in-4°.

La vita italiana nel trecento. Milan, 1895, in-12.

Les voyages merveilleux de Saint Brandan, etc. ; ed. Francisque Michel, Paris, 1878, in-12.

Le voyage du puys sainct Patrix. Genève, 1867, in-12.

*Voyage au Purgatoire de Saint Patrice, Vision de Tindal et de Saint Paul, texte languedocien du XV*ᵉ publ. par A. Jeanroy et A. Vignaux Toulouse, 1903, in-12.

WITTE (KARL). — *Dante forschungen. alte und neues.* Halle-Heilbronn. 1868-1879, 2 vol. in-8°.

ZENATTI (O.). — *Dante e Firenze prose antiche, illustr. da* ; Firenze, 1905, in-12.

ZINGARELLI (NICOLA). — *Dante*; Milan, s. d., 1 vol., in-4°.

ZINGARELLI (N.). — *La vita di Dante in compendio*; Milan, 1905, in-12.

La Divine Comédie de Dante Alighieri. — *L'Enfer*, trad. française, etc. par M. Moutonnet de Clairfons; Florence et Paris, 1776, in-8°.

RIVAROL (le Cᵗᵒ DE). — *L'Enfer*, poème du Dante (*sic*), tr. de l'italien par —; Londres et Paris, 1788, in-8°.

ALIGHIERI (DANTE). — *Oeuvres. La D. C.*, tr. de A. Brizeux; *La vie nouvelle*, tr. de E. J. Delécluze; Paris, 1841, in-12.

LAMENNAIS (F.). — *La Divine Comédie*, trad. et précédée d'une introduction.

I. *Introduction, L'Enfer.*

II. *Purgatoire, Paradis.*

2 v. in-8°, Paris, 1862.

LITTRÉ (E.). — *Dante. L'Enfer*; mis en vieux langage français et en vers; Paris, 1879, in-12.

LONGFELLOW (H. W.). — *The Divine Comedy of. D. A.*, translated By —; Londres, 1903, in-8°.

WITTE (K.). — *Dante's Al. göttl. Köm übersetzt v.* — Berlin, 1876, 2 vol. in-8°.

On trouvera cités au cours de l'ouvrage, bien d'autres livres. Je n'ai noté que ceux d'un usage constant, que j'ai eus sous la main sans cesse. Il y aurait eu quelque affectation à faire figurer ici les grandes collections consultées aux bibliothèques, ou les livres rares qui n'en sortent point.

Je saisis l'occasion de remercier pour leur accueil et leurs conseils les bibliothécaires de la Laurentienne à Florence, et particulièrement mon ami M. Guido Biagi, préfet de cette insigne collection.

M. Macon, par son extrême obligeance, m'a procuré les reproductions du manuscrit conservé au musée Condé, dans le château de Chantilly.

Enfin, peut-être n'aurais-je point osé faire ce livre, sans la sympathie bienveillante et tous les encouragements que me prodiguèrent, quand j'habitais Florence, MM. Alexandre d'Ancona et Isidore del Lungo, ces deux maîtres incontestés de la science dantesque. Je souhaite qu'il ne soit pas trop indigne de leur indulgence.

TABLE DES PLANCHES

TABLE DES CHAPITRES

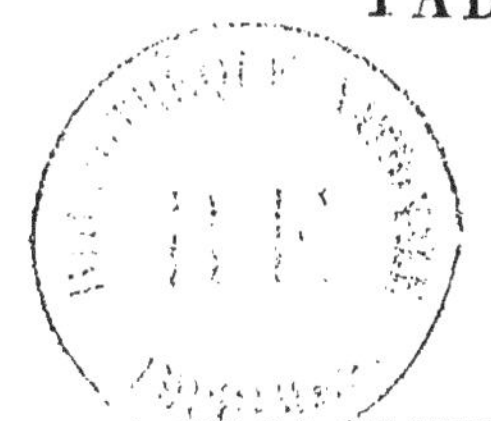

LIVRE PREMIER
DE LA NAISSANCE DE DANTE A LA MORT DE BÉATRICE

CHAPITRE V

CHAPITRE VI

CHAPITRE VII

CHAPITRE VIII

CHAPITRE IX

ÉPILOGUE

ÉVREUX, IMPRIMERIE CH. HÉRISSEY ET FILS